边疆发展中国论坛 2010组委会

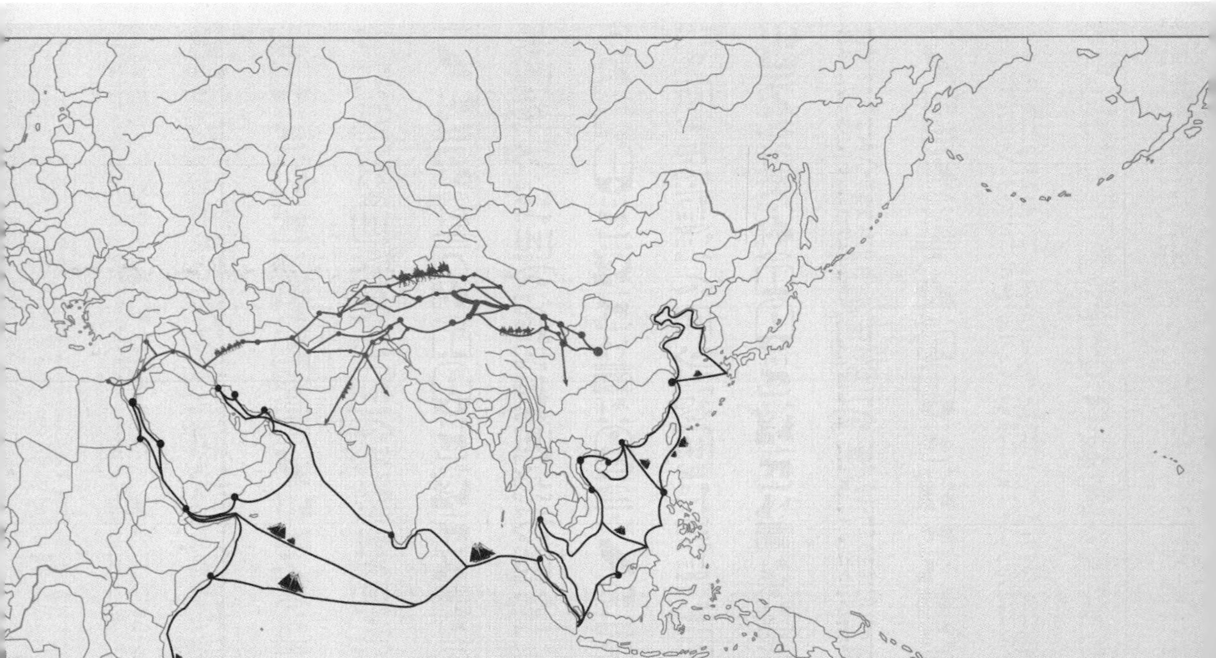

边疆发展中国论坛文集

CHINA FORUM FOR FRONTIER DEVELOPMENT

（2010）

区域民族卷

宋　敏／主编

张海洋　丁　娥／副主编

教育部人文社会科学重点研究基地
中央民族大学中国少数民族研究中心
中央民族大学『985工程』三期建设中国当代
民族问题战略研究哲学社会科学创新基地项目

中央民族大学出版社

China Minzu University Press

图书在版编目（CIP）数据

边疆发展中国论坛文集（2010）·区域民族卷/宋敏主编．—北京：中央民族大学出版社，2012.9

ISBN 978-7-5660-0216-7

Ⅰ.①边… Ⅱ.①宋… Ⅲ.①边疆地区—区域经济发展—中国—文集 ②边疆地区—社会发展—中国—文体 Ⅳ.F127-53

中国版本图书馆 CIP 数据核字（2012）第 126979 号

边疆发展中国论坛文集（2010）·区域民族卷

主　　编　宋　敏
责任编辑　李苏幸
封面设计　布拉格
出 版 者　中央民族大学出版社
　　　　　北京市海淀区中关村南大街 27 号　邮编：100081
　　　　　电话：68472815（发行部）传真：68932751（发行部）
　　　　　　　　68932218（总编室）　　　68932447（办公室）
发 行 者　全国各地新华书店
印 刷 厂　北京宏伟双华印刷有限公司
开　　本　787×1092（毫米）　1/16　印张：22.125
字　　数　360 千字
版　　次　2012 年 9 月第 1 版　2012 年 9 月第 1 次印刷
书　　号　ISBN 978-7-5660-0216-7
定　　价　56.00 元

目　录

区域民族

专题交流总结与闭幕式讲话

区域民族

关于开展对汉唐时期新疆塔里木盆地古代民族与语文研究的意见

耿世民[①]

大约在距今四五千年前，有一支欧罗巴人经过长期的辗转跋涉来到我国的新疆塔里木盆地北部地区。他们在汉唐时期曾创造出辉煌的文明，留下相当数量的民族文献。19 世纪末 20 世纪初随着新疆考古学的诞生，这些湮没在地下一千多年的宝贵文献也随之出土。但无人能释读。

1908 年德国学者西格和西格凌（Sieg，Emil & Siegling. Wilhelm）经过长期努力，终于成功释读这种已死亡的语言，发表其划时代的文章，题曰《吐火罗语——印度斯基泰语，关于一种迄今不知名印度—欧罗巴语的初步研究》（Tocharisch，die Sprache der Indoskythen，vorlaeufige Bemerkungen ueber eine bisher unbekannte indogermanische Literatursprache）。所谓“吐火罗”语为我国汉唐时期西域（新疆）焉耆、龟兹（现库车）居民所使用的语言，属于印欧语系在地理分布上最靠东的语言。在语言特点方面，近于欧洲西部的语言，而与分布在亚洲的印欧语系的语言（如印度、伊朗/伊兰）相距较远。这种语言在长期的历史发展中，不仅保存其欧罗巴语言的特点，而且对中国古代文明的形成和发展曾给予巨大的影响和贡献。公元 8—9 世纪当回鹘（古代维吾尔）人迁居新疆塔里木盆地后，才逐渐消亡或融入后者。

一、“吐火罗”语的发现和研究

所谓的吐火罗问题是 20 世纪初提出来的。1890 年英国军官鲍威尔

---

① 耿世民，中央民族大学教授。

（Bower）在新疆库车从当地农民手中购得一些桦树皮写本，后被送到印度。经研究，始知为迄今最早的梵文（Sanskrit，印度古代书面语）写本，属公元4世纪，遂引起轰动。为此，俄国和英国当时驻喀什的领事彼德罗大斯基（Petrovskiy）、马卡尔尼（Macartney，汉文名马继业）都奉各自国家政府命令，努力搜寻当时偶然出土的古代写本。1893年，时住印度加尔各答的梵文学家霍恩勒（Hoernle）首次作了阐明其内容的尝试。由于大部分写本是用印度学家熟悉的婆罗米（Brahmi）字母写成（除和田地区出土的一部分用佉卢 Karoshthi 字母写成的以外），所以在释读文字方面未造成困难，但学者们很快就从中区分出两种尚不为人所知的古代语言。学者们暂称之为不知名语言Ⅰ和不知名语言Ⅱ。对于语言Ⅱ，世界各国学者不久就达成了共识：是一种塞（Saka）语（属印欧语系中的伊兰语族东支），因为这种语言的文献主要在和田地区发现，所以前面加一限定语“和田”，以区别于其他塞语。对于语言Ⅰ的定名，经过一百多年世界各国学者的争论，直到今天尚不能说已完全解决。目前大家都习惯称之为吐火罗语或带引号的“吐火罗语”。这种语言又分为A（甲）和B（乙）两个方言（实际上因它们之间区别很大，可视作两种有亲属关系的独立语言）。我本人主张称之为古代焉耆（即甲种吐火罗语）—古代龟兹/库车语（即乙种吐火罗语）。下面再就吐火罗语的命名问题简单介绍一下。

从一开始学者们已知道这是一种印欧语，但不是东方的伊兰语，而是像西方印欧语一样，属于像日耳曼、意大利语一样的 kentum 语组。[①] 早在德国第四次考古队回国的次年，即1907年，德国著名东方学家缪勒（F. W. K. Mueller）就首次发表了为这种语言定名的论文，题为《对新疆一种不知名语言定名的贡献》（Beitrag fuer genaueren Bestimmungen der unbekannten Sprachen Mittelasiens，SPAW，1907，S. 980－960）。他根据回鹘文《弥勒会见记》（Maitrisimit）一书中的一则跋文[②]，认为其中所说的 toxri 语就是中、西文献中提到的吐火罗语（tokhar）。很明显，缪勒的定名无非是根据二者在语音上的近似。次年（1908年），德国梵文学家西格（E. Sieg）、西格凌（W. Siegling）（后来主要从事吐火罗语的研究）发表题为

① 印欧语依照“百”这个词是以 k 或 s 起首而分为 kentum，satem 两大组，前者如西欧诸语言，后者如印度、伊朗、俄语等。

② 那里说：“（此书）为圣月大师从印度语翻译成 toxri 语。智护大师又从 toxri 语翻译成突厥语……”

《吐火罗语为印度—斯基泰语——对一种前所不知的印欧语的初步考释》(Tocharisch, die Sprache der lndoskythen, vorlaeufige Bemerkungen ueber eine bisher unbekannte indogermanische Literatursprach, SPAW, 1908, S. 915ff.)。这里两位学者把吐火罗语当作一种印度—斯基泰语显然是错误的。大家知道，古代希腊人所说的“斯基泰（Skythen)”人等于古代波斯人所说的“塞人（Saka)”。但他们对吐火罗语研究本身作出的巨大贡献是应该肯定的。他们除确定这种语言所具有的西部印欧语特点外，同时区分出存在两种差别很大的方言：甲种/A 方言和乙种/B 方言。

1913 年，法国学者列维（S. Levi）在《亚洲学报》上发表了著名论文《乙种吐火罗语为库车语考》（Le “Tokharien B”, langue de Koutcha, JA, 1913, pp. 311—380)。他根据历史材料，令人信服地证明所谓乙种吐火罗就是古代龟兹（今之库车）的当地语言。[①]

对研究吐火罗语名称具有重要意义的另一篇论著，为英年早逝的前苏联东方学家 V. S. Vorob´ev – Desyatovskiy 刊布的吐火罗语 B 方言和梵文两种语言对照的残卷，题作《中亚文字残卷》（载 Uchenye Zapiski Inst. Vost.《东方学所学术札记》, t. XVI, 1958)。在此残卷中，梵文词 tokharika “吐火罗的”用吐火罗语 B 方言词组翻译时，使用了形容词 kucanne “库车的”。沃氏的结论是：kucanne 为吐火罗语 B 方言的自称。这一点也为不久前刊布的吐火罗语 B 方言与古突厥语对照的摩尼教赞美诗中用古突厥语 Kusan（即元代汉文文献中的“曲先”）一名称吐火罗语 B 方言所证明（参见 Tuerkische Turfan – texte, IX, ADAW, 1956)。这样，操吐火罗语 B 方言的人称自己的语言为“库车语”(回鹘语译者也随之这样称呼)。

之后，西格、西格凌虽承认 B 语应为库车语，但仍坚持 A 语应称之为吐火罗语。同时提出 A 语作为宗教语言是历史上从吐火罗斯坦（今塔吉克斯坦南部和阿富汗北部地区）带到焉耆、吐鲁番地区的。[②]

总之，为什么回鹘人称古代在焉耆、高昌一带使用的这种印欧语为 toxri（吐火罗语)，这是一个迄今尚不能给出满意回答的问题。事实上《九姓回鹘可汗碑》等粟特语文献也把焉耆一带称作“四 toxri” (ctw'r

① 此文有冯承钧的汉译文，载《吐火罗语考》，1958 年。如见于这种文献中的国王名字 Suwartep 正相当于《唐书》中的龟兹国王苏发叠等。

② 见西格的论文《反正是“吐火罗语”》(Und dennoch “Tocharisch”, ABAW, 1937, S. 130 –139)。

twxry）。

一些学者还认为，在古代楼兰一带出土的近千件用佉卢文（Karoshthi）、世俗梵语（Prakrit）写成的木简中有近百个不明来源的词，为第三种“吐火罗”语（吐火罗 C），应为楼兰国的当地语言。最近笔者读到瑞士学者包默尔（C. Baumer）的新书《丝绸之路南道——湮没在塔克拉玛干沙漠中的古代文化》（Die Suedliche Seidenstrasse—Versunkene Kuluren der-WuesteTaklamakan，2002，Mainz，Philipp von Zabern 出版社），他也接受古代楼兰人说的语言为第三种“吐火罗语”的观点，并认为月氏是“吐火罗”的一部分。我则认为“吐火罗人”是月氏的一部分，而不是相反。

二、“吐火罗”民族的起源

有的学者提出吐火罗就是我国史书中的大月氏。英国剑桥大学已故教授贝利（H. Bailey）巧妙地解释说，从伊兰语的角度，Tokhar 一名中的 to，可解释为“大”，khar 可对应“月氏”。希望我国研究汉语古音的专家能在这个对音问题上有所贡献。我们知道，历史上大月氏确和吐火罗/吐火罗斯坦有关系。根据汉文史料，大月氏原居住在甘肃祁连山敦煌一带。公元前 2 世纪大月氏（或月氏）被匈奴击败后，西迁到吐火罗斯坦。其后代建立了历史上著名的贵霜（Kushan）帝国（1—3 世纪），但汉文史书仍习惯上称之为大月氏。

我国唐代玄奘法师在《大唐西域记》中曾两次提到覩货逻（吐火罗），一为覩货逻国（即今阿富汗北部的吐火罗斯坦），另一为覩货逻故国（在今新疆南部民丰县北，约当今天的安得尔 Endere）。

我很欣赏贝利教授的“大月氏即 Tokhar”的理论。根据这一理论，许多说不清楚的问题都可以迎刃而解。许多年前，我在前苏联《东方学问题》上读到一篇关于大月氏西迁的文章。文章证明，两千年前敦煌至西域南北道的生态环境远比今天要好，众多人员和牲畜通过是没有问题的（据我所知，晚至 20 世纪 30 年代，大批哈萨克人连同牲畜一起尚能从新疆哈密北巴里坤县迁徙至东南的敦煌一带，即现今甘肃省肃南裕固族自治县、阿克塞哈萨克族自治县）。还有一个前人不注意的问题，就是从甘肃的姑藏（＊Kuzan）到新疆吐鲁番的古名“车师/姑师（＊Kushi），到龟兹（Kuci）/库车（Kucha）/曲先（Kuysan）（元代前后回鹘语的名称），乃至远至中亚费尔干纳（Fergana）的古都贵山（＊Kusan）城，再到贵霜/大月氏（Kushan）帝国。这些地名发音上的近似绝不是偶然的。这是否与月氏的古音＊Kushi/＊Kusi/＊Kuti 有关系？许多年前，当我在德国哥廷根（Goettingen）大学突厥学和阿尔泰学（现改名为突厥学和中亚学）研究所工作访问时，曾看到痕宁（Henning）一篇征求意见的论文打字稿（听说后发表在 Witfogel 的纪念论文集中）。这篇文章的核心内容是：根据古代小亚细亚和两河流域文献的记载，远在公元前三四千年前，有说古代印欧语的 Kuti 和 Tukri 两支人（他们经常一起行动），从遥远的小亚细亚东迁到新疆和甘肃一带。痕宁认为这里的 Kuti 就是月氏，Tukri 就是回鹘文献中的 Toxri/Tuxri。

另一理论认为“吐火罗”人的原居地在南俄草原一带，与古代欧亚草原北方的 Afanasievo 文化（距今约四五千年）有渊源关系。后他们经过西西伯利亚—叶尼塞河流域南下新疆的准噶尔盆地，并越过天山，进入我国西部的甘肃和新疆塔里木盆地的北部。

这里尚有一个问题需要回答，那就是古代焉耆—龟兹人是“吐火罗”人最先进入塔里木盆地族群的后代，抑或是大月氏于公元前二世纪被匈奴人打败后西迁大夏时留在当地人的后代？我认为这两种可能性都存在。

三、开展吐火罗学研究的意义

上世纪二三十年代我国几位国学大师（如王国维、陈寅恪先生等）都曾对西域古代语文学（包括吐火罗学）的研究做出过贡献。前者曾撰写专文，论述古代西域戏剧对内地汉族戏剧发展的影响，后者在国外留学期间曾学习若干种西域古代语文并收集了有关方面的专业书籍，回国后他把藏书中关于古代回鹘语文的德文图书捐献给了北京大学东语系（笔者青年时期曾从这批图书中受益匪浅）。

众所周知，古代西域的语文、宗教、文化（特别是“吐火罗”语）曾给予内地的汉族语言、宗教、文化以很大的影响，如汉语中的“佛”、“出家”、“和尚”等词语分别来自古代西域龟兹（库车）语、于阗（和田）语。古代西域佛教大师如龟兹人鸠摩罗什（Kumarajiva）、于阗人实叉难陀（Xikshananda）等也都曾对汉文佛典的翻译和著述先后做出过巨大贡献。另外据专家们的研究，汉语中的“蜜”、“狮子”等词语都来自“吐火罗”

语。中国古代战车的出现和使用也与“吐火罗”人有密切关系。唐代宫廷十部乐中的若干部也来自“吐火罗”人的音乐。

19世纪末以来，由于西域古代语文（“吐火罗语”、于阗语、楼兰语/尼雅俗语、粟特语、突厥—回鹘语等）文献的发现和释读，于是在汉学领域中形成了一支单独的学科——西域语文学（Philology of Serindia）。我认为这一学科应是我国国学（或民族学）中不可分割的一部分。可惜由于种种原因这一学科迄今未得到应有的重视和发展。一些语种（如“吐火罗语”等）在季羡林教授去世后几乎成为绝学。反观国外，位于北极附近的冰岛首府雷克雅维克（Reykjavik）大学从1987年开始就出版了专门研究“吐火罗语”的刊物：Tocharian and Indo－European Studies。面对这样的现实，值得国人深思！

最后，希望中央民族大学在开展古代西域语文学方面能有所作为！

古代乌尔根奇（Urgench）与中国

胡振华[①]

乌尔根奇有两个：一个是古代的乌尔根奇，也叫做“考涅乌尔根奇”（KONE URGENCH，KONE 是土库曼语，意思是“旧的”、“过去的、从前的、老的”，URGENCH 是地名，KONE 也被写作 KONIYA，有的书上写作 KONIYA URGENCH），它在土库曼斯坦北部靠近乌兹别克斯坦边界的达什奥古孜（DASH OGUZ）市附近；一个是后又兴建起的乌尔根奇，它在乌兹别克斯坦西部靠近土库曼斯坦边界的地方。我在这里讲的是古代的乌尔根奇。

“乌尔根奇”（URGENCH）这一地名早在中国汉朝时期（公元前 206 年—公元 220 年）就出现在中国的史书中了，请参看班固（公元 32 年—公元 92 年）撰写的《汉书》一书中的“西域传”部分。作者在介绍分布在中亚西部靠近咸海的康居（KANGJU，它就是史书上讲的包括“粟戈”SOGDIONA 等地区的一个大国）国时，说它包括五个王国，其中一个王国的都城就设在奥鞬（O－GIAN）。这个汉语中的“奥鞬”（O－GIAN）就是“乌尔根奇”（URGENCH）。汉语与突厥语族语言、伊朗语族语言的特点不同，例如汉语中没有“R”音位，音节尾也没有“NCH”、“RT”、“ST”这些复辅音，所以在汉语音译别的民族的人名、地名时，往往与原来的人名、地名的发音不完全一样。另外古代的汉语与现代的汉语在语音上也有变化，现代汉语的“J”、“CH”在古代汉语中是“G”、“K”。“奥鞬”（O－GIAN，省去了汉语中没有的“R”，用“N”代替了“NCH”）就是“乌尔根奇”（URGENCH）这一地名在当时的汉字音译。

---

① 胡振华，中央民族大学教授。

在《汉书》以后的许多中国史书中也多次记载了乌尔根奇，不过汉字音译用的汉字不同，前后被音译为“奥里犍”（O - LI - GIAN）、“玉里犍”（YU - LI - GIA.）、“兀龍格赤”、“玉龍捷赤”或“玉龍杰赤”（U—LO. G—GAI—CHI）、“烏爾根齊“或“烏爾根奇”（U—R—GE. —CH）等。

土库曼（TURKMEN）族是最早由中国的北部迁移到中亚的突厥人（TURK）的后代，他们是讲突厥语族语言民族中最早信仰了伊斯兰教的民族之一，他们与讲伊朗语族语言的粟特等民族一起，为丝绸之路的繁荣作出了贡献。在中国唐朝（618 年—907 年）由一个名叫杜佑（734——812）的人所编写成的一部《通典》（中国历代典章制度大全的书）的书中写道：“粟戈（SIOK - GUE，即 SOGDIANA）……在葱岭（PAMIR）西，大国。一名粟特（SIOK - DEK，即 SOGD），一名特拘梦（TE - GOU - MAN）。出好马、牛、羊、葡萄诸果。出美葡萄酒，其土地水美故也。……”（见该书第一百九十三边防九）。据有的中国学者研究，这里的“特拘梦”（TE - GOU - MAN）就是“土库曼”（TURKMAN）的汉字音译。这就是说土库曼民族在 8—9 世纪初到中亚时是和粟特人都住在乌尔根奇、撒马尔罕（SAMARKEND）、布哈拉（BUHARA）附近一带的。从 8—9 世纪起中国与中亚乌尔根奇、撒马尔罕及布哈拉的交流实际上就是与粟特与土库曼等民族的交流。在后来的汉文史料中又把土库曼（TURKMAN）写作“突厥蛮”（TU - GUE - MAN）。

成吉思汗西征以前，在中国的宋朝时期（公元 960 年—1279 年）也有不少汉文史料记载了乌尔根奇。说乌尔根奇一直是花剌子摸（KHOREZM，中国汉文史料中音译作“歓潜”HUAN - JIEM、“呼似蜜”HA - ZI - MIE、“货利習彌迦”HUA - LI - ZIEP - MIE - GA、“火尋”HUA - ZIEM 和“花剌子摸”HUA - LA - ZIE - MU 等，因该国的人当时已经都信仰了伊斯兰教，所以也叫做“回回国”，即穆斯林国）国的首都，是丝绸之路在中亚的一个重要城市，它四通八达，起着东西方交流的重要作用。史料中不但介绍了花剌子摸地区土地肥沃，物产丰富，盛产瓜果，有好马和农牧业生产发展的情况，也介绍了纺织业、建筑业、铸造业和手工艺生产等方面的情况。著名的伊斯兰教学者玛合木德·本·乌玛尔·扎玛合沙里（MAHMUD BN UMAR ZAMAHSHARI 1075—1144）就出生在乌尔根奇的扎玛合沙尔地方。由于考涅乌尔根奇那里迄今还保存着许多有着重要历史价值的古迹，联合国教科文组织南非德班（DEBAN）第29届会议上将考涅乌尔根奇列入了世界遗产名录。

汉文史书中的这些记载和十月革命后苏维埃年代里在这一带考古发掘出的中国瓷器，都证实了乌尔根奇一带的各族人民早在古代就与中国各族人民有着密切的友好的交流联系。汉文史料也说明了乌尔根奇对中亚及西亚所产生的影响。

1220年，成吉思汗派术赤（JUCHI）和察哈台（CHAGATAY）进攻乌尔根奇，未能攻克。成吉思汗又派斡阔台（OGETAY）前去指挥，最后经过激烈的巷战，才于1222年攻克了此城。在战争中，蒙古军队破坏了阿姆河的河堤，放水灌城，溺水者甚多，死尸累累，白骨成堆。有许多乌尔根奇人被杀，又有许多乌尔根奇人给蒙古贵族当了奴隶，还有掌握各种手艺的10万工匠被发配到东方，其中不少人来到了中国各地，他们被称作“回回（HUI－HUI）工匠”，这些人是形成中国回回民族的一部分先民。

“回回”在元朝（1280年—1368年）时期是指信仰伊斯兰教的穆斯林（MUSULMA），他们当中包括来自西亚和中亚的各族穆斯林，其中有不少是来自中亚的“回回工匠”和“回回军”。这些人不但使中国出现了一个以伊斯兰教为纽带、以来自中亚和西亚的穆斯林为主体又融合了中国本地人而形成的新的民族共同体，而且还带来了中亚的建筑技巧和建筑艺术，带来了中亚的造枪造炮的技术。有的回回人还向中国介绍了伊斯兰教文化中的哲学、天文学、医药学等。现在中国甘肃省临夏回族自治州不少清真寺建筑上的砖雕艺术很可能就是当年“回回工匠”带来的。中国西北地区回族和保安族中有不少会做刀子的工匠，他们的传统手艺也很可能是过去“回回工匠”流传下来的。这些都需要中国和土库曼斯坦的学者们在今后进一步深入地合作研究。

总之，古代的乌尔根奇的各族人民与中国各族人民是有着源远流长的传统友谊的！

构建21世纪东北亚“文化经济共同体”与边疆地区开发

祁进玉[①]

从文化发生学的角度而言，东北亚“文化经济共同体”的各国有着千丝万缕的历史联系，人类种群的密切关系以及民族互动、文化彼此接触与有效交流的历史，自然拉近了区域内各国间的文化、经济以及人员的频繁交流。本文侧重考察广义的“全球化”对民族国家的影响，尤其是经济全球化、文化全球化对相关的一些群体身份认同的影响，并尝试从跨学科视角初步阐述构建东北亚“文化经济共同体”的可能思路及其发展趋势。本文从跨学科的视野，对东北亚“文化经济共同体”的外延及其内涵加以界定，并深层次分析构建“共同体”的文化共同性和经济互补性，对于构建东北亚“文化经济共同体”所遵循的原则、可能的路径进行初步阐述。

一、全球化、地方性与跨国文化认同

全球化与地方性似乎是一把利剑的双刃，伴生而来的就是跨国主义交流、网络化社会与地缘政治、狭隘民族主义的乱象环生，而这一切恰好可以用以描述我们所处的现实社会的表象。通常意义上，所谓的全球化指的是社会交往的跨洲流动的模式在规模上的扩大、在广度上的增加、在速度上的递增以及影响力的深入。戴维·赫尔德和安东尼·麦克格鲁指出，全球化是指超越构成现代世界体系的民族国家的复杂多样的相互联系和结合。全球化指的是人类组织在规模上的变化和变革，这些组织把相距遥远

---

① 祁进玉，中央民族大学民族学与社会学学院副教授。

的社会联结起来，并扩大了权利关系在世界各地区和各大洲的影响。但不应该把全球化视为预示着一个和谐的全球社会的到来，也不应该把它看成是一个普遍的全球一体化的进程，各种文化和文明都将日益趋同。原因在于日趋增强的内部联系产生了新的敌意与冲突，而且全球化还能够激起反动的政治和根深蒂固的排外主义。某种程度上，地方性或区域意识的觉醒和崛起，恰好是全球化的产物。其实，自从2001年9月1日的“9.11”恐怖袭击以后，美国也重新坚持单边主义和地缘政治的政策。关于全球化终结的言论浮出水面，人们开始冷静地反思全球化。如戴维·赫尔德和安东尼·麦克格鲁认为“全球化的终结”的观点错误地把全球化简单地视为一种经济现象，从世界经济的循环运动的停滞中看到所谓的“衰退”。这种观点忽视了全球化的文化、技术和军事的维度，而这些却显示了更加复杂的画面。[①]

区域化和地方化分别指的是地理上邻近的国家之间的关系日趋紧密的过程，以及国家内部的社会关系日益联结在一起的过程。也有学者提出全球化必然伴随区域化和民族化的过程。在某种条件下全球化是以区域化来加以体现的。全球化的同时，并非各民族完全地同质化，而是在全球经济文化整合的进程中显现其区域或民族的异质性与特色。[②] 全球化包括政治、经济、文化等诸多方面的内容，全球化的来临是不可避免的；全球化的过程必然伴随着地方性和区域性；全球化导致的文化特点上的趋同性、同质化，从而势必相应会出现异质性、民族化的情况可以说是全球化的悖论。

全球化的成效以及对于全球化的成见、民族自我意识、族群认同以及地缘意识的复兴与崛起，在某种情况下还要归功于全球化及其成果之一，诸如民族间的联系日益密切、频繁，相互增进了解与有效交往的同时，彼此都想得到对方的认同与认可；或者以族群理论结合经济全球化的理论基点，有效交往的双方处于一个博弈的场域。诸如文化资源竞争博弈、权利资本博弈、话语权利博弈等等。假设而言，全球化犹如提供了一个舞台，供参加者相互博弈，各取所需，而全球化的规则就是要参与双方遵从规则，否则就要被淘汰出局。凡竞争，就有胜负之分，但是前提是规则并非公平，所以胜负已见分晓。

---

① ［英］戴维·赫尔德、安东尼·麦克格鲁：《全球化和反全球化》，陈志刚译，社会科学文献出版社2004年版，第2页。

② 李琮：《论经济全球化》，载《中国社会科学》1995年第1期。

地方性知识的努力在于建构区域性的政治、经济共同体来应对全球化影响下的全球政治、经济、文化一体化对区域社会潜在的威胁，同时也是尝试建构共同体内部各参与成员国之间的互助、共生、互利的运行机制和合作平台。那么可以预测，在21世纪全球化与地方性之间的话题仍然是热点议题，重大事务的全球性合作与地缘政治、经济、文化共同体之间的博弈也依旧是各国政治家极为纠结的难点所在。德国学者尤尔根·哈贝马斯所设想的超越民族国家的全球公民身份认同似乎是越来越希望渺茫，而类似美国学者塞缪尔·亨廷顿式的忧思——“文明冲突论”似乎有了更多的市场，一些大国或区域集团越来越倾向于用单边主义或贸易保守主义的思维来解决国际贸易纷争也成为惯常性思维。所以，地方性知识与区域化合作成为政治家们的新宠也就不难理解。

本文提及尝试构建东北亚“文化经济共同体”的概念，是基于全球化影响下的地方性知识的初步觉醒，那么势必会与民族学研究中惯常关注的“跨界民族”的概念发生必要的联系。“跨界民族”与“国家主权”、“国界”等国际法的概念相关联，它的产生也许是现代民族国家政治博弈与磋商的产物。古代中国的历代中原王朝盛行的是大一统的天下观。《诗经》云：“普天之下，莫非王土；率土之滨，莫非王臣”就是这种天下观的极好写照；另外，发生在清朝乾隆年间的英国使臣马嘎尔尼访华事件，也折射出这种大一统的“天下观”与业已发生了变动的国际关系体系的深层碰撞。在我国古代的天下观里，只有大致的边疆概念，这个边疆概念极富延展性、模糊性，并不代表确切的国界概念，它是流动不居、非静态和常态的。《尔雅》云：“九夷、八狄、七戎、六蛮，谓之四海。”这种天下观以中原为中心，统领天下，威及四海。那些辅成外围的四海蛮夷，因其经济形态、生计方式和社会结构等因素，往往也是频繁迁徙、流动不居，所以也没有固定的疆界。经过成吉思汗及其子孙们的苦心经营，元朝政府将其疆域北部扩展及整个西伯利亚西部并渗透到中亚地区，使西藏正式成为我国领土的一部分，初步奠定了我国疆域的最大规模。

我国是统一的多民族国家，在我国的西北、西南、东北、北部地区分布着众多的少数民族同胞，其中有许多都是跨界民族，如维吾尔、哈萨克、乌孜别克、塔吉克以及苗、瑶、佤、蒙古、朝鲜族、珞巴族等，这些民族的跨界性十分明显，不仅涉及我国与周边国家的政治、外交，也影响到族群的个人或群体的文化认同、族群身份和国家认同等敏感话题。我们谈到“边界”问题时，往往倾向于探讨地理历史或地缘政治意义上的疆界，而无形中忽略了文化的疆界及其影响，现实生活和社会实践中这个文化的疆界可能会更加易于引发文化冲突或造成负面的社会事件。所以，在政策制定和操作层面，一定要反思历史上因为跨界民族问题而引发的国际冲突，引以为鉴；积极引导、处理好跨国族群的文化认同、族群认同和国家认同之间的关系，对多民族国家和谐社会发展的实践而言，有着非常重要的理论和现实意义。[①]

二、东北亚“共同体”建设与边疆地区发展

目前，全球区域合作的模式大体可分为：(1) 欧盟水平分工模式。参加的成员都是发达的工业化国家（在欧盟东扩之前），成员间的经济差距较小、政治制度接近、文化和其他社会价值观念相似，这使得其成员国之间的主权让渡较为容易，区域经济合作进程发展较快。(2) 北美垂直分工模式。1994 年成立的由经济发展水平悬殊的发达国家与发展中国家共同建立和形成的区域经济合作组织的新模式。(3) 亚太地区功能性区域合作模式。在市场力量的推动下，亚太地区自发地进行了以垂直分工为基础的、开放的功能性区域经济合作实践，成立于 1989 年的亚太经济合作组织 (APEC) 是这一实践的成果。[②]

个案：强化地缘优势，促进区域合作，构建东北亚“经济共同体”

新华网哈尔滨2004年9月7日电：东北亚地区地方政府联合会第五次会议9月7日开幕，中国、朝鲜、日本、韩国、蒙古国、俄罗斯6个国家的27个地方政府112名代表共聚哈尔滨市，共同商讨东北亚地区的发展。此次会议将讨论和决定关系到东北亚地区交流与合作以及地方政府联合会发展的一些重大问题，对各会员地方政府间合作发展问题进行深入研究探讨，听取各专门委员会两年来的工作情况报告，就设立联合会会徽，确定常任秘书处的体制、设置地点、任期，修改宪章等问题进行讨论和表决。东北亚地区地方政府联合会1996年成立以来，已成功举行了4次会议，为增进本地区地方政府之间的交流与合作，促进本地区人民之间的相互了解

① 祁进玉：《跨界民族的认同与归属》，《中国民族报》，2007－3－30。

② 李京：《关于山东半岛与韩国经济合作的几点思考》，载《山东经济》2004年第3期。

与友谊发挥了积极作用。据了解，2004 年上半年，中国与日本、韩国、俄罗斯的贸易额分别约为 782.8 亿、413.2 亿和 94.5 亿美元，同比增长 28.6%、50.5%、39.1%。中国与朝鲜和蒙古的贸易额也保持了增长势头。①

（一）从构建东北亚区域“经济共同体”的角度，首先我们应优先考虑中日韩经济贸易关系的良性互动

日本不仅是亚洲为数寥寥的几个发达国家之一，而且是中国和韩国的近邻和关键的经济伙伴。构建东北亚经济共同体，日本应是重要的参与方。共同体建设包含了政治、经济、文化等诸多内容。其次，中韩合作关系的发展应冲破两国关系的现存框架，为建立地区经济合作共同体发挥联合的力量。目前，东北亚的多边经济合作和一体化经济合作大大落后于世界其他地区。中俄、中日等关系发展都还不稳定。经济和非经济因素一方面制约了东北亚区域经济合作的发展，另一方面却体现了中韩关系在东北亚区域经济合作中的重要性。构建东北亚共同体不仅仅是中韩双方的任务和战略，而且也是关系日本在东北亚地区经济地位的重大举措。中日韩三方在经济上存在着相互依存的关系。在东北亚要实现共同繁荣和发展，我们就不应忽视日本的重要作用，相反，还应充分调动日本的积极性。

个案：中日韩三角平衡发展，区域合作再上台阶

2007 年 1 月 14 日，中华人民共和国国务院总理温家宝、日本首相安倍晋三、韩国总统卢武铉共同出席在菲律宾宿务举行的第七次中日韩领导人会议。一致认为，中日韩是亚洲重要的国家，对维护亚洲的和平、稳定与繁荣负有重大责任。加强面向未来的三方合作不仅符合三国人民的根本和长远利益，而且对亚洲的和平、稳定和繁荣具有重要意义。

为推进社会和文化领域的合作，三国领导人欢迎中国将 2007 年确定为“中日韩文化交流年”，认为此举有助于增进三国人民之间的相互了解和友谊。三国领导人一致认为，中日韩合作是东亚合作的重要组成部分。三方合作使东亚合作内容更加丰富，机制更加完善，对三国各自与东盟（“10 +1”）合作、东盟与中日韩（“10 +3”）合作、东亚峰会乃至东亚共同体

---

① 高增双：《六个国家百余位代表共聚哈尔滨商讨东北亚发展》，http://news.sohu.com/20040907/n221927361.shtml，2007 -7 -6。

建设具有积极作用。①

（二）在构建东北亚“文化经济共同体”中，要重点考虑这一区域各国间的经济合作和经济利益诉求

经济共同体是共同体中较为现实的一环。而经济共同体中的产业合作又具有鲜明的优势，主要在于既不需要政府谈判，合作的主体又主要是具体的产业及企业，政府只需创造良好环境，激发产业和企业的积极性即可。因此产业合作应成为经济共同体建设的试验田和先行兵。有关的数字也充分表明了经济合作的前景以及加入区域共同体的经济收益，是维系共同体长期发展和稳定运行的首要指标。例如：从 1992 年中韩建交以来，韩国对中国的投资呈现出迅速增加的趋势。中韩两国贸易从 1992 年建交时的 50 亿美元突破 2005 年的千亿美元，2006 年达到 1343.1 亿美元，中国也成为韩国最大的贸易伙伴国，而韩国也成为中国第二大进口来源地。2004 年中国对日贸易总额达到 1680 亿美元，首次超过日美贸易总额，成为日本最大的贸易伙伴，2006 年两国贸易总额达到 2073.6 亿美元。②

20 世纪末，随着全球化和区域化两股浪潮的盛行以及东北亚地区的经济迅速发展，人们逐渐把东北亚作为一个区域看待。这是基于如下几方面的因素：首先，自冷战结束以来，东北亚地区的国家间的关系有所缓和、改善，来自政治和安全方面的压力大大减轻，各国间的经济、文化和人员交流逐渐频繁，客观上刺激了区域内各国间的文化和经济交流。其次，区域的政治、经济、安全以及文化交流等现实政策的需要，也是促进国家间交流和贸易往来的主导因素。

在东北亚地区加强中日韩、俄罗斯、蒙古等国的通力合作，有助于促进区域合作的构想与模式的出台，如图们江共同开发计划、环渤海黄海经济圈、东北亚经济圈设想等区域合作模式相继推出。此外，东北亚地区敏感的政治问题和战略位置，也是促进区域各国加强交流与合作的推进器。如朝鲜半岛问题、核危机以及石油战略等国际政治经济格局当中的敏感话题，无疑增加了区域频繁交流与合作的频率。

① http://www.fmprc.gov.cn/chn/zxxx/t288986.htm. 2007－7－6。
② 何剑主编：《东北亚安全合作机制研究》，东北财经大学出版社 2008 年版，第 14 页。

三、构建东北亚“文化经济共同体”的新思路

从前面有关学者的研究，我们可以发现无论是经济贸易投资的总量还是投资结构而言，东北亚经济共同体的优势区域仍然是在我国东北、华北、内蒙古地区，其原因在于这一区域在文化、区位上的优势。朝鲜、韩国以及日本、蒙古、俄罗斯等国家与上述区域有着地理上、文化上或多或少的联系。如果从文化发生学的角度而言，东北亚文化经济共同体的各国与中国有着千丝万缕的历史联系、人类种群的密切关系以及民族互动、文化彼此接触与有效交流的历史。

我国东北、内蒙古地区的众多少数民族在其历史上都曾与周边的国家、人民有着密切的联系和交往。像我国东北的鄂温克、鄂伦春、达斡尔、赫哲、朝鲜、蒙古族等众多少数民族都是跨境民族，他们与周边各国的人们有着密切的往来和频繁的联系，在文化认同上也显示出很多的共同点。一般而言，民族认同与文化认同的同一性，在一定程度上也是促进区域文化经济共同体进一步发展的推进剂和原动力。这种民族认同与文化认同的社会合力，也进一步推动了东北亚区域文化经济共同体的发展与完善。不过，阿里夫·德里克认为，全球在经济上、社会上和文化上的趋同正如马克思所评论的那样，是他那个时代的早熟标志，其最终将显示出处于正确的基点上。同时，也存在着一种平行的断裂过程；就全球意义来说，发生在资本主义中心缺席的情况下，而就地方性来说，则发生在生产过程的断裂进入到超越或低于民族区域和地方性的情况下。随着超民族区域组织在全球的水平上显示出这种断裂，同一民族内部争相占据资本的路径的地方性便在基本上属于地方的水平上展现了这种情形。①

笔者认为，在现有的复杂的国际氛围和东北亚地区紧张的态势下，解决东北亚地区的政治纷争，必须要抛弃原先的单一模式的构建经济共同体的设想，在充分论证的基础上有必要构建东北亚“文化经济共同体”的新思路。因为单纯的经济上的联系只是维系国与国关系的经线而已，在可能的情形下，有必要建立国与国之间、民与民之间联系密切的交往网络体系，这种网络体系是出于双边或多变的政治、经济、文化、宗教、教育、

---

① ［美］阿里夫·德里克：《后革命氛围》，王宁等译，中国社会科学出版社 1999 年版，第 16 页。

科技等互惠互利基础上的平等交往。基于东北亚地区各个国家的实际情况以及民族文化历史、族际接触与交往等元素的综合考量，充分发挥该地区众多跨界民族在文化、历史上的密切联系和跨界民族的文化认同感，并以之为区域多边关系交往交流平台，积极构建东北亚“文化经济共同体”，这才是顺利解决该地区纷繁复杂的政治纷争的可能路径。

关于上述的构建东北亚“文化经济共同体”的新思路，遵循如下几点原则：

第一，文化共同性原则。东北亚区域的各个国家在文化上尤其有更多的共同性、近似性特点。文化共同性原则，主要反映在宗教、文化伦理以及普适性的价值观等几个方面。宗教上除了俄罗斯的东正教外，其他几个国家如中国、朝鲜、韩国、日本、蒙古等国或多或少受过佛教/藏传佛教、道教等影响；民间信仰中东北亚地区曾经在广大范围的地域流行萨满教，直到今天民间萨满教的遗俗尤在；反映在文化观念、价值观、社会伦理方面的便是同源异流的儒学伦理思想。儒学的散布，在东北亚的韩国、日本以及中国的影响是深远而重大的，甚至渗入社会的方方面面。从东北亚国家组成的版图可以看出，中国、日本、朝鲜、韩国、蒙古从地缘上讲无疑都属于东方文化圈，深受汉文化的影响，构成了区域文化的主流。而俄罗斯具有明显的“大陆桥文化”的双重特点。强化了东北亚区域内文化的多元化差异，但并非不可调和的“文明冲突”。有研究者指出，正是东北亚区域这种宏观主流整合性中的“同”，即同根源、同基础和微观支流分离性中的“异”，即发展中的民族文化个性，它们的有机结合给东北亚地区带来巨大的创造力。[①]

第二，东北亚文化经济共同体的构建，是基于该区域政治、经济、社会文化发展的互补互利原则。简而言之，就是共同体的建构有利于区域整合各自分散的力量，从容应对全球化带来的其他地域集团的挑战和竞争。然而，其内部也是充满拒斥与纷争、博弈与妥协。有研究者分析认为，振兴东北老工业基地是一项重大的区域发展战略。要实现这一战略目标，就必须立足现实基础，发挥原有优势，加大开放力度，综合运用结构调整、技术改造、制度创新等多种手段。大力推进与周边国家，特别是与日韩两国的区域经济合作具有重要意义。振兴东北老工业基地战略的实施，为充

---

① 何剑主编：《东北亚安全合作机制研究》，东北财经大学出版社2008年版，第16—17页。

分发挥东北地区与日韩的互补优势和地缘优势，加强与日韩企业的经济贸易往来创造了新的机遇，为中日韩经济合作筑起了新的平台。同时，日韩企业参与东北老工业基地改造，一方面有助于中国东北经济的振兴，另一方面也有利于日韩两国本身的经济发展——推动日韩经济相对落后地区的经济发展，促进其国际化进程；缩小日韩两国国内各地区间的经济差距，促进经济协调发展；增强竞争优势，拓展中国市场。①

第三，共生性原则。“共生”是指不同民族和国家之间的人们存在的那种彼此互利地生存在一起、缺此失彼都不能生存的相互关系。韩国学者李承律提出的互利共生的思想，是基于下述的考虑：东北亚文化经济共同体的构建需要开创一种立体协调的合作空间，一种共生的世界，于其间各国制造业、金融、信息产业、文化诸方面的合作得以重合和交融，各国在语言、文化、宗教、体制等方面的差异得以克服和超越，这是东北亚未来发展的新路线图。② 有研究者认为，反思20世纪的中、日、俄（苏）三国关系史，我们可以得到许多经验教训，概而言之为：两强凌一弱的历史事实雄辩地证明了“落后挨打”的必然；处强邻之间只有自立自强才是唯一的出路；国家之间的关系只靠“友谊”不能维持长久；处理国家间关系“妥协”必不可少；应该牢记“和则两利，战则两伤”的历史教训，遵守“与邻为善，以邻为伴”准则。③ 也有研究者深入地探讨了东北亚地区的安全困境，提出了建立东北亚安全合作机制的基本构想。分析了东北亚地区各大国构成的安全格局，特别是美国地缘战略对东北亚多边安全体系的影响。在建立东北亚安全秩序方面，认为确立新的安全观，重新构建东北亚各国的身份认同是重要的文化基础；建立东北亚地区安全合作机制，是维护东北亚地区安全的制度保障；建议推动中俄朝三边、中日韩三边和中美日三边安全对话与磋商，在朝鲜核问题北京六方会谈框架下构建东北亚安全合作机制。④

东北亚地区位于欧亚战略中轴线的东部，是世界主要大国美国、中国、日本、俄罗斯势力并存与矛盾交汇的地区，在国际关系的历史上，东

---

① 李玉潭、陈志恒：《东北老工业基地振兴与中日韩区域经济合作》，载《吉林大学社会科学学报》2005年2月。

② ［韩］李承律：《共生时代：东北亚区域发展新路线图》，世界知识出版社2005年版。

③ 陈景彦：《20世纪中、日、俄（苏）三国关系的历史经验》，载《东北亚论坛》2005年6月。

④ 刘清才等：《东北亚地缘政治与中国地缘战略研究》，天津人民出版社2007年版。

北亚局势的任何变动往往都影响整个亚太地区，触及大国敏感的利益神经，从而牵动整个世界。基于上述的三点原则，该区域的各个国家从各自的现状和历史出发，充分认识到遵循互利共生的原则，对于区域民族关系以及国与国的交往、政治、经济发展有着极为重要的意义。这种理论层面的文化相似性或共同性讨论，与现实中的情况毕竟还是有着很大的分歧，事实上的差异可能超越这种文化同一性或趋同性分析。那么可以说，学术研究的文化共同性与事实上的文化践行的巨大差异，往往说明了一个朴素的目的，那便是社会建构论在发生着作用。东北亚基于共同文化溯源的讨论本身，便是建构社会认同的原意。但是，我们研究的本意在于从此种建构的文化认同，想象一种文化经济共同体成形的可能及其趋势，这便是在全球化的场景中讨论一种地缘意识及其缘起、发展的初衷。

从世界政治和世界历史的发展趋势，同样显示出逐渐强化的区域化交往和建立区域共同体的尝试，而且这种趋势日益明显。我们从“欧盟”看到了文化的力量，欧洲国家因为文化传统上的相似或相近，建立起一个庞大的区域性的经济共同体联盟，在欧盟的发展历程中，基于共同的历史记忆与文化认同的脉络，成为维系欧盟的重要生命线。“东盟”的出现也是基于同样的考虑，而“北约”则只是一个政治、军事的短暂联盟，参与各方出于各自利益的综合考虑而缺乏对共同体的情感认同，这种军事政治联盟只能是相互利用，其效用也是有限的。在全球化的今天，一方面是多边或双边关系及其交往的趋势越发明显，另一方面却是区域性或地方性组织的作用也越来越突出，类似于美国，一方面在全球经营其政治、军事和经济，如领导着“北约”、建立“美加墨”北美自由贸易区；另一方面却固守单边主义的传统，在其国内有着众多的坚持清教徒式盎格鲁撒克逊文化传统的精英们，他们反对和拒斥多元文化及其价值观，强调民族国家认同对一个国家的重要性。美国学者塞缪尔·亨廷顿可谓保守主义的代表，他极力反对多元文化主义，抨击克林顿政府实行的文化多元主义政策，强调美国国民的国家认同对美国的重要性，拒斥文化多样性和文化多元，认为多样性的族裔文化认同会降低或削弱国民对国家的高度认同感。在国际关系方面，他提出东西方文化的碰撞和对立，否认不同文化形态之间的沟通和互融性。[1] 但是，在全球化的今天，就是实力强大的美国也无法坚守单

---

① ［美］塞缪尔·亨廷顿：《我们是谁——美国国家特性面临的挑战》，陈克雄译，新华出版社2005版。

边主义的政策，从2008年下半年在美国本土刮起的因次贷危机波及全球金融业的金融危机及其后果，使得一贯自负的美国人惊慌不已，美国政府也是束手无策，只好借助于其他国家的援助。所以，这种单边主义的做法业已遭到质疑。

东北亚区域构建“文化经济共同体”的尝试，作为应对全球化压力的一种地方性意识的觉醒，最主要的动力或源发点则是东北亚区域各个国家的一种文化自觉，也是迎合了参与各方的合作热情，并非一时之举，而是综合考量了东北亚区域国家自身发展的种种可能与现实利益诉求。东北亚共同体的构建，也是东北亚区域民族国家之间因资源的竞争和博弈的结果，是追求一种区域内结构性均衡的体系，如果不考虑该区域民族文化多样性的事实与族际、区域性的差异，有时会对国家造成一种危机或面临解构的威胁。所以，很多学者尝试将传统的民族学研究对象纳入政治学的视野，探讨民族这一客观现象在国家政治系统中的结构与功能，以及通过何种政治途径消弭族际间的利益冲突、观念分歧，进而达成国家共同体的持久聚合。所以，用文化这一较为温和型的概念作为构建东北亚共同体的基础和源发点也是颇有说服力的，同时使用“文化经济共同体”作为东北亚共同体的发展方向，也符合东北亚区域各个国家的长远发展目标和利益诉求。至于东北亚“文化经济共同体”的未来发展趋势，则完全取决于参与共同体的各方的努力以及综合体现在东北亚地区的政治、经济、文化、教育等整体氛围中可能出现的变数，但是较为明确的前景是，东北亚“文化经济共同体”的将来一定会像欧共体一样成为又一个耀眼的地域共同体，并充分发挥其作用。

四、结　语

全球化的到来，使得一些本属逐渐没落、衰微的地方性或地缘性认同意识重新振兴、复苏，从某种程度来说，旧的一些观念意识形态的东西以新的面目出现。族群或民族认同以及国家认同等问题并不是新鲜事物，可是现在面临着较之以往更加复杂的局面和问题。诚如威廉·华莱士所言，我们生活在一个具有挑战性的矛盾之中——即管理日益变成多级的、错综复杂的制度化的、空间上分散的活动，而表现、忠诚、认同却植根于传统种族的、地域性的和民族的共同体中。[①]

在全球化的今天，可以说“区域互助、全球协作”已经成为政治家、学术界公认的准则，那么从这个角度而言，充分发挥东北亚地区丰富的文化资源和文化历史传统的作用，增进区域内族群/民族间彼此的接触和交流，增强跨国文化认同的感召力，构建东北亚“文化经济共同体”就有着十分重要的理论和现实意义。然则，如何合理引导该区域众多跨国民族的民族认同与国家认同，建立超越民族国家的跨国文化认同就成为重要而紧迫的研究课题，只有上述问题处理好了，才能谈及如何构建东北亚“文化经济共同体”的具体步骤和实施环节。

① 威廉·华莱士：《主权的分享：欧洲的矛盾》，载《政治研究》1999年第47期特刊，第3页，转引自戴维·赫尔德、安东尼·麦克格鲁：《全球化和反全球化》，陈志刚译，社会科学文献出版社2004年版，第127页。

长吉图先导区规划下的图们江开发开放模式研究

——边疆发展模式的新探索

衣保中[①]

2009年8月30日，国务院正式批复了《中国图们江区域合作开发规划纲要——以长吉图为开发开放先导区》（简称“长吉图先导区规划”），标志着长吉图开发开放先导区建设上升为国家战略。国务院在批复中指出：以吉林省为主体的图们江区域在我国沿边开放格局中具有重要战略地位，加快图们江区域合作开发，是新时期我国提升沿边开放水平、促进边疆繁荣稳定的重大举措。国家把图们江区域合作开发上升为国家战略，其主要战略意图是以图们江区域合作开发为载体，促进东北亚区域合作，探索我国沿边地区对外开放的新模式和新机制。长吉图先导区建设，应该深刻领会国家的战略意图，在边疆开发开放模式的创新上有所突破。根据我国陆地边疆地区普遍存在区位偏僻，远离经济中心，经济基础薄弱，经济体量较小等问题，长吉图开发开放应该探索新的模式。

一、传统边疆开发模式下图们江开发开放的困境

边疆作为一种区域类型，原本是个政治学的概念。中外文献一般把边疆解释为一个国家靠近国境的边远地区或地带，我国狭义的边疆地区仅指有陆地国境线的135个边境县级行政区，而边疆经济也一般是指边境县域经济。在这种概念下，人们便形成了对于边疆的传统观念，即把边疆看作政治上关涉领土安全，军事上的战略要地，经济上边陲落后，文化上具有

---

① 衣保中，教育部重点研究基地吉林大学东北亚研究中心教授。

民族特色的特殊区域。在这种传统边疆观念下，边疆地区在制定本地经济发展规划或者实施区域发展战略时，往往强调边疆的特殊性和战略地位，从边疆特殊性的角度谈边疆发展，向中央争取对本地有利的各种优惠政策，因而我国边疆地区往往是国家各种优惠政策叠加富集的区域。如吉林省延边朝鲜族自治州就享有国家沿边开放、少数民族地区、兴边富民、老工业基地振兴、西部大开发等各项优惠政策。再加上边疆大多属地广人稀、资源富饶之地，资源开发便成为边疆开发的主题。在对外开放上，由于边疆地区具有发展边贸的区位优势，口岸经济和边境贸易就成为边疆地区对外开放的主要形式。因此，我国边疆地区就形成了政策、资源和口岸依赖下的传统开发开放模式。但是，边疆地区的政策优势、资源优势和口岸优势却很难转化成经济优势，尽管国家给予大力扶持，但边疆民族地区经济发展仍然落后于腹地中心城市。

吉林历史上以边疆立省，政治、经济、文化无不被烙上浓重的边疆特色。政治方面，吉林设置与边防建设密切相关。17 世纪 40 年代，沙俄侵入我国东北边疆，在这个历史背景下的吉林设置就不可避免地带有强烈的军事色彩。当时吉林地方大员称昂邦章京或将军，下设兵司、户司、刑司、驿站等军政机构，辖有前锋营、水师营、鸟枪营、虎枪营和驻防八旗等军事组织，以“绥和军民”、“辑宁边境”为职责，以“军府之规”，行“旗民之治”。这种军政合一的管理体制，对于当时清政府动员地方一切力量，抵制沙俄侵略发挥了积极的作用。在经济方面，清政府出于政治、军事方面的考虑，在乾隆 21 年（1762 年）正式颁布《宁古塔等处地方禁止流民例》，对吉林广大地区实行了严厉的“封禁”政策，禁止人民迁入垦殖，使吉林地区成为全国最封闭的经济落后地区，农耕长期与采集、渔猎、游牧相结合，没有形成中原较成熟的传统农业经济。在文化上，清统治者为了保持旗人质朴骁勇的尚武精神，通过定期举行围猎等活动，以维系“国语骑射”旧俗，延续少数民族的骑射文化传统。因此，吉林地方文化具有浓郁的民族性和边疆特色。厚重的边疆历史积淀，形成了吉林人挥之不去的边疆意识。所谓的“边疆意识”，主要是指边疆地区对自身边缘区位和地位的认同以及由此而形成的自我认知，它既是边疆地区自然条件、经济特征、社会文化背景等方面客观存在的反映，也是历史在生于斯长于斯的人们潜意识中长期沉积的结果。这种边疆意识的突出特征，就是在政治方面保守僵化，缺乏改革创新精神。地处边陲要津，肩负守土重责，在处理事务时不免谨慎求稳有余，大胆图变不足。政治优先，稳定优先，成为施政的首要目标。边疆意识在经济行为方面则表现为以资源指向型开发为特征的粗放型经济发展模式，重数量轻质量，重政策轻市场。在文化方面边疆意识突出体现在过于强调地方文化的乡土性、民族性和边疆性，缺乏以全国和世界为坐标的主流意识和人文精神。总之，边疆意识使得人们安于国家政治、经济、文化的边缘地位，缺乏敢于领风气之先的创新精神，已经成为影响边疆开发开放的严重障碍。

图们江开发是联合国开发计划署（UNDP）1990 年代初提出的一项计划。1991 年，联合国开发计划署正式提出了“图们江地区开发项目”并把它列为推动东北亚各国合作的关键项目。我国对图们江开发高度重视，1990 年正式开放珲春口岸，编制了《图们江下游珲春地区综合开发规划大纲》。1992 年国务院把珲春列为首批 14 个沿边开放城市，赋予省级外贸管理权，设立边境经济合作区。此后，吉林省设立图们江开发办公室（正厅级），全力支持以珲春为核心的开发开放。1992—2006 年，珲春市累计完成固定资产投资 129 亿元，交通设施、供水设施、供电设施都得到了根本改善，从而实现了由一个落后的边陲小镇到一座新兴边境城市的历史性跨越。图们江地区的口岸经济也迅速发展，2000 年珲春设立出口加工区，2001 年珲春又设立中俄互市贸易区。截止 2009 年末，珲春边境经济合作区内注册企业 290 户，工业总产值 62. 5 亿元，实现财政收入 17260 万元，进出口额 4 亿美元。珲春已经成为对俄、朝的重要贸易口岸。

但是，由于图们江地区地处中、朝、俄三国的边缘地带，人口少，经济总量小，发展程度远远落后于经济发达地区。朝鲜是世界最贫困国家之一，与我国接壤地区更为落后。俄罗斯与图们江毗邻地区位于俄罗斯的最东部，原为军事管制区，地广人稀，经济发展缓慢。我国延边、珲春地区经过 20 年开发开放，尽管经济发展较快，但其基础仍然薄弱，该地区城市规模小、人口少、经济实力弱、产业层次较低。尤其相对于长春、吉林等腹地中心城市的迅速发展，图们江地区的延吉和珲春面临边缘化的局面。目前延边朝鲜族自治州的大部分边境县市仍然属于国家级贫困县，图们江对外开放的前沿和窗口作用不明显，区位优势没有得到充分发挥，无论是对外贸易还是外商投资都受到很大的局限，严重制约着图们江合作开发的深入展开和对外开放格局的形成。

传统的边疆开发开放模式是局限于边境口岸区位、以边境城市为核心的区域发展模式。由于边境城市一般规模较小，不能有效集聚经济资源并发展成为带动力强的区域性经济中心。尽管各边境城市和边境经济合作区都将引进工业项目视为经济发展的重点，并且通过创办出口加工区、税收优惠等方式开展招商引资活动，但总体上看各项政策的效果并不明显，边境经济合作区和开发区大片土地闲置。有的边境城市和边境经济合作区既缺少国内腹地支撑，与毗邻国家的合作也难以有效推进，陷入“孤岛经济”状态。尽管珲春市也设立了出口加工区，享有较高水平的对外开放政策，但由于与长春市、吉林市乃至延吉市等区域中心城市经济联系弱，并且对外通道“通而不畅”，跨国交易费用较高，致使该加工区产业发展困难重重，在全国出口加工区中的排名靠后。而且边疆地区的县级行政单位由于级别低、管理权限小，在金融、财税、土地、涉外等方面权力十分有限。多年来，珲春、图们、龙井、和龙、安图等边境县市尽管对图们江开发热情很高，但由于图们江合作开发中涉及的通关制度调整、跨国基础设施建设、贸易投资自由化和便利化等方面的事项，都是属于省级甚至国家级事权范围，仅靠边疆县市的努力很难推动。吉林省的中部城市群皆以辽宁沿海诸港作为出海口，与珲春等延边口岸缺乏产业的链接和物流的联动，因而沿边口岸与腹地中心城市之间尚未形成互动发展的机制。

二、长吉图先导区规划与边疆开发开放的新思路

《中国图们江区域合作开发规划纲要——以长吉图为开发开放先导区》的内容包括重大意义、总体要求、加快建设长吉图开发开放先导区、积极促进长吉图与国内区域联动、大力推进图们江国际区域合作、规划实施保障等六大部分，约一万五千字。规划范围包括长春市城区、德惠市、九台市和农安县；吉林市城区、蛟河市和永吉县；延边朝鲜族自治州。规划区域面积 7.32 万平方公里，占全省的 39.1%，人口 1097 万人，占全省的 40.7%。有两个特大城市、9 个中小城市、179 个乡镇，城镇化率 57%。该区域经济总量约占全省的 60%，省内汽车、石化和农产品加工三大支柱产业和服务业的主要大企业都在此区域内，集中了全省 90% 以上的大学和科研机构，金融、研发、人力资源等生产要素高度集中。该规划明确了长吉图开发开放先导区的四大战略定位，即我国沿边开发开放的重要区域、我国面向东北亚开放的重要门户、东北亚经济技术合作的重要平台、东北

地区新的重要增长极。

长吉图先导区规划的发展目标分两个阶段，即到2012年，力争实现“借港出海”目标，长吉图区域经济总量在现有基础上翻一番，进出口贸易总额大幅度提高，成为我国东北地区经济发展新的亮点。到2020年，中国图们江区域对外开放水平实现重大突破，特色产业体系形成明显竞争优势，科技创新能力达到国内先进水平，长吉图区域实现经济总量翻两番以上，建成我国东北地区重要的新型工业基地、现代农业示范基地、现代物流基地和东北亚国际商务服务基地，基本建成我国东北地区经济发展的重要增长极。为实现上述战略定位和目标，该规划确定了三个方面的重点任务。一是加快长吉图开发开放先导区建设；二是积极促进长吉图与国内区域联动；三是大力推进图们江国际区域合作。分析该规划纲要的指导思想和主要内容，我们发现该规划对图们江地区开发开放提出了一系列新的战略思路。

首先，规划提出了区域协调的战略思路。近年来，国家陆续批准实施了十余个区域发展规划，主要的战略意图是解决我国经济发展中的区域差距扩大和发展失衡问题。长吉图先导区规划也体现了中央推进区域协调发展的战略意图，在规划中有17处用到“协调”一词，体现了规划对协调问题的高度重视。规划中明确提出长吉图先导区要“为全面振兴东北老工业基地和促进区域协调发展发挥促进与支撑作用”。为此，规划不仅要求实现先导区内部边疆开放前沿与腹地中心城市之间的协调发展，“统筹推进长吉图开发开放，促进长吉图一体化发展，形成窗口、前沿、腹地有机联结、功能协调、有效互动的空间布局”，“促进区域内各类城市层次清晰、功能互补、布局合理、协调发展”；而且还提出“统筹长吉图区域与吉林省其他地区的协调发展，在对外通道等基础设施建设、产业分工与布局等方面有机联动、合力推进”，并进而加强吉林省与东北其他地区乃至国内长三角、珠三角、环渤海、北部湾等东部发达地区的协作，与其他地区形成发展合力，共同推进图们江开发开放，最终实现边疆与内地协调发展的战略目标。

其次，规划提出了区域整合的发展思路。为了解决边疆地区经济总量较小、产业基础薄弱的问题，长吉图先导区规划明确提出了通过区域整合发展经济的思路。长吉图规划在区域空间布局上提出了三大区域整合战略：即在长吉图腹地推进长吉一体化，强化腹地中心城市的支撑能力；在边疆开放前沿推进延龙图一体化，打造边疆区域性中心城市；在珲春开放窗口大力推进跨境区域合作，加强与俄罗斯、朝鲜毗邻地区的整合，把珲春发展成为图们江国际合作开发的桥头堡。此外，长吉图先导区还在汽车、石化、农产品加工、光电子信息、冶金建材、装备制造、生物、新材料等八大新型工业基地建设，区域物流、特色旅游、文化创意、服务外包、商务会展以及金融保险等现代服务业体系建设，以及交通、水利、能源、信息等基础设施的共建共享、互联互通，注重生态建设和环境保护，建立长效生态补偿机制和生态环境共治机制等方面都做了统筹规划，从各个方面全力推进长吉图区域一体化进程，并作为一个整体参与国际合作。为了建立完善的区域整合机制，规划明确提出充分发挥市场配置资源的基础性作用，加强政府规划和政策引导，设立综合管理机构，强化在制定和实施区域发展规划、统筹产业布局、推进基础设施建设、协调重大问题等方面的协调职能。逐步打破区域行政界限，推动延龙图行政管理一体化。鼓励区域间、企业间开展经济技术合作，进一步打破行政性垄断和地区性封锁，加快推进市场一体化。

再次，规划提出了区域联动的推进思路。规划的指导思想是“立足图们江，面向东北亚，服务大东北，全面推进图们江区域合作开发”。“坚持统筹国内与国际合作，培育优势互补、互利共赢的联动发展新格局，努力建设我国沿边开放开发的先行区和示范区”。规划把图们江开发与吉林省中部经济中心城市的发展结合起来，在促进边疆地区与内陆腹地优势互补和联动发展方面先行先试，推动图们江区域合作开发在更高的层次上向纵深发展。通过加强连接长春、吉林与图们江地区的快速通道和贸易口岸建设，形成以珲春为窗口、延吉—龙井—图们为前沿、长春—吉林为引擎、东北腹地为支撑的总体布局，构筑吉林省乃至东北地区全方位开放新格局。规划要求长吉中心城市要发挥支撑图们江区域合作开发的直接腹地作用，有选择地将相关配套产业向前沿和窗口地区转移，支持和鼓励企业利用对外通道开展国际物流业。在着力推进长吉图开发开放先导区内部联动发展的同时，加强长吉图区域与国内其他区域的经济联系与合作，建立区域性联合推动机制，实现资源优势互补、产业合理分工、基础设施协同共建、区域经济协调发展，全面推动中国图们江区域合作开发。

三、超越边疆意识，探索图们江开发开放新模式

要超越“边疆意识”，就应放宽眼界，从更加广阔的视角来认识边疆的区位和地位。在国家经济封闭和国际对抗时期，边疆发展经济处于不利的区位。但在和平与发展成为时代主流、经济全球化和区域经济一体化日益发展的新形势下，边疆成为推进国际合作与发展的前沿和窗口，区位条件已经发生根本的转变。即使在冷战遗留问题比较严重的东北亚地区，区域合作与发展也已经成为主流。上世纪90年代以来，以图们江国际合作开发为契机，东北亚区域合作全面展开。长吉图地处东北亚地区的几何中心，东临朝鲜半岛和日本列岛，西接蒙古，北连西伯利亚，南通中原，自古以来就是中原文化向东北亚地区扩展的中转站，也是东北亚多民族文化交汇之地。长吉图以优越的区位优势而被推到东北亚区域合作的最前沿。在新时期的图们江开发开放中，应该注意克服和超越“边疆意识”，强化开放意识，推进地方国际化进程，发扬与时俱进的创新精神，充分用足国家战略先行先试的政策，积极开拓，大胆创新，探索边疆开发开放的新模式。

国家对长吉图先导区的战略定位之一是“我国沿边开发开放的重要区域”，即以长吉图开发开放先导区建设为主体，在促进沿边地区与内陆腹地优势互补和联动发展、开拓陆海联运国际运输新通道、探索沿边地区跨境经济合作模式等方面先行先试，推动图们江区域合作开发在更高层次上向纵深发展，为全国沿边开放开发提供经验和示范。根据我国陆地边疆地区开发开放中面临的普遍问题，长吉图开发开放应该大胆创新，探索新的模式：

1. 边疆开放口岸与腹地中心城市联动发展模式

近年来，长吉一体化和延龙图一体化都取得了一定的进展，有了一定的基础。今后应该抓住长吉图先导区上升为国家战略的契机，明确提出长吉图一体化的发展战略，着手编制长吉图一体化发展规划，在产业布局、区域分工、企业集群、管理体制等方面做出统筹规划。只有通过区域一体化的制度创新，才能在体制和机制上把边疆开放前沿和腹地中心城市有机整合起来，形成区域联动发展的新格局。为了推进长吉图一体化进程，2010年5月20日省委省政府正式发布了《长吉图规划实施方案》，明确提

出成立长吉图先导区规划实施领导小组及其办公室。该机构将承担组织、协调、指导和推动长吉图先导区规划实施的职责，在组织上和行政体制上为长吉图先导区建设提供保障。该实施方案提出了如下推进原则：一是统筹安排，分步实施；二是整合优势，合理布局，努力打破区域内行政壁垒和市场分割，推进长春市、吉林市、延边州联动协调发展；三是强化载体，突出项目，整合提升区域内各类开发区和工业集中区功能；四是创新示范，带动全省，充分利用国家赋予的政策机遇，勇于先行先试，通过加强长吉图与省内其他地区的基础设施共建、产业互补融合，带动全省加快发展；五是分工协作，各负其责，坚持全省统筹、市（州）为主、市场化运作，强化组织领导，建立有效的协调机制，创新区域管理体制，推动区域间协作融合，形成整体合力。

2. 境内合作与跨境合作协同发展模式

沿边地区在进行跨境经济合作中，由于跨境双方都是所在国家经济比较落后的边疆地区，因而跨境合作的深度和广度都受到限制，边境地区合作大多停留在小额易货贸易层次上。为了提升跨境经济合作水平，必须统筹境内区域整合与跨境区域整合。在长吉图先导区建设中，要通过延龙图一体化以及长吉一体化的境内区域整合，为珲春窗口开放提供有力的腹地支撑，为跨境区域合作提供雄厚的产业基础和货源支撑。各种类型的合作园区和开发区是推进国际经济技术合作和承接国内产业转移的重要载体。长吉图先导区建设要创新园区发展模式，在加快珲春窗口国际合作园区发展的同时，也要积极探索口岸地区国际产业合作园区与内地各类工业园区协同发展的模式和机制。积极争取外交部、商务部支持，在珲春市建立“中日韩循环经济示范基地”和环保设备制造基地；通过外交和商务渠道，将珲春日本、韩国、中国香港工业园纳入中国与日本、韩国和中国香港特区政府间合作项目；加快长春中俄国家级科技联合研究中心、中国新加坡吉林食品园区、吉林（丰满）韩国工业园、延吉韩国工业园等国际产业合作园以及在长春、吉林的上海、浙江、广东、深圳、台湾工业园等省际产业合作园区建设。只有通过境内合作与跨境合作、国际园区与省际园区、内资与外资的协同发展，才能把境内外优势要素引入边疆地区，加大推动边疆地区开发开放的力度。

3. 境内外交通物流网络统筹发展模式

尽管我国近年来加大了对边疆地区基础设施建设的支持力度，但对外通道仍然处于“通而不畅”的状态。其中关键的瓶颈问题是对方基础设施没有同步跟进，因而边疆地区的交通网络大多属于“断头路”。因此，长吉图先导区的基础设施建设应该实行境内外统筹发展的模式。我国应该通过境外投资、援建等方式推动境外配套设施建设，使境内的交通物流网络能够与境外连接起来，才能真正解决对外通道问题。长吉图规划中提出要“完善区域内综合交通运输体系，以畅通区域对外通道和省际通道为重点，构建南北纵横、东西贯通、布局合理、衔接顺畅、高效一体的立体交通网络”。畅通国际大通道是长吉图开发开放的关键任务，也是先行先试的内容之一。要着力在借港出海、联港出海、连线出境、内贸外运等方面进行探索试验，在努力提升国际合作机制、加强国家外交、经济和地方政府合作等不同层面协商机制基础上，围绕与俄、朝毗邻地区公路、铁路、港口等基础设施合作项目、中蒙大通道、国际空港物流通道等核心建设内容，加快构筑贯通东北经济区、蒙古国通往日本海的国际运输大通道。

值得注意的是，我国长吉图先导区规划上升为国家战略后，得到俄罗斯和朝鲜的积极响应。2009 年 9 月 23 日国家主席胡锦涛在纽约会见了俄罗斯总统梅德韦杰夫，中俄双方正式批准《中国东北地区同俄罗斯远东及东西伯利亚地区合作规划纲要》，明确提出将投资改善两国相邻地区的交通状况。2010 年 1 月 20 日，俄罗斯总理普京批准了《远东和贝加尔地区 2025 年前社会经济发展战略》，标志着俄罗斯远东地区的新一轮开发正式拉开序幕。据朝鲜中央通讯社消息，2010 年 1 月 4 日罗先市正式升格为朝鲜中央直辖的特别市，成为朝鲜继平壤、开城之后的第三个特别市。朝鲜已制订了《朝鲜民主主义共和国罗先经济贸易法》等一系列特殊的法规和政策，提出了雄心勃勃的开发建设项目，计划以图们江开发为轴心，把罗先—清津地区发展成连接中、俄、朝的东北亚物流和贸易中心。8 月 26 日至 30 日朝鲜最高领导人金正日对我国吉林省和黑龙江省进行了非正式访问，8 月 27 日胡锦涛与金正日在长春举行会谈。金正日来访以及与胡锦涛总书记的会谈，明确表态积极推动朝鲜与我国东北地区的合作，为罗先开发开放与长吉图先导区建设的互动发展提供了前所未有的历史机遇。建议我国抓住机遇，从中央政府的层面加大对朝鲜罗先市基础建设投资的力度，由相关的央企参与一些战略性工程，举国家之力打通我国的图们江国际大通道。

参考文献

[1] 邴正．新形势下的东北亚区域经济合作［J］．西伯利亚研究，2009，(4)．

[2] 梁明，李光辉．东北亚区域经济合作影响因素实证研究［J］．国际经济合作，2009，(10)．

[3] 赵放．不容乐观的东北亚区域合作走势分析——对吉林省对外经贸战略带若干思考［J］．东北亚论坛，2009，(5)．

[4] 吴昊．论中国在推动东北亚区域合作中的作用与对策［J］．东北亚论坛，2006，(6)．

[5] 巩村磊．东北亚区域合作的国际政治经济学分析［J］．东北亚研究，2009，(3)．

[6] 巴殿军．东北亚区域经济合作的政治环境［J］．东北亚论坛，2009，(4)．

[7] 董立延．日本亚洲政策调整与东北亚区域合作趋向［J］．亚太经济，2009，(5)．

[8] 郭宾奇．论图们江地区开发与东北亚区域经济合作［J］．西伯利亚研究，1995，(1)．

[9] 王胜今，于潇．东北亚地区建立自由贸易区（FTA）的现状与趋势［J］．东北亚论坛，2007，(4)．

[10] 吉田进，筑波昌之．新形势下日中蒙交通体系建设研究［J］．东北亚论坛，2009，(5)．

[11] 韩兴海．建立中俄朝图们江自由路港区的构想［J］．东北亚论坛，2005，(6)．

[12]《中国图们江区域合作开发规划纲要——以长吉图为开发开放先导区》．

[13] 衣保中．图们江区域合作开发进展缓慢的原因及创新开发模式的思考［C］，东北亚区域合作与中国东北振兴研究，吉林人民出版社 2007. 1.

[14] 衣保中等．图们江地区跨国区域合作对我国东北边疆民族地区安全的影响与对策［J］，中国社会科学内部文稿，2008，(6)．

[15] 衣保中等．关于在长吉图开发开放先导区建设中发挥珲春窗口作用的几点建议，中共吉林省委《决策咨询要报》第 98 期，2009 年 10 月

10 日．

［16］ 衣保中．中国图们江区域合作开发的推进现状与展望［J］，决策与咨询，2010，（1）．

［17］ 衣保中．关于珲春出口加工区转型升级为综合保税区的建议，吉林省人民政府办公厅调查研究室《专家建议》2010 年第 2 期，2010. 1. 12.

［18］ 衣保中等．抓住海关监管体制改革机遇，大力提升长吉图先导区对外开放水平的对策建议，《决策咨询要报》2010 年第 2 期，2010. 3. 2.

沿边开发开放民族地区小城镇发展：耦合力、模式与对策研究

——基于吉林省延边朝鲜族自治州朝阳川镇的调查①

曹　阳②

引　言

小城镇是自然、社会、经济构成的有机复合系统，无论发展迟缓还是迅速，都是多因素耦合作用的结果。在不同的机遇和条件下，各地区小城镇能否选择适宜的道路发展并沿着各具特色的路径演进，逐渐形成不同的小城镇地域发展模式，不仅直接影响到城乡共同发展，而且也影响到区域整体战略目标的实现。

2009 年 8 月《中国图们江区域合作开发规划纲要——以长吉图为开发开放先导区》（简称长吉图战略规划）经国务院批准通过，使图们江区域合作开发的总体构想上升为国家战略。规划中确立的“长吉图开发开放先导区”是迄今唯一一个国家批准实施的沿边开发开放区域。为实现规划提出的以珲春为“窗口”、以延吉、龙井、图们等地为“前沿”、以长春、吉林为“腹地”的立足图们江、面向东北亚、服务大东北的战略布局，在实际战略行动上，将原归属于龙井市的朝阳川镇以整建制划归延吉市，因而，朝阳川镇的发展不仅有国家关于促进小城镇健康发展政策的指导，而且有着区域经济发展战略所带来的难得机遇，除此以外，其自身的资源条

---

① 【基金项目】国家社科基金项目（09CMZ027）“我国少数民族地区经济社会科学发展的模式比较与创新研究”。

② 曹阳，大连民族学院民族地区可持续发展研究中心副教授。

件、社会文化背景以及包括社会变迁推动力、地方行政整合力、城镇体系的自组织力、经济发展的扩张力等在内的内生性动力机制，都将形成朝阳川镇发展的耦合力，并通过地方政府的具体整合，进而形成朝阳川镇的发展模式。

本文基于对延边朝鲜族自治州朝阳川镇的调查和研究，力图对沿边开发开放民族地区小城镇发展的耦合力及其发展模式进行深入研究和探讨，并分析存在的问题，提出相应的对策思路。

朝阳川镇建制于1956年，1988年乡镇合并。截至2008年，全镇总人口5.2万人，其中农业人口2.58万人，朝鲜族人口3.28万人，属朝鲜族聚居镇。在区位上，朝阳川镇位于吉林省东部长白山麓延吉盆地中心，地处图们江中下游综合开发区金三角、延龙图一体化版图中延吉西部新区。东与延吉市毗邻，南靠龙井市，与日本海临近，经海上通道可通往俄罗斯、日本、韩国等国家和地区，具有沿边开发开放的优良条件。1999年被国务院列入全国小城镇综合改革试点单位，2004年被建设部、农业部、国家发改委、国土资源部、民政部、科技部等六部委列为全国重点镇，2009年被列入吉林省“百镇建设”25个首批试点镇。

朝阳川镇是延边朝鲜族自治州工业强镇，表1所示为2007—2009年该镇三次产业间结构比例。工业以化工、食品、机械、制药、建材、木制品加工等产业为主导，现有各类工业企业193家，年产值达2.45亿元；规模以上工业企业15家，实现产值1.2亿元，占工业总产值的49%。其中，10家产值超500万元，5家超3000万元；有中外合资、独资企业13家，开放型经济正快速发展。农业特色较明显，基本形成了具有一定规模的蔬菜、绿色大米生产，牛、猪、肉犬养殖，烟叶种植和明太鱼加工等五大特色农业产业化基地。在第三产业方面，朝阳川镇充分利用独特的地理位置，大力发展专业批发市场和现代物流，现已成为全州物流中心和农副产品集散地，从而使该镇经济辐射能力大大增强。

表1　朝阳川镇三次产业结构

	2007年	2008年	2009年
第一产业:第二产业:第三产业	23.2:76.8 *	22.3:46.0:31.9	21.4:49.0:29.5

数据来源：根据调研资料获得。

*注：由于统计数据有限，2007年的产业结构比为第一产业产值与第二、三产业产值之和之比。

此外，朝阳川镇划转延吉市后，以工促农，以镇带村，在基础设施、就业和社会保障以及医疗和文化事业方面均有较快发展。

朝阳川镇作为沿边开发开放民族地区小城镇，其在经济、社会发展中，结合自身比较优势和条件，抓住机遇性因素，通过地方政府制定本镇发展政策，有意识、有目的地进行资源和优势的引导、管理和整合，由此构成该镇发展的耦合力，并形成自身的发展道路，进而演化为体现地区特色的发展模式。深入分析这些耦合力的构成及朝阳川镇发展模式特色，对于从战略意义上把握朝阳川镇在“延龙图一体化”及“长吉图战略规划”等区域发展中的定位和方向具有重要作用，同时也为我国其他沿边开发开放民族地区小城镇发展提供有借鉴意义的宝贵实践经验。

一、朝阳川镇发展的耦合力

（一）耦合力之一：条件与机遇

1. 充分利用自身条件，形成发展特色

区域发展总是在一定地域空间条件下进行的，地域空间的不同，意味着小城镇的自然条件和地理位置不同，从而对小城镇的产业结构和产业发展方向形成影响和约束。我国沿边开发开放民族地区小城镇主要地处东北部、西部和西南部边疆，拥有独特的自然资源，又因靠近边境而具有开发开放的区位优势，同时，还由于共同的民族文化和传统与邻近国家形成紧密的地缘关系。这些条件决定了沿边开发开放民族地区小城镇必须结合镇情、区情，走有地域特色的小城镇发展道路。

朝阳川镇在其发展过程中，便较好地利用了自身所拥有的条件，使该镇经济、社会发展呈现一定的地域和民族特色。具体表现在：

第一，充分利用本镇的自然资源条件，发展特色农业和农产品加工业。由于朝阳川镇林木茂密、水草丰富、生态良好，因此，在朝阳川镇优质的大米种植、苹果梨种植、红晒烟种植及黄牛牲畜养殖等特色农业的生产规模得以稳定并逐步发展。同时，由特色农业和特色资源所形成的加工业也发展较快，包括以优良生态环境为基础的绿色大米生产、以丰富中药材植被为原料的制药和以丰富经济林木为原料的木制品加工业等，使朝阳川镇的产业发展凸显较明显的区域特色。

第二，充分利用独特的区位条件，大力发展商贸和物流业。朝阳川镇

是延边朝鲜族自治州的交通枢纽和周边乡镇的经济、文化中心，拥有陆、海、空对外交通网络体系，具有较好的地理和区位条件。充分利用这一条件，朝阳川镇大力发展了商贸和物流业，确立了在延边朝鲜族自治州的物流中心和农副产品集散中心的地位，加快了朝阳川镇第三产业的发展，在一定程度上优化了朝阳川镇的产业结构。

第三，充分利用民族文化渊源形成的地缘关系条件，大力发展民族特色产业和劳务经济。朝阳川镇有约占当地总人口63%的朝鲜族人口，在经济发展中，自然受到朝鲜族民族消费习惯、民族文化和传统的影响。朝鲜族有着独特而丰富的饮食文化，因而像明太鱼加工、朝鲜泡菜等民族特色食品业在朝阳川镇经济发展中成为有一定主导地位的加工产业。另外，由于同民族而形成的地缘关系，朝鲜族人与韩国经济往来十分密切。2009年全镇劳务输出人数达5026人，年收入达上亿元。劳务经济的发展一方面提高了全镇的人均收入，另一方面出国劳务人员回国后带回的资金、技术和信息等，能进一步带动和促进本镇经济发展。

2. 努力抓住机遇，融入区域发展战略，形成超越化发展态势

机遇的到来，能够成为小城镇发展的良好契机和重要转折。一旦把握了机遇，小城镇就能够选择发展的切入点，确定主导产业与发展道路，使自身积极主动地融入区域发展战略之中，从而形成超越化发展态势。

目前，朝阳川镇最大的机遇来自于由“长吉图战略规划”这一国家战略和“延龙图一体化”区域发展战略所带来的沿边开发开放的机遇。这些宏观战略所要进行的区域产业结构调整和经济空间的功能转移，成为朝阳川镇发展的良好契机，也是朝阳川镇在今后发展中进行准确定位、明确产业发展方向和结构调整方向的重要转折点。

（二）耦合力之二：政府政策引导

国际、国内小城镇发展实践表明，在市场经济较发达的国家和地区，市场机制在小城镇的发展进程中发挥主导作用，政府则通过法律、行政和经济手段，引导小城镇的健康发展，是小城镇发展道路演化过程中非常重要的耦合力。

在具体的历史时期，地方政府的决策部门对小城镇的发展条件、环境背景加以审视分析和综合判断，进而一方面在宏观上通过总体性的制度安排、政策引导、产业选择、空间布局等实现能动的资源配置选择，把小城镇所拥有的各要素和条件、基础和机遇进行整合，制定并实施发展战略，

形成有区域特色的小城镇发展道路；另一方面在实施中通过开发建设基础设施，改善和提供环境、服务等公共产品，用行政、财税、规划手段弥补市场机制的不足，对小城镇发展起管理和调控作用。在朝阳川镇模式形成和发展中，政府政策引导作用主要体现在：

1. 制订发展规划，明确定位，突出特色

朝阳川镇是延边朝鲜族自治州唯一的全国小城镇综合改革试点镇，享受西部大开发、东北地区振兴、少数民族边贸市等多项国家级优惠政策。2009年1月，吉林省政府正式批准将朝阳川镇划归延吉市管辖。根据《延吉、龙井、图们城市空间发展规划纲要》，不仅在空间布局上，到2020年要形成延吉—朝阳川具有“双心双轴带状”空间结构的主城区，而且，产业布局上要以先进加工制造业、现代物流产业、现代商贸服务业、现代旅游产业、高新技术产业等的聚集区为主体。为此，朝阳川镇镇政府制订发展规划，在战略上将朝阳川镇融入延吉市整体发展，在发展定位上，依托中心城市，以工业强镇建设为中心，以物流中心建设为突破口，努力把朝阳川镇建成延边地区乃至图们江沿边开发开放区、具有朝鲜族民族特色与发展潜力和发展活力的新兴卫星城镇。

2. 政策引导和措施保障

城镇化过程都会不同程度地遇到土地、交通、环境、住房等方面问题，必须制定有效政策和措施，引导和保障规划的实现。朝阳川镇享受计划、财税（不含国税）、工商、城建、林业等方面的市（县）级经济管理权、审批权以及相应的干部管理权和行政管理权，因而，该镇根据相关宏观政策和发展规划，结合镇情，在土地、房地产开发、企业改制、户籍、招商引资等多方面制定了优惠政策，形成了对资源集聚的方向和配置结构的引导力以及相应的措施保障。

（三）耦合力之三：城镇体系自组织发展

小城镇是一个相对复杂的社会经济系统，其发展不仅受到他组织力量的约束和影响，而且也能在与环境相互作用的条件下，通过自身的演化和内在机制的驱动而不断形成和发展新的结构和功能，是社会大系统下的自组织系统。城镇体系自组织发展突出地表现为开放性、非平衡性和非线性相关性的特点。其中，开放性表现为小城镇在发展中其社会系统与自然环境的交流以及与社会环境的交流，表明城镇体系的发展应满足环境容量的要求及生态系统的良性循环、地域内城镇与地域外社会环境及各要素之间应具有协同性。城镇体系自组织发展的开放性，使城镇产生、维持和不断发展。非平衡性表现为各城镇之间的发展不平衡、在地域空间分布上的不平衡以及各城镇发展的速度不平衡，表明城镇的发展必须不断打破僵死的平衡，或不断突破对环境开发利用的手段和方式，才能得到发展。非线性相关性表现为系统各要素之间既存在着正反馈的倍增效应，也存在着限制增长的饱和效应，呈现出各要素间的非线性依赖关系。因此，当城镇内某产业或企业规模扩大或某功能增强，则会刺激区域内要素集聚的倍增，形成正反馈，极大地促进城镇的发展；反之，则会产生负反馈，极大地限制城镇的发展。

城镇体系的自组织发展特点是小城镇在发展过程中必然遵循和表现的内在规律性，应该成为小城镇发展必然的耦合力量。朝阳川镇的发展，也显示了这一耦合力量的存在和所发生的作用。

朝阳川镇在发展中保持了良好的生态环境，表明该镇在发展中对环境资源的开发和利用能够满足环境容量的要求以及生态系统的良性循环。同时，朝阳川镇的特色产业、商贸流通经济以及劳务经济的发展，都体现了该镇利用自然资源、民族传统文化资源以及地域优势与自然环境系统、社会环境系统进行交流的开放性。朝阳川镇在发展中不断提升本镇在区域中的经济功能和社会功能，逐渐发展成为周边镇、县、市的工业、商贸以及文化的中心，连续被国家和省部级相关部门确定为试点镇或重点镇，体现了朝阳川镇自组织发展中的不平衡性。同时该镇在发展中采取以招商引资为突破口，力求引进大资金、大项目，然后以龙头企业为依托，发展基地型产业，使区域内的要素集聚形成正反馈从而产生倍增效应，推进了朝阳川镇的快速发展。总之，朝阳川镇城镇体系的自组织发展，是朝阳川镇自身发展演化和内在发展机制的驱动力及内在规律性，构成了朝阳川镇发展不可忽视的耦合力量。

二、朝阳川镇发展模式

经济学家费孝通指出，地区发展模式是“在一定地区、一定历史条件下具有特色的经济社会发展路子”。在约束和影响小城镇发展的耦合力的作用下，各地区小城镇的发展道路和演进途径也各具特色，逐渐形成了不同的小城镇地域发展模式。目前我国小城镇发展已形成了以引进外资和发展外向型经济为主的“珠江三角洲模式”、以在农村发展乡镇企业和非农产业为主的“苏南模式”、以发展个体和私营经济为基础的“温州模式”以及以发展外向型农业为特色的“山东模式”。此外，还有“浦东模式”、“南阳模式”、“襄樊模式”等，“西部模式”也逐渐成为具有典型性和代表性的小城镇发展模式。根据对朝阳川镇基本情况的调查和上述耦合力的分析，本文认为，朝阳川镇也形成了具有显著特色的小城镇发展模式。通过对其发展模式的总结和推演，能够为朝阳川镇乃至其他沿边开发开放民族地区小城镇发展道路和模式选择中存在的问题提供深层次研究路径。

（一）朝阳川镇的发展模式及特色

1. 朝阳川镇发展模式

从朝阳川镇经济、产业结构及全镇总体社会发展状况分析，该镇所选择的发展道路和演变路径主要是：充分利用本镇拥有的自然资源发展特色农业生产基地，同时与民族传统文化和消费习惯充分结合，对农产品进行加工生产，发展独具民族特色的食品加工业和制药产业，并从生态稳定和健康出发，将绿色概念注入特色农业和对农产品的加工工业中；抓住延边朝鲜族自治州提出的加快实施延（吉）龙（井）朝（阳川）三角区总体发展这一历史性机遇，以“工业强镇”的产业和区域空间定位，以有效的国土资源开发与利用政策、财政税收政策、户籍管理政策、资金引进奖励政策等，加大招商引资力度，并不断加快镇内基础设施建设，吸引大型企业落户本镇。同时，利用地处图们江区域的沿边开放性和由同一民族文化形成的地缘关系，积极发展外向型经济，强化经济的外向度；充分利用本镇较优越的地理区位优势和便利的交通优势，大力发展以专业市场和农产品集散为主要内容的物流和商贸等第三产业。因而，朝阳川镇的发展模式可以概括地描述为：依托中心城市并利用由相同民族文化带来的地缘关系，以工业带动农业、以资源和民族文化体现产业特色、以现代物流增强经济辐射力和提升在整个区域中经济功能的开放的“农—工—贸一体化”模式。

2. 朝阳川镇发展模式的特色

依据前述分析，朝阳川镇发展模式主要体现如下特色：

第一，一定程度的外向性。朝阳川镇是朝鲜族聚居区，与同属朝鲜族的韩国在地理位置上十分接近，经济和文化的交往使要素在区域间流动频繁，由此，不仅外商投资企业增多，而且朝阳川镇的劳务经济也成为全镇经济发展和增加收入的重要方面。

第二，充分体现地域特色和民族特色。朝阳川镇的特色产业如黄牛、肉犬养殖、明太鱼加工、朝鲜泡菜制作等都充分体现了朝鲜族聚集地区的地域特色、民族传统及消费习惯特色。这是民族地区小城镇发展模式所特有的，只有这样才能树立自己独有的品牌，彰显小城镇的个性，使特色产业成为小城镇发展的重要支撑点。

第三，以中心城市为依托，以功能和产业的区域定位为背景，工业为主，商贸物流业为突破。朝阳川镇近年来的发展，明确地表现为以延边朝鲜族自治州首府延吉市为依托，其产业定位与镇域功能定位以“延龙图”区域发展以及图们江区域发展规划为背景，以工业为带动，以商贸物流业为突破口，增强了镇域经济实力，提升了对整个区域的经济服务功能和经济辐射能力。

（二）朝阳川镇发展模式存在的问题

尽管朝阳川镇在多种耦合力作用下，选择了自己的发展道路，形成了有一定特色的发展模式，但相比于我国东部沿海发达地区小城镇的发展，还有较大差距，如表2所示。

表2　朝阳川镇经济总量水平与全国“千强镇”平均水平的比较

	一般预算全口径财政收入（万元）	人均财政收入（元）	农民人均收入（元）	拥有企业（家）
2009年朝阳川镇	2315	445.2	6096	193
2005年全国“千强镇”平均水平	24200	3021	7735	1626

资料来源：朝阳川镇数据根据调研资料获得；全国“千强镇”数据根据国家统计局副局长张为民在2006全国强镇发展论坛上的讲话整理获得。

通过调研和分析，朝阳川镇在发展模式方面存在以下主要问题，而这些问题实际上在其他沿边开发开放民族地区小城镇发展中，也具有较强的代表性。

1. 主导工业产业间和产业内部分工协作关系弱，集群化发展格局尚未形成。朝阳川镇以化工、食品、机械、制药、建材、木制品加工为主导的工业产业之间和产业内部没有形成明确的分工与协作关系，企业与企业之间、产业与产业之间相对独立，因而产业链条较短，难以形成产业的聚集效应和规模效应，集群化发展格局没有形成，制约了朝阳川镇产业竞争力的提升。

2. 产业结构低度化特征明显，农业比重偏高。作为支撑朝阳川镇经济发展的几大主导产业，均以劳动密集型为主，产业结构低度化特征较明显，缺乏资本和技术密集型的高端产业，加之农业产业比重偏高，农业产业化进程较迟缓，限制了全镇经济效益的提高。需要说明的是，朝阳川镇较高的农民人均收入水平并非完全来自于产业发展和生产效率的提高，其中一部分来自于镇内居民出国劳务所获得的收入和报酬。

3. 第三产业发展仍不充分，镇域功能有待进一步提升。尽管朝阳川镇现已投资建成了州内最大的、拥有一流物业管理和完备市场硬件的建筑材料批发市场及其他商品交易市场，成为延边朝鲜族自治州物流中心和农副产品集散地，但第三产业的发展仍不充分。包括旅游业、金融服务业、中介服务业等在内的第三产业在朝阳川镇尚未发展，使镇域功能的提升受到了限制。

4. 科教、文化兴镇的作用未充分发挥，模式的创新性不显著。文化是民族地区小城镇的重要内涵。近年来，虽然朝阳川镇在教育事业方面有长足发展，但是，科技创新体系的建设基本还未起步，劳动者的素质仍然不高，大多只能从事传统生产和加工，新技术、新工艺、新产品的采用和生产较少，创新能力明显不足。同时，朝阳川镇对文化兴镇作用的发挥也不充分，没有建立起以朝鲜族“和谐、开放、崇尚自然”的民族文化为核心内涵的整体形象和城镇品牌，使朝阳川镇作为沿边开发开放民族地区小城镇所拥有的宝贵文化资源这一无形资产的价值在城镇建设和发展中被打了折扣。

三、促进朝阳川镇发展的主要对策

根据国际、国内小城镇发展的经验教训，结合朝阳川镇过去发展的实践以及未来在宏观区域规划中要实现的发展目标，朝阳川镇在今后应选择更适宜的发展道路，以更有效的模式促进本镇发展。

（一）以都市圈空间引导战略为选择，推进新城、新市镇的规划建设

以“长吉图战略规划”和“延龙图一体化”战略规划为依据，将朝阳川镇的发展纳入到以中心城市为核心的都市圈城镇体系建设中，以建设与长吉图开发开放区都市圈发展水平相适应的新城、新市镇为定位，提高郊区的城镇化水平和集约化水平。

(二) 以专业化发展道路推动产业集群形成

朝阳川镇作为以工业占主导地位、以工业带动农业并具有明显产业特色的城镇，在产业发展中，应立足于产业的专业化发展道路。在本镇经济发展的相关耦合力作用下，通过制定科学、适宜的产业发展规划和产业发展政策，在充分发挥市场机制作用的基础上，以产业园区或龙头企业带动大量关联中小企业的方式，着力培养有本镇特色以及优势显著的产业或产品的专业化生产基地及其产业链，逐步形成专业化分工与协作的格局，进一步内生演化成具有综合优势的产业集群。

(三) 进一步提高市场化程度，推进基础设施建设中融资渠道和方式的多元化

基础设施建设在小城镇发展中具有举足轻重的作用，实质上已成为小城镇开发建设的先决条件。但是囿于财政收入的有限，小城镇的基础设施建设往往会遇到资金瓶颈，需要寻求广泛的资金来源渠道。而资本市场是市场化程度很高的市场，需要运用较高市场化的运作手段和方式才能获得更广泛的资金支持。从调研情况看，朝阳川镇在镇内基础设施建设和产业发展条件建设与改善中，资金主要来源于各级财政，部分是开发银行贷款，另一部分为建设施工方垫付资金以及生产者自筹，企业项目则是企业自筹。可见其融资渠道较为单一，政府借助行政力量和传统渠道获得资金多，而运用市场手段、采用创新融资渠道获得资金少，这在很大程度上放慢了朝阳川镇发展的速度。实际上，由于朝阳川镇地处沿边开发开放朝鲜族民族地区，由地缘关系发展的劳务经济使朝阳川镇内有着规模较大的民间资本，朝阳川镇应该进一步提高市场化程度，充分利用市场化的融资手段和金融产品，推进基础设施建设中融资渠道和方式的多元化。

(四) 以信息化建设为切入点，提高产业层次，提升城镇功能

尽管信息化建设的起步通常晚于城镇化和工业化建设步伐，但是，无论在城镇化的哪一期，都需要信息化的支撑。信息化能够整合和提升城镇功能，特别是将改变传统产业结构和产业布局，使产业集聚的动力从过去共享基础设施、节约运输成本等低层次集聚效益转向有利于技术和知识的创新、传播等高层次的集聚效益。朝阳川镇曾于2001年被国家民族事务委员会列为全国重点支持的16个电脑农业试点镇之一，而且，近年来其邮政、通信网络技术装备水平也有大幅度提高，表明该镇具有信息化建设的良好基础，应该通过加大信息化人才培养和引进力度，运用信息技术对传

统产业和产品进行升级改造，以信息化方式改变基础设施管理方式，大力发展以信息技术为手段的现代服务业，引入高新技术产业企业等，提高产业层次，提升城镇功能。

（五）促进富有地方特色的小城镇科教、文化事业建设

在民族文化背景下挖掘、创建富有特色的地方文化，对小城镇的发展将产生巨大推动作用。朝阳川镇应优先发展教育，提高人口素质；逐步建立科技创新体系，大力推广先进农业、工业生产技术，引导人们加强学习，形成人力资源优势；同时加强宣传教育，提升居民思想文化水平，彰显朝阳川镇民族文化个性和文化魅力，树立我国沿边开发开放民族地区小城镇社会、生态和人际和谐的富有地方特色的优秀城镇整体形象，在取得良好社会效益的同时获得经济效益的增进。

参考文献

[1] 纪泽民．新农村建设背景下的小城镇发展战略分析［J］．农村经济，2007（2）．

[2] 孔凡文，徐玉梅．论中国小城镇发展速度与质量［J］．农业经济，2007（10）．

[3] 渠爱雪，孟召宜．小城镇发展模式研究［J］．经济师，2005（2）．

[4] 段进军．关于我国小城镇发展态势研究［J］．城市发展研究，2007（6）．

[5] 梅世文．小城镇发展的国际经验与模式［J］．社会科学辑刊，2006（3）．

[6] 丁烈云．城镇体系的自组织特点与结构分析［J］．城市规划，1989.（2）．

[7] 朝阳川镇镇政府．朝阳川镇小城镇建设情况［Z］．2008.

[8] 上海证券报．千强镇占全国小城镇财收半壁江山［EB/OL］．2006. 10. 16，http：//www. china－cbn. com.

[9] 振兴东北网综合．长吉图规划上升为国家战略，有望成东北亚新增长极［EB/OL］．2009. 9. 3，http：//www. chinaneast. gov. cn.

东北朝鲜族自治地方发展与稳定问题研究

刘智文[①]

“正确处理好改革、发展、稳定三者关系”是中共十四届五中全会确立的重要观点。其重要意义在于：三者关系是总揽党和国家全局的首要的基本关系；处理好三者之间的关系，集中体现了中国共产党的“一个中心、两个基本点”基本路线的要求。

中国朝鲜族自治地方即吉林省延边朝鲜族自治州和长白朝鲜族自治县，地处吉林东疆长白山区，与俄罗斯、朝鲜接壤，是中国仅有的两个朝鲜族自治地方，也是朝鲜族最大的聚居区。改革开放以来，朝鲜族自治地方，特别是延边朝鲜族自治州，走出了自己的稳定与发展之路，为全国民族自治地方，特别是边疆跨界民族地方，树立了一个典范。但同时，朝鲜族自治地方发展与稳定也面临一些问题，必须未雨绸缪，防患于未然，确保这面全国民族团结进步的旗帜不倒。

一、朝鲜族自治地方发展与稳定成就概述

改革开放30多年来，中国朝鲜族自治地方政治稳定、经济发展、文化繁荣、社会和谐。

（一）全国民族团结进步的旗帜。朝鲜族自治地方发展与稳定政治上的最大成就，莫过于延边朝鲜族自治州、长白县分别连续四次和五次，被国务院命名表彰为“全国民族团结进步模范”自治州、自治县，成为新中国和中国共产党宣传贯彻民族政策的窗口和典范，而且延边还是全国30个自治州中唯一获此殊荣、并多次受到党和国家主要领导肯定与鼓励的自

---

① 刘智文，吉林省民族研究所研究员。

治州。

（二）发展与稳定的物质基础不断夯实。延边朝鲜族自治州立足州情，坚持以科学发展观为统领，采取正确的发展战略，在机制体制上不断创新，逐步摆脱了上世纪90年代后，经济萎靡下滑的窘境：经济总量不断壮大，人民生活质量明显提高；改革开放继续深化，发展环境日臻完善；《中国图们江区域合作开发规划纲要——以长吉图为开发开放先导区》纳入国家战略（以下简称《纲要》），延边成为先行先试前沿；延龙图经济一体化/城镇化建设进展顺利；延边朝鲜族自治州经济发展水平与排位提升，差距逐步缩小。

（三）文教卫生民生等社会事业进步显著。延边利用自身丰富的文化资源，实施科教兴州战略，注重全面、协调发展，以人为本，进一步深化科技、教育、文化、卫生、体育等社会事业改革，通过制定和完善政策体系，鼓励多种经济成分进入社会事业领域，增强发展实力，积极促进社会事业在市场经济条件下继续繁荣发展。通过保护公益性文化事业，发展经营性文化产业，激发其创作与发展活力，推动民族文化出精品、出人才，努力实现文化与经济的融合。在兴边富民、新农村建设等民生事业中，充分利用国家的相关优惠政策，争取各方面资金支持，加强领导，创新工作机制，取得了显著成效。经过多年不懈努力，社会各项事业取得了长足进步，人民群众的社会生活得到保障。

延边发展与稳定所取得的成就向来得到党和国家的肯定，且往往在某些特定时期，显得弥足珍贵，意义非凡。最突出的就是在民族团结进步事业中的贡献。延边把民族团结当做全州最大的政治、全州各族人民的最高利益，把争创民族团结模范进步作为系统工程，常抓不懈。其中第一次（苏欧剧变）与第四次（西藏与新疆事件）争创活动都与国内外严峻形势有关，延边在党和国家出现困境之时，总是旗帜鲜明、坚定地拥护中央和国家的决定，维护了边疆的稳定与发展，一定程度上起了表率作用。2008年8月31日，中共中央政治局常委、国务院副总理李克强视察延边并接见延边朝鲜族自治州部分领导干部时予以充分肯定：延边朝鲜族自治州经济发展、政治安定、文化繁荣、民族团结、社会进步、边疆稳固，在繁荣边疆、发展边疆和维护边疆稳定当中发挥着重要作用，延边的各方面工作都做得很好，是我国少数民族自治州的典范。希望不负众望，在发展边疆、维护边疆稳定中发挥新的更大的作用，努力把延边建设成为繁荣富裕、文明和谐的新延边。

这些成就的取得，与朝鲜族自治地方认真贯彻落实党和国家的民族、宗教政策密不可分，与自治地方锐意进取、开拓创新的措施密切相关。

二、朝鲜族自治地方发展与稳定的主要问题

朝鲜族自治地方发展成绩有目共睹，但也客观存在着一些问题，必须正视并加以解决。这些问题有的是历史遗留问题延续至今，有的是改革开放后出现的新问题。

（一）延边朝鲜族自治州经济发展水平不高，整体经济实力不强。延边朝鲜族自治州在上世纪90年代前，经济发展在30个自治州中曾名列前茅。但此后经济排位下滑，原因有内外两个方面。宏观上讲，外因受制于大环境：整个东北地区老工业基地的萎靡，吉林作为农业大省和国家商品粮基地的定位；周边国家朝鲜、俄罗斯远东地区的不发达；地处偏远边疆，交通通而不畅。内因：经济基础相对薄弱，工业经济相对落后，工业化程度相对滞后，导致经济活动强度不够，在宏观层面直接表现为产出总水平不高，最终影响了全州的经济发展。[①] 具体表现：（1）经济总量小、发展速度慢、骨干企业少、中小企业发展不足、经济运行质量和效益水平低；（2）项目建设后劲不强，大项目、工业项目和高科技项目储备不足；（3）对外通道通而不畅，企业融资困难加剧；（4）财政收支矛盾突出，减收因素增多，收入增幅下滑，州本级支出压力加大；（5）城乡居民收入和社会保障水平偏低，社会管理、民生工作和公共服务还存在薄弱环节；[②]（6）受金融危机影响，经济增速放缓，财政收入减少，工业及外贸进出口增长明显回落，涉外劳务收入降低；外贸、冶金、矿业、木制品、纺织等行业发展面临困难，一些企业开工不足，效益下滑[③]。

（二）宗教渗透是影响朝鲜族自治地方稳定的重大政治问题之一。因地理、历史、民族等因素影响，朝鲜族自治地方是境外宗教渗透的重点地

---

① 延边州统计局：《延边州主要经济指标在全省及部分少数民族自治州的排位分析》（内部报告），2010年3月。

② 延边朝鲜族自治州统计局编：《统计年鉴（1949－2009）延边六十年》，中国国际图书出版社2009版，第4—5页。

③ 《东亚经贸新闻》对吉林省省委常委、延边朝鲜族自治州州委书记邓凯的专访，2009年1月7日。

区；宗教渗透也是当地最突出、最复杂、最敏感的问题。自中韩建交以来，境外利用宗教对吉林省进行的渗透活动有80%来自于韩国的20多个宗教组织。韩国已成为亚洲最大的基督教传播基地，因跨境民族间交流频繁，对我境内朝鲜族自治地方影响深刻。宗教渗透渠道和途径多样、隐蔽、现代化。渗透特点：（1）计划性和组织性增强；（2）形式不断变化，更加隐蔽；（3）范围逐渐扩大，由平民向精英层发展（公务员、知识分子等）；（4）渗透的政治意图、民族意识更加明显，掺杂对我领土企图。目前主要问题：（1）宗教秩序总体较好，但非法宗教活动屡禁不止，给延边朝鲜族自治州政治安定带来了危害。（2）境外势力利用宗教进行渗透活动不断加剧，使我打击境外宗教渗透难度增加。（3）教徒结构、层次有新变化，宗教领域利益化增强，存在一些潜在的不稳定因素。（4）宗教管理方面存在着一些不容忽视的问题，值得关注。①

（三）中朝俄边境目前存在的问题有待逐步解决。1. 朝鲜人非法越境带来的社会治安、非法婚姻问题。2. 野生动物跨界流动保护与边民财产受损保护补偿问题。3. 中朝界江中的污染与改道问题。图们江、鸭绿江乃中朝界江，也是延边、长白两个朝鲜族自治地方生存与发展的最重要河流。由于存在不同程度污染，已严重影响到两江流域人民生活、工农业生产、旅游开发、对外招商引资、鱼类生态环境。特别是图们江流域严重的环境污染和生态破坏，已直接影响区域经济的正常发展，必须引起我们足够的重视。长白县也反映受朝鲜污染影响，渔业资源减少，不容小觑。

（四）朝鲜族社会面临对外交流与市场经济带来的挑战与冲击。改革开放，特别是中韩建交后，给中国朝鲜族带来了深刻的影响。正面影响表现为朝鲜族收入、生活水平迅速提高，大批朝鲜族人口离开传统聚居地，城镇化水平加快，由传统的农业民族正迅速地向现代城市化民族转变，成为中国全球化程度最高的民族。同时传统文化所赖以生存的栖息地、社会结构和组织结构正在发生变革，人们的价值观道德准则和生活方式也在发生重大变化。朝鲜族社会、传统文化也因此面临挑战和一系列问题：人口大量外流，离婚率上升，涉外（韩）婚姻剧增，单亲和无亲的学生日益增多；适婚男女比例严重失调，生育率下降，人口负增长凸显，朝鲜族村社人口空洞化、生产力退化，乡村民族教育难以为继，适婚大龄男性在本民

---

① 延边州宗教工作领导小组调研组：《新形势下全州宗教和宗教工作情况的调研报告》（2009年5月10日）。

族内配偶难觅、光棍村屯增多，部分人对韩交流中民族认同与国家认同错位、混淆等等。其中涉外（韩）婚姻、人口负增长问题尤为突出。

（五）兴边富民与社会主义新农村建设中存在的一些问题与困难。突出表现在乡村自身和政府组织管理两个层面。1. 人口外流严重，村屯建设缺乏骨干；2. 农民等、靠、要思想严重，主体意识淡薄，政府宣传力度不够；3. 边境乡村稳定与发展困难多、任务重、成本大；4. 政府组织管理部门工作有待改善。如重视程度、兴边富民“三项工程”实施情况不均衡、项目资金投放较为分散、项目资金管理问题、政府推动协调作用、新农村建设督查机制等有待进一步完善。

（六）朝鲜族教育改革与发展中的瓶颈和制约因素还没有得到有效缓解，涉外婚姻及劳务经济造成的大量单亲和无亲儿童教育问题凸显。1. 在改革理念上认识模糊，理解偏差，跟不上时代的发展。2. 教师队伍结构不合理，整体水平不高，教师队伍建设任重而道远。3. 朝鲜族学校教学质量相对不高。除部分传统优势学科以外，其他学科明显低于全州平均水平，特别是数理化学科。4. 朝鲜族学校办学投入不足，普遍不如当地同类同级汉族学校。5. 亲情缺失家庭子女比例居高不下，已成为长期困扰延边朝鲜族自治州朝鲜族教育的突出社会问题。此类在校生数所占比例在50%—55%之间，个别县市在60%以上。朝鲜族学校学生构成结构剧变，给学校的教育教学工作带来沉重的负担，朝鲜族学校教育教学水平的整体提高面临严峻的考验。同时也是社会不稳定的潜在因素。[①]

三、朝鲜族自治地方发展与稳定的建议与对策

（一）围绕图们江《规划纲要》，精心谋划，妥善处理好改革、发展与稳定的关系，确保朝鲜族自治地方经济与社会更快更好地发展，确保纲要所确定的国家战略目标得以实现。朝鲜族自治地方地处边疆，应扬长避短，充分发挥其自身所具备的诸多政策、资源优势[②]。同时，应抓住《中国图们江区域合作开发规划纲要——以长吉图为开发开放先导区》上升为国家战略、东北亚主要国家积极配合、国家东北新一轮振兴规划出台等千

① 延边朝鲜族自治州教育局：《关于朝鲜族教育改革与发展的思考》（研究报告），2009年。

② 延边是国内同时享受民族区域自治、西部大开发和振兴东北老工业基地等三大“国字号”优惠政策的唯一地区。《延边州经济社会发展情况》（研究报告），2008年11月，第1—7页。

载难逢的战略机遇，立足《规划纲要》确立的四个战略定位[①]，充分利用国家赋予的沿边开放先行先试权，解放思想，敢为人先，全力谋求各项工作新的突破，精心设计发挥延边朝鲜族自治州在长吉图开发开放中的窗口和前沿作用，进一步优化经济结构和经济增长方式，继续加大投资力度，壮大工业经济；加快工业化进程，提高产业支撑能力；加大招商引资力度，增强地区竞争力，促进延边朝鲜族自治州经济协调快速健康发展，尽快缩短与发达地区的差距，趁势而上，进一步夯实发展与稳定的物质基础。

当务之急，一是认真编制好配套规划和各专项规划；二是加快推进对外通道建设；三是做大做强区域中心城市，为开发开放提供强大的城市群；四是全力推动产业结构转型升级；五是全力推进体制机制创新，将延边朝鲜族自治州建成国家少数民族地区改革的先行区和示范区。

（二）进一步加强党对宗教工作的领导，加大依法管理宗教事务的力度，切实加强基层宗教工作力度，积极推动宗教团体加强自身建设，完善宗教工作机制，增强抵御境外利用宗教进行渗透的能力。

（三）编修、完善“兴边富民行动”项目规划，加强综合协调；把握资金投向，坚定不移地推进“三项工程”，使群众直接受益；强化资金管理，充分发挥项目资金的使用效益；采取切实可行的办法，加快朝鲜族边境村镇发展步伐[②]。

（四）与吉林省新农村建设“千村示范、万村提升”工程相配套，深入贯彻落实科学发展观，以经济发展和民生改善为重点，集中建设示范村，全面提升农村建设水平。科学规划布局，加大投入力度，强化政策扶持，整合各方面力量，完善工作机制，为建设农村小康社会打下良好的基础。

（五）根据“图们江水系（左岸）污染防治规划”、“延边朝鲜族自治州生态州规划（2001—2030年）”，采取相应的环境工程、生态建设措施，逐步改善图们江流域的水质和生态环境，为《中国图们江区域合作开发规划纲要——以长吉图为开发开放先导区》的实施提供一个良好的生态环

① “我国沿边开发开放的重要区域”、“东北亚区域重要门户”、“东北亚经济技术合作的重要平台”、“东北地区新的重要增长极”。

② 延边州州委办与州民委组成联合调研组：《关于我州边境朝鲜族村经济社会发展情况的调研报告》，2008。

境。图们江、鸭绿江、松花江三江生态环境，对于朝鲜族自治地方的发展至关重要，对于国家《规划纲要》战略的实施价值，更是不言而喻。松花江、鸭绿江的污染防治也应同时启动。同时，外交部应积极与朝鲜协调，尽快治理朝方的污染源。

（六）关于朝鲜族教育改革工作，应从以下六个方面着手：1. 加强领导，改革创新，认真落实各项政策措施；2. 力守根本，稳妥改革，努力打造高素质教师队伍；3. 注重引领，稳步实施，大力推进小班化教育改革；4. 加大投入，积极扶持，优先发展朝鲜族教育；5. 坚持与时俱进，认真解决朝鲜族教育改革中的问题。如适当延长朝鲜族中小学上课时间，切实解决学校课时负担重的问题；利用现代信息网络技术，解决朝鲜族学校出书难、买书难、读书难的问题；6. 健全管理工作体系，依法推进亲情缺失家庭子女教育工作，为亲情缺失家庭子女创造健康成长的良好社会环境。

四、关于边疆民族自治地方发展与稳定的几点思考

（一）发展、稳定的目的是国泰民安、国强民富。要实现这一目的，就要处理好改革、发展、稳定之间的辩证统一关系：改革是发展的动力，是实现长期稳定的基础；发展是改革的目的，是稳定最可靠的保证；稳定则是改革、发展的前提条件，也是发展的重要要求。处理三者的关系，要根据客观情况的不断变化而有所侧重。

（二）加快发展是解决民族地区问题的唯一选择。解放思想对落后地区加快发展更具有特殊意义；传承民族文化是保持少数民族活力和民族地区魅力所在；国家支持是少数民族地区发展的有力保障；自力更生是少数民族地区振兴发展的必然选择。

（三）边疆跨界民族自治地方要实现快速发展，必须加大改革力度，在体制机制上有所创新突破。一切为发展谋，为发展求，只有更好更快地发展，稳定团结的基础才更稳固；以牺牲发展为代价的所谓“稳定与团结”，换不来各族群众民生的彻底改善，无法缩小经济上的巨大差距，就不会有真正的稳定与团结。同时要处理好改革、发展、稳定之间的三个维度：改革的力度、发展的速度和社会可以承受的程度。

（四）民族问题须分类、分型、分级、分地域。民族政策应因地、因族制宜；民族工作应分类、分级、分区域指导，才可能有创新突破。

（五）边疆跨界民族自治地方快速发展同样需要“特区”试点。延边朝鲜族自治州的改革创新有可能给延边实现跨越式发展创造历史契机，给中国民族区域自治制度带来新发展。

（六）国家认同是边疆跨界民族地区稳定的根本。国家认同的形成既有广泛的现实基础也有深厚的历史渊源；建立、巩固少数民族和国家间的双向认同，是发展与稳定的长久之策。政治上真正贯彻落实完善民族区域自治制度，经济上切实缩小民族差距，文化上通过接触交流与互动，消除因历史文化差异而引起的疏离、隔阂，少数民族的国家认同自然就会强化，民族宗教分裂势力就没有土壤，事实比任何政治说教都有效！

（七）干部是发展与稳定的关键。民族自治地方，不仅要有自治民族干部，还应有非自治民族的少数民族和汉族干部。应培养、重用那些懂少数民族、理解少数民族、能且肯为少数民族办事的干部，真正对党和国家的事业负责，而不单是有个少数民族身份。

（八）“民族团结进步模范”创建活动应惠及百姓民生，民族自治地方的发展应让各族百姓受益。

驯鹿饲养：驯鹿鄂温克文化的残留支配因素

阿拉腾[①]

一、驯鹿鄂温克

鄂温克是个跨境民族，在国外除蒙古国有少量（称作查腾，约300人）分布外，主要集中于俄罗斯境内。俄罗斯的鄂温克人现在有35527人，其中超过一半生活在埃文基自治区。其余分布于自鄂毕河至鄂霍次克海，自北冰洋至库页岛的占西伯利亚70%的地方。俄境内的鄂温克分成三支，一支在勒拿河一带使鹿生活，称索伦别部；一支在赤塔一带，称使马鄂温克；一支在精奇里江一带，是索伦本部[②]。

在中国，鄂温克主要分布在内蒙古自治区及黑龙江省境内，其总人口2000年时为30505人。传统上，中国境内鄂温克被分为索伦鄂温克、通古斯鄂温克和雅库特鄂温克。其中的"雅库特"目前居于大兴安岭内，历史上因以驯鹿作为移动工具实施狩猎活动而被外界称为"使鹿部"。这部分鄂温克过去一直生活在俄国境内的雅库特地域而被称为"雅库特"。按照他们的传说，他们是在1835年或更早一些时候，从雅库茨克州迁到现在的地域的。据推测他们的迁徙可能是由于受到雅库特人的压迫。西伯利亚在俄国人统治下，雅库特人大量增加，需要新的地域，自然就向雅库茨克州通古斯人的领域扩张[③]。现在，这些鄂温克通称"驯鹿鄂温克"。驯鹿鄂温克目前定居于内蒙古呼伦贝尔市境内的根河市敖鲁古雅鄂温克民族乡。按

---

① 阿拉腾，黑龙江大学满族语言文化研究中心教授。

② 参见维基百科，http://zh.wikipedia.org：鄂温克条。

③ 史禄国著：《北方通古斯的社会组织》，吴有刚、赵复兴、孟克译，内蒙古人民出版社1984年版，第100页。

照乡政府提供的数字，2007 年底，该部鄂温克共有 62 户 250 人，其中男 114 人，女 136 人，具有“猎民”身份的人有 139 人。这些“猎民”目前并非真的以打猎维持生计，而只是像“农民”、“市民”那样的一种管理上的分类，有了这个身份才能享受政府提供的待遇。

新中国成立后，在驯鹿鄂温克那里一共发生过三次定居化过程。这三次都是政府有计划实施的对其生活方式的深刻干预。

第一次可以主要归结为出于意识形态的干预。1957 年，为了结束其移动狩猎的生活方式，政府拨款为鄂温克建造俄式建筑“木刻楞”房，着手让鄂温克定居下来。

第二次主要由于国际形势的变动。1965 年，由于中苏关系恶化，政府将他们从边界地带内迁，建立新的定居点，再次让他们定居。

第三次则是由于生态环境的改变。进入 21 世纪，政府实施“生态移民”计划，于 2003 年 8 月，将驯鹿鄂温克从其原生活区域迁入距离呼伦贝尔的根河市郊外 5 公里处的定居点。

然而，每次干预都不能说是成功的，其结果每次或完全或部分回复到原来的状态，而这些回复又都出于猎民自身的选择。如在第一次与第二次的定居后，他们的生计活动实际上仍以移动狩猎为主；而在第三次定居之后，他们约有三分之一即 22 户猎民，立刻排除政府的干预，回到了山上。这些“猎民”在定居点虽然也有固定房舍，然而平时大多数时间都是住在山里的几个“猎民点”上的。目前，这些“点”以传统“乌力楞”色彩的生产生活组织形式为基础，即由几个有亲属关系承包驯鹿的家庭为主组成一个猎民点，以共同管理驯鹿的形式艰难维持生计。

二、驯鹿的养殖

构成偶蹄目鹿科驯鹿属的动物（*Cervus rangifer tarandus*），群生于新旧大陆北方森林地带及冻土地带，为寻求基本上是唯一的食物苔藓而回游。驯鹿野生种与家养种在个体差及生活习性上基本相同，两者均可分为森林型（森林驯鹿）及冻土带型（冻土驯鹿）两种。森林型一般体格高大，身高力强，可以用来骑乘。冻土带型则只能用来牵引爬犁。

有资料显示，人类自旧石器时代以来就将驯鹿作为重要的狩猎对象。然而，中国境内的驯鹿鄂温克对于猎取驯鹿则已经淡忘。说明在他们那里，驯鹿狩猎可能是十分久远的事情了。而驯鹿的饲养则似乎更为普遍。驯鹿为鹿科里唯一驯化为家畜的动物，也是欧亚极北地区生产经济得以成立的唯一的家畜。驯鹿的骑乘利用，其鞍子的结构及名称来自突厥系乃至蒙古系，骑马民族的影响一目了然。如区别于将鹿鞍搭在鹿背中央的图瓦，鄂温克是将鹿鞍搭在肩胛骨上的，显示出与蒙古马骑乘方法的关联。看我国境内鄂温克的驯鹿乘骑状况，其所饲养驯鹿本为森林型，是可以供所有性别与年龄段骑乘的，而实际情况是他们仅有老年妇女及儿童骑乘。一种可能是从前也供壮年男性乘骑，由于个体的退化，后来就仅能提供体格较轻的老年妇女和儿童骑乘；另一种可能是他们原本饲养冻土驯鹿，只用其牵引雪橇，而不曾乘骑，后来在南下的途中改养森林型，受到蒙古等的影响才开始用作骑乘。此外，鄂温克的驯鹿过去有时也被用来引诱猎物，目前也被乳用。前者，即在发情期将家养的驯鹿当作诱饵释放后，猎取野生驯鹿的事例，提示更为古老的利用方法。而后者与骑乘利用的前后关系却并不十分明确。然而，饲养驯鹿的经济价值在驯鹿鄂温克这里却主要在于包括骑乘在内的运输手段上。包括鄂温克在内的饲育驯鹿的通古斯系诸族，正是由于以驯鹿充当其腿脚，才得以扩散于东西西伯利亚的。而其各种具体的运输方法，如骑乘、驮载、牵引等可能是其适应不同生态环境的产物。

然而不论何者，以确保运送能力为目的，主要施行于森林地带的驯鹿饲养，都是将狩猎渔捞活动作为其生活的基础，每一家庭饲养头数都不超过两位数；而以食用为目的的屠杀在这部分鄂温克中基本上不存在。因而，可以认为真正意义上的生产经济在这里尚未成立。而18世纪在冻土地带出现的驯鹿游牧才是北方欧亚成立的自生的生产经济。这种较运输手段，更以肉及皮毛为目的的大量饲养，可能是该地域向商品市场包抄、雪橇改良等技术革新以及气候变动等的复合产物。据调查全世界的野生驯鹿在1986年有390万只。前苏联是拥有驯鹿最多的国家。据1985年统计，俄罗斯野生驯鹿有98万头，半家养驯鹿有223万只，每年利用约15—20%[①]。而另一方面，唐戈先生认为，自20世纪60年代以来，一种新型的游牧方式——森林牧鹿在中国大兴安岭北端逐渐形成。认为驯鹿鄂温克人的森林牧鹿经济是从传统的森林狩猎经济中衍生出来的。具体说来，这

---

① 参见百度百科，http://baike.baidu.com/，驯鹿条。

一衍生的过程始于1961年的试割驯鹿茸，止于2003年8月的“生态移民”和禁猎[①]。可以说是森林鄂温克中首次出现的生产经济的萌芽。

中国境内鄂温克的驯鹿饲养，目前其目的主要在鹿茸上，因而，虽然并非牧鹿经济，但也算是一种新型的生产经济。不过据研究，对于政府驯鹿实际上是个负担，政府补贴维护驯鹿的投资要多出鹿茸的产出[②]。另外，粗放管理导致驯鹿头数无法增长，因照顾人的生活而沿公路搬迁而使驯鹿活动范围变小等原因也使驯鹿退化。再者驯鹿养殖业因非传统生计活动方式，所以对年轻人没有多少吸引力而导致后继无人。因而虽有观点认为鹿茸市场将来看好，且驯鹿饲养业也与传统文化有联系，可以借此振兴民族文化，然而，实际上不论从经济还是从文化角度来说都是很难维持下去的。不过这是将来的事情，目前看来，中国境内的鄂温克可以说以驯鹿饲养作为他们区别于其他族群的主要特征。

三、文化要素的留存

从中国境内驯鹿鄂温克生计活动的历史演变看来，是从典型的森林狩猎到牧鹿再到以鹿茸为主的生产经济的转变过程。因而可以认为，他们的文化历史就是一个朝向文化元素逐渐减少，最终仿佛是要到达目前以单一驯鹿饲养为“目标”的这样一个历史演变过程。在驯鹿鄂温克文化的这一演变过程中，最早是有众多的文化元素参与到变迁中的，如生态环境、狩猎对象物、狩猎工具、狩猎技术、宗教信仰等等。而随着时间的延续，各个元素变化的快慢程度就呈现出差异，最后，就仅剩下驯鹿饲养这么一个比较单一的文化要素。本来，按照中国境内鄂温克驯鹿饲养的性质，即其在生计活动中发挥辅助作用的性质，在狩猎活动停止以后，由于没有什么实用价值，驯鹿是“应当”消失的事物。事实上，在过去的年代里，也曾有数次濒于灭绝。如19世纪90年代，由于疫病的流行，成百的驯鹿死亡，鄂温克地区的通古斯人几乎丧失了他们的全部牲畜[③]。目前的驯鹿是名符

---

① 唐戈：《森林牧鹿——一种新型的游牧方式》，载《满语研究》2010年第1期。

② 谢元媛：《敖鲁古雅鄂温克猎民生态移民后的状况调查——边缘少数族群的发展道路探索》，载《民俗研究》2005年第2期。

③ 史禄国著：《北方通古斯的社会组织》，吴有刚、赵复兴、孟克译，内蒙古人民出版社1984年版，第46页。

其实的“残存”：鄂温克驯鹿种群的规模较以前实际上并没有扩大。于是，本来“应当”发生变迁的文化要素并没有发生变迁，这就使得驯鹿鄂温克文化停留在了该发生质的变迁的前一步。因而，可以说该驯鹿饲养文化要素就决定了该文化发生显著质变的临界点的位置。就是说目前驯鹿鄂温克文化的性质就是被驯鹿饲养决定了的，驯鹿饲养是决定该文化性质的最主要的或者说是最关键的因素。

从文化的内部构造看，该文化要素之所以没有消失，可能与他们有意识地使这一文化要素的消失过程变慢有关，或者可能与驯鹿鄂温克文化系统的功能本身会使得这一文化要素的消失过程客观上变慢有关；也或者是这两方面的因素同时在发挥作用。无论怎样，驯鹿鄂温克文化变迁过程最终就半永久性地停留在了发生巨变的临界点之前。如若发生巨变，根据其目前的实际状况看，就只能是文化的灭绝了。这一停留着的状态，可以姑且称作“第三种状态”，即既非变化着的状态，亦非已经发生剧烈变迁的状态。这也可能正是驯鹿鄂温克自身或外界期望他们目前应有的状态。

另外，从客观环境的角度看，驯鹿饲养这一文化要素之所以能够存在，也是与其所处环境密不可分的。环境这一因素也可以看做参与变迁的一个要素。此环境因素的变迁过程就是大兴安岭的开发过程。政府对大兴安岭林业开发，其速度呈现一个抛物线形状。目前其高峰已经过去，业已变得平缓。从而，作为影响驯鹿鄂温克文化变迁的要素之一，这一参量也就变缓了。本来，按照生态环境退化的规律，这里的森林最终会变成荒原而适于农耕。然而，在大兴安岭这种可能性由于政府的积极干预而变得极小。这就使得鄂温克人并未变成农耕民。不像大兴安岭东麓的鄂伦春人那样，政府的推动可以使其变为农耕民。而在驯鹿鄂温克这里，养鹿业变成了他们一种自觉的使文化要素变迁延迟的行为。这种经延迟后停留在发生质的变迁的前一步的现象，可能是濒危文化变迁的一个较为普遍的规律。这种处于濒危状态的文化，都是处于这种特殊状态的文化。而之所以尚未发生突变，是由于“残存”的一个乃至数个文化要素仍然处于主导的地位，使其暂时或在较长的时间段内不会发生变迁的缘故。至于其他可能发生快速变化的文化要素则包括其生业方式中的一系列因素，如狩猎、住居、信仰等，这些参量或由于技术增长的原因，或由于意识形态改变的原因而加速变迁。

从进步的角度看，上述森林退化为荒原是自然生态容易变化的方向。

同样，森林民也自然会转变成农耕民。森林民即狩猎民是基于人与自然(包括动物）之间处于微妙平衡状态的生业方式，而在农耕民那里，人与自然之间的关系则较之要粗糙得多。前者也因而较后者更加脆弱。人与自然的关系十分微妙即是说，建立于“动物之主”信仰之上的北方狩猎文化，是一个十分复杂而精细的文化模式，其中的一些要素若有些许的变动，那么其平衡状态就会彻底崩溃而演变到下一个状态。而由于在实际的演变过程中，存在许多内部或外部干预，其演变轨迹发生变化，最终有这么一个文化要素得以留存，于是就使得驯鹿鄂温克的文化得以留存。

四、两个层次的干预

对于驯鹿鄂温克社会文化的干预，可能来自两个不同的层次。第一个层次是驯鹿鄂温克人自己的“干预”即自我管理，另一个层次则是外界即政府对其实施的干预。第一个层次，在他们以前处于相对封闭的状态时，他们可能会做到一定程度的“说到做到”的自我管理；然而，这种自我管理的余地随着驯鹿鄂温克社会的开放程度的扩大而变得越来越小。另一个层次的干预即政府的干预，则是在错误的前提下施加的。

综观政府对于驯鹿鄂温克的政策性干预，实际上是建立在三个主要前提之上的。而这些作为决策基础的三个前提实际上是不成立的。

其一，政府认为驯鹿鄂温克社会始终是一个封闭的系统，因而他们是能够“说到做到”的。认为外界的影响即使存在，比如社会、生态方面的影响，对该社会决定采取的行动也不会产生多大的干扰。

其二，政府认为围绕驯鹿鄂温克的自然、社会环境是稳定的。因而认为，政府能够充分把握其环境状况，从而为其制定出详尽具体的战略来。

其三，政府认为政府对事件的因果关系有着足够的认识。他们能够顺藤摸瓜，找出每一事件将会导致的变化。

然而，驯鹿鄂温克社会并非像政府所评估的那样是一个封闭的、稳定的、简单的社会。事实上，他们的社会是一个开放的、多变的、复杂的社会。

其一，驯鹿鄂温克的社会是一个趋于复杂的“开放”系统。这种开放的形势，既影响着其所处的环境，又在很大程度上受环境的影响。该社会开放的性格，可以从其以往有关与外界交流的情况中得到确认。驯鹿鄂温克原本是使用弓箭作为其狩猎工具的。在迁徙到额尔古纳河流域时，开始使用一种打小子弹的燧石枪，后又传入打大子弹的燧石枪。1906年时他们得到一种叫做别力弹枪的狩猎工具。1910年时开始又有了俄国造的连珠枪。1929年时鄂温克猎民又从中国政府买到套筒枪和七九枪。1938年后有了日本造的三八枪和九九式枪[①]。可见，其狩猎工具一直是紧跟潮流而变化的。通过与外界的交流，他们始终能够得到当时最先进的狩猎工具。19世纪中叶以后，随着枪支的传入，生产力有了提高，鄂温克人与其邻近民族间的交换活动逐渐活跃起来。开始时他们的交易对象是居住在额尔古纳河左岸的俄国农民，后来他们和商人的接触也日趋增多。这里面既有俄商也有汉商。十月革命后与俄商断绝关系，而同汉商关系却日益密切。额尔古纳河上的运输繁忙起来，夏天是帆船，冬天是雪橇，络绎不绝[②]。

这就意味着，由于复杂的外界环境的影响，鄂温克社会成员自身的行为可能无法达到他们自己所预期的结果。由于微小的行为变动可能会引起巨大的变化，其社会文化进步轨迹的预测就变得非常困难。其行为原本就是在顺应外界的变化中摸索着实施的，其步伐是在众多的选择过程中一点点朝前迈进的，其前进的轨迹就是在这一过程中遇到一个个“枝杈”后即时选择的结果。

其二，驯鹿鄂温克所处的自然、社会环境是处于恒常的变动状态的，这一环境不断创造着机会和威胁。因而，政府不能指望制定出在付诸实施时仍完全有效的详尽战略。这种变动既有自然本身的，也有人为促成的，后者如政府对于大兴安岭森林的持续开发便是。此外还有众所周知的社会制度的剧烈变动。这些变动最终都会导致驯鹿鄂温克社会文化不可预测的演变方式。

其三，作为传统决策理论基础的简单线性因果关系模型，如单线进化论、进步理论模式等也已经失灵。因而，各种事件的后果是无法预料的。外界总以为能够根据社会演变、进步模式如五种社会形态理论，给予驯鹿鄂温克社会指导性的决策，以期从宏观及微观层次上指导猎民们的行为。然而这种善良的愿望实际上是不可能实现的。

---

① 孔繁志编：《敖鲁古雅的鄂温克人》，天津古籍出版社1994年版，第66页。

② 秋浦：《鄂温克人的原始社会形态》，中华书局1962年版，第39页。

五、结 语

对于这种在文化演变面前似乎无可奈何的论断面前，我们肯定会感到沮丧。因为所谓的社会变迁规律，实际上只能是些回过头来的总结。尤其是在这样一种多变而复杂的环境中，当事人是无法预测自身所处社会下一步的演变趋向的。虽然有时在回顾过去，作事后总结的时候，我们确实可以看出一个“进步”的轨迹来——“进步”的概念可能只有在这种时候才能显示出一些意义来。于是，当事人的生活就不得不被认为仅仅是一种“适应”环境的行为了。只是，考虑到人的尊严，我们又不忍心将其完全归结为适应。如果需要折中一下的话可能就是，当事人一方面是在被动的适应环境，另一方面这种适应过程又是一种进步。这样一来，就有了新进化主义的嫌疑。不过，在悲观主义者看来，实际上连这点规律性的东西也是不真实的。于是，这时候这里就产生了一个矛盾，即我们要去引导人们沿着事后总结出来的“轨迹”行进，而事实上事先又不可能明确此轨迹的趋向，同时我们又不甘心于受到“轨迹”的自然摆布，还要创新，开拓未知的领域。在这种前提下，进步在多大程度上听凭于人的干预，进而到底有无进步的轨迹，或者即使明确了进步的轨迹，又有什么意义等问题就摆在了我们的面前。

然而这并不是说，政府或猎民方面在社会变迁面前就是无能为力的了。实际上，从前述驯鹿鄂温克数次定居失败的事实看，虽然存在来自外界的自然的社会的干扰，他们却能够尽力排除这些干扰，发挥自己的调整能力，最终都能够行进在自己的轨道上。最后一次定居，虽然在政府的干预面前显得有些无能为力，但终究还是有三分之一的猎民成功脱出定居点回到山上。总之，在驯鹿鄂温克文化当中尚存在一种抗干扰的能力，重要的事情就是如何去释放他们的这种能力，让他们自己把握自身的命运。

在经济社会快速发展中维护少数民族的尊严

刘惊海　吴海龙[①]

又一个五年发展规划在谋划和制定中。以往在制定国家发展规划之前，民族理论界要为少数民族与少数民族地区的发展进步积极做理论和舆论工作。最有代表性的有“八五”发展规划制定前提出少数民族地区应该与发达地区一起快速发展的“反梯度发展”理论；“十五”和“十一五”发展规划制定前提出民族地区与边境地区应该跨越发展的观点。前者表达了民族地区不甘落后的愿望和快速发展的决心；后者影响了国家西部大开发战略的制定与实施。连续几个五年发展规划的实施，使民族边疆地区经济社会发展与发达地区的发展距离逐渐缩小，取得了很大的成就。本文想结合内蒙古经济社会发展的实际，特别是内蒙古日报社近年来在民族语言文字使用方面的努力，谈谈在经济社会快速发展中保持民族团结、民族和谐问题。

一、现代化与少数民族文化保留

内蒙古的现代化是以工业化和城市化为主要内容的。从“十五”开始，内蒙古经济快速增长，社会发展稳定，2002 年至 2009 年，经济增长速度连续 8 年全国领先，年均增长 17.6%。10 年内，经济结构总体上完成了由农牧业主导型向工业主导型的历史性转变。2000 年，自治区第一产业占 GDP 比重 22.8%，第二产业比重占 37.9%。到 2009 年，第一产业比重降到 9.55%，第二产业比重上升到 52.45%，服务业比重为 38%。

内蒙古的城镇化率 2000 年为 42.2%，2007 年实现城镇人口过半数，

---

① 刘惊海，内蒙古日报社党委书记、社长、教授；吴海龙，内蒙古日报社副总编辑、高级编辑。

2009年上升为53.4%，2010年预计达55%。10年来，农村牧区共减少农牧民235万人，约占总人口的10%，其中包括大量的蒙古族人口。越来越多的农村牧区蒙古族农牧民从第一产业向第二、第三产业转移，从农村、牧区向城镇转移。有人估计，2010年内蒙古地区在第二、第三产业务工的蒙古族人口比10年前增长3倍多，居住在城镇中的蒙古族人口比10年前增长3倍多。

现代化的快速进展，使内蒙古蒙古族民众的生存观念发生了重大变化。为了寻求城镇中好的工作，越来越多的蒙古族家庭促使孩子放弃母语，从小学就开始学习汉语。与此相应，使用蒙古语的情况也发生了重大变化，越来越多的蒙古族民众依靠汉文报刊来维系日常生活安全，《内蒙古日报》（蒙文版）等报刊订户越来越少。《内蒙古日报》（蒙文版）2000年发行10200份，2009年为7800份。而且越来越多的蒙文版订户不是出于维护新闻安全，而是出于保留本民族语言文字传统的目的来订阅。蒙古文字的使用价值遇到挑战。

现代化是以先进技术为主的发达国家为样板的，对少数民族来讲既是一种追求和向往，也是一种无奈和悲怆。虽然内蒙古的蒙古族民众自觉地选择现代文明，紧跟中国现代化的建设步伐。但是从情感上，从民族归属感上特别希望走一条最大限度地保留自己民族文化的现代化道路，这一点全国各少数民族也是一致的。所以怎样在现代化的飞速发展中尽可能地保留少数民族文化，成为今后我国民族地区经济社会发展的一个核心问题。这个问题解决得好，就会调动民族地区各族民众自觉和谐地去推进经济社会发展。有的人认为民族地区不同民族间经济利益平衡是最重要的，但笔者认为，“不同民族经济利益”这个概念，对于大杂居、小聚居现状中的内蒙古来讲越来越处于从属地位，在区域快速发展中往往成为区域经济利益的附属。我国现阶段和今后一个时期不同民族的利益更多地表现在政治上，特别是文化上。

二、在内蒙古蒙古语言文字成为蒙古族的最高尊严

一个民族的发展靠尊严维系。一个民族处在不同的发展阶段有不同的尊严追求。一个民族的最高尊严即是最后的尊严，指一定时间、地域一个民族可以接受融合的底线。

语言活动是一种有规律的社会行为，涉及同母语人的交际行为、思维习惯、族群认同意识和态度乃至整个世界观的认知。语言学者在研究中还发现，一种语言就是一种思维方式的直接体现。以一种语言表达和记载的天文、地理、几何以及世界观、人生观思想，包含着该语言使用者对客观世界的认知体系。语言文字是文化的载体，每一种语言都蕴涵着一个民族独特的文化智慧，寄托着深厚复杂的民族情感。

由于经济全球化的影响，世界范围内的非主体语言文化正在迅速衰退乃至消失，这一变化的速度正日益引起人们的重视，因而这一时期语言规划所依据的语言观念和语言政策也出现了明显的变化。这主要表现为：从强调语言是交际工具到强调语言是文化资源的变化，从视语言多样性为消极因素到保护语言多样性的变化，从语言实用主义到语言人权观念的变化，从单变量单学科到多变量多学科的变化，有人甚至从哲学上概括为是从一元的结构主义向多元的后现代主义的变化等。语言消亡过程本来是一个缓慢的过程，但是由于经济社会的快速发展和外来文化冲击，濒危语言的消亡速度越来越快。如前所述，包括我国蒙古语在内的少数民族语言不可避免地存在这样的问题。对于少数民族来说，民族语言是他们最古老、最辉煌的成就，是他们世世代代创造能力的主要表现。民族语言对一个民族具有双重价值：一是实用价值或生存价值，即语言的使用价值；一是情感价值，即本民族人对语言所倾注的民族感情。在使用价值和情感价值发生冲突时，多数人往往选择语言的实际价值，放弃情感价值。但促使这种选择的环境变化过快时，民族情感往往会受到很大伤害，严重时可能造成一定数量人群的民族情感凝聚，形成民族间的不和谐甚至引发冲突。

在现代工业社会文化潮流的冲击下，不少民族的服饰、语言文字、民居传统、歌舞艺术、礼仪习俗等体现民族特色的民族传统文化正大量流失。弱势族群的语言是受到冲击最早、流失最快的一环。民族地区要融入全球化，首先要开放，要与外界沟通。随着全球性通用语言传播力度的加强，特别是以通用语为依托的新传播手段，如广播、电视、报纸、网络、移动通讯等日益深入普通人的日常生活，少数民族语言的交流功能持续减弱，同族群生产生活和其他交往中地域或国家或国际通用语替代少数民族母语的现象越来越突出。工业化、城市化发展越快，少数民族语言文字在生产、交际、生活中越处于被多数人语言替代状态。从内蒙古蒙古族的发展看，其宗教、习惯、服饰与汉族趋同较多，与之相应在工作和生活中人们的思想行为也趋同。因此，是否使用蒙古语就构成了蒙古民族的重要标志。从民族整体来讲，蒙古族语言文字的使用越来越成为蒙古民族尊严的标识。

三、努力推进少数民族语言文字的使用

著名语言学家戴庆厦教授认为，现代化的发展对少数民族文化的保留，是一种威胁，但语言竞争不可避免，要承认竞争，出现了弱势语言和强势语言，不等于民族矛盾，多民族国家里语言也要讲和谐。在全球化、现代化的背景下，如何让少数民族语言得到有效保留和更好的传承，是一个非常重大的政治文化课题。

为了保护民族语言，我国在条件成熟的民族地区实行了双语教育。如新疆、内蒙古、西藏、吉林延边等地，都开展了双语教学，并取得了一定的成效。民族语言新闻出版等领域的工作也成就斐然。

我们认为，当务之急是要努力推进民族语言文字的使用，在普遍而有效的使用中维护少数民族的民族情感，促使他们主动、和谐地进行现代化建设。内蒙古日报社近年来在这方面进行了有益的尝试，取得了一定成效。

作为少数民族自治区，内蒙古日报社拥有蒙、汉两种文字党报。通过近70年的实践，蒙文报成为内蒙古地区蒙古族使用语言文字的最大载体和最主要标识。但是，随着市场经济的发展，蒙文报的读者在减少，发行越来越困难。针对实际，我们实事求是地研究有谁在读蒙文报，有多少阅读量，读者范围多大，固定读者、流动读者、潜在读者比例为多少，单语读者和双语读者的比例如何，单语读者的增减变化，双语读者的流动变化。确定了坚持党报性质和肩负传承民族文化并重，主打少数民族聚居区新闻和民族文化新闻，走“报网互动”之路的办报思路。

首先，推动了为宣传党的路线、方针、政策和党的民族政策服务，为少数民族地区经济社会繁荣发展服务，为少数民族群众生产生活服务的“三服务”办新闻实践。在报道内容上突出抓好蒙古族聚居区新闻，减少了普通新闻和一般性新闻，扩大了民族文化新闻，突出了民族特色、地区特色和时代特色。采访重点由城市转向农村牧区，集中力量充分挖掘蒙古族独特的新闻资源。编辑重点由过去编译结合向精编地方稿件转移。翻译

重点由过去只抓新华社稿件向翻译法律法规、重要文章、区内新闻和网络新闻扩展。在蒙古族聚居的旗县建立记者站，利用当地人力资源充实记者站力量，把蒙文报的记者站延伸到贴近蒙古族读者的基层。有计划地组织编辑部记者、驻盟市记者和旗县记者深入到蒙古族聚居的旗县、苏木、嘎查挖掘本地新闻，采集第一手鲜活的信息，突出现场感，体现报道的互动性。

其次，进行了“新闻纸”加“民族文化纸”办报实践。专门成立民族文化部负责全区蒙古族文化、文学、艺术新闻的报道和开发。《内蒙古日报》（蒙文版）二版开设《民族文化人物》栏目，专门采访报道对民族文化有突出贡献的各族各界人物；每周推出《文史》、《文化访谈》、《文化探索》和《草原曙光》4 个整版，挖掘、整理、探寻、传承、弘扬民族文化。通过深度挖掘、热点透视推出了《蒙古文化路上的载重勒勒车》、《蒙古族动漫剧的出路何在》、《基层牧民文化生活匮乏之探源》、《蒙古地名的异化和消失痛》、《蒙古族民族》等反响强烈的系列主题报道。

第三，进行扩大读者群的报网互动实践。《内蒙古日报》（蒙文版）主动与私营企业“蒙科力”软件公司合作，创办了“中国蒙古语新闻网”，日点击量 1 万人次，受众遍及国内所有省市自治区和日本、蒙古、俄罗斯、美国等 40 多个国家和地区。目前，已成为国内最活跃、信息量最大、信息覆盖面最广的蒙古语第四媒体。

《内蒙古日报》（蒙文版）针对蒙古语使用的改革，维护了蒙古族的尊严，获得了广大蒙古族干部群众的支持。2009 年 7 月 1 日，自治区主席巴特尔专门召见《内蒙古日报》蒙文编辑部部分采编人员，高度评价了蒙文报改革，指出蒙文报作为传承民族文化的载体，在学习和使用蒙古语言文字工作方面起着表率作用，意义深远。蒙古族文化博大精深，源远流长，蒙文报加强了民族文化报道的力度和深度，推出了一些展示和探讨民族文化的专刊专版，推动了蒙古族文化的繁荣发展。我们应对那些为挖掘、整理、传承、弘扬民族文化的工作继续给予鼓励和扶持。

2009 年 5 月，内蒙古党委宣传部阅评文章指出：《内蒙古日报》（蒙文版）新开辟的 4 个文化专版，犹如一套组合拳发起了该报强有力的民族文化宣传攻势。专栏文章写得都很精彩，有广度、有深度、内容丰富，开始涉及蒙古族文化多个领域。整个报道富有吸引力和感染力。

阿拉善盟老教师乌力吉在来信中说：蒙文报加强对民族文化的报道力

度，是对子孙后代负责任的举动。我周围的很多同志都深有感触地说，蒙文报的民族文化报道让我们更加认识到蒙古民族文化举世无双，我们要倍加珍视和爱护，发展民族文化。同时带动了我们学习使用蒙古语言文字的热情和积极性。蒙文报的民族文化报道给了我们力量和启示，给了我们民族自豪感和自信心。

2010年8月中旬，《内蒙古日报》蒙文编辑部在新巴尔虎右旗举办读者节和通讯员培训班时，两位40多年坚持写蒙文通讯稿的老通讯员讲，掌握蒙古语言文字的所有人要尊重和爱护本民族语言，培育和增强自尊心，要从热爱、关心、传播蒙文报做起，要有“把自己的事自己要做好”的责任感。

2010年9月，新巴尔虎右旗5位牧民自费来呼和浩特参观《内蒙古日报》蒙文编辑部后，激动地表示：我们从城市里找到了在牧区流失的蒙古语言文字，看到了民族的尊严。

得知《内蒙古日报》（蒙文版）在基层设立记者站的信息，喀喇沁旗广播局赵彩云（据她讲，在该旗就她一个人能写蒙文稿，她虽然工作中用汉文，但一直没扔蒙文）主动要求当通讯员。这是一个基本没有使用蒙古文字环境的蒙古人的追求。

近两年，《内蒙古日报》（蒙文版）的改革成就引起了社会广泛关注。北京、吉林、新疆、青海、辽宁、广西等省市区少数民族文字媒体56人（次）先后来内蒙古日报社参观学习和培训；土耳其、蒙古国等国外新闻代表团也来内蒙古日报社交流，对蒙文报改革发展给予了高度肯定。

四、保护少数民族权利是根据经济社会变化而变化的一个过程

我们不能把少数民族的权利静态化，对少数民族权利的保护始终是一个实践问题。在上世纪50年代，对少数民族权利的保护主要表现在寻找各民族的特殊性上，识别出杂居一起共同生活的少数民族以便加以特殊保护。“文革”后，针对“文革”中推行大一统不重视少数民族特殊性的状态，对少数民族权利的保护体现为政治上大力培养使用少数民族干部，文化上注重少数民族语言文字的使用，教育上注重少数民族学生的培养。改革开放使沿海地区发达起来，这时民族地区在经济上呈相对落后趋势的压力下，积极争取经济较快发展，致使保护少数民族权利的重点转移到经济

发展权上，把能不能快速发展与落实自治权紧密联系在一起。随着西部大开发，民族地区经济发展加快，城市化推行步伐较快，少数民族的散居状态空前加大，少数民族语言文字的使用遇到前所未有的挑战，少数民族文化传统保留也遇到前所未有的挑战。保护少数民族文化成为民族区域自治实践的新的重点。

社会经济发展是人类追求幸福的必然状态。但发展对少数民族文化来讲是一把双刃剑，一方面可以为民族文化的繁荣提供机会和环境，另一方面会出现新的向强势文化技术合拢归并的趋向，从而弱化对少数民族文化特殊性的保护。

西方区域经济学认为欠发达地区有一个“发展悖论”：少数民族地区经济不发展固然会使当地人不满，但发展同样会使他们不安。发展就会有外地来的投资和流动人口。外来投资者总会占用农地、草场、矿山、林木和淡水资源，多半还会污染环境。发展会大量建立经济开发区和自然保护区，要求移民搬迁，限制当地人对原有生活资源的使用和控制能力。发展还会提高物价，使当地人感觉相对贫困。发展会因民族不同而产生工作岗位、就业和收入水平甚至居住区环境上的差别，造成劳动的文化分工。发展通常还会带来毒品、性病、艾滋病等公共卫生问题，使当地人感到自己被动受害。最重要的是，发展会使少数民族的语言、宗教和传统文化习俗在自己的家乡也被边缘化，使他们不仅在全国和全社会，而且在本民族聚居区，甚至在本民族自治地方，也变成文化弱势群体。“发展悖论”并不否认：发展是文化弱势群体和少数民族地区的内在需求，是多元民族文化繁荣的前提。例如，没有近年来内蒙古经济和社会的快速发展，就没有今天讨论和谐社会建设的空间和条件。但“发展的悖论”警示我们：在试图把发展作为解决所有社会问题的杠杆时，我们必须确立以人为本综合平衡的理念，必须通过制度创新来保证文化弱势群体以主体身份来参与发展并分享发展成果。

文化多样性是人类共同的不可再得的遗产，我们必须在发展社会经济的同时，承担起保护少数民族文化的责任。要根据经济社会的发展变化，明确少数民族文化保护重点，努力实现少数民族文化保护重点的转移。一是在政治上，从注重民族聚居区向注重散居民族人群转移，或向二者并重转移。二是在法律上，从注重少数民族集体人权向注重集体人权和个人权利的协调实现转移。三是在生产方式的强调上，从维护民族生产方式的特色向淡化不同民族的生产方式转移。四是在对继承民族文化的选择上，从强调历史文化英雄为主向注重民俗文化保留为主转移。五是在使用民族语言文字的目的上，从维护少数民族群众生产生活为主向保留民族文化（维护民族传统、民族凝聚力）为主转移。六是在使用民族语言文字的重点区域上，从牧区为主向城镇为主转移，或向并重转移。七是在民族语言文字传播服务的重点上，从纯民族语言人群为主向兼通人群为主转移，或向二者并重转移。八是在少数民族的应用语言文字教育上，从单语教育为主向双语教育为主转移。要在制度安排上和经费安排上用严格的程序来保护以上转移的实现。

边疆发展方式与机制创新

——以内蒙古自治区额尔古纳市口岸建设为例

祁惠君①

内蒙古自治区与蒙古国、俄罗斯联邦接壤，边境线长达4221公里。依托优越的地理条件，内蒙古现有边贸口岸18个。目前，额尔古纳市有两个中俄口岸，即黑山头和室韦口岸。1988年1月18日，中国国务院批准呼伦贝尔（盟）为“经济体制改革试验区”，额尔古纳市（属于呼伦贝尔盟所辖的县级市，当时称为额尔古纳市右旗，）开始书写经济贸易的新篇章。

内蒙古与俄罗斯的边贸合作历史悠久，有史可查的《中俄尼布楚议界条约》第六条规定：“两国即永和好，嗣后往来行旅如有路票，听其交易。”1727年《中俄恰克图条约》签订以后，两国正式开始互市贸易，清政府专设监视官1名。1911年，珠尔干河总卡官赵春芳在《边务报告书》中记载：从莫里勒克（莫尔道嘎）河口起到额尔古纳河口恩和哈达止，全长700余里的奇乾县，有商民329人，俄方有人口约15300余人。当时中方人员多为小商贩，以烟酒糖茶及日用小百货等与俄方换取小麦、牛、马、羊和沙金。200多年间虽偶遇战乱，边民交往时有停歇，但在大部分时间里，中俄边民互市往来一直很频繁。1929年，中东路战争爆发，边贸中断。② 新中国建立初期，中苏两国友好往来频繁，但是边境贸易未能展开，后来因中苏政治关系紧张，中国同苏联的经济交往也终止。

1988年，额尔古纳市与俄罗斯联邦共和国赤塔州普里阿尔贡斯克区、涅尔琴斯基扎沃得区于4月30日—5月4日，在拉布大林举行了双方的首次会谈，签署了“双方开展边境贸易和经济技术合作议定书”与“会谈纪

---

① 祁惠君，中央民族大学民族学与社会学学院教授。

② 额尔古纳右旗史志编纂委员会编：《额尔古纳右旗志》，内蒙古文化出版社1993年版，第412页。

要”。9月实现首次边贸过货，10月双方进行经济技术合作的初次探讨。1989年，双方共会谈3次，签订易货贸易合同2份，进出口总额度达204万瑞郎。中国出口货物有水果、家用电器、轻工纺织品等，进口货物有化肥、木材、铁皮、火柴、鱼类等。

1990年，中俄双方互访9次，新结识经济合作伙伴16个，签订易货合同6份，进出口总额度544万瑞郎。出口货物有服装、轻工机械、电子产品、化妆品、木工机床等，进口货物有化肥、木材、汽车、铁皮、钢材、皮革、钢琴等。到1990年末，额尔古纳市已和前苏联4个加盟共和国的15个市8个区32个伙伴建立了经贸联系。三年间，额尔古纳市外经外贸共实现利税191.6万元，获纯利86.6万元。其中1988和1989两年获利80.9万元，获纯利42.5万元；1990年实现利税100.7万元，获纯利34.1万元。过货总量7545吨，其中1988年过货135吨，经黑山头口岸过货2次，经室韦口岸过货1次；1989年过货3340吨，通过黑山头、室韦口岸过货6次；1990年过货4070吨，经黑山头口岸过货2次。1991年2月1日，内蒙古自治区口岸办受国家口岸办委托，在拉布大林镇举行了黑山头、室韦两口岸的正式开放剪彩仪式。至此，黑山头、室韦两口岸正式开通。[①]

一、黑山头、室韦口岸现状

额尔古纳作为对外开放的前沿城市，拥有黑山头、室韦两个口岸，分别位于黑山头镇和室韦镇。黑山头口岸与俄方的旧楚鲁海图口岸径直相距1.5公里，室韦口岸与俄方的奥洛契口岸径直相距1公里，两码头相距仅200米。黑山头、室韦口岸冬季可以通过界河在冰上过货[②]，具有北国边境贸易得天独厚的优越条件。

20世纪90年代两个口岸的边贸合作业务涉及建筑、蔬菜种植、电力、矿产开发、养殖、绒毛、纺织、食品、小商品等行业。

（一）黑山头、室韦口岸的过货量显示

1991年过货609吨，出入境客商1278人次，征收海关税10.81万元，

① 额尔古纳右旗史志编纂委员会编：《额尔古纳右旗志》，内蒙古文化出版社1993年版，第414—415页。

② 资料来自额尔古纳地区口岸办。

进出口贸易额654.49万元，财政收入1685万元。

1993年货运量增长到55021吨，出入境客商63425人次，征收海关税2412.83万元，进出口贸易额14805.58万元，财政收入4000万元，占财政收入的50%，给地方经济和社会发展注入了新的活力，极大地带动了交通、通讯、电力和第三产业的发展。

2003年黑山头口岸进出口货物达4139.08吨，出入境旅客7658人次，出入境车辆2390辆次。

2004年黑山头口岸进出口货物18498.19吨，出入境旅客13340人次，出入境车辆4463辆次。

2005年黑山头口岸进出口货物37034吨，出入境旅客28275人次，出入境车辆9439辆次，口岸通过量迅速增长。

2005年两口岸进出口货运量3.7万吨，创近11年来的历史最高，比上年增长23%；进出境旅客2.8万人次，比上年增长86%；出入境车辆9400辆次，比上年增长42%。外经贸进出口总额完成1.5亿美元，同比增长239%，其中进口1.38亿美元，同比增长231%；出口1200万美元，同比增长380%，外贸经济呈现出快速的增长态势。①

2005年，对外贸易进出口完成1222万美元，同比增长14%。其中进口1076万美元，同比增长10.46%；出口146万美元；口岸经济的发展，使口岸城市的综合实力得以全面提升。城镇居民人均可支配收入8174元，同比增长14.8%，居民消费水平明显提高。随着额尔古纳市对外贸易的开展，也为俄罗斯族提供了新的就业机会。室韦镇所辖的临江村俄罗斯族人，妮娜从一名普通的家庭妇女成为俄语翻译的故事就是一个很好的案例。妮娜说：

“前几年，海拉尔招生学俄语，我女儿学了一年半。满洲里国旅招服务员时，她去当服务员。后来她在公司当俄语翻译，工作很吃力，只能用汉字记俄语语音，然后再查字典。满洲里通贸开业后，她被招聘做经理秘书，学习管理。后来，公司派她到黑龙江大学学俄语。

有一次，我去公司看她，经理见我俄语说得流利，便问我女儿学一年半俄语，能否赶上我。我说不可能。她又到天津专门学习3个月。回满洲里后，她在公司前台为俄罗斯人登记护照还可以，其他就不行了。她白天

---

① 资料来自额尔古纳地区口岸办。

上班，晚上找我翻译。后来她干脆让我坐在办公室，帮助翻译。后来通贸把我留下来当翻译，派我到俄罗斯工作，月工资700元，主要负责翻译从俄罗斯往中国运木头、废钢的口译。那时，经理儿子在俄罗斯读书，也跟我学口语。一年后护照到期，我就回国了。

现在我也不干了，岁数大了。这几年我挣点钱，给小儿子在满洲里买了个牧羊点。现在小女儿和女婿在满洲里当导游，负责中国人去俄罗斯旅游时的翻译。他们有导游证，俄语口语流利，包吃住，去一次一般半个月，最快8天。”

总之，改革开放，对外大力发展经济贸易合作，使封闭的边陲小城焕发了青春。特别是实施“向北开放”政策以来，人流、物流、资金流迅速增长，使口岸经济迅速发展，成为拉动额尔古纳地方经济增长的一个重要部分。然而，口岸基础设施薄弱，不能满足日益增长的过货量的需要也是口岸设立初期所始料不及的。随着两口岸过货量的逐年上升，口岸陈旧的基础设施成为制约口岸经济发展的瓶颈。

（二）黑山头口岸的基础设施情况

黑山头口岸位于北纬50°12′27″，东经119°21′36″，是1989年经中国国务院批准的国家一类口岸。东距黑山头镇12公里，距额尔古纳地区政府所在地拉布大林镇62公里，水路距室韦口岸250公里，西隔额尔古纳河与俄罗斯赤塔州旧楚鲁海图口岸相望。该口岸所对应的俄罗斯普里阿尔贡斯克区有铁路与赤塔州相连，交通便利。普里阿尔贡斯克区木材、铁矿等自然资源十分丰富。

但是，连接两岸的大桥：黑山头至旧楚鲁海图口岸界河大桥——当时为简易木桥，因来往车辆过多并且多为大型载重车辆，口岸大桥一直处于超负荷运转状态。特别是1999年春季解冰期间，大桥被冰排冲断26米。因此，面对急需建设钢筋砼结构大桥的现实，经中俄两国政府多方面协调、磋商，中俄双方于2006年5月16日在北京签署了《中华人民共和国政府和俄罗斯联邦政府关于在黑山头和旧楚鲁海图居民区额尔古纳河现有界河桥处共同建设新桥的协定》。新建设的钢筋砼结构大桥的规模为：内陆桥长85.54米，桥面宽7.5米，界河桥长385.54米，桥面宽7.5米，均为钢筋砼结构，引路全长1840米，三级油路。工程总造价约3052万元。资金来源为中俄双方各承担总造价50%。

由中方的内蒙古自治区额尔古纳市人民政府和俄方的赤塔州政府负责

建设新桥。建设项目的协调工作由中方的中华人民共和国交通部和俄方的俄罗斯联邦交通运输部负责，新桥投入使用后归内蒙古自治区额尔古纳地区政府和赤塔州政府共同所有。配套项目还有：黑山头口岸码头的后方停车场 2000 平方米和黑山头口岸海关综合楼，面积 482 平方米。黑山头口岸运管值勤楼、卫生间等基础设施。

在此基础上为切实把黑山头口岸建设成高效、便捷、快速、畅通、功能齐全的现代化国际大通道，额尔古纳市政府对黑山头口岸进行了整体的口岸远景规划，黑山头口岸规划分两期设计：第一期实现过货能力 100 万吨/年，客运量 100 万人次/年，交通工具进出境 35 万辆次/年；第二期实现过货能力 150 万吨/年，客运量 150 万人次/年，交通工具进出境 50 万辆次/年。该规划已于 2006 年全面实施。这必将促进双方进出口贸易的新增长。

（三）室韦口岸的基础设施情况

室韦口岸位于北纬 51°20′42″，东经 119°53′53″，是 1989 年国务院以国函（1989）26 号文件批准的国家一类口岸。西隔额尔古纳河与俄罗斯赤塔州奥洛契口岸相对。室韦口岸所在地室韦是中国唯一的俄罗斯民族乡，两岸人民有着传统的友谊，旅游业的发展潜力巨大。首先是地缘优势。室韦口岸相对应俄罗斯赤塔州东北部九个市区，矿产资源十分丰富，以黄金开采最为发达，铅、锌、铁、铜等矿产资源也有相当储量，森林资源更为丰富，木材蓄积量达 4.5 亿立方米。山东鲁能集团已中标买断了别列左夫铁矿（储量 4.4 亿吨）30 年的采矿权。该地区公路发达，离西伯利亚大铁路相距 200 多公里。内陆交通也十分便利，室韦口岸位于内蒙古唯一入海口额尔古纳河上游，距莫尔道嘎镇仅 90 公里，距额尔古纳市区 168 公里的柏油路于 2005 年建设完成。

近十年来，在加强口岸基础设施建设方面，做出了很多努力。比如：2001—2005 年，口岸基础设施建设资金累计投入 4292.7 万元，口岸基础设施得到根本改变。主要项目有：1. 总投资 1376 万元的室韦—奥洛契口岸大桥于 2001 年 4 月 20 日开工，9 月 22 日竣工。实现了当年设计、当年竣工，成为中俄界河上第一座永久性大桥，于 2002 年 7 月 8 日正式启用通车。2. 室韦口岸大桥投入使用后，与之相配套的室韦口岸联检大厅、边检监护中队营房建设项目也于 2001 年 7 月开工，当年 10 月投入使用。室韦口岸联检大厅 1100 平方米、监护中队营房 1200 平方米，建设资金 320 万元，锅炉、供电等附属设施55万元，总投资375万元。3. 2004年开工建设的室韦口岸执勤岗楼26平方米，总投资5万元。室韦口岸海关综合楼482平方米，海关总署投资120万元。虽然口岸基础设施建设正在逐步完善，但是建设资金投入不足，标准不高，与快速发展的口岸业务不相适应等问题依然存在。为科学建设口岸，避免因盲目和不合理投资而造成的巨大浪费，口岸长远规划势在必行。

二、口岸经济与边疆建设的讨论

额尔古纳市作为对外开放的边境小城，肩负大任。其自身特点：一是地处西部大开发的行列；二是国家民族事务委员会“兴边富民”行动中的边境地区；三是国家重点扶持的人口较少民族之一：俄罗斯族聚居地。

（一）制约口岸经济发展的因素

由于口岸设立初期地方经济发展相对缓慢，口岸建设本着能用即可的原则，对未来的口岸发展空间估计不足。

一是黑山头—旧楚鲁海图通关手续繁杂，严重制约口岸通关速度。室韦口岸主要以进口木材为主，突出的问题是俄方签证单较多、手续繁杂、办理时间长等原因，严重影响了通关效率。现实是俄方在蔬菜、水果等方面需求量较大，但是俄方办理货物出入境手续却很繁杂，具体的检疫手段刻板而教条，直接影响中方的出口量。

二是室韦—奥洛契口岸有必要实现客货全面开通。中俄室韦—奥洛契口岸，不能对等开关，严重制约了双方口岸的发展。目前，开通旅贸、商贸人员通行迫在眉睫。中方有关协商俄方奥洛契口岸由货运口岸扩大为客货均可通行口岸的要求已经提出，由内蒙古自治区人民政府以内政发（2001）137号文件《内蒙古自治区人民政府关于协商俄方奥洛契口岸常年对等开关的请示》[①] 上报国务院并抄送外交部。现在需要协商俄方解决室韦—奥洛契口岸客货全面开通问题，力争中俄两国政府早日批复开通。实现口岸开关无周日、室韦口岸对等开关的目标。

三是口岸的服务功能不全，制约当地口岸经济发展。所以，进一步完善和提升口岸功能，提高口岸综合能力势在必行。

---

① 资料来自额尔古纳市口岸办。

四是口岸经济的产业结构不合理，以俄资源为依托的口岸加工业尚未形成规模。我方口岸虽然每年进口的木材等资源数量很大，但都是源源不断地运向了内地。木材废钢等原料落地加工生产企业基本为零，如果想进一步增强口岸工业发展基础，使口岸经济结构进一步优化，必须通过招商、出台优惠政策等办法鼓励相关人员进行投资和开发，使木材深加工尽快成为口岸工业发展中的支柱产业。

（二）发展口岸经济的措施及重要意义

第一，在政策层面上，积极建设“绿色通道”。首先在国家层面上，进一步与俄方协商，简化俄方繁杂的办理货物出入境手续和具体刻板的检疫手段。从长远的发展目标看，经过双方共同努力，中俄界河第一桥——室韦—奥洛契口岸大桥于2001年10月建成通车，2002年7月8日实现常年开关过货，与大桥相配套的联检大厅和监护中队营房也相继投入使用。这是积极的方面，在此基础上，在出口检验检疫等方面，积极与俄方协调，努力创造更加宽松的条件。增加出口销售渠道，继续扩大口岸交流。

其次，中国免税品有限责任公司在黑山头口岸设立中免额尔古纳免税店。为配套黑山头口岸的服务功能，繁荣口岸经济，更好地为出入境旅客服务，2004年额尔古纳市口岸办提出了《关于在黑山头口岸设立免税店的申请》。在得到市政府批准后，专门组织边检、海关、检验检疫局等部门就设立免税店问题进行了磋商，得到了有关部门的支持。2005年7月北京中免公司市场拓展部经过考察口岸的通货情况后，同意在黑山头口岸设立中免额尔古纳免税店。免税店的设立填补了黑山头口岸的一项空白，对口岸经济的快速发展有着十分重要的意义。

最后，代办签证和兑换卢布的措施：随着额尔古纳市旅游业和外经外贸业的快速发展，前来额尔古纳市商贸洽谈和旅游观光的俄罗斯旅客大幅度提高，为边境贸易的发展带来了新的活力。但卢布兑换、代办签证等服务项目一直处于尴尬的“空白状态”，成为入境旅客关注的焦点。为切实解决这个问题，给入境外籍旅客创造一个良好的环境。2006年6月。经过积极请示和协调，在资金少、时间紧、任务重的情况下，于2010年6月份开始办理卢布与人民币兑换和代办俄方人员入境签证的业务。这两项业务的开展极大地方便了过境旅客，带动了该项业务中介机构的快速出现，为口岸经济的发展奠定了一定的基础。

第二，在具体措施和行动中，不断调整和创新。我们从宏观经济战略的高度看到，扩大出口，增大种植面积和发展优质绿色农产品本身是建设社会主义新农村的需要，更是农民增收的重要突破口，具有重要的意义。

1. 根据俄方在蔬菜、水果等方面需求量大的现实，可以采取的具体措施是加大蔬菜水果出口，一方面要加大蔬菜种植基地和水果出口基地的建设力度，扩大蔬菜种植面积，比如：2003 年，额尔古纳市生产的绿色双低油菜子、优质小麦、无公害蔬菜被收购商抢购一空，全年绿色农业总产值达到 3.3 亿元；另一方面要借此东风，大力宣传和创建额尔古纳绿色无公害蔬菜基地——占地面积 238 亩的生态科技示范园区，在种植结构上，进行调整，2003 年播种的 11 万亩小麦全部使用优质种子，百万余亩油菜则全部选用双低优良品种。最为可喜的是该基地生产的 10 吨甘蓝全部出口俄罗斯，树立了呼伦贝尔绿色品牌的良好形象。

所以培育发展优质高效绿色农产品很重要，要努力使各项指标达到绿色优质农产品生产过程的要求，保证产品质量。在出口检验检疫等方面让对方满意，从而加快通关速度，扩大出口。

2. 积极培育对俄商品市场，繁荣边境口岸经济。2005 年，额尔古纳地区投资 30 万元，建成了 1000 平方米的“额尔古纳对俄商品贸易中心”，并出台了优惠政策：第一年为试营业期，税费全部返还；第二年税费返还 80%；第三年税费返还 70%；第四年税费返还 60%；第五年税费返还 50%。该商贸中心于 2005 年 9 月 27 日正式营业，目前已有 40 多家满洲里及当地客商入驻该商贸中心。2006 年黑山头口岸过货量大幅度提高，车队排队过关现象再次出现，许多出入境人员因过关手续等问题长时间滞留口岸。为方便过境旅客，额尔古纳市口岸办和边检等部门协商，决定建设口岸食堂。这一举措，得到了过境人员的肯定，也是额尔古纳市口岸办为优化通关环境的一种尝试，在今后的运作中还有继续完善的空间。

3. 实施“走出去”战略。2007 年劳务输出 800 人次；在俄罗斯种植土地 3000 公顷，产值超过 500 万美元；森林采伐 15 万立方米，可以为室韦工业园区提供充足的原料，刺激园区木材加工业的发展。加大对俄罗斯矿产资源的开发，吸引国内大企业到俄罗斯开发铁矿、铅锌矿、金矿等项目，进一步活跃两岸经济和文化。

4. 有必要建设国际铁路项目。力争海拉尔—额尔古纳—普里阿尔贡斯克区铁路项目的建设。从长远发展来看，铁路建设符合中俄两国的贸易发展趋向。铁路铺设后，将给外贸总量和过货量带来质的飞跃，将实现铁路公路口岸齐头并进、共同发展的新格局。随着货物运力的提高，进出口总额自然会有所提高。

口岸是经济活动的舞台，口岸的发展与边疆建设紧密相连、相辅相成。随着中俄关系的新进展，在国家“十二五”发展规划、继续向北开放及西部大开发等政策的指导下，额尔古纳市作为边境口岸城市，将继续深入实施贸易强市、工业富市、旅游活市的发展思路，站在新的起点上，以更加积极的姿态，科学细化目标和任务，突出口岸地方特色和区位优势，加快建设北方重要的国际物流基地、进出口加工基地、跨境旅游基地，着力保障和改善民生，努力实现口岸经济社会又好又快发展。

内蒙古国营B牧场的移民、发展与畜种改良

赛　汉[①]

一、调查点简介

本文的田野点白音锡勒牧场位于锡林郭勒草原中部、锡林浩特市东南55公里处。全场总面积3730平方公里，其中草原3203平方公里，耕地244905亩，林地98430亩，水面90000亩。草原占总面积80%以上。据中科院草原研究中心统计，当地草原中天然一等草场约占49%，二等草场约占43.5%，三等草场约占7.5%。当地人习惯简称它为31团，因为该牧场曾在内蒙古军垦时期被内蒙古生产建设兵团5师31团接管，军垦结束后又划归地方。该牧场在内蒙古草原科学及国有牧场变迁研究中占有重要地位。

首先，该牧场在内蒙古畜牧科技史上地位独特。1950年，自治区政府在锡林郭勒草原建立白音锡勒公营牧场，后改称锡林郭勒盟种畜场。这标志着现代畜牧饲养技术引入草原。1956年，第一个机械化饲料基地在此建成。1964年，国务院批准在种畜场基础上建立现代化草原畜牧综合试验研究中心。[②] 1978年，中国科学院在此建立生态系统定位站，并很快形成生态系统研究网络（CERN）重点站和国际《人与生物圈》计划重点项目示范站。1985年5月，内蒙古自治区政府批准成立以白音锡勒牧场为中心的“内蒙古锡林郭勒草原自然保护区”。该保护区的五个核心区均位于白音锡勒牧场范围内。这里被国际上公认为欧亚大陆典型草地样板。

---

① 赛汉，民族学博士，北京语言大学副教授，清华大学对外学术文化交流中心客座教师。

② 该中心的建设与正常科研工作在“文革”期间停止，中心随即被撤。

其次，白音锡勒牧场的人口构成及流动堪称典型。建场之初，前来开发这片“无主之地”[①] 的职工仅有20人。后来的知青和兵团战士曾使牧场人口达到1.1万，而且来自全国22个省、市、自治区，是当时的内蒙古之最，人口构成的复杂程度全国罕有。该牧场开始实施锡林郭勒盟制定的“两转双赢”政策，据此转移出1/3人口。此外，通过合并中小学校，牧民子女进城上学，父母进城陪读，客观上推进了牧场人口向中心城镇转移。白音锡勒牧场过去40年人口大规模流动显然是难得的素材。

再次，白音锡勒牧场经营方式转制。当地建场之初实行过（新）苏鲁克放牧制、[②] 集体化、军垦时期大力发展过农业。十一届三中全会以后实行过草畜双承包制，近年来又落实了草场使用权与所有权分离的“双权一制”，且草场以户为单位进行围栏。牧场数据显示：当地草原生态恶化不是出现在牧场人口和牲畜头数最多的时期，而是出现在围栏化之后。这一事实使得学界政界广泛传信的生态恶化缘于“超载放牧”的说法显得牵强。倘若人口压力不是草原生态恶化的主因，那锡林郭勒盟乃至整个内蒙古自治区实行的生态移民又怎能解决草原困境？移民到底是“发展”的目标，抑或只是“发展”的手段或步骤？

相对内蒙古自治区来讲，白音锡勒牧场面积不大。但这里上演过内蒙古草原发展的所有的故事。内蒙古大学经济学系刘仲龄教授在内蒙古草原工作多年，访谈中他说“白音锡勒是锡林郭勒草原的缩影”。笔者经过考察，更认为白音锡勒是整个内蒙古草原的现代化缩影。以此为田野点颇能以小见大。在这里找寻牧场发展问题的原因和办法，能为解决内蒙古草原在“发展语境”下面对的问题提供借鉴。

二、白音锡勒牧场的人口流动与发展

新中国成立之前，种畜场对草原蒙古人来说是闻所未闻的新生事物。

---

① 对牧场所在地原住民的介绍几乎没有，本人只在内蒙古自治区档案馆编的内部出版物《内蒙古民族团结革命史料选编》（第36页）文献上找到了对该地区仅有的一点记载：该地为布里亚特蒙匪聚居地，靠近查干诺尔碱矿，在国内革命战争时期曾在这里击退蒙匪。据猜测因为该地靠近水源和碱矿（游牧民每年在固定时间都要让牲畜食用舔食碱以补充牧草之外的营养），故此地应为布里亚特蒙古人的游牧之地。

② 苏鲁克制度是蒙古族传统放牧制度，其主要特点为草场牲畜归王宫所有，牧民通过放牧牧主的牲畜得到分成。

从1953年之后短短7年间，仅锡林郭勒盟就建立了14个国营种畜场，其扩散速度之快、规模之大都要归因于内蒙古自治区第一个种畜场——锡林郭勒种畜场及其运行模式的示范作用。

（一）白音锡勒牧场的发展及人口的迁入

《锡林郭勒盟畜牧志》介绍：“锡林郭勒盟农垦事业的创立以内蒙古自治区决定建立锡林郭勒种畜场为标志。种畜场的建立成为锡林郭勒盟农垦事业和畜种基地建设的起点。”当年，内蒙古农牧部畜牧处处长阿民布和[①]根据自治区党委决定，带领4名干部8名工人，长途跋涉到锡林浩特，在锡林郭勒盟领导支持下抽调干部职工，购买畜种，在锡林浩特南部古乃庙、好日图庙、布里亚特庙一带，勘察选址，最终于1950年10月1日建起锡林郭勒种畜场。作为锡林郭勒大草原上第一个国有牧场，建厂之初，全场仅有20名职工，1033头（只）大小牲畜，两顶蒙古包，三辆胶轮车和一台马拉四轮车。[②]

1958年乌兰夫到该厂视察时，希望各族职工继续努力，把它建设成为畜种基地、畜产品基地、机械化饲草料基地和培养农牧业人才的基地。

1969年内蒙古生产建设兵团成立，并在锡林郭勒盟组建第五师、第六师，对国营锡林郭勒种畜场和周边的茅登、高力罕牧场和乌拉盖牧场等地实行军垦，组建了31团、32团、41团和52团。

1975年10月内蒙古生产建设兵团体改，取消兵团建制番号，五师、六师所辖各团改称白音锡勒牧场、茅登牧场、高力罕牧场和乌拉盖牧场等。

1984年10月，内蒙古党委办公厅1984（19）号传真电报通知：锡林郭勒盟所有公私合营牧场（包括已改为国有牧场的）改为苏木或生产队。

此后，在中共十一届三中全会鼓励全国农区实行以户为单位的承包责

---

① 关于国营种畜场的创始人阿民布和，在《锡林郭勒盟畜牧志》第1338页有简短记载。阿民布和（1902—1973），蒙古族，内蒙古巴林右旗人。1910—1922年念私塾；1923—1925年在家乡种地；1926—1943年曾先后在蒙疆军队担任连长、副团长等职；1945年4月在沈阳陆军学校受训；1946年3月参加东盟政府政变委员会，任第四师教导团长；1946年5月到10月任冀察热辽军区司令部蒙汉联军司令部参谋长，后任第四师师长；1949年4月调内蒙军区司令部，同年转业到内蒙古政府农牧部任处长；1950年受内蒙古政府委派到锡盟建立种畜场至1966年11月。阿民布和白手起家，在锡林郭勒大草原上建起了第一个国营农牧场，并建成现代草原研究中心，成为全国十大样板之一。1966年，阿民布和“文革”中受到批斗，1973年含冤去世。

② 齐伯益：《锡林郭勒盟畜牧志》，内蒙古人民出版社2001年版，第33页。

任制。白音锡勒牧场也积极落实国家政策，实行了草畜双承包。

牧场的经济生产和体制沿革也带来了当地人口的大幅迁入，从而必然导致农业播种面积的扩大，详见表1—表2：

表1　1950—1990年牧场人口职工统计表

年代	总人口（人）	年代	总人口（人）
1950	20	1951	108
1953	325	1955	573
1957	829	1962	5139
1965	6992	1970	10450
1975	12030	1976	11393
1978	11954	1979	12105
1980	12206	1981	11977
1982	12959	1983	11914
1984	11736	1985	11404
1986	10934	1987	10580
1988	10429	1989	10215
1990	10201		

表2　牧场播种面积及亩产统计表①

年份	总播种面积	亩产（公斤）	年份	总播种面积	亩产（公斤）
1953	85.5	46.8	1981	109321	43
1957	20970	69.4	1982	118255	88
1962	73867	35.2	1983	103900	53
1965	72666	44.2	1984	96357	63
1970	112272	70.7	1985	90619	54
1975	113852	54.3	1986	82100	37
1976	116127	42.3	1987	77500	46
1978	109330	51.6	1988	80300	29
1979	96357	73	1989	78800	53
1980	95354	32.9	1990	83700	66

① 本表根据《白音锡勒牧场经济社会发展战略规划》附表五《农业统计》制成。

通过阅读相关文献，结合社会历史背景可知途中所示阶段性人口变动的原因为：

1. 1957年—1965年：这八年是人口流入的第一个高峰。牧场人口从829人增加到6992人。除从各地调入和有计划性的移民外，多为内地三年自然灾害时期的流民。1959—1960年，牧场接收了全国各地（主要为河北、山东、河南、山西等）流入人员约1300余人。这些人带来了不同的生产习惯和文化传统。由于人口激增，造成粮食压力，大面积草原被开垦成农田（参见牧场播种面积及亩产统计表）。

2. 1965—1975年：内蒙古生产建设兵团发展时期，是牧场人口增长的第二个高峰。1967年内蒙古生产建设兵团5师31团成立并接管白音锡勒牧场后，仅1968—1972年就接收了来自北京（12）、天津（292）、河北（178）、辽宁（49）、内蒙古（1327）以及其他省市（102）总计1960名知青。

3. 牧场人口的最高峰为1982年，达到12959人，随后开始下降。下降原因包括知青返回原籍（现在留在牧场的只有一对知青夫妻）以及部分人口调出等。但是值得注意的是，知青大量返城并没有使牧场人口骤降，说明当时牧场或有大量未统计的流入人口。在白音锡勒牧场3700平方公里的草原上如此巨大的人口变动对农牧业结构及生态环境都产生了深刻的影响。

牧业：压力增大。建场之初的小规模农业基于“农业的经营为牧业服务，即为牲畜提供必要的饲料”。但随着人口增加，白音锡勒牧场不得不以解决吃饭问题为中心，不仅没有达到农牧结合的目的，还引发了农牧矛盾如争地等问题。

农业：1953年牧场农业开垦仅为85.5亩。1957年播种面积达到20970亩。4年间人口增长40倍（从20人增加到825人），播种面积更增长246倍。到1980年前，牧场耕地达21.3万亩，播种面积最多时达12万多亩。1980年以后退耕还牧。1990年耕地减为164800亩，播种面积减为91740亩，但亩产波动极大，常年维持在50公斤以下。在干旱草原不适合农耕的气候条件下，这种粗放的低效率的农业开垦造成牧场生态恶化，沙化加剧，从而制约了牧业的发展。

生态：人口流动带来了草原景观改变。居住格局就是一例。今天外人走进白音锡勒牧场，首先看到的是连片的定居房屋。“人民公社”和“文化大革命”时期，由于汉族移民增多，草原牧区套用农区的做法，在水源地附近建起大批定居点①。

白音锡勒牧场的人口迁入在内蒙古的现代移民史上具有代表性。根据美国学者史华慈研究，在中华人民共和国成立之初的十年里，人口密集地区的大批农民流动到人口较少的边疆少数民族地区，即西北和内蒙古地区（只有少数流动到了西南地区）②。这些移民不论是出于政府组织型经济或政治移民③还是周边省区农民（如三年自然灾害时期）的自发移民，都对白音锡勒牧场生态造成了巨大冲击。人口增加、牲畜增加，加之不同时期的政府相关政策的失误，致使草场耕地的生产力下降、草地退化、水资源短缺、沙化严重、草地再生能力减弱、草场生态失衡。目前退化草场已达20%以上。据草原生态定位站对1980年到1990年10年间的草地生产力的监测，草地产草量已由先前的200—300斤/公亩，减到目前100—125斤，下降约40%。

（二）人口的迁出

白音锡勒牧场人口经历两次外流：一是1982年后的知青返城（这一数目很快被非计划流入人口补充）；二是2000年后，生态环境恶化，政府开始采取治理措施。1999年特大沙尘暴袭击北京，各级政府与此同时开始为中国承办绿色奥运做准备，并治理华北沙漠地区以及内蒙古草原。内蒙古自治区2000年开始实行生态移民工程几乎覆盖自治区所有盟、市。位于锡林郭勒草原中部的白音锡勒牧场，也因生态环境的持续恶化导致了部分职工被“生态移民”。

笔者认识的第一个生态移民搬迁户叫比杰，白音锡勒保护区旁边的定居点则是清一色的新砖房，内部规划整齐，共有住房八套④，每套住房均由正房、院落和用于舍饲圈养牲畜的后院构成。定居房前矗立着新打的井，井的一侧连着供牲畜饮水的水槽，井旁堆放着做燃料的牛粪。吸引笔

---

① 麻国庆：《“公有”的水与“私有”的水》，载《开放时代》2005年第1期，第12页。

② Schwartz, Henry. G., *Chinese Migration to North - West China and Inner Mongolia*, 1949 - 1959. The China Quarterly, Vol. 16, pp. 61 - 74. London.

③ 潘鸣啸：《上山下乡运动再评价》，载《社会学研究》2005年第5期。根据潘鸣啸的分析，上山下乡运动的动机分类共有四种：意识形态动机（改造青年思想，消除社会差别）；政治动机（恢复秩序）；出于战略考虑的社会经济动机（开发农村和边疆地区）；消极的社会经济动机（减缓城市发展和城市就业）。

④ 后经与场部领导访谈核实，此八户人家为一组，周围用于生态移民居住的住房共三十户。

者走进比杰家的不仅仅是因为他是这个定居点中唯一的住户，还有他搭在定居房屋旁的蒙古包。推开蒙古包低矮的门，包内摆设极其简陋，只有必需的生活用品，蒙古包内唯一的柜子正中间供奉着成吉思汗像。

比杰告诉笔者，这是场部修建的生态移民定居点，他是目前定居点中唯一的牧户。移民前，他和家人在二分场附近放牧。他放牧的牧场距离白音锡勒自然保护区非常近。比杰及其父母是世代放牧、居住在这里的布里亚特蒙古人。上世纪50年代，被招工到原锡林郭勒国营种畜场成为国家工人。现在还生活在白音锡勒牧场的蒙古族职工多属相同情况。种畜场时代、人民公社时期直至将草场包产到户之前，他们在牧场的身份为牧工。当年牧业生产由集体统一管理，什么季节到哪里放牧都由负责牧业的领导决定。这些领导通常也都是放牧经验比较丰富的牧民出身，对周围草场的分布、当地气候情况非常熟悉。放牧的单位通常是两到三家。各家的分工遵循一家负责白天放牧，另一家负责晚上守夜（防止其他野生动物袭击、防盗以及观察畜群有无异常等）的原则。当时虽是定居放牧，但牲畜仍然能在小范围内移动（小游牧），草场条件还能维持牧业生产。1978年以后，在家庭联产承包责任制的带动下，白音锡勒牧场实行了后来全区普遍实行的草畜双承包。出身牧民家庭的比杰与其他老牧民一样，认为承包后前几年收入虽然增加，但是草场却越来越差。问到他认为草原生态环境这些年为什么持续恶化时，他说："人太多了。而且一种地这草就不行了，再也好不了了。现在又有了库伦（蒙语中"墙"的意思，他始终不知道用汉语怎么说这种铁丝织成的网围栏），走不了了。反正啊，牲畜舒服了，人就不舒服；人舒服了，草场就好不了"。问到他为什么搬到这里时，他说"场子里要把保护区围起来，我们离那近（白音锡勒自然保护区核心区），就生态移民了。再说那里的草也实在不行，牲畜都吃不饱。"当问起为什么这个移民村里只有他一户人家？他说"这个（定居房）住着不舒服，再说把牲畜圈起来养，饲料太贵了。这个品种不行，太娇气还太能吃，现在又不让走（场）了。还是以前那个土牛、土羊好。这个地方（移民点）也不是没有人住过，后来又都搬走了。"

三个月后笔者再去牧场调查时，发现他也搬迁了，蒙古包不见了，房前的水槽干了，只剩下他住过的定居房孤零零地矗立在前往自然保护区的路边，周边草场地表裸露，草原夏日的风掀起一阵阵黄沙。

内蒙古锡林郭勒盟自2001年开始实行"围封转移"；随后又实行了

“两转双赢”政策，其实质内容为：转变生产方式、转移牧区人口、保护草原生态、增加牧民收入。2006年11月27日新华网报道了锡林郭勒盟实行“两转双赢”的情况①：

两转双赢和谐发展 锡林郭勒盟生态经济探索之路

30多年来掠夺性的经营，埋下了生态灾难的祸根……锡林郭勒盟把改善生态环境作为长期的战略目标，毅然提出“两转双赢”，转移农村牧区人口……从生态角度看，只有牧区人口减下来，牲畜数量才可能进一步降下来，使草原得以休养生息，实现生态系统的良性循环和正向演替。锡林郭勒盟一位有心的领导算了一笔经济账：锡林郭勒盟地广人稀，近20万平方公里草原分布着20万出头的牧民，每转移出一个牧民，就相当于有效缓解1平方公里草原的生态压力。转移牧民，是从根本上解决问题的好办法……通过“转变”和“转移”，这场锡林郭勒保卫战初见成效，开创了草原历史性的嬗变。“两转双赢”带来的不仅仅是生态的好转，牧民的观念、生产生活方式也随之发生了巨大的变化。围封了草场转移出来的牧民通过发展奶牛、肉牛或务工、经商，不仅使草场得到了有效恢复，他们还在生产方式和思想观念的转变中，开始了生活质量的不断提升。

同期，内蒙古正镶白旗对外宣传网也以“‘两转双赢’——发展的真理和方向”为题报道“两转双赢”工作进展情况②。

在参照国内关于生态移民的研究成果以及国外对于近年来发展问题的反思后，对于“两转双赢”有以下几点分析：

首先，“两转双赢”中转移牧区人口的移民行为属于保护生态和发展经济并重的混合型移民。“两转双赢”与“围封转移”（其主要内容为“围封禁牧、收缩转移、集约经营”）最主要的区别在于“两转双赢”中提到了“提高牧民收入”。在与一位锡林郭勒盟当地负责移民的地方官员探讨牧民是否愿意移民时得到了这样的回答：“移民的目的就是为了让牧民更富。现在他们养牛、种庄稼，这些会让他们发财致富的。人们从一个穷地方搬到一个好地方来，现在感到非常高兴。”③

---

① 节选自：http://chinaneast.xinhuanet.com/2006-11/27/content_8622393.htm.

② 详细内容见 www.nmgzxbq.gov.cn/news/manage/news/news_show.asp? id.

③ Dickson, Debbie & Webber, Michael, Environmental Resettlement and Development, on the Steppes of Inner Mongolia, PRC. *Journal of Development Studies*, Vol. 43, No. 3, p555.

其次，关于移民后的土地利用方式：被移民前对于嘎查中谁会被迁走？迁往何处？如何补偿？迁移后从事什么样的生计方式等牧民了解很少。移民前，大多数牧民认为移民后土地使用方式可以自主决定，而笔者在对位于呼和浩特市郊区的移民村——新优佳养殖场的调查中发现土地利用方式在移民和基层官员中有着截然不同的含义。移民多数认为自己是牧民，习惯自己传统的生活方式（从事畜牧业）；而负责管理移民的地方官员尽管也认为文化很重要，但更倾向于认为土地的利用方法应该以经济为导向，文化和民族不是决定性因素，他们说“那些牧民不想离开（他们的家乡），他们还想做牧民。但是现在谋生要比延续老一代的生计方式更重要。”①

第三，移民后生计方式的变化以及劳动力市场化。草原和蒙古族文化有着紧密的联系。通过上文中对移民后丧失对土地利用方式的自主权的分析，可以推断出“两转双赢”中的部分移民行为仅仅是为了发展经济进行的。而一些牧民在被移民后因为种种原因，无法继续从事畜牧业，成为城市里没有“现代”技术而只能出卖体力的劳动力，这样无形中就扩大了劳动力资源丰富的市场，生态移民也因此将矛盾地——草原转换成了一个土地资源稀缺但劳动力丰富的区域，这与中国其他地区的农村没有什么区别。其结果是传统畜牧业被排挤，而畜牧业所承载的文化内涵也随之逐渐消失，据此也部分地改变了传统蒙古族社区的社会结构。

三、草原与体制——反思草原围栏化

蒙古族的生活方式经历了前现代的古列延、阿冥勒、苏鲁克到中华人民共和国成立后的新苏鲁克、人民公社、牧业大包干、草畜双承包到 2002 年以来的“双权一制”。这一过程中的最大变化是草场资源（水和草场）从群体公用到个体私用的变革。生产方式的变革直接影响了蒙古族的社会组织结构，改变了蒙古族人与人之间以及人与自然直接的互动和沟通方式。在此过程中，既有农耕对畜牧业的冲击，基于“农耕优于畜牧”思想导致的政策偏差，也有国家现代化的推动。对蒙古族畜牧业生产方式的变迁分析可以 1949 年前后为界，也可以循着牧场资源（水、草）从公用演

---

① Dickson, Debbie & Webber, Michael, Environmental Resettlement and Development, on the Steppes of Inner Mongolia, PRC. *Journal of Development Studies*, Vol. 43, No. 3, p555.

变为私用的过程展开。

（一）草场使用权制度的变迁

从内蒙古自治区成立之初直到1983年，锡林郭勒草原的牧业生产中牲畜的归谁问题会随时、随势发生改变，但草场始终是公用的。1984年内蒙古开始实行草场承包使用责任制，明确所有权归集体，使用权归牧户，草场使用权逐步划分到浩特或牧业组。

从1989年起，全盟深化草畜双承包责任制，推行有偿使用草牧场的制度，确定牧户或浩特的草场面积、收费标准，明确牧户和浩特在草牧场使用管理方面的责、权、利。但由于种种主观原因，大部分牧区草场未能够划分到牧户，畜牧吃草场的“大锅饭”、“大户吃小户”等现象很普遍。随着牲畜头数的增加，草场超载过牧、退化、沙化的问题越来越突出。

1995年，盟委和行署开始采取《进一步完善草场牧场承包责任制》和《关于推行草畜平衡责任制的暂行管理办法》等措施，加大草牧场划分承包到户的力度，确定牧户草场的界限和亩数。到1997年，草牧场全部划分到户有偿使用。各牧户根据自治区《畜牧业承包合同管理条例》，履行承包合同手续，发放了“二证一书”。即草场所有证、使用证和合同书。

1996年内蒙古草场流转制度出台。草场承包虽然到户，但牲畜头数仍逐年增加。大户的畜群迅速扩大，草畜矛盾突出，草牧场租赁、转让的现象越来越多。在此背景下出台了草场流转措施，旨在深化牧区改革，加强草原保护建设合理利用，确保草原畜牧业可持续发展。1996年，在草牧场公有制和家庭联产承包责任制长期不变的前提下，内蒙古开始实施草场有偿转让制度，形式有：1. 牧户间自发转包；2. 集体收回牧户自愿放弃的承包草场，组织规模经营；3. 畜牧多的牧业大户，租赁牲畜头数少的牧户草场有偿放牧。

（二）分析与反思

1. 蒙古族的畜牧业在中华人民共和国成立前经历了多次部落及政权更迭，但牧区产权制度始终没有重大改变，即草场归部落领主或牧主，一般百姓有使用权。这些牧民尽管不拥有土地所有权，但是他们通常拥有牲畜。牧场的使用权没有现在这样边界清楚，权限明晰，也并不意味着任何人都可以随便进入草场，随意放牧。《游牧文化的终结》一书中记载：

各旗王爷及其下属能灵活决定草场使用权，因为他们既管百姓又管地块。各旗领地通常包括春、夏、秋、冬四季草场。这些季节草场又分给不同的苏木和嘎查。因此，每个在地牧户都有使用权。这意味着各牧户虽然没有草场，但只要有人力就可使用草场。①

当时的畜牧业不像现在的独户经营，也没有家庭牧场，蒙古牧民一些家庭之间通常组织起来成为小组，组内不同家庭之间共享劳动力，以减少干旱、洪水或者暴风雪等自然灾害带来的风险。这些小组是构成经济、宗教社区最基本的居民点。在此基础上，毗邻的小组能通过非正式的协商机构共同使用它们共享的一些资源，并以共享资源的名称来命名他们自己，如“某某河流域之民”。②

需要说明的一点是这种体制对外来人口仍有排他性，这种草场“公地”的边界清晰，因而与哈丁“公地悲剧”中假设的牧场向所有人开放和无偿使用有着本质的区别。

2. 1949 年之前，由于连年战事，草原上的牲畜数目下滑严重。中华人民共和国成立后全国其他地方都经过土地改革后，土地归公，使用权分户。内蒙古自治区在这一点上体现了自治权利。在渐进的土地所有制变革中，乌兰夫和当时的自治区政府制定了“不分、不斗、不划阶级、牧主牧工两利”政策。政府鼓励牧民自发成立互助组。组内成员分工合作，安排放牧。1956 年以后大规模建成的人民公社、高级社只是表面形式，如白音锡勒牧场以及锡林郭勒盟的其他地区曾经发生过每个公社里的所有牧民可以到公社食堂免费吃饭等现象。实际上，这一阶段的畜牧业生产活动还是在土地集体所有的基础上开展的，其他产业支持畜牧业的大格局未变。此时的牧业“大锅饭”就有了两层含义：一种是有形的，如上文中提到的“社员到社里免费吃饭”；还有一种隐性的大锅饭，就是当时牧区比农区富裕且人口少，人均占地多，使周边一些汉族和蒙古族为躲避政治运动进入草原。这些不熟悉草原生态环境和放牧技术的新人占用当地牧民的草场放牧，造成了部分草场生态退化。这在“大包干”和“文革”时期，还有在国有农牧场上常见。

3. 草畜双承包制度的推出与改革开放后农区推广“包产到户”的时间段相吻合。简单讲，“草畜双承包”就是要让牧民在争取获得更多的经济

---

① Sneath, David. Changing Inner Mongolia: Pastoral Mongolian Society and the Chinese State. New York: Oxford University Press, 99.

② Williams, Dee Mack, Beyond the Great Walls: Environment, Identity and Development on the Chinese Grassland of Inner Mongolia, CA: Stanford University, 101.

效益的过程中，不得不关注生态效益。这种将蒙古传统公用草场即传统游牧经济的根本划分到个人的政策带来了牧民生产生活所有领域的变革，需要一系列配套措施的支持，包括：牧民定居、草原围栏、舍饲圈养、人工饲养草料、水利资源的利用等等。“草畜双承包”实行至今已二十多年，国内外学者对其成效做了大量研究。一些学者认为草原“草畜双承包”制度打破了“草原无主、放牧无界、草原无价、使用无偿”的旧观念，树立了“草原有价、使用有偿、建设有责”的新观念。①有学者认为以保护生态为目的的“草畜双承包”因为阻挡了动物的迁徙，使动物只能在围栏草原范围内啃食草场，造成草场沙化，草原物种单一（大牲畜，尤其是土种大牲畜因为食草量大，连续在围栏内啃食践踏造成围栏内草场退化），不利于天然草原的生物多样性演变，不利于天然草原稳定的演替状态。②也有些学者基于成本效益的分析，认为围栏草原造成草场退化还造成牧民的支出增加和牧民贫困化。从 2001 年起，政府进一步推行禁牧休牧政策以恢复退化草场，并配套出台了生态移民和舍饲圈养等配套政策，这其中政府投入的资金巨大。③

4. 围栏化的文化反思。草畜双承包制度实施中，草原被围栏分割成多个小块，畜群再也不能逐水草而居，游牧民族固然住进了定居房，不必再在严寒与酷暑中寻找水草丰美的地方躲避雨雪和（草原黑、白）灾难；牧民生产的单位也限定为各自的家庭，互助与合作——这种蒙古民族的人际交往模式——也不再必要；围栏的草原使畜群中牲畜的数目变少，但是劳动强度却大大增强了。他们对自然的依赖、顺应少了，因为种植青贮、打井饮畜等改造草原景观的活动也使他们加入了对自然宣战、改造自然的行列。蒙古人常说的“对草原的保护就是对草原最好的建设”也变成了谚语而不再是实践的准则，因为没有人再按照传统规则行事。围栏围封起来的不只是草场，还有草场上的牲畜和由此衍生的游牧科技、草原知识和蒙古族文化。围栏缩小的不仅仅是牲畜的运动空间，还有蒙古族传统文化的生存空间和蒙古人的思想空间。

---

① 徐志信、陈玉琦：《草原管理与畜牧业持续发展》，载《内蒙古草业》1997 年，第 4 页。

② 敖仁其：《制度变迁与游牧文明》，内蒙古人民出版社 2004 年版，第 12 页。

③ 敖仁其：《制度变迁与游牧文明》，内蒙古人民出版社 2004 年版，第 24 页。

四、畜种改良的现代性隐喻——“科学”与技术之于内蒙古草原生态建设

“畜种改良”在不同语境下也有不同含义，本文中所指的“畜种改良”主要是指引进外来品种与本地品种杂交的改良方式。内蒙古草原的现代畜种改良集中在锡林郭勒盟，而锡林郭勒盟的畜改工作发轫于昔日的锡林郭勒盟种畜场，所以对白音锡勒牧场畜改工作的研究有以小见大的作用。本文根据《畜牧志》和《白音锡勒经济社会发展战略规划》把包括白音锡勒在内的内蒙古60年畜种改良分为大集体推广时期、分户经营推广（包产到户）时期和近十年来的生态保护时期。

畜种改良的大集体时期（1956—1982年）可以概括为政府推动型，有着强烈的政治色彩。内蒙古自治区畜牧厅下发了《关于1959年家畜改良辅导站设置办法方案》，要求在全区建立家畜改良辅导站50个，精液供应站8个，其性质为国家事业单位，由当地党政统一领导，经费由自治区划拨预算。这就为畜种改良能够推广下去提供了最后的保障——经济资助。此外，政府还在人、财、物等方面提供了种公羊、授精器材等方面的帮助，这些措施使改良畜比例逐年上升。最极端的时段是1960年：

“我区的绵羊改良工作经过连续两年大跃进，已经取得了很大的成绩，去年全区适龄母绵羊约有70%进行了改良和杂交，头数达到326万只……根据内蒙古党委召开的农业书记会议确定牧区40%的母羊要在七月份全面开展夏季配种接羔（部分旱灾严重，母羊膘情不好的可以缓配），无论农区或者牧区配冬羔工作都必须用细毛羊种公羊配种改良。”①

但这种做法的水土不服也逐渐显现。首先是畜牧业成本大幅上升。尽管改良羊的个体产值高（某些单项指标如产毛、奶或肉），但其需要配套的饲养条件，如水资源、草料等，这些都是内蒙古草原最珍贵稀缺的。舍饲圈养这些牲畜会导致定居并引发草场退化等严重后果（后果在“生态驱动的畜种改良”部分分析）。内蒙古各地土产戈壁羊和乌珠穆沁羊则完全可以在自然条件下实现繁衍。

包产到户阶段（1984—2000年）的畜改工作则显示出了明显的市场导

---

① 齐伯益：《锡林郭勒盟畜牧志》，内蒙古人民出版社2001年版，第460页。

向性，这与1980年代草场承包到户后，牧民的放牧空间受到限制、且有一定的自主选择权有关。畜种改良从此开始走下坡路。我采访过的一位白音锡勒牧场退休场长谈到滑坡原因说："我们当年多辛苦啊，从新疆、澳大利亚引进种羊，没日没夜地干，（引进）有利木赞（母牛），黑白花（奶牛），考历代（羊），美利奴（羊），（培养出本地）细毛羊。你看这一包产到户，没人管了，这些人（牧民、牧场职工）乱（配）养，看啥值钱养啥，一下子又都回去了。"①

此时的畜种改良无法持续的原因有二：一是制度变化，即包产到户、发展市场经济等原因导致各级政府的工作重心转移，大集体时代建成的配种网点也多呈瘫痪状态；二是此时在畜种改良博弈中占主导地位的是市场而非行政命令。另外，生态环境对畜种改良的限制作用日益突出。白音锡勒牧场是针茅草原，却被设计成细毛羊研发基地。针茅很容易附着在细毛羊的长毛上并旋转扎入体内，结果不但影响羊皮质量，还会导致羊的死亡。草畜承包以后，牧场职工有了生产自主权，不到三年就将细毛羊全部淘汰，改回土种羊，原因是"太难养了"。②

生态保护阶段（2001—2008年）：内蒙古自治区2000年开始实施围封禁牧。牧民在此背景下为使生活不受影响，就开始对牲畜"压缩数量、提高质量"。这等于开始新一轮的畜种改良。地方政府这次提供了草场优惠、低息贷款和其他配套措施。这轮畜种改良的逻辑是：好的牲畜品种能提高生产率——即在不增加牲畜头数，不给草场增加压力的前提下，牧民的收入也能提高。

各地方政府出台了许多优惠政策。例如在有些地区，养殖了改良畜的牧户可不受草场全年禁牧的限制，养土种羊的牧户则不能。甚至改良畜盗牧的罚款也比土种羊低得多。一些地方政府还用各种项目为牧民改进基础设施如暖棚、沼气、厕所和牧草籽等。畜种改良技术由政府免费培训。

这一轮畜种改良有两点不同于前两次：第一，它是在保护生态的口号下进行的。在当今舆论大讲全球气候变暖的背景下，保护生态关系到国家和民族的生存，从而具有更大的公益正当性。正如一位当地官员所讲：

---

① 素材来自2009年8月与牧场老厂长的谈话。

② 李文军、张倩：《解读草原困境——对干旱半干旱草原利用和管理若干问题的认识》，经济科学出版社2009年版，第256页。

"我们会一直扶持下去，因为保护生态是公益事业。"① 第二，它对草原生态的风险性其实更高，因为它导致了新一轮的草原开垦。内蒙古的生态系统无法为改良畜提供充足饲料，政府只能购买和种植饲草料来保障供给。由于内蒙古草原"地广人稀，土地资源丰富"，所以在当地种植饲料更为可行，因而也更通用。总之，此轮畜种改良试图将牧业嵌入市场经济体系，再用外部农业系统解决干旱草原脆弱生态对改良畜的限制。

生态学家刘书润研究过白音锡勒牧场的草原植物分类，因而对当地畜种有独到见解：

"蒙古族牧民说，我家的羊有18个爸爸，本区家畜应以本区品种为主。蒙古牛、蒙古马、蒙古羊，还有本地骆驼经过千百年选育，最适合本地自然环境，也最适合游牧。它们是牧民生产、生活、战斗、交通的必需品，是移动的商品、行走的银行，还寄托着牧民的文化和情感。本地畜种是蒙古族牧民的朋友，也是草原生态系统的成员。只有这种适合蒙古族草原游牧文化的牧畜才能受到牧民的欢迎。家畜改良和引种，不能拉游牧的后腿，不能成为定居、舍饲的借口。只考虑眼前利益，抛弃和我们共同生活了几千年的当地优良牲畜品种，与丢弃传统文化同样可悲。"②

五、结语与讨论

白音锡勒牧场是内蒙古畜牧业的缩影，也是锡林郭勒盟和整个内蒙古草原科技的缩影。长期以来，内蒙古草原管理政策基于以下两个研究角度制定：

首先，草原评价方法基于美国植物生态学家克莱门茨创立的静态、平衡草原模型。该理论认为生态系统具有内部调控能力，因而其动态具有方向性和可预测性。中国科学界的草畜平衡、以草定畜之说，地方政府的载畜量制定都以此为据。从此，科学知识和术语逐步取代了蒙古族传统生态知识。近年锡林郭勒盟实行的"围封转移"政策也是基于这种科学假设：

---

① 李文军、张倩：《解读草原困境——对干旱半干旱草原利用和管理若干问题的认识》，经济科学出版社2009年版，第259页。

② 素材来自与刘书润老师的谈话。

即围封草场、移出牧民就能恢复草场植被。① 近十五年国外的生态学研究证明：内蒙古干旱半干旱温带草原属于非平衡（non－equilibrium）和动态类型，充满不确定性和无法预测性②。也就是说，先前作为决策依据的科学理论前提仍需验证。

其次，有学者认同哈丁的“公地悲剧”假设：由于公共资源稀缺，所以每个人都会像困境中的囚徒一样想把自身利益最大化，所以只有牧民自己拥有草场使用权时，才会爱护它。一些地方政府也因此倡导围栏化并希望以此达到保护草原生态环境的目标。

我们通过对上述两个理论的分析，发现当政府要依据理论制定具有“可操作性”的政策时，就会努力缩小甚至消除事物之间的异质性而放大同质性，再使简化后的假设成为制定政策的基础，最终陷入试图用一种政策解决所有问题的万能药（Panacea）“陷阱”。其结果是解决问题的政策本身变成了问题的根源。

解决草原困境的最大挑战首先是接受而不是拒绝复杂性，科学研究领域如此，政府管理亦然。既然草原生态充满变数，那我们对草原的理解就应该有多个层面。因此，草原的发展和生态困境就不是某个学科所能解决的，而应综合采用人文、生态、社会等多层次的制度体系。简单、线性的认识论无法解决具有公地性质的草原管理制度难题。

最后，由于跟草原和牲畜打交道的既不是政府也不是科学家，而是作为发展主体的牧民，所以任何发展项目如果没有发展主体的参与都将注定失败。由于中国的牧民主要是少数民族，而少数民族发展的目标不仅应包含经济收益，更要传承民族文化和体现主体价值，所以任何发展方式都要尊重牧民的主体意愿，包括资源权益、经济权益、社会权益、语言文化权益和政治权利。在国家层面，中国现行法律规定政府有权开发少数民族地区的资源。但法律同样规定政府有保护少数民族权益的义务。当民族文化的整体性受到冲击时，政府应在保护文化多样性的前提下对少数民族文化和少数民族地区的发展给予重新定义和定位，实现发展方式变革。

---

① 近年的研究成果显示，“围封转移”后腾出来的草场一年后植被得到恢复，而三年后由于没有牛羊的啃食和牛羊粪便的施肥，按照牧民的话讲围封的草场已经“毒草（灌木）丛生”。而在围封前，当地牧民提出的如“草长出来就是让牛羊吃的”，“没有牛羊的草原不叫草原”等呼声，被认为是愚昧和落后的，没能阻挡“围封”的步伐。

② 国际草原大会编写组：《草原牧区管理——核心概念注释》，科学出版社 2008 年版，第 79 页。

额尔古纳：一个新型的文化边区

唐　戈[①]

一、关于“文化边区”的概念和理论

历史学派是人类学史上一个十分重要的学派，这一学派无论在民族文化的实证研究上，还是在人类学理论和方法的探索上，都有着十分突出的贡献，文化区理论是其重要的理论之一。

“文化区”这个概念最早是由历史学派创始人博厄斯提出来的，后经他的学生，特别是威斯勒的发展，最终成为一种系统的理论，并进而上升为一种行之有效的研究方法。

文化区这个概念与德奥传播学派提出的“文化圈”概念有些类似，但又不尽相同，“如果说‘文化圈’学说强调类似文化特征，而不要求有连续性的区域范围，那么‘文化区’则要求在一个共同史地单位区域内”[②]。

在提出并阐述有关文化区概念的基础上，历史学派人类学家进而又提出“文化中心”和“文化边区”两个概念。与文化中心相比，文化边区主要有以下三个特点。首先，“前者即是指在一个文化区内表现其文化特征最浓厚的中心地区，而后者是在一个文化区内远离文化中心，表现其文化特征较为淡薄的边缘地区”。[③]其次，“在任何文化区域，文化特质都趋向于从中心向外围扩散”，“所以，那些在外围发现的文化特质较为古老，而在

---

①　唐戈，黑龙江大学哲学与公共管理学院社会学系、满族语言文化研究中心副教授，硕士生导师，主要从事东北亚人类学和文化变迁研究。

②③　杨堃：《民族学概论》，中国社会科学出版社 1984 年版，第 90 页。

中心区域发现的那些文化特质则是较新的”。[1] 第三，文化边区“是一个文化区与另一个文化区之间的过渡区域，它的文化内容，由两方混合而成”。[2] 每一个文化区都有其边界，对于两个相邻的文化区来说，它们各有各的边界，但对于文化边区来说却只有一个，两个相邻的文化区共有一个边区。

现在让我们将文化边区的第三个特点单独拿出来进行讨论。

我们知道，文化区理论是历史学派人类学家基于对北美各印第安部落文化的实证研究而提出来的，他们将分布于北美洲的印第安文化划分为若干区域，即“文化区”，其中每一个文化区都包含有一定数量的在地域上相邻、在文化上具有某些共同特质的印第安部落。

北美各印第安文化都是所谓的部落文化，都没有建立国家。如果相邻的两种文化都已建立了国家，那么这样的文化边区又会呈现出怎样的状态？又会具有哪些特点呢？

本文试图通过对额尔古纳这样一个新型文化边区的解剖，来探讨这一问题。

二、关于额尔古纳地区

额尔古纳地区，作为一个文化边区，在不同的历史时期，其所包括的范围是不一样的。今天所说的额尔古纳地区具体指内蒙古额尔古纳市（原额尔古纳右旗）。

这是一个相对独立的地理和文化区域。它隔额尔古纳河西与俄罗斯的赤塔州相望，具体说是赤塔州下面的两个区，其中位于南部的是普里—阿尔贡斯克区（简称“普区”），位于北部的是涅尔琴斯基扎沃得区（简称“涅区”）。它的东北部是黑龙江省漠河县，东部是内蒙古根河市（原额尔古纳左旗），东南部是牙克石市，南部是陈巴尔虎旗。漠河、根河和牙克石中北部地处大兴安岭北段，传统上是鄂伦春族和鄂温克族的游猎之地。陈巴尔虎旗地处呼伦贝尔草原北部，是巴尔虎蒙古人和通古斯鄂温克人的游牧所在地。

额尔古纳地区就处在这样一个自然和人文环境的包围之中。它的东部和北部属于大兴安岭西北边缘地带，南部属于呼伦贝尔草原北部边缘地

---

① （英）艾伦·巴纳德：《人类学历史与理论（修订版）》，华夏出版社2008年版，第60页。

② 戴裔煊：《西方民族学史》，社会科学文献出版社2001年版，第298页。

带，西部是额尔古纳河河谷。额尔古纳地区南、北自然地理环境的差异，使其历史和文化也有所不同。北部虽属大兴安岭，但早期的历史发展却与森林开发没有太大的关系，而与淘金有关。南部地处呼伦贝尔草原的北部边缘，适合放牧，在草原向森林的过渡地带，土层较厚，可从事农耕，于是1917年十月革命后为俄侨所占据，而俄罗斯人传统的生计方式恰好就是农牧业结合型。1929年，英国人类学家林德格尔在前去调查驯鹿鄂温克人的途中经过额尔古纳南部地区，她写道："这片三角洲分布着被俄国人称为'三条河'的根河、得耳布尔河和库尔河[①]，构成整个西北满洲最肥沃的土地。这片辽阔的流域，农业兴旺，山坡上长满了牧群赖以生存的青草。"[②]

尽管额尔古纳地区南、北之间的自然地理环境存在上述差异，并且二者在历史、文化上也有所不同，但从大的方面说二者却又是一个统一的文化边区，是"一个非常重要和不同寻常的，包括政治、商业和人种志的边界"[③]。

三、边界的跨越与作为文化边区的额尔古纳地区的形成

20世纪50年代中期以前，作为汉、俄两种文化分布的边区，额尔古纳地区是包含在整个汉俄文化东部边区之中的，是汉俄文化东部边区的一部分。汉俄文化边区共有两部分，其中西部边区位于中俄（苏）西段边界的一段，即从新疆伊犁，经塔成，至阿勒泰一段的中国一侧，东部边区位于中俄东段边界中国一侧，但不包括从中俄东段边界的西部起点至额尔古纳河上游一段地区，因为除了边城满洲里及其附近地区外，这里是蒙古文化的分布区。而在1938年之前，汉俄文化东部边区则不仅包括从额尔古纳河中游一直到中俄东段边界东部终点的中俄边界中国一侧地区，还包括俄罗斯一侧地区。

根据自然地理和历史人文两个方面，我们可以将汉俄文化东部边区分为若干小的区域，额尔古纳地区就是其中一个相对独立的区域。但在20世纪50年代中期以前，额尔古纳地区包括的范围比现在要大，它不仅包括作

① 即哈乌鲁（哈乌尔）河。

②③ （英）兰德格尔：《西北满洲与使鹿通古斯》，载吴文衔主编：《黑龙江考古民族资料译文集（第一辑）》，黑龙江省博物馆1991年。

为主体的今额尔古纳市的全部，还包括黑龙江省漠河县的西北部和内蒙古陈巴尔虎旗的东部。而在 1938 年之前，额尔古纳地区更包括额尔古纳河中下游——黑龙江上游两岸的广大地区。

作为汉俄文化东部边区的一部分，额尔古纳地区的形成始于 1882 年。这一年有一位鄂伦春族[①]猎人在距离额尔古纳河口不远处的黑龙江漠河为其母亲挖掘墓穴时，无意中发现了大量沙金，这个消息被俄罗斯金商谢列特金知道后，即约请矿师列别金那到漠河采金。[②] 从此到黑龙江上游和额尔古纳河下游中国一侧开采金矿的俄罗斯人越来越多。

1884 年俄罗斯人在这一地区设立了“采金事务所”，由谢列特金任总首领，下设 5 个区 700 余个作业组。事务所制定法律，建立武装，征收捐税，设立教堂，俨然是一个国家。[③] 到 1885 年，从漠河到额尔古纳河右岸的吉拉林，采金者已达 13000 余人，其中俄罗斯人 9000 余人，其余大部分为汉族雇工。[④]

17 世纪入主中原的清王朝曾在包括额尔古纳地区在内的广大东北地区的中部和北部实行“封禁”政策。咸丰年间这个政策被废止，于是大量来自山东、河北等省的农民开始进入东北地区，出现了“闯关东”的移民潮。他们中的一部分人一路北上抵达额尔古纳河右岸，并被在那里开采金矿的俄罗斯资本家招为雇工。19 世纪末 20 世纪初位于额尔古纳河右岸的葛拉必子金厂已雇有华工 8000 余人。[⑤]

另有一部分人索性越过额尔古纳河进入俄罗斯境内。历史上（1937 年前），额尔古纳河中下游左岸地区，即俄罗斯后贝加尔北部地区，也生活着很多汉族人，他们大都也是被俄罗斯资本家雇佣的金矿工人。1912—

---

① 这里所说的鄂伦春族可能指驯鹿鄂温克人，新中国成立前，在很多有关额尔古纳地区的地方文献和民族志里提到的鄂伦春族其实指的都是驯鹿鄂温克人。另外当时鄂伦春族普遍实行风葬，而驯鹿鄂温克人由于受俄罗斯东正教的影响，已由风葬改为土葬。

② 额尔古纳右旗史志编纂委员会编：《额尔古纳右旗志》，内蒙古文化出版社 1993 年版，第 262—263 页。

③ 这个国家曾以额尔古纳河右岸一条支流“热尔图加”河为名，称“热尔图加共和国”。额尔古纳右旗史志编纂委员会编：《额尔古纳右旗志》，内蒙古文化出版社 1993 年版，第 263 页；盖丽萍：《中俄历史中鲜为人知的“热尔图加共和国”》，载《西伯利亚研究》2007 年第 5 期。

④ 额尔古纳右旗史志编纂委员会编：《额尔古纳右旗志》，内蒙古文化出版社 1993 年版，第 263 页。

⑤ 额尔古纳右旗史志编纂委员会编：《额尔古纳右旗志》，内蒙古文化出版社 1993 年版，第 127 页。

1913年，俄罗斯人类学家史禄国在后贝加尔地区调查北方通古斯人（指埃文基人，即鄂温克人），他看到，在这一地区，“俄国人开设的金矿吸引的汉人比在满洲看到的还要多。”①

这些被俄罗斯资本家雇佣的汉族工人大都是单身男子，他们中有一部分后来又回到关内老家，余下的部分大都与俄罗斯妇女结为夫妻，所生子女即为中俄混血人。中俄混血人作为一个血缘和文化的边缘族群，其文化兼具汉、俄两个民族的特点，它的产生和存在进一步说明汉、俄两种文化在这一地区碰撞和融合之深。

四、国家力量对文化传播的限制与文化传播对这一限制的突破

每一个国家都有边界，即国界，国界附近的地区称边界地区，比边界地区范围大的地区称边疆地区。与文化边区不同，对于两个相邻的国家来说，国界只有一个，而边界地区和边疆地区却有两个，它们各有各的边界地区和边疆地区。边界地区和边疆地区都是政治的边区。

额尔古纳地区作为政治边区的历史早于其作为文化边区的历史。1689年，根据中、俄两国签订的《尼布楚条约》，额尔古纳河成为中俄两国的界河。但额尔古纳河并没有因此而阻挡住两国人民跨越这条人为的界线而进入对方领土，尤其是没有阻挡住俄罗斯人进入中国领土。1727年（清雍正五年），根据中、俄两国签订的《恰克图条约》，清政府在额尔古纳河右岸设置了12座卡伦，以防止俄罗斯人越界。② 而到1882年，生活在额尔古纳河中国一侧的俄罗斯人大多已被清政府遣送回国。

1882年之后，对于越界采金的俄罗斯人，清政府同样采取了清剿和驱逐出境的办法。比如1892年10月在清希利沟采金的数百名俄罗斯人被驱回俄境，他们一共留下房屋23座、桦皮房8座。③ 到1900年义和团运动爆发前，这些越界的俄罗斯人均被清政府驱赶回额尔古纳河左岸。

在日伪统治时期，由于日本和苏联在二次大战中是交战国，于是额尔古纳河再一次被严密封锁起来，两岸人民的往来受到很大的限制。

---

① （俄）史禄国：《北方通古斯的社会组织》，内蒙古人民出版社1984年版，第137页。

② 宝音朝克图：《清代北部边疆卡伦研究》，中国人民大学出版社2005年版，第23页。

③ 额尔古纳右旗史志编纂委员会编：《额尔古纳右旗志》，内蒙古文化出版社1993年版，第126页。

另一方面，我们看到，文化的传播也常常突破国家力量的限制。前述作为文化边区的额尔古纳地区的形成即是突破国家力量限制的结果。

1917 年俄罗斯爆发十月革命，国家力量的限制再一次被突破。十月革命后俄罗斯人大规模移民额尔古纳地区，特别是移民这一地区的南部。据统计，1922 年位于额尔古纳南部地区的室韦县共有俄侨 1703 户，9279 人，位于北部地区的奇乾县共有俄侨 152 户，604 人。[①]

移民中国的俄侨主要分布在额尔古纳地区的南部，他们形成大大小小数十个村镇，其中最大的村镇是三河镇。三河因额尔古纳河右岸的三条支流——根河、得耳布尔河和哈乌鲁河而得名，从 1917 年到 1976 年一直是额尔古纳地区政治、经济、文化和宗教的中心。[②]

十月革命后，移民额尔古纳地区的俄侨中有很多人是东正教神职人员，而东正教在该地区之真正发展起来也是在十月革命之后。1921 年，额尔古纳地区第一座东正教堂在俄侨聚居的库利绰维村（今下护林村）建立。1932 年 6 月，圣·斯特列钦斯克—彼得罗帕甫洛夫斯卡娅教堂在三河镇建立。该教堂为圆木结构，是额尔古纳地区最大的东正教堂，也是额尔古纳教区[③]的中心教堂。日伪统治时期，该教堂领导邻近的包比来、巴尔扎贯、苏沁、卡尔嘎那和拉普沙果尔等 5 个村屯的教堂，1944 年拥有教徒约 1800 人。截止到 1949 年新中国成立前，额尔古纳地区共建有 21 座东正教堂，其中 18 座属正统派，3 座属旧教。[④] 据东正教哈尔滨教区监理局统计，1937 年三河教区共有 527 人接受洗礼，其中男 306 人，女 266 人；共有 138 人行终傅礼，其中男 72 人，女 66 人；共有 172 人在教堂举行婚礼。[⑤] 他们中大多数人都是俄侨，但也包括少数中俄混血人。

林德格尔对此曾做如下分析："虽然俄国再也没有得到条约[⑥]中所说的今黑龙江右岸的任何地区。可是由于中国对这些北部殖民地地区的忽视，

---

① 程廷恒修，张家璠纂：《呼伦贝尔志略》，载李兴盛主编：《会勘中俄水陆边界图说（外十一种）》，黑龙江人民出版社 2006 年版，第 2166 页。

② 三河镇作为额尔古纳地区的中心城镇一直持续到 1976 年，这一年额尔古纳右旗政府由三河镇迁往拉布大林镇。

③ 一般称三河教区，是哈尔滨教区下辖的一个管区。

④ 额尔古纳右旗史志编纂委员会编：《额尔古纳右旗志》，内蒙古文化出版社 1993 年版，第 132—134 页。

⑤ 张绥：《东正教和东正教在中国》，学林出版社 1986 年版，第 275 页。

⑥ 指《中俄瑷珲条约》。

及俄国人口在外贝加尔地区的迅速增长，边界只是理论上存在着。”①

五、国家力量为文化传播开辟道路

国家力量除了限制对方文化在本国传播外，也常常为本国文化在对方领土上的传播开辟道路。

历史上俄罗斯文化在额尔古纳地区的传播有几次比较大的潮流，其中有的潮流属民间自发行为，比如前面提到的1917年十月革命至1932年日本人封锁中俄东段边界期间俄罗斯文化在额尔古纳地区的传播。而有的潮流则借助于国家力量，国家力量成为俄罗斯文化在额尔古纳地区传播的助推器。这样的潮流主要有两次。

一次是1900年，沙俄政府趁中国爆发义和团运动之机，占领了额尔古纳河右岸各卡伦，从而为俄罗斯人移民这一地区打开了方便之门。对此，清人宋小濂在《呼伦贝尔边务调查报告书》一书中曾有这样的记述：“庚子之变，俄人乘衅而起，驱逐我华人，焚毁我卡伦，盘踞我金矿，安设水磨，垦种荒地，河中之鱼，山中之草木鸟兽，均一任其取携。”②

另一次是1911年，沙俄政府乘辛亥革命和呼伦贝尔独立之机，再一次占领额尔古纳河右岸各卡伦。于是“俄人越界垦芟，复又自由行动”，自库克多博卡伦（即四卡，位于黑山头附近）至吉拉林，“移驻我界三百余户，延长三百余华里，宽约五十余华里，大举耕垦，略无顾忌”。③

在额尔古纳地区的历史上，除俄罗斯文化的传播借助于国家力量外，汉文化在这一地区的传播也曾借助于国家力量。从1727年清政府在额尔古纳河右岸设置卡伦伊始，直到1904年，驻守在卡伦的官兵都是蒙古族。1904年（清光绪三十四年）宋小濂就任呼伦贝尔副都统后，“慨边务废弛，仿古屯田遗制，为实边政策”，将卡伦“增设至二十一卡”，又“以蒙

---

① （英）兰德格尔：《西北满洲与使鹿通古斯》，载吴文衔主编：《黑龙江考古民族资料译文集（第一辑）》，黑龙江省博物馆1991年。

② （清）宋小濂：《呼伦贝尔边务调查报告书》，载李兴盛、王保燕主编：《秋笳馀韵（外十八种）》，黑龙江人民出版社2005年版，第893页。

③ 程廷恒修，张家璠纂：《呼伦贝尔志略》，载李兴盛主编：《会勘中俄水陆边界图说（外十一种）》，黑龙江人民出版社2006年版，第2060页。

人不习耕稼，一律改用汉人”。[①]

六、国家力量在文化边区范围上的变化所起的作用

国家力量在文化边区范围上的变化所起的作用主要表现是迁离文化边区中本国一侧地区对方国家的人民，肃清对方文化，从而改变文化边区的边界和范围。

俄罗斯历史上曾有多起排华运动。十月革命爆发后不久，生活在远东地区的华人（绝大多数都是汉族人）就受到排挤，其中还包括那些嫁给华人的俄罗斯妇女以及她们与中国丈夫共同生育的中俄混血子女。很多华人和中俄混血人都选择回到了中国。

1929年，中东路事件前夕，在海参崴地区，仅两个月的时间，苏联政府就给1000余华人“发放了赴中国的出境证明”。[②] 中东路事件之后，生活在远东地区的华人和中俄混血人更大规模地迁回中国。

1931年二次大战爆发，由于日本在苏联远东边界地区不断制造事端，苏联政府对生活在远东地区的朝鲜人和华人采取了不信任的态度，此时又有许多华人携带他们的俄罗斯妻子和中俄混血子女回到了中国。

1932年至1938年间，特别是1937年，大批生活在苏联远东地区的朝鲜人和华人，包括中俄混血人被迁往中亚地区。1937年，根据苏联人民委员会的法令，18万朝鲜人和8000华人从苏联远东地区被迁往中亚地区。[③] 而到达中亚的华人和中俄混血人又有相当一部分被遣返回中国新疆。据估计，在1932年至1938年这六年中，经伊犁回国的华人（包括中俄混血人）有9000余人，经塔城回国的华人（包括中俄混血人）有10000余人。[④]

1938年以后，生活在俄远东地区的华人已所剩无几。据苏联政府官方统计，截止到1979年底，生活在俄远东地区的华人只有1742人。[⑤] 那么，1938年之后，汉俄文化东部边区实际上已经被削掉了一半，而仅仅局限在

---

① 程廷恒修，张家璠纂：《呼伦贝尔志略》，载李兴盛主编：《会勘中俄水陆边界图说（外十一种）》，黑龙江人民出版社2006年版，第2045页。

② 张宗海：《远东地区世纪之交的中俄关系》，黑龙江省社会科学院2000年版，第147—148页。

③ （俄）A·拉林：《俄罗斯华侨历史概述》，载《华侨华人历史研究》2005年第6期。

④ 《俄罗斯族简史》编写组：《俄罗斯族简史》，新疆人民出版社1986年版，第18—19页。

⑤ 张宗海：《远东地区世纪之交的中俄关系》，黑龙江省社会科学院2000年，第153页。

了中俄东段边界中国一侧，它的另一半已不存在。

1954年，苏联政府决定召回其在中国的侨民，中国政府为此制定了“主动配合，积极协助，适当照顾，给予方便，尽快送走”的方针，并要求俄侨分布多的地区立即成立“协助苏侨回国委员会”，积极协助苏方开展工作。[①]1954和1955两年，特别是1955年，生活在中国的俄侨，包括生活在中俄东段边界中国一侧的俄侨绝大部分都离开了中国，回到俄罗斯，或者去了某个西方国家。20世纪50年代中期以后，由于俄侨的离去，俄罗斯文化在中俄东段边界中国一侧之绝大部分地区已基本消失，唯有额尔古纳地区作为汉俄文化分布的边区存留下来。

七、政治因素在文化边区两种文化此消彼长中的作用

（一）1953年之前额尔古纳地区文化的总体环境和俄罗斯文化的强势地位

据统计，新中国成立之初，额尔古纳地区共有人口2470户，12350人。其中苏联侨民1613户，9491人，无国籍侨民[②]212户，308人。[③]苏联侨民和无国籍侨民加起来共1825户，9799人，占当时该地区总户数的近74%，总人口的79%多。其余645户2551人为中国人，占当时该地区总户数的26%多，总人口数的近21%。而在这不足四分之一的中国人中，中俄混血人又占了多数。

1953年之前，额尔古纳地区主要有两类村镇，一类是以俄侨为主的村镇，一类是以中俄混血人为主的村庄。以俄侨为主的村镇共有40余个，以中俄混血人为主的村庄有10个左右，只有3个以汉族为主的村庄，不存在以其他民族为主的村庄。

总之，在20世纪50年代中期以前，额尔古纳地区的人口主要由三大族群构成，第一大族群是俄侨，其次是中俄混血人，最后是纯血统的汉

---

① 李丹慧：《新疆苏联侨民问题的历史考察（1945—1965）》，载《历史研究》2003年第3期。

② 最初移民到中国的俄侨仍然保有沙皇俄国国籍。1924年，中国北洋政府与苏联建立外交关系后，居住在中国的一部分俄侨转为苏联侨民（简称“苏侨”），另一部分俄侨不愿加入苏籍而成为无国籍人，称“无国籍侨民”。

③ 额尔古纳右旗史志编纂委员会编：《额尔古纳右旗志》，内蒙古文化出版社1993年版，第104页。

族人。

从上面这些数字可以看出，20世纪50年代中期以前，在额尔古纳地区，俄侨无疑是强势族群，进而俄罗斯文化在这个地区也是强势文化，这不仅因为占人口多数的俄侨承载着俄罗斯文化，也因为中俄混血人也承载着俄罗斯文化，甚至一部分纯血统的汉族人也承载着俄罗斯文化。

中俄混血人作为一个边缘族群，从理论上讲承载着两种文化，即俄罗斯文化和汉文化，但在不同的历史时期，俄、汉两种文化的关系是不一样的。20世纪50年代中期以前，在中俄混血人的身上，其所承载的俄罗斯文化明显多于其所承载的汉文化，这不仅因额尔古纳地区文化的整体环境所致，还因为有一部分中俄混血人出生在俄罗斯，并且在俄罗斯生活过一段时间，其后才移民中国。

由额尔古纳地区文化的整体环境所致，某些汉族人，尤其是那些娶俄罗斯女子为妻的汉族人也承载着俄罗斯文化。20世纪50年代中期以前，俄语是这一地区主要的交际语言。除语言外，与俄侨通婚的汉族人也承载着俄罗斯文化的其他元素，如“婚礼向染俄俗，赴喇嘛台结婚”①。这里的喇嘛台指东正教堂。

除此之外，生活在这一地区的驯鹿鄂温克人也承载着俄罗斯文化。早在俄罗斯境内时，驯鹿鄂温克人的文化即受到俄罗斯文化的影响。350多年前他们从俄罗斯勒拿河上游地区迁移到额尔古纳河右岸中国境内，② 而俄罗斯文化对驯鹿鄂温克文化的影响依然存在。

俄罗斯文化对驯鹿鄂温克文化的影响主要是通过两个族群之间的贸易实现的。尽管驯鹿鄂温克人与俄罗斯人贸易早在19世纪中叶就已经开始了，但直到十月革命前，驯鹿鄂温克人主要是同俄罗斯境内的商人进行贸易。十月革命后俄罗斯人移民额尔古纳地区迅速升温。额尔古纳河下游右岸的珠尔干村与俄境的乌启罗夫村隔河相望，十月革命后从乌启罗夫村逃到珠尔干村的俄罗斯人有50多户，其中就包括与驯鹿鄂温克人进行交易的商人。到了20世纪30年代珠尔干村的俄罗斯人已达100余户，他们仍然沿用对岸乌启罗夫村的村名称珠尔干村为“乌启罗夫”，而“珠尔干”的

---

① 程廷恒修，张家璠纂：《呼伦贝尔志略》，载李兴盛主编：《会勘中俄水陆边界图说（外十一种）》，黑龙江人民出版社2006年版，第2184页。

② 吕光天主编：《额尔古纳旗使用驯鹿鄂温克人的调查报告》，载内蒙古自治区编辑组编：《鄂温克族社会历史调查》，内蒙古人民出版社1986年版，第208—209页。

名称则很少被使用。[①] 十月革命后中俄边界变得紧张起来，生活在两侧的人民的越界行为被阻止，从此与驯鹿鄂温克人进行贸易的俄罗斯商人不再是来自俄境的商人，而是移民到中国的商人，并且俄罗斯商人售与驯鹿鄂温克人的商品也不再从俄罗斯进货，而是直接从中国内地进货。这一时期俄罗斯商人与驯鹿鄂温克人最主要的交易地点就是乌启罗夫。

很多俄罗斯文化特质被整合进驯鹿鄂温克文化中，其中有一些特质经过了驯鹿鄂温克固有文化的改造，充分适应了驯鹿鄂温克人的游猎生产和生活。这些俄罗斯文化特质体现在语言（俄语借词）、姓名（俄语姓名）、饮食（如列巴、果酱、酸蘑菇、驯鹿奶茶等）、服饰、宗教信仰、丧葬、婚礼、礼节以及造型艺术等多个方面。从宗教信仰上看，驯鹿鄂温克人既是东正教信徒，“而萨满教的势力也是牢不可拔的。”[②]

（二）移民与文化环境的改变

1954 和 1955 两年，对于中国乃至世界来说都没有什么特别有影响的事件发生，但是对于额尔古纳这个小小的地区来说，却是大动荡、大换血的两年。经过这两年，额尔古纳地区的族群结构和文化的整体环境发生了根本性变化。

生活在额尔古纳地区一部分俄侨于 1954 年先期离开了中国；1955 年 4—6 月共有苏联侨民 1171 户 6553 人离开了中国；[③] 到 1959 年总共有俄侨 1363 户 8171 人离开了中国。[④] 侨民们以最低廉的价格变卖了自己的房产、牲畜（主要是奶牛）和机械。当时额尔古纳旗（额尔古纳市旧称）政府在俄侨较集中的村镇成立了财产处理和牲畜收购点，专门收购上述俄侨无法带走的财产。[⑤] 侨民们赶着三套马车，车上满载家具、服装及其他生活用品，先到海拉尔，再换乘火车，经满洲里进入俄罗斯境内。或者从海拉尔乘火车到达中国某个港口城市，然后再乘轮船抵达某个西方国家。

---

① 吕光天主编：《额尔古纳旗使用驯鹿鄂温克人的调查报告》，载内蒙古自治区编辑组编：《鄂温克族社会历史调查》，内蒙古人民出版社 1986 年版，第 157 页。

② （日）永田珍馨：《使鹿鄂伦春族》，额尔古纳左旗敖鲁古雅鄂温克族乡人民政府 1985 年，第 8 页。

③ 额尔古纳右旗史志编纂委员会编：《额尔古纳右旗志》，内蒙古文化出版社 1993 年版，第 104 页。

④ 额尔古纳右旗史志编纂委员会编：《额尔古纳右旗志》，内蒙古文化出版社 1993 年版，第 666 页。

⑤ 王克勇：《苏侨回国记事》，载全国政协文史和学习委员会暨内蒙古自治区、新疆维吾尔自治区、黑龙江省政协文史资料委员会编：《俄罗斯族百年实录》，中国文史出版社 2007 年版。

在迁走俄侨的同时，国家有计划地从山东和内蒙古昭乌达盟（今赤峰市）等地迁来汉、回移民。其中1955年迁来782户，3422人，[①] 这其中有从山东泰安、曹县、定陶、禹城和临沂等地迁来的回族419户，1909人。[②] 汉、回移民到达额尔古纳地区后，很快从上面提到的政府有关部门手中获得了俄侨留下的房产、奶牛和大型农牧业机械。

至此额尔古纳地区族群的整体结构发生了根本性变化。俄侨从1953年的1825户9799人下降到1964年的1户5人（不包括那些已经与汉族人或中俄混血人结婚的俄侨女子），汉族由1947年的2902人上升到1966年的20089人，[③] 几乎增加了7倍。回族1947年只有7户37人，1955年移民419户1909人。

从上述数据可以看出，经过1954和1955这两年，额尔古纳地区族群结构的确发生了根本性变化。俄侨作为主体族群几乎化整为零，汉族从从属族群上升为主体族群。又增加了一个新的族群——回族。族群结构的改变导致文化环境的变迁，1956年以后，从整个额尔古纳地区来看，俄罗斯文化已退居从属地位，汉文化上升至主导地位。

（三）文化环境的变与不变

俄侨虽然走了，但中俄混血人还在。1956年以后，额尔古纳地区的族群结构和文化的整体环境虽然发生了根本性变化，但在某些村庄和某些地区，俄罗斯文化依然占据主导地位，这种局面一直到1966年“文革”爆发才宣告结束。

在位于从恩和到七卡的边防公路附近分布着一些中俄混血人聚居的村庄，主要包括恩和、朝阳、阳村、正阳和七卡，尤其是恩和。恩和是整个额尔古纳地区，乃至全中国和全世界中俄混血人最大的聚居区，人口大概超过了1000人。这些村庄构成一个相对独立的亚文化区。

除此之外，额尔古纳地区还有几个类似的亚文化区，其中较大的一个是以吉拉林为中心包括临江村和水磨村在内的亚文化区。

此外还有几个较小的亚文化区，其中包括以奇乾为中心的亚文化区、

---

① 额尔古纳右旗史志编纂委员会编：《额尔古纳右旗志》，内蒙古文化出版社1993年版，第104页。

② 额尔古纳右旗史志编纂委员会编：《额尔古纳右旗志》，内蒙古文化出版社1993年版，第134页。

③ 额尔古纳右旗史志编纂委员会编：《额尔古纳右旗志》，内蒙古文化出版社1993年版，第123页。

以太平村为中心，包括太平镇在内的亚文化区、以黑山头为中心的亚文化区和以上库力为中心包括白音扎拉嘎村和小乌尔根村在内的亚文化区。

尽管1955年之后额尔古纳地区的族群结构发生了根本变化，中俄混血人有了新的通婚对象（回族由于宗教信仰等因素不可能成为中俄混血人的通婚对象），但中俄混血人并没有选择与汉族通婚，而选择了族群内部通婚。尽管额尔古纳地区的大文化环境发生了变化，但中俄混血人不愿意放弃俄罗斯文化，从而使俄罗斯文化一直较完整地传承至1966年“文革”爆发前。但从额尔古纳地区文化的整体环境来看，俄罗斯文化的分布主要集中在几个相对独立的亚文化区内。

由于几个俄罗斯亚文化区的存在，自1956至1966年，俄罗斯文化在汉文化的包围中得以延续和传承。其重要标志，一是1956—1966年间出生的中俄混血人在1966年“文革”爆发前普遍只会讲俄语，二是这些人出生后不久，都在当地的东正教堂接受过洗礼，从而成为正式的东正教徒。

当然文化变迁也在悄然进行着：俄罗斯文化逐渐淡出，汉文化正步步逼近，不过这个速度是很慢的。回族文化似乎是游离于汉、俄两种文化之外，并未参与这两种文化此消彼长的历史进程。

（四）中苏关系破裂对俄罗斯文化的影响

20世纪60年代初，中苏两国关系破裂。1962年，新疆发生了中国边民逃往苏联的“伊塔事件”。之后，那些在党政机关，特别是在军队和公检法部门工作的具有俄罗斯血统的人即被从这些部门清理出来。

作为清除额尔古纳地区俄罗斯文化的一次官方行动，1963年，额尔古纳旗民政部门对该地区的地名进行了普查，在此基础上，将这一地区的俄语地名更改为汉语名、蒙古语名或鄂温克语名。比如将库利绰维改为下护林，将杜博维改为上护林，将戈拉湾改为恩和，将巴格罗夫改为白音扎拉嘎等等。[1]

（五）文化的强迫变迁

毛泽东发动“文革”的一个重要原因是为了“反修防修”。在“文革”中，几乎所有的成年中俄混血人都被打成“苏修特务”、“里通外国分子”、“内人党”或“米吉斯[2]共和国成员”等被关进了“监狱”。这里所

① 额尔古纳右旗史志编纂委员会编：《额尔古纳右旗志》，内蒙古文化出版社1993年版，第654—657页。

② 俄语“混血人”的意思。

谓的“监狱”乃是当地造反派私设，每一个中俄混血人聚居的村庄都有这样的“监狱”。

“文革”期间，与种族歧视并行的是对中俄混血人文化的强迫变迁。前面已经说过，中俄混血人是俄、汉双重文化的承载者，文化强迫变迁的内容是使中俄混血人放弃其所承载的俄罗斯文化。中俄混血人被禁止说俄语、唱俄语歌曲和跳俄罗斯舞蹈；被禁止吃面包、喝牛奶以及食用其他一切被认为是俄罗斯的食物，甚至被禁止饮酒；被禁止穿裙子，穿紧身裤，冬季被强迫穿棉袄、棉裤；被禁止过俄罗斯节。

“文革”开始后，额尔古纳地区全部 21 座东正教堂均被关闭，并进而被烧毁或拆毁。教堂内及居民家中的圣像被强行取走并付之一炬，很多中俄混血妇女和俄侨妇女偷偷地将结婚那天母亲赠予的圣像藏在了自家屋内的棚顶或墙内。

文化强迫变化的最重要内容是禁止说俄语，很多原来不会说汉语的中俄混血人就是从这时被迫学习汉语的。文化强迫变迁确实有效，很多在“文革”前十年出生的中俄混血人原来只会说俄语，“文革”开始后被强迫学说汉语，由于年龄尚小，他们很快就忘掉了俄语，而学会了汉语。另外在“文革”期间出生的中俄混血人几乎无一人能说俄语，能听懂俄语的人也不多见。

（六）俄罗斯文化的复兴

1976 年“四人帮”被粉碎，十年“文革”结束，但对于生活在额尔古纳地区的中俄混血人来说，似乎那段历史到此并没有划上一个完整的句号。据说“文革”结束后，中俄混血人中又出了一件事，抓了一批人。但很快这批人就被放了出来，随后是对这一事件以及“文革”期间，甚至“文革”前几年发生在中俄混血人身上的各种冤假错案的纠正和平反。

中俄混血人的文化在复兴，民族意识在复苏。中俄混血人可以在公开场合用俄语交谈了，这对于那些老年人来说真可谓天降甘霖，因为据笔者调查，尽管从 1966 年“文革”开始那年他们就被迫学习汉语，但是直到今天仍有一些老年人不能流利地使用汉语，他们所讲的汉语声调不准确。中老年妇女重新穿起民族服装。很多人家重新在自家的院中或厨房内搭起了列巴炉，吃上了“列巴”（即面包）。他们又可以按照本民族的习惯自娱自乐，唱歌、跳舞了。

当然最主要的还是东正教。人们首先取出藏在自家屋内棚顶或墙内的圣像，在主室西南角的上方建起了圣像台，每天数次面向圣像台祈祷。星期天的上午或东正教节日，则聚集到某一户人家，举行集体宗教活动。鉴于额尔古纳地区21座东正教堂在“文革”期间全部被毁这一事实，时任额尔古纳右旗民族宗教局局长的孙秋祥（男，中俄混血人，俄罗斯族）力主在旗政府所在地拉布大林镇兴建一座新的东正教堂。1989至1991年，各级政府陆续下拨专款共计13万元在拉布大林镇兴建了一座新的东正教堂。①

该教堂称圣英诺肯提乙堂，位于拉布大林镇南哈撒尔路（原新华大街）的右侧，从呼伦贝尔市市政府所在地海拉尔驱车到拉布大林，最先看到的建筑就是这座东正教堂。但该教堂建成后并未装修，而俄罗斯方面无偿捐赠给这座教堂的价值数十万元人民币的圣像和各种圣器，由于手续不全，在运往额尔古纳市的过程中被扣压在俄罗斯旧楚鲁海图海关，一直放在该市驻俄罗斯赤塔州普里阿尔贡斯克区（普区）办事处。直到2009年8月30日，圣英诺肯提乙堂才举行了祝圣和揭牌仪式，从而成为继哈尔滨圣母帡幪教堂、新疆乌鲁木齐教堂、伊宁圣尼古拉教堂之后，中国对外开放的第四座东正教堂。②

八、政治因素在两种文化、在一种文化边区内部不同区域间的分配中的作用

前文已述，1932—1938年，生活在俄远东地区的华人和中俄混血人曾被迫迁往中亚地区，从而使汉俄文化东部边区的俄罗斯一半消失。历史上，在该文化边区的中国一边也发生过几起类似的事件，不过它们没有导致这一文化边区范围的变化，而仅仅是使汉、俄两种文化在这一文化边区内部不同区域间的分配发生了变化，其总的趋势是使分布在边界附近地区的俄罗斯文化向“内地”内移。

1929年，中苏两国在中俄东段边界附近发生武装冲突，即“中东路事

---

① 额尔古纳右旗史志编纂委员会编：《额尔古纳右旗志》，内蒙古文化出版社1993年版，第144页。

② 不包括哈尔滨乌斯宾斯卡娅教堂（圣母安息教堂，墓地用）、深圳谢尔盖堂、台北圣三一堂、东正教普世宗主教香港及东南亚都主教教区教堂、圣使徒彼得保罗教堂，其中后4座教堂归中国东正教会领导。唐戈：《中国东正教的现状》，载《当代宗教研究》2007年第1期。

件”。在额尔古纳地区，由于兵力不足和装备落后，苏军很快就占领了额尔古纳河右岸几乎所有的中国卡伦，只有毕拉河卡伦的15名士兵在卡官吕瑞甫的带领下坚守达木苏。9月28日，200余名苏军士兵向达木苏发起猛攻，中国将士全部战死。[①] 中东路事件中发生在额尔古纳地区的战事曾引发生活在这一地区，特别是边界附近地区的人民，包括汉族、俄侨和中俄混血人向“内地”的人口大迁移，民间称“跑反”或“民国十八年跑反”。其中一部分人从边界附近地区迁移到这一地区的“内地”，另一部分人则迁离了这一地区。

1937年日本侵略者在额尔古纳地区实行“清边并屯”的措施，强行把分布在额尔古纳河右岸的八卡、九卡和水磨等村庄内迁，组建新的村庄。当时生活在这些村庄的主要是中、俄通婚的家庭，前面提到恩和即是其中新组建的一个村庄。[②]

20世纪60年代初中苏两国关系破裂，特别是1962年新疆发生“伊塔事件”后，为了“净化边界地区”[③]，中国政府将一部分生活在边界附近地区、具有俄罗斯血统的家庭迁往额尔古纳的“内地”。

俄罗斯文化对驯鹿鄂温克文化的影响持续到1965年，这一年驯鹿鄂温克人离开了奇乾（即乌启罗夫），离开了额尔古纳这个文化的边区。1965年国家决定将驯鹿鄂温克人集体搬迁到大兴安岭腹地，于是驯鹿鄂温克人赶着驯鹿，在大兴安岭的密林中走了两个月，最后于当年9月，在位于额尔古纳左旗（今根河市）北部的敖鲁古雅河畔建立了敖鲁古雅鄂温克民族乡。

此次驯鹿鄂温克人的移民也与中苏两国关系的破裂，特别是与“伊塔事件”的影响有关，根据当时政府文件的说法，是出于“反修防修”的需要。

---

① 额尔古纳右旗史志编纂委员会编：《额尔古纳右旗志》，内蒙古文化出版社1993年版，第689、834页。

② 额尔古纳右旗史志编纂委员会编：《额尔古纳右旗志》，内蒙古文化出版社1993年版，第21页。

③ 呼伦贝尔盟公安处边防局编：《呼伦贝尔公安边防志略》，内蒙古自治区新闻出版局1991年版，第173页。

九、结论：回到文化边区理论

（一）总结

综上所述，通过对额尔古纳这个新型文化边区的纵向和历史的考察，我们发现，受国家因素，包括政治因素和军事因素的影响，该文化边区呈现出一些与历史学派人类学家笔下的文化边区不同的特点。

首先，由于汉、俄两种文化都已建立了国家，那么作为文化边区的额尔古纳地区就必然受到国家因素，包括军事因素的影响。一方面，国家力量（常常是借助于军事力量）会对文化的传播进行限制，阻止其传播，通常是阻止对方文化在本国领土上的传播，将其阻挡在边界的另一侧。另一方面，国家力量也会为文化的传播开辟道路，而文化的传播也常常借助国家的力量，主要表现是借助国家的力量，使本国文化分布到边界线本国一侧，同时借助国家的力量，特别是军事力量，突破边界的限制，使本国文化在对方国家传播。

其次，政治因素对一文化边区的范围和边界的变化也起着重要的作用。每一个文化边区都有一定的范围，都有它自身的“边界”，但与文化中心相比，由于受国家因素的干扰，文化边区的边界和范围会经常发生改变，而不像文化中心的边界和范围那样具有稳定性和恒久性。作为汉、俄两种文化分布的边区，从历史上看，汉俄文化东部边区的边界一直处在不断的变动之中，其范围一直在不断地缩小。到20世纪50年代中期最终缩小至内蒙古额尔古纳市，即本文所说的额尔古纳地区这一狭小的范围内。

再次，受各种因素的影响，尤其是受政治因素的影响，在不同的历史阶段，存在于额尔古纳这个文化边区内的两个或多个族群、两种或多种文化具有错综复杂的关系，此消彼长，其发展具有不平衡性。

（二）进一步的推论

在边界地区，常常发生两个国家的博弈和较量。20世纪50年代中期以后，中、俄两国在额尔古纳地区的博弈和较量更多表现在宗教领域。

20世纪50年代中期俄侨大规模迁离这一地区后，为了填补俄侨撤离后的空缺，国家除了从内地移民作为中国主体民族的汉族外，另移民部分回族以填补这一空缺。而且回族大都分布在经济比较发达的额尔古纳南部地区，且位处交通要道附近，比如作为额尔古纳地区政治、经济和文化中心的三河镇和位于三河镇以北的库利绰维村（今下护林村）和杜博维村（今上护林村）。

笔者认为，国家移民回族有其战略上的考虑。在当时，中国政府虽然迁离了额尔古纳地区的俄侨，但作为俄罗斯文化的另一个承载主体，中俄混血人还生活在当地。同俄侨一样，中俄混血人都是东正教徒，而汉族要么是无神论者，要么是多神信仰者。东正教是一神教，具有不妥协性，在一神教与无神论和多神教的交锋中，通常是后者输给前者，在当初俄国母亲与中国父亲结合时，没有一位俄罗斯妇女放弃东正教信仰，倒是有许多汉族男子皈依了东正教。回族信仰伊斯兰教，伊斯兰教也是一神教，同样具有不妥协性，只有它能与东正教相抗衡。

在文化上，两个国家的博弈和较量常常表现为清除本国领土上的异文化，而使本文化传播到对方领土上。如果两个国家势均力敌，那么博弈和较量的最终结果是使文化的边界与领土和国家的边界合二为一，从而使文化边区消失。而如果一国的力量远远大于另一国，博弈和较量的结果则是改变两国的边界，到最后依然是文化边界与国家边界合一，文化边区消失。1858 年和 1860 年，在第二次鸦片战争中，由于中国在军事较量中败给了俄国，中俄东段边界之大部分于是发生了改变。随后俄国用武力驱逐了生活在中俄东段边界俄国一侧的华人，清除了这一地区的中国文化，从而使文化与国家的边界合一，文化边区消失。

严格来讲，文化边区只存在于像白人到来之前的北美洲那样的地区，那时生活在这块大陆上各印第安部落都没有建立国家，当然也就没有所谓的国界。或者虽然有边界，但由于两个国家都没有对其实施有效的管理，“边界只是理论上存在着”。这种情况下，也能导致文化边区的出现，正如本文所探讨的历史上的汉俄文化东部边区，或作为这个文化边区一部分的额尔古纳地区。

俄罗斯和中国在中俄东段边界地区的博弈和较量，最终使汉、俄两种文化在这一地区的大部分边界与国家边界合一，从而使汉俄文化东部边区之大部分消失。虽然最后存留下额尔古纳这一小块汉俄文化的边区，但这一文化边区的边界的一段与中、俄两个国家的边界是合一的，而汉文化分布的边界与国家的边界也是合一的。

20 世纪 50 年代中期以后，中国政府一直致力于清除俄罗斯文化，包括东正教在额尔古纳地区的影响。自 20 世纪 70 年代末，伴随着俄罗斯文化在当地的复兴，东正教也出现了复兴的趋势，但建于1991年的圣英诺肯提乙堂直到2009年才正式投入使用，期间中、俄两国在这个问题上发生过多次的博弈和较量。

伴随着俄罗斯文化的复兴，在汉文化的强大影响和全球化的国际大背景下，俄罗斯文化在额尔古纳地区也出现了衰落的趋势。以语言为例，现在只有70岁以上的老年人还能讲比较流利的俄语。最终将有那么一天，俄语在这个地区彻底消失，但东正教不会。最后的结果是中俄混血人成为一个说汉语的信仰东正教的族群。

中国的东正教传自俄罗斯，它一直以来以古斯拉夫语作为宗教用语。针对中俄混血人的实际情况，东正教在中国要想生存和发展必须作出适应。进入21世纪，哈尔滨的东正教徒率先在宗教活动中使用了汉语。2006年7月25日，在额尔古纳地区，在一位在俄罗斯莫斯科圣三一大修道院学习的中俄混血青年的家中（放暑假他从俄罗斯回到了中国），笔者不停顿地向他提了21个问题，他一一做了认真的问答。其中有一个问题是：现在中国的很多东正教徒都不懂俄语，你认为中国东正教是否应该为此作出适应，比如把东正教经典翻译成汉语，在仪式中使用汉语？他的回答是肯定的。

只要东正教还存在，额尔古纳这个文化边区就会一直存在下去，而在它的背后仍然是中、俄两个国家的博弈和较量。

产业结构优化与宁夏经济核心区的跨越式发展

束锡红　聂　君[①]

2010年7月5日至6日在北京举行了西部大开发工作会议，温家宝总理在讲话中指出："要以重要经济区为发展引擎，实行整体推进和重点突破相结合，提高西部大开发的综合效益。支持呼和浩特、包头、银川、新疆天山北坡、兰州、西宁、格尔木、陕甘宁等经济区发展，形成对周边地区具有辐射和带动作用的战略高地。"银川作为宁夏经济核心区的一部分，对宁夏核心区的建设起着举足轻重的作用。

一、产业结构在核心区建设中的作用

产业结构指国民经济的内部构成及其各组成部分相互之间的结合方式。决定和影响一个国家或区域的产业结构的主要因素有需求结构、供给结构和对外贸易结构几方面。宁夏目前划定的核心区的产业结构特别是工业产业主体仍是计划经济时期遗留下来的，资源由政府配置，政府政策有力地推动资源按政府意图来配置。这种工业产业结构对今天的建设和发展有很大影响，对于区域经济的发展、产业结构有着举足轻重的作用。因为创新、资源配置、政策等因素，最终都要通过具体的产业和企业体现出来，而产业的兴衰往往和地区、城市的兴衰密切相关，比如因煤炭兴也因煤炭衰的石嘴山市和美国西部早期因淘金而兴衰的许多城镇都是因产业结构的转变而衰落。因此，产业结构的优化对于核心区经济跨越式发展就显得十分重要。

---

① 束锡红，北方民族大学社会学与民族学研究所所长、教授；聂君，北方民族大学文史学院研究生。

二、宁夏经济核心区产业结构分析

区域的产业选择通常应在考虑到资源禀赋、运输条件、市场容量等因素后，选择那些产业关联度较大的产业进行发展。广泛的产业关联可以带动许多行业，并产生一定的外部性经济，从而提供众多的就业机会，增加人均收入。宁夏乃至全国经济核心区主要集中在城市，而工业是城市发展的引擎，是区域经济竞争力的实体。这也恰好印证了弗里德曼（Friedman）的核心—边缘理论，即任何区域都是由若干个核心区和边缘区组成。核心区与边缘区互相依存，核心区主导着边缘区及整个地区的发展方向，吸引、集聚效应显著①。宁夏经济核心区主要是指银川、吴忠、灵武、青铜峡四市为经济中心，以其工业发展而带动区域经济的发展，而宁夏经济核心区与全自治区产业结构十分相似（表1）。

表1 宁夏产业结构与核心区产业结构比较

		第一产业	第二产业	第三产业	工业产值	
		产值比例%	产值比例%	产值比例%	轻工业	重工业
宁夏全区	2000年	17.3	45.2	37.5	23.3	76.7
	2008年	10.9	52.9	36.2	15.8	84.2
经济核心区	2000年	11.7	48.6	39.7	20.3	79.7
	2008年	9.2	60	30.8	16	84

注：表内数据根据宁夏统计局资料和参考文献②整理。

（一）产业结构类型齐全，处于工业化中期阶段

判断一个社会或区域处于哪种发展阶段，关键是看其国民经济的重心落在何种产业上。国民经济的重心落在农业部门（Ⅰ），它就处于农业化阶段；重心在工业部门（Ⅱ），它就处于工业化阶段；重心在服务业部门，它就处于后工业化阶段。宁夏经济核心区的产业结构类型呈现Ⅱ>Ⅲ>Ⅰ，明显属于工业化阶段。但宁夏经济中二元经济结构十分突出，主要体现在重工业化的工业与农业的产业分割上。

---

① 赵民、陶小马：《城市发展和城市规划的经济学原理》，高等教育出版社2001年版，第78—80页。

② 宁夏统计局：《宁夏统计年鉴》，中国统计出版社2009年版。

（二）重工业产值比例较大，且有上升的趋势

从表1可以看出，宁夏重工业产值从2000年的76.7%增加到2008年的84.2%。总体来看，宁夏全区的重工业产值占工业产值的比重一直居高不下，且呈上升趋势，这一工业结构发展趋势是与改革开放以来中国工业结构中重工业比例逐渐下降的趋势完全相反。而且随着宁东能源化工基地的不断发展，重工业产值所占比重仍会不断上升，势必会造成“轻者愈轻、重者愈重”的发展态势。根据表2可以看到东中部地区重工业产值一般在70%左右，而宁夏却达到了84%，高出14个百分点。工业化阶段产业结构一般为：工业比例约为50%，服务业比例约为40%，农业比例不到10%，工业生产占主导地位①。宁夏经济核心区的产业结构失衡严重，导致了地区经济的发展滞后。

表2 2009年各省区轻重工业产值比例

	轻工业产值比例%	重工业产值比例%
宁 夏	16	84
江 苏	29	71
重 庆	30	70
山 东	33	67
江 西	34	66

注：表内数据根据国家统计局资料和参考文献②整理。

（三）产业关联效应低，连带效应不强

重工业化的工业结构不能在工业部门内部造成广泛的产业连带效应，无法提供更多的就业机会和人均收入。2008年，宁夏全区三次产业产值比例为10.9∶52.9∶36.2，而三次产业从业人员比例为44.9∶28.3∶26.8。③ 出现这种现象的原因可能是宁夏农业生产相对落后，需要的劳动力过多；另外工业作为城市经济发展的主要“引擎”没有更好地吸纳农村剩余劳动力，究其根本原因还是因为重工业化的工业没有提供足够的就业岗位。研究表明，重工业化的宁夏工业对农业的拉动力较弱，重工业内部关联程度

① 何传启、张凤：《知识创新——竞争新焦点》，经济管理出版社2001年版，第221—222页。

② 《中国统计年鉴》，中国统计出版社2009年版。

③ 宁夏统计局：《宁夏统计年鉴》，中国统计出版社2009年版。

低于全国平均水平。20 世纪 90 年代以来，就在中国工业结构向着合理的方向调整的时候，而宁夏工业结构仍沿着重工业化的方向发展，致使目前重工业产业后向关联程度偏低。

1. 重工业自身消耗较重

宁夏地区重工业对自身的消耗系数远高于对农业和轻工业等其他产业的消耗系数，说明在区域内重工业内部高度自我循环的产业格局，相应其产业前后关联效应在区域内部也较低。产业的前后关联效应低，便难以带动更多的产业，自然无法提供更多的就业机会。在区域内部，重工业化的工业对农业的直接消耗和间接消耗都很低，这种产业格局限制了区域内部农业向产业化方向发展。因为宁夏经济核心区聚集了大部分工业企业，这种产业关系在宁夏经济核心区尤为突出。

2. 流通产品重工业比重大，产业关联不强

重工业产业主要是生产资料的生产，着重于供给，所以产业的前向关联一般较高。而在宁夏及其经济核心区工业中始终占有主导地位的重工业产业前、后向关联度都很低，宁夏产品的流出和流入结构均向重工业倾斜。重工业是宁夏工业主导，而重工业又大进大出，投入品和产出品均依赖区外市场，在区域内产业关联度自然就低。这也是造成宁夏工业整体产业关联度低的主要原因。不仅如此，由于重工业产业产品体积和数量都较大，对交通运输依赖性较强，重工业产业在产品进出两个环节上损失了大量利润，致使重工业产业的自身积累和竞争力降低。

三、产业结构对宁夏经济核心区跨越式发展的影响

目前，宁夏正处于经济体制转型期的重要阶段，宁夏经济核心区的发展带动着全区经济的发展。因此，产业结构的优化在很大程度上决定着经济核心区乃至整个宁夏地区经济的跨越式发展。

（一）现存的产业结构决定了产业选择的方向

当前，宁夏的产业发展中，农业仍然占有较大比重，工业经济以重工业为主，而比例较小的轻工业还以传统的食品、饮料、农产品和钢材加工制造业为主，宁南山区农村剩余劳动力数量庞大，区域发展后劲明显不足。这样对于宁夏经济发展的中心地——经济核心区来说，改变以重工业为主的产业结构和充分利用剩余劳动力就成为区域产业结构优化调整的重

点。虽然宁夏政府及各阶层领导在不断努力地调整产业结构，促进经济的合理发展，但是第二产业中重工业比重偏高的问题不可能在短时期内得到快速解决，这需要一个调整周期，同时还要相关的政策、资金、智力资源等的配套支持。对于宁南山区的劳动力结构上，当前应以加快户籍制度改革为契机，重点解决农民进城的稳定化、制度化问题，取消对农村进城人员就业歧视的“土政策”，逐步创造条件，在住宅、教育、医疗、社会保险等方面取得“国民待遇”，使农民重点流入建筑业特别是服务业，使农村的人口有序进城①。而宁夏经济核心区产业结构是宁夏全区的一个缩影。因此，在经济核心区产业结构优化调整时要考虑到重工业比重过大、农村剩余劳动力亟待转移等问题。

（二）潜在的产业优势为产业结构优化提供了前提

从市场前景和宁夏经济核心区自身潜力分析，工业在宁夏的主导地位暂时不能替代，第三产业作为新的主导产业也有充足的发展余地。而宁夏的大部分资源也集中在经济核心区内，如灵州煤田、旅游王牌景点沙湖、神秘古都西夏王陵等。对于核心区潜在的产业发展优势应给予大力引导开发。宁夏经济核心区的旅游业和农业高科技生产的优势非常明显。另外，当地光、热、水等条件，加之高科技成分投入使用的农产品生产在全国具有绝对优势。从总体来看，宁夏产业结构的调整，应本着发挥动态比较优势的原则，坚持环境优先的发展理念，重点扶持发展无污染、生态型的高新技术产业，并以此来促进三次产业的优化组合，提升城市经济发展水平和整体竞争力。

（三）第三产业地位的逐步上升为产业的合理布局打下了基础

由于旅游业、现代物流业和信息文化教育等产业的快速发展，带动了宁夏区域第三产业地位逐步上升。在旅游业方面，以沙湖王牌旅游景区为核心，以及西夏王陵神秘游、沙坡头沙漠探险游及城市主题公园等项目为主的旅游业也发展迅速。因此，应注重旅游产业与现代 CBD、会展商务经济、购物旅游等结合发展。这就要以现代化的交通运输、邮电通讯和信息技术为依托，加快建设以河东机场为基地的航空物流区，以中卫为中心的铁路物流区，增强城市铁路、机场的运输、包装、仓储、配送、货运代理、流通加工、物流信息管理等服务功能；与此同时，加快相配套的农副产品、建筑材

---

① 王家新、贾晓峰：《对我国产业结构进行战略性调整的探讨》，载《财贸经济》2003 年第 4 期，第 13 页。

料、旅游服饰、家用电器等区域性的专业化批发市场建设，完善物流服务体系[①]。同时，发展以银川市西夏区为中心的文化、教育服务中心。发挥相对周边地区 $300km^2$ 内拥有大学、科研单位多的优势，支持大专院校与国内外的大学联合办学，积极推进文化、教育事业的市场化、多元化发展。

四、宁夏经济核心区实现跨越式发展的对策建议

（一）考虑宁夏的工业发展阶段，制定最优产业发展道路

按照钱纳里的工业化分期方法，宁夏正处于工业化阶段。参照国外和发达地区的政策方针，在重工业化后期，应以制造业不断深化和高级化为主，并辅助精密仪器、电子信息产品、新材料、生物工程等战略性产业。按照工业化过程中产业结构转换的一般规律，在工业化阶段，随着产品加工深度的增加和各种耐用消费品特别是轿车、住宅等最终产品的日益复杂与多样化，社会再生产的产业链条不断延伸，社会经济增长越来越多地依赖于加工制造业。而对于宁夏经济核心区来说具有其特殊的区域经济特征，不能走发达国家或地区的道路，应该开创出适合于当地经济条件的发展之路。宁夏经济核心区的发展应在考虑到宁南山区大量剩余劳动力的前提下，在吸纳劳动力的同时提升区域工业企业技术含量，两者兼顾发展。而对于有些经济学家通常提出的产业结构的“高加工化”方式[②]，宁夏经济核心区是不能完全走这条路子的，而是在综合解决工业企业效率和山区劳动力的同时，寻求更加适合宁夏产业结构调整的政策措施。因此，现阶段宁夏经济核心区必须以不断提升生产效率和充分吸纳劳动力为主，适当发展高新技术，为今后的经济持续增长提供先决条件。

（二）调整轻重工业比例，优化工业内部结构

目前，宁夏工业的增长主要依赖重化工业。2008 年，宁夏经济核心区规模以上工业中，重工业产值占 84%，轻工业仅占 16%，煤炭、发电、冶金、化工等重化工业依旧占居主导地位。近几年，自治区政府又大力加强宁东能源化工基地的建设，一批重化工业项目相继建成投产。可以预见，

---

① 郑锋：《海口市产业结构变动与政策问题研究》，载《经济地理》2004 年第 4 期，总第 24 期，第 437 页。

② 武海峰、牛勇平：《反贫困产业政策的国际性与中国产业结构调整》，载《工业技术信息》2004 年第 2 期，第 13 页。

重工业比重将进一步提升。轻重工业比例的失衡，严重制约了宁夏工业乃至整个经济的发展，这是造成宁夏经济相对落后的重要原因。因此，必须通过加强技术创新和技术改造、大力扶持中小企业、加强产业政策引导、鼓励兼并重组、淘汰落后产能等一系列手段，加大对轻工、纺织等产业的扶持力度，协调轻重工业比例关系，加快轻工业的发展。

（三）发挥自身的比较优势，大力发展劳动密集型产业

目前，宁夏仍处于劳动要素具有比较优势的资源禀赋阶段，因而大力发展劳动密集型产业是现阶段实施竞争优势产业发展战略的主要内容。按照要素在产业中的相对比重，可以将产业粗线条地划分为土地密集型、能源密集型、资本密集型、技术密集型和劳动密集型五种产业类型。宁夏剩余劳动力较多，土地和能源都相对短缺，让土地密集和能源密集的产业成为经济主体显然是不现实的；资金的相对缺乏和整体技术水平的相对落后使得资本密集和技术密集的产业也不可能成为现阶段带动经济增长的主要力量，而丰裕的劳动资源和尚可通过技术改进和制度改革拓展的产业发展空间等条件则使得大力发展劳动密集型产业是宁夏经济核心区推动经济增长的理想选择。劳动密集型产业的大力发展将极大地吸收宁夏城乡中存在的大量富余劳动力，就业率的提高和城乡劳动要素的重新配置能推动产出的增加，而国民收入的提高将为产业结构的进一步升级积累必要的资本。因此，劳动密集型产业应成为宁夏经济核心区产业选择的重点。当然，辅之以知识和技术密集型产业则是扩大和深化发展劳动密集型产业的要求。

（四）建设低碳型产业，带动经济全面发展

近年来，低碳经济悄然兴起，这是继农业化、工业化、信息化浪潮之后，世界迎来的第四次浪潮。发展低碳经济是一种经济发展模式的选择，它意味着能源结构的调整、产业结构的调整以及技术的革新，是中国走可持续发展道路的重要途径。我们必须要摒弃以往先污染后治理、先低端后高端、先粗放后集约的发展模式的现实途径，走低碳化发展道路。因此，宁夏经济核心区在制定产业政策时应该注意：宁夏作为一个高能耗省区，经济的主体是第二产业，这决定了能源消费的主要部门是工业，而工业生产技术水平落后，又加重了宁夏经济的高碳特征。我们必须从产业结构、能源结构调整入手，转变高碳经济发展模式，大力开发可再生能源，大力发展低碳产业、低碳技术、低碳农业、低碳工业、低碳建筑、低碳交通等，把低碳经济的理念渗透到社会各个领域。我们要从节能减排、低碳发

展的内在规律出发，将低碳经济催生成新的经济增长点。

1. 以银川市为核心示范区，推动“黄河金岸”低碳城市产业优化

银川市建设低碳城市，要以高端的低碳型产业来带动产业的全面发展。要以实现城市低碳化运营为目标，在建筑设计上引入低碳理念，发展低碳交通，建设低碳社区、低碳商业区和低碳产业园区。从政府和企业两个层面推动社会经济的低碳转型。政府和企业各负其责，不断促进生产和消费各个领域高能效、低排放技术的研发和推广，不断促进节约能源、可再生能源等领域的产业化发展。（1）带动全区生态文明和农村低碳化建设。银川市农业要走有机、生态、高效农业的低碳化发展路子，要成为带动全区农村低碳化建设的龙头。一是大幅度地减少化肥和农药使用量，降低农业生产过程对化石能源的依赖，走有机生态农业之路；二是充分利用农业的剩余能量；三是推广太阳能和沼气技术。（2）促进能源低碳化供给。提高经济活动过程中能源利用效率是控制碳排放量的重要战略措施。一方面淘汰高耗能的产业和生产工艺，另一方面，在照明设备、家用电器、工业电动机和工业锅炉等领域进行技术改进，提高能源转换效率。加速发展天然气、风能、太阳能、水能、地热能和生物质能等可再生能源，减少煤炭在能源消费结构中的比重。

2. 建设宁东基地的低碳化道路，实现宁东基地的可持续发展

在宁东这种主要依靠煤炭能源开发的经济带，发展低碳经济是大有可为的。应当充分肯定宁东基地开局的创新性，同时更应当注重在今后朝着低碳发展的路径上引导，力争全方位地打造成为一个低碳型的矿产资源开发转化基地。宁东基地要以内外结合的方式建立本基地的低碳技术创新科研机构，研发新的低碳产品、低碳生产技术、低碳生产设备。同时应开展以煤炭资源为基础的低碳新产品和配套技术研发和生产项目，以先进的技术带动经济的发展。基地自身的节能、降耗、减排技术改造项目，也是实行低碳发展和保护生态环境的重要组成部分。基地要设立环境污染监测管理系统，健全生态文明建设的环境评价指标，对基地周边生态环境进行全方位的监测。

3. 以绿色和低碳型产业为主导，带动宁夏引黄灌区的跨越式发展

新时期引黄灌区要实现跨越式的发展，则需要在发展低碳经济和建设生态文明的大背景下，总结灌区农业已有的成功经验，适当安排带有关键性的重大项目，打造低碳发展新模式，提升生态文明水平，以先进的理念来推动整个灌区的发展。针对灌区低碳发展和生态文明建设的需要，可设置农业产

业化龙头企业技术改造项目，农业科技园区技术改造项目，灌区农业发展新模式研发和推广应用项目，灌溉农业节水技术改造项目，枸杞、牛奶、粮油、果品、蔬菜等农产品专用的低碳型加工贮藏技术、设备和仓库建设项目，牲畜无害化配合饲料生产体系建设项目，农业低毒农药生产项目，特色农业名优产品开发项目，特色、优质、低碳型农产品及加工产品专卖市场项目，农产品质量安全检测体系建设与完善项目，以及灌区环境保护技术改造项目等。通过重大项目的实施，带动引黄灌区的跨越式发展。

（五）改变政府主导型的投资模式

以上分析的宁夏的区域自然、经济和社会条件，说明对于经济核心区这个宁夏经济发展的缩影来讲，应该在合理规划产业布局，发展优势产业等方面下工夫，防止盲目上项目和重复建设。当然，这就需要改变政府对区域经济的主导投资模式，让市场引导区域经济的发展。政府应依据国民经济发展战略的要求和产业结构演变的一般规律，制定出一系列优化产业政策进行宏观调控。在产业结构调整过程中加快政府职能的转变，在市场经济中产业的选择和发展市场和企业起主导作用，政府只发挥辅助作用。在企业组织结构上要推进企业组织结构创新，建立一批大企业集团，使资本流向有规模、高效益的企业，通过规模经济解决西部地区企业“大而全，小而全”的问题。因此，就要改变宁夏传统的投融资模式，市场投资主体要向非国有经济转移，通过民间资本和区外资本的进入推动宁夏的产业结构调整。

（六）增设特惠加工区，建立科技园区

这是基于国际出口加工区而提出的。国家之间可以搞出口加工，为了减免关税和所得税。作为宁夏经济发展的“引擎”——经济核心区，更应该采取优惠的产业政策，吸引国内外企业向宁夏集中，一方面解决农村剩余劳动力的出路，另一方面缓解资金短缺的矛盾，同时也可以引进一些先进的技术和管理经验，促进本地的经济发展。如同工业区建设一样，知识经济时代的科技园区是促进高科技产业发展所需要的环境。宁夏在解决南部山区的大量剩余劳动力的同时，也应该扶持相应高科技产业的发展，使得产业结构的转型能够有充分的科技支持。

新疆跨越式发展须重视的三个关系

王文长[①]

新疆经济社会实施跨越式发展，“十二五”期间全社会固定资产投资规模将比“十一五”期间翻一番多，对于新疆可谓之空前的大规模集约投资。这一建设方式改变了原先的渐进秩序，相应地产生跨越式发展过程秩序调整的相适应问题。其中与水资源环境的协调关系、与资源禀赋要素和地方文化认同的相适应关系，是必须引起高度重视、妥善安排的三个关系。

一、跨越式发展与水资源环境的协调关系

在新疆经济社会发展的社会经济环境中，水资源是一个具有强约束的因素。

新疆水资源环境的重要特征之一是干旱少雨，单位面积拥有水量少。新疆多年平均陆地蒸发 118 毫米，占降水量的 71%；水资源总量 892.8 亿立方米，占全国水资源总量的 3.17%。[②] 按 2009 年新疆 2158.63 万人计算，人均拥有水资源量 4136 立方米，为全国人均水平的 1.96 倍。但新疆面积约占全国总面积的 1/6，单位面积的水资源量仅为全国平均水平的 19%，干旱半干旱是新疆气候的总体特征。在新疆的传统经济中，水就是生命线，是绿洲的标志。

新疆水资源环境的重要特征之二是地域系统的封闭形态相对完整，四周高山环绕，中间横亘天山山脉，形成“三山夹两盆”的格局，河流除北疆的额尔齐斯河、额敏河、伊犁河等少数河流之外，其他河流基本属于区

---

① 王文长，中央民族大学经济学院教授。

② 王浩主编：《中国水资源与可持续发展》，科学出版社 2007 年版，第 38 页。

内的内流河，冰川融水占河川径流的25.4%[①]。这种状态形成了新疆相对稳定的水资源供给量和自循环秩序，可调节弹性较小。

新疆水资源环境的重要特征之三是南北疆水资源量分布悬殊。若以天山山脉为界，约占新疆27%面积的北疆与占73%面积的南疆地表水资源量约各占一半；若沿策勒至奇台画一斜线，把新疆划为西北与东南两部，西北部地表水资源量约占全区的93%，东南部仅占7%[②]。水资源分布的不平衡加剧干旱地区的水资源压力。

新疆水资源环境的特征隐含着系统秩序维持的平衡约束和与消费方式相联系的承载力约束。新疆水资源环境形成相对稳定的内在结构，这同时也意味着提高水资源量利用水平的方向在于效率，而不在于增量。地下水与地表水之间存在补给的平衡关系，过度开采地下水，便可能导致地表水的干涸，而增加地表水的供给，则有利于地下水位的上升。如2001—2004年6次组织从博斯腾湖抽水输入塔里木河下游，使下游河道两侧各一公里范围内地下水位平均升高4—6米[③]。这种水资源环境区域系统秩序维持的平衡约束决定了不可轻率采用地表水不足地下水补的开发行为，否则将导致系统生态补水基础的瓦解，导致生态环境的恶化。

新疆水资源环境与消费方式相联系的承载力约束，主要表现在水资源供给承载消费规模的有限性，新疆的水资源总量存在消费总规模的预设，超过其承载力将导致系统演替的恶化。据一项关于“新疆经济发展与水资源合理配置及承载力研究”给出的推测，如果2020年新疆总人口2549万人，人均GDP17728元的状态下，水资源可承载3606万人；人均GDP21210元的状态下，水资源可承载3014万人[④]。在这两种发展水平状态中，人均GDP增加3482元，承载人口下降592万人，负相关为5.88元/万人。当然，这一负相关是与假设的消费方式相联系的，但其中也隐含着GDP增长，水资源消耗增加，人口承载潜力下降的一般趋向。假如这一趋向成立，那么按照新疆工作座谈会给出的新疆跨越式发展目标2015年人均GDP达到全国平均水平，新疆水资源承载力便面临极大风险。2009年全国人均GDP达到25125元，若按每年递增7%的保守速度算，2015年人

---

① 王浩主编：《中国水资源与可持续发展》，科学出版社2007年版，第129页。

② 金云辉主编：《中国西部概览·新疆》，民族出版社2000年版，第86页。

③ 王浩主编：《中国水资源与可持续发展》，科学出版社2007年版，第82页。

④ 王浩主编：《中国水资源与可持续发展》，科学出版社2007年版，第246—247页。

均 GDP 将为 37705.85 元。这一水平也是到时的新疆水平。新疆人口规模若以 2009 年为基数按自然增长率 10‰的保守速度计算，2015 年为 2291.43 万人。这样 2015 年新疆 GDP 的总规模约为 8640 亿元。该规模远远超过上述预测的 2020 年 2549 万人，人均 GDP21210 元的 5406 亿元规模及可承载 3014 万人的 6393 亿元规模。也就是说，如果沿袭先前的水资源消费方式，实现新疆“十二五”跨越式发展人均 GDP 达到全国平均水平的目标，水资源承载力将超载 2247 亿元。

当然，具体的发展景观与预测性数据描述存在差异，但多少也可以感受到新疆水资源环境承载力将面临的压力。现实的新疆经济社会建设便已经存在水资源供给压力和用水矛盾，特别是天山以南地区以塔里木河流域为典型的用水竞争对下游生态环境的影响已经十分突出。在 2001 年实施从博斯腾湖抽水输入塔里木河之前，1980 至 2000 年塔里木河下游累计断流 7600 多天，其他河流如和田河下游断流 5200 多天，叶尔羌河下游断流 2500 多天①。这些现象说明新疆水资源环境本身十分脆弱，在这种水资源环境中大规模的集中建设势必加大用水压力。如何提高用水效率和协调水资源利益关系，将直接关系到跨越式发展目标的实现和可持续发展问题。

新疆人民提高用水效率的古老智慧是实施“坎儿井”的暗渠引水方式。这一方式减少了蒸发损失，维系了传统产业发展过程人地关系的自适应，成为仍惠及当下的生态工程和文化遗产。今天探讨新疆跨越式发展与水资源环境的协调，仍然可以从“坎儿井”的古老方式中汲取智慧，这就是和谐用水。当然，“坎儿井”文化遗产对今天的启示更多的是意识层面的。新疆实施跨越式发展的大规模集中建设所需要的水资源利用技术和协调方式已不是简单沿袭“坎儿井”形式所能满足的，协调新疆跨越式发展与水资源环境的关系，起码要关照到以下几方面：

其一，建设用水与水资源环境承载力的相对平衡，保障水资源环境供水能力的可持续。在新疆水资源环境相对自成单元的状态下，适应建设用水需要的根本出路就是节约用水，提高水资源的利用效率。积极探索、推广节水技术、水资源保护和循环利用技术，建立相应的奖惩机制，保障有限的水资源得到合理高效利用，这本身就是新疆跨越式发展的重要内容。

其二，水资源开发利用网络的建设与协调，保障增量潜力的合理动员

① 王浩主编：《中国水资源与可持续发展》，科学出版社 2007 年版，第 555 页。

和调剂。新疆的外流河基本在北疆，水资源增量的潜力主要在北疆。加强对北疆相对丰裕水资源的管理，提高对北疆水资源特别是外流河的开发利用水平，促进南北疆水资源的合理调剂和功能定位，这也是提高新疆水资源合理利用水平的重要方向。同时，水源地生态环境保护和水利设施建设也是促进水资源合理利用的重要内容。

其三，工业、城市建设与农业、民生用水的协调。在水资源稀缺的条件下，水资源的分配直接涉及具体人群、产业发展的利益。新疆跨越式发展推动的工业化、城市化进程形成的用水需求不可避免地与传统的农业用水、民生用水形成互动关系，协调的关键就是扭转水资源分配简单的消长关系，在工业化、城市化过程中推动水资源利用的科学化，把科学用水的高效节水技术推广应用于农业、民生用水过程，以效率缓解压力。

二、跨越式发展与资源禀赋要素的相适应

跨越式发展是发展的质的飞跃。这一飞跃来自两方面的推动力，一是内在积累的力量，即内力；一是外部输入推进的力量，即外力。内力积累到一定量的临界点形成质的突破，这是哲学常识所说的。而在内力不足的情况下，由于外力的强劲推动，也可能形成发展的质的飞跃。如中国少数民族地区经济社会的变迁便属此类。当然，常见的形式是内外力互动，共同推进质的飞跃。但这种常态中也存在内力与外力的主导关系之别，因此也可以归类于内力推动与外力推动两种基本倾向。新疆经济社会已经积累的发展能力在跨越式发展的过程中仍是基础力量，但跨越式发展不是循着这一自我积累的力量自我实现，而是在一种自我积累力量相对薄弱的状态下，通过中央政府组织的对口支援和强投入来推动。因此，新疆的跨越式发展可以归为外力推动的类型。

外力推动的新疆跨越式发展在资源配置过程中面临两类要素的整合关系，即引入要素与当地要素的整合关系。经济学理论往往忽略资源配置过程禀赋要素的“身份”，把不同条件、环境的禀赋要素视为无差异的单纯技术特质。而实际上不同条件、环境中的禀赋要素存在不同的条件、环境适应要求，特别是愈具有能动性，附着文化、制度色彩愈浓的禀赋要素，其对资源配置过程条件、环境的适应要求愈明显。如人力资源有观念问题、资金有投资者的价值判断问题、工艺技术有地域文化的认同问题等。

跨越式发展在资源配置过程中引入要素与当地要素之间的关系事实上存在这种不同的“身份”背景。而且地理空间、发展程度、文化差异愈大的两类要素差异也愈大。这样在资源配置的要素建构过程中便存在要素的相互认同关系。①

通常后进地区实施跨越式发展战略引入先进地区资金技术等要素，其引入要素从一开始就目标明确并借助有利势能在资源配置过程居有利地位，形成引入要素与当地要素整合并以引入要素为主导的局面。但以引入要素为主导的资源配置要素建构过程本身就内含着两类要素相互适应的约束。其相适应形式涉及：其一，引入要素对当地资源禀赋的新发现与动员，形成新组合，实现熊彼特意义的发展创新。其二，引入要素融入当地资源，主动与当地资源禀赋相适应，表现为适用技术应用策略。其三，引入要素与当地资源禀赋要素的整合，提出与当地资源禀赋要素的相适应要求，要求改善参与配置的资源禀赋要素素质。

在上述三种形式中，第三种形式最突出地表现出跨越式发展在资源配置要素结构建构过程禀赋要素的适应与协调关系，适应与协调的总方向是当地资源禀赋要素的改善以适应引入要素的质量要求，实现引入要素与当地要素的技术认同。即使第一、第二种形式也是以引入要素为主导的要素整合关系。这种状态表明，新疆的跨越式发展落实到具体的资源配置过程客观上存在禀赋要素的“身份”与认同关系。认同是整合的基础，认同的前提必须符合所追求的共同利益。跨越式发展过程引入要素与当地要素的配置本质上也是一个寻求共同利益最大化的过程，两类要素的相互适应和认同是争取共同利益最大化的前提条件。

新疆跨越式发展资源禀赋要素总体上具有如下的特点：其一是新疆当地资源禀赋地域特色突出，资源环境对跨越式发展的方式和可持续形成内在约束。其二是对口援疆引入要素携带原先技术理性并形成其在资源配置过程的主导地位。其三是两类要素技术理性的认同存在一个整合区间，认同也是调适的过程。处于被动地位的要素存在被要求改进的约束，同时也形成对引入要素功能发挥的约束。

新疆跨越式发展过程资源禀赋要素的上述特点表明以对口援疆为背景

---

① 徐朝阳、林毅夫：《发展战略与经济增长》，载《中国社会科学》2010 年第 3 期，徐朝阳、林毅夫新近的研究成果认为经济发展的核心问题是要素禀赋结构升级。这一观点也引申了资源配置过程禀赋要素的质量与要素结构的协调问题。

的跨越式发展要实现共同利益最大化需要重视两类要素技术理性的认同，寻找技术认同的协调机制。这一协调机制本身也需要一种认同前提，即引入要素与当地要素的整合，必须以当地居民生存发展、资源环境的可持续为基础。这是一条底线，只有在这一基础上才可以寻求资源禀赋要素的认同与建构关系。其次必须适应开放竞争条件下的科学技术进步趋势。这是适应开放竞争条件的可持续发展要求，只有适应这一条件，资源禀赋要素的整合才有竞争力和发展前途。

按照上述标准，新疆跨越式发展对引入要素应是有约束条件的，能够融入新疆各族人民和资源环境的可持续发展并适应发展趋势的技术要素才是合适的。在这一约束条件下，新疆当地的禀赋要素便须努力改进，如劳动力素质的提高、管理条件的改善等，使之与引入要素相适应，这样才有利于提高资源配置效率，争取共同利益的最大化。

三、对口援疆与地方文化认同的相适应

新疆跨越式发展所面临的对口援疆禀赋要素的技术认同总体上显性而具体，引入要素与当地要素存在直接比照的直观感，适应与协调过程的标准明确，相应所呈现的问题也直接可判。而在技术层面的认同背后实际上摇曳着价值层面的关系，即涉及价值理性层面的适应问题。价值理性层面的适应隐性无形，表现为文化意识形态。如果说跨越式发展过程资源禀赋要素建构技术认同的工具理性跨越表现为对技术进步追求的技术手段飞跃，具体由资源配置过程的技术结构承载，价值理性的跨越则表现为文化认同的跃迁，呈现为经济社会变迁过程的价值判断。在这里，工具理性和价值理性跨越是经济社会跨越式发展的整体过程不可偏颇的两个方面。

现实的跨越式发展往往侧重于工具理性的跨越，忽视或轻视价值理性的跨越，于是出现跨越式发展过程工具理性与价值理性的不协调乃至断裂。经济社会的变迁带有单面变迁的倾向，单一凸显与追求技术进步，迷信经济技术进步能够自动解决一切问题，认为经济基础的改变自然地形成与之适应的意识形态。这种状态实际上陷入机械经济主义的困境。其呈现的矛盾是经济技术的进步不仅未能形成与之相适应的文化认同，反而产生文化认同的疑惑甚至否定。这种状态势必制约经济技术进步过程的效率，一部分效率为文化意识形态所吞噬，激烈形式甚至表现为文化冲突。于是

我们看到在经济社会发展较快的过程中经济收入增加、物质条件的改善并没有同时消弭文化意识、价值判断的不一致，反而可能因某些不合理的分配现象而建构否定工具理性的价值理性同盟。工具理性与价值理性发生断裂，表现为经济技术进步过程文化认同的不适应。

文化认同的不适应涉及两个层面：一是过程的不适应，即作为当地资源禀赋要素对引入要素质量要求的不适应在行为方式和观念上的呈现；二是发展状态的不适应，即对资源配置的利益实现及分配方式的不适应。如对生产生活方式的影响及导致的变化、对社会生活节奏和竞争压力的不适应，对传统社会秩序的影响及导致的关系变化、对原文化形态稳定性的影响及导致的动态变化的不适应。

对口援疆推动的跨越式发展对新疆经济社会的影响起码表现在以下几方面：一是改变了原先的渐进发展方式，原先在较长时期完成的建设投资集中在短时期内完成；二是改变了传统的资源配置秩序，并影响到资源环境和生态环境的传统调节方式和承载状态，一些资源面临着重新调剂、合理安排的要求；三是技术结构、产业结构的变化引起生产生活方式的变化；四是更活跃的经济文化交流带来新的文化因素。总体景观呈现出经济活动密度更大，社会生活节奏更快，市场交流更加频繁，人际关系更加复杂的状态。原先相对封闭宁静的环境、相对缓慢的生产生活节奏被打破，这种状态在心理上的反应总是循着原先的文化秩序给出价值判断。这是文化认同的一般途径，具体过程是在民众与精英之间的互动和强化。通常在快速发展的变革时期，总是相应地引发文化秩序的调整，产生文化认同问题。新疆跨越式发展的推进方式更是不可避免地伴随着文化认同的适应关系。

技术结构、产业结构、生产生活方式的变化、不同文化因素的碰撞所引发的文化认同适应关系，在根本上仍然可追寻到具体的利益基础，文化认同的适应关系总是发生在具体的利益关系背景中的。利益关系从民众的角度可分为经济利益和文化利益，精英阶层则还有政治利益。而诸利益关系中，经济利益与民生的直接关系，决定了总是最直观、最突出地显现出来，并成为其他利益关系的先导。因此，文化认同的适应关系也必然从与民生最直接的经济利益关系开始，对口援疆与地方文化认同相适应须从最直观、最直接的经济利益关系的协调入手，通过经济利益关系的协调为文化认同的相适应奠定基础。认同首先是以经济利益为核心的利益认同，然后才扩展到更广泛的认同。

从经济利益关系上协调对口援疆与地方文化认同，关键环节是确立当地居民在跨越式发展过程的主体地位，对口援疆的主体是当地居民，援疆行为是以新疆当地居民的利益需要为依据的，援疆的内容、方式、结果应该由新疆当地居民具体实践，即对口援疆的过程以新疆当地居民为行动主体，当地居民参与决策，形成决策的民主程序，在过程中贯彻、体现当地居民的愿望，参与过程成为认同的直接实践过程。当地居民参与对口援疆的过程，实际上也是文化认同相适应的过程，有充分的参与，才可能更充分地相互理解以达成价值判断的共识。当地居民的主体地位落实在援疆成果分享环节，应该体现出当地居民的利益需要，这是认同的利益动力。过程认同是结果认同的基本前提，利益分享的认同是过程认同的逻辑延续。当地居民在对口援疆过程充当行动主体，直接受益，获得对口援疆与利益认同的相适应，也就疏通了文化认同相适应的途径。

对口援疆与地方文化认同相适应意味着引入要素携带的文化因素被接纳为新疆跨越式发展过程文化发展的新因素，文化接触、碰撞的结果不是表现为冲突，而是激发活力，趋向相融，成为适应新疆跨越式发展的开放型文化秩序建构。

新疆地区跨越式发展中的诸问题

石奕龙[1]

一、新疆跨越式发展的道路选择

2010年温家宝总理的《政府工作报告》强调“要认真落实中央支持少数民族和民族地区发展的政策措施，优先支持边疆民族地区加快发展。”这其中之一就是“继续推进兴边富民行动”。兴边富民行动是1999年由国家民族事务委员会联合国家发展改革委、财政部等部门倡议发起的一项边境建设工程，实施范围是我国135个陆地边境县（旗、市、市辖区）和新疆生产建设兵团58个边境团场。其宗旨就是振兴边境、富裕边民。通过强化政府组织领导，广泛动员全社会参与，加大对边境地区的投入和对广大边民的帮扶，使边境地区尽快发展起来，边民尽早富裕起来，在发展中进一步增强爱国主义感情和加强各民族大团结，最终达到富民、兴边、强国、睦邻的目的。十年过去了，兴边富民行动得到党中央、国务院的高度重视，边境地区各级政府和群众积极响应和行动，社会各界也广泛关注。中央财政加大支持力度，引导和带动了大量其他各类资金投入边境地区，实施了一批兴边富民项目，积极为边疆各族群众办实事，解难题，建设了一批兴边富民示范村，改善了边境地区的交通设施，兴边富民行动取得了一些明显的成果。如甘肃肃北蒙古族自治县将边境上的小镇公婆泉建成草原上的一座新兴城镇，当地牧民的年人均收入上升到了6000元，80%以上的牧民在镇政府所在地修筑了定居房，买上了汽车、摩托车、电冰箱、电视机等。

---

① 石奕龙，厦门大学教授，厦门大学人类学研究中心主任。

2010年1月，党中央、国务院召开了第五次西藏工作座谈会；3月召开了全国对口支援新疆工作会议；5月召开新疆工作座谈会，这表明当下或者“十二五”期间，党中央与国务院尤为注重以新疆地区为中心的边疆地区发展，在这一系列会议中，中央提出了在新疆地区推进工业化、城镇化和农牧业现代化和促进新疆经济、社会实现跨越式发展和长治久安的战略目标。

在中央的部署下，各部门也召开了相应的对口援疆的工作会议，如2010年6月全国文化文物系统对口支援新疆工作会议在乌鲁木齐市召开；8月26日，全国人口和计划生育系统对口援疆工作座谈会在乌鲁木齐市召开；8月31日，全国科教系统援疆工作会议在京召开；9月10日，全国农业援疆工作座谈会在乌鲁木齐市召开；9月13日，为贯彻落实中央对口援疆工作会议精神，20省区市党报社长总编辑座谈会在乌鲁木齐市召开；9月22日、24日，周永康在喀什和伊犁召开对口支援新疆工作座谈会；9月26日，全国水利援疆工作会议在乌鲁木齐市召开；9月29日，天津市召开了对口支援工作领导小组扩大会议，等等。

在这一系列会议中，各部门都提出了一些援疆、促进跨越式发展的举措，如周永康在对口援疆工作座谈会上强调在“十二五”规划期间对口援疆工作要突出重点，科学制订规划，精心搞好试点，为全面组织实施打好基础，努力在天山南北创造新的人间奇迹。而所需突出的重点则有“安居工程”、“富民工程”、“双语教育工程”、“产业园区建设工程”、“干部人才工程”等。农业部长韩长赋在全国农业援疆工作座谈会上强调，“十二五”规划期间要做到：（1）大力加强农业基础设施建设。加大新疆中低产田和盐碱化耕地改造力度，加强优质粮食生产基地建设。完善农田水利设施，启动实施保护性耕作工程建设，加快推进农牧业装备现代化，加快实施游牧民定居工程。（2）要做大、做强特色农牧业。大力推进特色农牧业产品生产基地和产业带建设，推进国家优质商品棉基地和现代优质畜产品、水产品基地和养殖小区建设，加强特色林果良种繁育建设和标准化创建，积极支持新疆发展休闲农业和乡村特色旅游。发挥兵团优势，加快培育壮大特色优势产业集群。（3）要大力发展产业化经营。支持粮油、林果、番茄、啤酒花、肉类、乳制品等特色农牧业产品精深加工。推动乡镇企业创新体制，加快技术改造。积极帮助引进龙头企业入户新疆，加快形成特色产业带或产业群。（4）要加快建立农牧业科技创新和服务体系。重点在加强基础设施、改善办公条件、强化人员培训、完善服务功能等方面给予大力支持。深入开展测土配方施肥，引进、示范和推广节水灌溉、高产栽培、疫病防控、规模养殖等先进适用技术。继续做好援疆干部和“博士服务团”成员选派工作。（5）要着力加强农牧民教育培训工作。继续实施好阳光工程，大力开展实用就业技能培训，推进农村劳动力转移就业。进一步完善农牧业远程教育网络，支持开展少数民族文字和音像教材翻译等工作。（6）要切实加大生态保护与建设力度。进一步加大退牧还草等工程实施力度，大力加强草原建设与保护，积极探索建立草原生态补偿机制。切实加强水生生物资源养护规范化、制度化建设。继续大力支持农村沼气工程建设。（7）要进一步扩大农业对内对外开放。加快实施新疆农业“走出去”战略。支持东中部企业参与新疆特色农牧产品生产和开发。鼓励新疆农牧企业参加各类博览会、展销会等。①

而在新疆，为了实现跨越式发展和长治久安的战略目标，也提出了新疆地区要在不远的将来实现“新型工业化、农牧业现代化、新型城镇化”的目标。为此，除了国家财政和对口单位支援的资金外，也加大了民间招商引资的力度。有的地区为了率先实现“新型工业化、农牧业现代化、新型城镇化”的目标，组织了一些产业项目到对口援建的地区招商引资。如2010年9·8第十四届中国国际投资贸易洽谈会期间，福建省对口援建的地区新疆昌吉回族自治州、厦门对口援疆县吉木萨尔县都来9·8贸易洽谈会上招商引资。如吉木萨尔县根据本地区新建设发展规划的需要，筛选了符合国家产业政策、生产要素配备较好、市场前景广阔、投资回报率高的75个招商项目“引凤入巢”。这些项目涵盖了有机农业产品加工及养殖业、工业、旅游开发及城市基础设施建设三大类，都是当地的优势产业项目。其中“沙漠人参”肉苁蓉产品开发、无公害瓜菜深加工、煤化工、机械装备制造及新型工业化、北庭湿地生态观光园开发、别失八里赛马场旅游建设等特色项目备受关注。②

昌吉回族自治州为了力争在全疆实现“三个率先”目标，即在全疆率先实现“三化”（新型工业化、农牧业现代化、新型城镇化），率先实现农牧民年人均收入超万元，率先实现全面建设小康社会的目标。在2010年9·8期间也带了80个项目来厦门洽谈会上重点推介与招商，其中重点发展

---

① 以上均见央视网的报道。

② 《厦门日报》2010年9月4日，第2版。

项目有：（1）300万吨/年煤制油项目；（2）40亿立方米/年煤制天然气项目；（3）45万吨/年合成氨—80万吨/年尿素；（4）80万吨煤制烯烃项目；（5）20万吨煤焦油制备清洁燃料油工业项目；（6）2x15万kw煤矸石电厂项目；（7）年产20万吨甲醇汽油项目；（8）焦炉煤气回收发电项目；（9）电解铝深加工项目；（10）年产1000吨钴酸锂项目；（11）年产1万吨白铜及其管材项目；（12）阜康1万吨电解铜箔项目；（13）阜康10万吨硅铝合金项目；（14）年产35万吨磷酸二铵项目；（15）年产6000吨有色高湿模量粘胶纤维项目；（16）年产5万吨醋酸纤维项目；（17）年产1万吨粘胶长丝项目；（18）20万锭棉纺项目；（19）天山纺织集团公司资产重组项目；（20）年产3000吨多晶硅项目；（21）50兆瓦/年太阳能电池组件项目；（22）观音故里文化公园；（23）绥来驿站文化旅游（林则徐纪念馆）开发项目；（24）江布拉克景区建设；（25）古海温泉景区改造提升项目；（26）木垒胡杨林景区胡杨博物馆项目；（27）千佛寺景区基础设施建设项目；（28）天山传奇主题区项目；（29）七彩湖国际休闲度假区项目；（30）精品旅游综合开发项目。而重点招商的项目有：（1）精对苯二甲酸（PTA）生产项目；（2）天然气制二甲醚生产项目；（3）醋酸生产项目；（4）甲胺生产项目；（5）三聚氰胺生产项目；（6）重型汽车装备制造项目；（7）工程机械（挖掘机、装载机、叉车、压路机、推土机）组装、制造；（8）矿山机械制造项目；（9）煤矿安全生产监控设备项目；（10）煤炭洗选加工设备项目；（11）年生产5000台农牧机械设备项目；（12）矿用输送带项目；（13）炭黑加工和轮胎制造项目；（14）玻璃深加工项目；（15）微晶玻璃项目；（16）中高档卫生陶瓷项目；（17）大口径（PVC－U）结构壁塑料管项目；（18）交联聚乙烯管（PE－X）项目；（19）PVC芯层发泡静音排水管项目；（20）120万平方米新型塑料地板项目；（21）粒状棉项目；（22）矿棉吸音板项目；（23）外墙外保温装饰板项目；（24）新型节能彩色铝合金门窗项目；（25）石材加工项目；（26）预拌混凝土项目；（27）油页岩烧结多孔砖和空心砖项目；（28）加气混凝土砌块项目；（29）蒸压粉煤灰砖项目；（30）高强粉煤灰陶粒项目；（31）脱硫石膏粉深加工项目；（32）49.5MW风电项目；（33）葡萄籽（皮）提取原花青素项目；（34）葡萄籽提取葡萄籽油项目；（35）葡萄酒生产及葡萄酒庄园项目；（36）酒花浸膏生产项目；（37）纯生啤酒生产项目；（38）番茄红素加工项目；（39）番茄酱及番茄粉加工项目；（40）乳制品加工项目；（41）年屠宰精深加工40万头牛项目；（42）年屠宰精深加工400万头羊项目；（43）年屠宰精深加工100万头猪项目；（44）年屠宰精深加工2000万羽鸡项目；（45）马铃薯全粉加工项目；（46）红花油胶囊深加工项目；（47）大果沙棘系列产品开发项目；（48）大蒜油胶囊系列产品开发项目；（49）阿魏菇深加工项目；（50）黑加仑系列产品开发项目等，① 总投资可达1008.5亿元。9月8日洽谈会开幕后，昌吉回族自治州首次在厦门国际会展中心举行昌吉州专场签约仪式，签约项目14个，签约金额29.55亿元，全部为合同项目。②

这些虽只是一个县与一个州招商引资的期望，但从中我们也可以窥视到整个新疆在“十二五”期间及以后跨越式发展的一些希冀及相关问题。

换言之，从中央到新疆地方的发展规划以及到目前为止的执行、实施情况，我们可以大体看到，中央和新疆地方在这新一轮及其以后的发展中，是希望以新型工业化作为第一推动力，全力推进农牧业现代化和加快新型城镇化建设。尽管国家与新疆地方也看到了新疆自然环境因素的脆弱性，也因此提出了一些要牢固树立环境优先的理念，坚持资源开发可持续、生态环境可持续的策略，但还是坚持把新型工业化建设作为新疆地区经济社会发展的首要任务来推行。

鉴于此，我们似乎可以看到，在中央与地方决策者心目中，新型工业化应该是注重环保、注重资源、生态可持续发展的工业化，而且，这一发展与跨越式发展的决心是不可动摇的。

二、新疆跨越式发展中须重视的几个问题

从宏观战略的角度看，当发展的决心不可动摇的情况下，关键的问题是如何进行才能发展，才能使这一发展是具备注重环境保护、注重资源、生态的可持续发展的发展。

任何一种工业项目的发展都需要水与电力。在新疆这样一个生态环境脆弱地区把发展新型工业化作为第一推手，首先遇到的瓶颈就是水资源及其利用与保护的问题。2010年9月的《参考消息》刊登了一篇短文《中国水短缺或催生“环境难民”》，该文看到了中国水资源的匮乏和问题，认为

---

① 《厦门日报》2010年9月7日，第19版。

② 《厦门晚报》2010年9月8日，第5版。

中国用水短缺已达到危机水平。该文说：（2010 年）“4 月，在中国北方地区，农田开裂的缝隙最深可达 10 米。据中国媒体报道，内蒙古赤峰市的农民不得不推迟收割，以免受伤。新华社报道说，根据赤峰市水利局提供的数据，该市 51 处水库中，有 30 多处已经干涸。超过 25 万人饮水困难。北京的用水缺口很快将达 2 亿至 3 亿立方米，即使北京将从中国南部调来新的水源。其余数百个中国城市也面临着不同程度的用水短缺问题，以及水质因工业污染而持续恶化的问题。”又说：“国际河流组织中国水资源调研员卡西 · 徐说，耗水产业主要是西北地区的高能耗产业和能源产业。她说：‘在生产钢铁和化工产品的过程中，确实非常耗费水资源，比如宁夏、内蒙古，甚至山西。而水资源是中国西北地区非常短缺的。’为了解决水资源短缺，中国各地都耗费大量资金建坝打井。井越打越深，北京周边平原地区的地下水位已经从十年前的海平面以下 11 米降低到 24 米。卡西 · 徐认为，这是一场地质灾害。她说：‘从资源的角度来说，中国华北地区已经形成了全世界最大的因为抽水导致的地下漏斗，而且这个漏斗一直在不断地加大。这可以说是一个不知道能不能解决、不知道多长时间能够解决的中国地质水资源面临的非常大的潜在问题’。”[①] 不仅如此，中国地质调查局的相关专家在国际地下水论坛上的发言中提到，中国 90% 的地下水都已遭受了不同程度的污染，其中 60% 的地下水污染严重。而据 2006 年 163 个城市的地下水水质监测资料分析，在开展浅层地下水水质监测的 125 个城市中，与 2005 年相比，主要监测点地下水水质呈恶化趋势的城市有 21 个，主要分布在东北、西北、华东、中南等区，水质基本稳定的城市有 95 个，水质呈好转趋势的城市有 9 个；在开展深层地下水水质监测的 75 个城市中，与 2005 年相比，主要监测点地下水水质呈恶化趋势的城市有 12 个，主要分布在东部沿海地区，水质基本稳定的城市有 58 个，水质呈好转趋势的城市有 5 个。由此看来，目前中国的水资源短缺与水质的污染已经处于很严重的状态了，而在原本就缺水的北方，这种态势就更加严重。

正因为形势严重，导致中央也不得不重视这一现状了，所以 2011 年中央发布一号文件的主题不再是陆续几年一直强调的“三农问题”，而是强调“水利问题”。该文件的主题大约有：实施最严格的水资源管理制度；

---

① 《中国水短缺或催生“环境难民”》，《参考消息》2010 年 9 月 17 日，第 8 版。

加强农村水利基础设施建设；治理农村水资源面源污染问题；加强大江大河、大江大河支流、湖泊和中小河流的治理；加强水库的加固、除险问题等。[①] 2011 年 1 月 29 日中共中央、国务院印发了一号文件，题为《关于加快水利改革发展的决定》，该文件指出，水关系到中国的经济安全、生态安全、国家安全等重大问题，文件提出，到 2020 年，全国年用水总量力争控制在 6700 亿立方米以内，城乡供水保证率显著提高，万元国内生产总值和万元工业增加值用水量明显降低，城乡居民饮水安全得到全面保障。为实现上述目标，文件还划定了“三条红线”，即确立水资源开发利用控制红线、用水效率控制红线、水功能区限制纳污红线。同时，文件还明确提出，县级以上政府的主要负责人对本行政区域水资源管理和保护工作负有总责。[②]

这些关于水资源危机的报道与 2011 年中央一号文件的下达，说明目前中国水资源的状况的确到了一个相当危险的境地，特别是在原本就比较缺水的北方，这种状况更加严峻。新疆地处西北，本就地处水资源短缺的北方，而且由于新疆全区每年的平均降水量不到 160 毫米，境内河流的水主要靠高山上的冰川与积雪供应，所以它更是一个水资源匮乏的区域，因此其生态环境原本就十分脆弱。而且在历史上，业已发生过由于农业开发而导致塔里木河断流、罗布泊干涸等生态危机的现象。而现在，要在这样一个水资源匮乏的生态脆弱区发展新型工业化、农牧业现代化和新型城镇化，而且还要跨越式发展，如何在发展中合理使用水资源、保护水资源，从而能使该地的生态仍保持在平衡状态而不被破坏，使发展具有可持续性，的确是一个需细心规划、按部就班依规划行事、花大成本实施生产与防污两类行业并行的大问题。因为新型工业化、现代化的农牧业、新型城镇化的建设都需要大量用水，因此，跨越现状的发展，势必需要大量使用新疆本土的水资源，势必增加该地发展与生态环境保护的矛盾。在新疆，还不仅如此，2011 年 2 月《参考消息》刊登了《中哈将讨论边境水资源问题》的报道，即中国与哈萨克斯坦将讨论边境水资源问题，这包括共同监测伊犁河以及额尔齐斯河的水质以及边境河流水资源的分配问题。这表明因新疆发展而对水资源的利用，不只是考虑新疆本土的问题，还得考虑与周边国家的国际关系和他们的可持续发展问题。那么，新疆的新一轮发展

---

① 《水资源将被纳入红线管理》，《厦门晚报》2010 年 12 月 6 日，第 12 版。

② 《中央一号文件锁定水利改革》，《厦门日报》2011 年 1 月 30 日，第 3 版。

对水资源的利用，不仅是用水需节制，用水不得破坏生态环境，不得污染水资源，而且还得考虑国际关系，即与水资源分配相关的他国的可持续发展问题等。因此，新疆的发展是否能顺利或者是跨越式发展，在很大程度上应取决于水资源与水资源的保护。而要合理使用水资源以及防止污染水资源，势必有个全盘的规划，不仅需选择发展无污染或轻污染的工业企业，同时，在发展生产企业的同时，也应同步发展相关的污物、污水处理系统，以便保护环境，保证其脆弱的生态环境能够持续性地支撑在新疆的发展或跨越式发展。换言之，在新疆这样的生态脆弱地区发展一个企业，还必须同时为其建立一个污水或污物处理系统，这样才能确保水资源不被污染，同时，也可以循环使用处理过的中水或净水，而达到节约水资源的目的。因此，在这种地方建立一个工业企业的成本就相应需增加。也就是说，在这种生态脆弱区域要想可持续发展，其成本相应比较高。而这种高成本的新型工业化的发展只有在国家财政的完全支持下，才能按部就班地依据规划进行。但从目前的发展态势看，这似乎是不可能的。就目前的状况看，中央的财政支持最多只占三分之一，也就是说，国家税收只能支持新疆发展所需资金的三分之一。而各省的援疆资金最多也占三分之一，也就是说，由地方税收支撑的各省区财政也只能支持新疆发展的三分之一。还有三分之一的资金缺口怎么办，就上述新疆向外招商引资的情况看，这部分资金缺口是希望能靠包括外资与民营资本在内的私营资本来填补，因此，新疆才有这些招商引资举措。

虽然新疆各级政府知道，在发展新型工业化的过程中，需牢固树立环境优先的理念，坚持资源开发可持续、生态环境可持续，因此在招商引资的过程中选择了一些无污染或轻污染的项目来吸引外资或民营资本。但这里仍忽略了一个问题，即凡是工业都多少会污染环境和消耗大量的水资源，也就是说，即便是无污染或轻污染的项目，仍需消耗大量水资源，并可能污染水资源或其他环境。

前面已提到，目前中国的情况已是60%的浅层地下水污染严重，有的报纸还报道，中国这30年来工业化过程的碳排放和世界其他地区的碳排放已使喜马拉雅山脉的雪线提高，近来有人研究认为，这是因大气中飘浮的工厂煤烟细尘落在青藏高原的冰川上，加快吸热，从而导致融冰、融雪速度的加快而形成的。这些现象表明，工业化的过程对自然环境都会有某种程度的破坏，污染环境的工业项目的破坏性更强些而已。根据历史检验，私营企业是污染水资源与污染大气的大户。它们对生态环境造成破坏甚至是造成生态灾难的例子不少，前一段时间的报纸曾陆续报道了匈牙利铝生产贸易公司在维斯普雷姆州奥伊考地方的工业废水池泄漏，废水流入附近3个村镇，造成8人死亡，150人受伤，并对附近的小河和多瑙河造成严重污染，这就是造成生态灾难的例子。而这场生态灾难的始作俑者——匈牙利铝生产贸易公司就是一家成立于1995年的私营公司。[①]

为何私营企业通常都是污染大户，这是因为包括外资或中国的民营资本在内的这些私营资本，都是遵循以最小的代价获取最大利润的所谓理性经济人原则来决定其资本投资方向的。他们投资办厂，多有成本—效率计算，只有在低成本投入，高利润的回报的有利可图情况下才会来的。因此，新疆在这一跨越式发展中，建成新型工业化的三分之一资金的缺口需由私营资本来填补的话，由于私营资本的本性，新疆就可能产生滥用水资源和污染水资源的现象的出现。因为引进包括外资或中国东部的民营资本在内的私营资本进入，都必须以低成本投入和高利润回报作为代价。在这样的情况下，即便不是明眼可见高污染的企业，它也不可能在污水处理方面多投入一分钱，而任何工业废水都可能污染环境、污染水资源，也就是说，如果工厂的废水没有进行污水处理的话，都可能会造成水资源面源乃至地下水的污染。但你却很难要求他们除了建营利的生产企业外还必须由他们来健全防污染的设施，因为这将使他增加成本投入和获利减少，所以，在吸引外资与民营资本等来帮助或从事新疆的新型工业化建设与发展时，政府应有充分的心理准备，也必须为私营资本在新疆造成的哪怕是轻微的污染买单。换言之，如果确定新型工业化必须有部分由私营资本去承担与完成的话，即必须通过招商引资，才能实现或加快实现新型工业化等的任务。那么，新疆政府掌握的资金的投向应有所改变。也就是说，中央财政资金，各地援疆资金，除了搞三通一平的开发区、工业区的基本建设外，应该多投资在开发区等的包括污水处理系统在内的防污染设施上。只有政府把有限的资金用于解决好工业区、开发区、城市、城镇的污物、污水处理系统，搞好污染的防治工作后或同时，才可能和可以让私营资本进来，并有条件使当下强调的可持续发展得到保证。所以，当发展新型工业的大方向不变，需要改变的是政府自我掌握的资金投入的方向，即应该利

---

① 《匈牙利最大生态灾难警示欧洲》，《参考消息》2010年10月14日，第10版。

用自己手头可以和可能掌握的资金，多投入防污染的方面，先把防污的设施建设好，而不是先用中央和各地援疆的钱去建那些公益事业，如各级政府的办公大楼、大型的医院、学校什么的。否则，引进了私营资本，就等于引进了污染，而这时，所谓的“新型工业化”也就没有“新型”了，因为其又走上了常态工业化先污染后治理的老路。在生态脆弱的新疆，走这种老路花的代价可能是想象不到的严重，也许工业化实现时，将把现在努力发展而获得的成果全部吞噬，返回老样甚至是退步，还可能出现更为严重的后果，即按此老路发展下去所得到的收益，远远不够补偿在生态破坏后恢复生态平衡所需要的成本。所以，亡羊补牢现还为时不晚，但如果再执迷不悟的话，其后果则不堪设想。

其次，发展新型工业化或跨越式发展都需要大量电力作为动力，但在新疆这样的生态脆弱区里发展电力事业，也不能再走发展水电、热电的老路了。新疆是水资源缺乏区，用水发电是得不偿失之事，而且还可能引起国际纠纷，不利于水资源的贮存。至于热电，尽管新疆有丰富的石油和煤炭资源，但在新疆却不能多使用这些来发电。原因很简单，第一，用石油和煤炭发电，非常容易造成大气污染。正如前面我们就已提及的，目前全世界烧煤、烧油造成的碳烟尘已使世界屋脊喜马拉雅山的雪线上升，这表明使用石油与煤炭的碳排放容易造成大气污染，以致其他生态危机如温室效应、水资源的破坏等连锁出现。第二，用石油或煤炭发电，也需大量耗费水资源，所以它是耗能、耗水、高碳排放的行业。此外，在当今石油匮乏和石油产地常有事情发生的时代，各国都不愿先把国内能量资源耗尽，而是尽量地从国外进口，国内的资源尽量不动用，或甚至是将进口的石油囤积起来慢慢使用。因此，从宏观战略的角度与全国一盘棋的角度讲，新疆的石油、煤炭资源应该得到很好的保护和储存，以便在国家遇到能源危机的最后紧要关头能派上大用场，而不是在这一新型工业化的发展中就迫不及待地用它来发电或作为原料。此外，前已述及，用石油和煤炭发电，污染的可能性很大。所以，即便在此新的跨越式发展阶段必须开采新疆的石油与煤炭，由于环境保护对新疆的重要性的缘故，也应该将其输送出去，换回新疆发展所需要的资金，而不是用它们来直接发电或在新疆这种生态脆弱区提炼它们，用它们来作为工业发展的原料。

实际上，在新疆地区，不用石油、煤炭来发电，仍有其他的资源可以为新疆新型工业化的发展提供电力，这就是风力发电和太阳能发电。至于核电，本应提倡，但因前段时间日本大地震，导致日本福岛核电站爆炸、核辐射外泄，导致核危机的出现，故核电还是少些好。所以，在新疆是否建立核电站也必须谨慎和三思而后行，当然核电也是耗水的企业。由于新疆有大片的戈壁、草原，新疆的降水少，日照时间长，因此发展风力发电和太阳能发电有很好的条件，它们应该是一种既不会或很少破坏环境，又不会产生污染的干净电力。新疆的戈壁与草原多，特别是戈壁滩，本就没什么大用，在其上竖起成片的风力发电机或太阳能硅板来发电，除了可以获得干净的电力外，从某种意义上讲，其还有充分利用先前无法使用的地理环境的好处。所以，在新型工业化的发展过程中，应该着力发展风力发电和太阳能发电来为新型工业化服务，而不应该发展水电或热电。因为发展风电与太阳能电力，能为新型工业化提供动力，也可以有效地减轻对环境的污染，使新疆的新型工业化发展得以可持续进行。

再次，对于富民来说，特别需要关注切实让新疆民族地区的少数民族获得利益与实惠，而且还应该是持久性的，而非边地或民族地区的政府获得利益与实惠。因此，在针对富民的政策中，应有一些切实可行、能确保少数民族群众获利的具体的细则与法律保障，以便让少数民族能在新疆这一民族地区的跨越式发展中获得经济利益与各种实惠。如民族语言的教育，除了非常有必要的国民、公民教育外，也应该进行市场经济知识的教育。也就是说，要用双语教育的形式，让少数民族群众对市场经济、市场经济的供求关系、市场经济的规律等有所认识，使他们能适应具有中国特色的社会主义市场经济的现阶段。又如，在新型工业化中，也应该有一些相应的措施来保障与维护少数民族的利益与实惠，所以，包括国营与私营企业招工时，应规定必须招收一定比例的少数民族工人，并以法律作保证，这样才能使那些只懂少数民族语言，或者汉语水平不高的人，也能在企业中保持一定的数量，从而使广大的少数民族民众有可能或比较快地能从新型工业化中获取真正的实惠。

对新疆跨越式发展若干问题的思考

——环境、资源与人文的视角

迪木拉提·奥迈尔　罗　意[①]

新疆维吾尔自治区位于中国的西北边陲，地处欧亚大陆腹地，全区面积166.49万平方千米，占中国国土面积的1/6。新疆与蒙古、俄罗斯、哈萨克斯坦等8国相邻，是中国向西开放的窗口，是中国最重要的能源储备区和资源富集区，是中国21世纪新的经济增长点，新疆在国家战略中具有无可比拟的重要性。

与新疆的战略地位和富足的资源相比，新疆经济社会整体发展水平与内地各省区相比明显滞后，面临一系列亟须破解的难题，表现为：第一，与辽阔的国土面积相比，新疆适宜人类居住的区域却相对不足。90%的人口居住在占区内面积5%的绿洲上，人口与资源特别是耕地资源之间的张力凸显，农牧区大量剩余劳动力闲置；第二，地区发展中存在忽视生态环境保护的问题，部分地区出现严重的生态退化。水资源、矿产资源、油气资源等在空间分布上的非均衡性和资源利用的不合理性进一步加剧了地区生态环境的退化，并导致部分地区和人民群众长期处于贫困状态，区域与城乡发展不均衡，整体经济发展水平不高；第三，新疆又是一个多民族聚居区，有47个民族，13个世居民族，多种语言、宗教与风俗习惯并存，各民族经济社会发展水平参差不齐，人文环境较为复杂。

2010年5月胡锦涛主席在“中央新疆工作座谈会”中指出：“全党全国必须充分认识做好新疆工作对党和国家工作全局的重大意义……把新疆经济社会发展搞上去，把新疆长治久安工作搞扎实，推进新疆跨越式发展和长治久安，不断开创新疆工作新局面。”笔者认为新疆特殊的自然环境、资源条件和人文环境既可以成为跨越式发展的助推器，也可能成为跨越式

---

① 迪木拉提·奥迈尔，维吾尔族，新疆师范大学历史与民族学学院教授，主要从事民族学研究；罗意，新疆师范大学历史与民族学学院讲师，主要从事民族地区发展研究。

发展的障碍。在新时期，一定要充分考虑新疆特殊的自然环境、资源条件与人文环境，以科学发展观为指导，统筹经济、社会、文化的全面发展，建设一个“区域协调发展、人民富裕、生态良好、民族团结、社会稳定、边疆巩固、文明进步”的新疆。

一、新疆的生态环境

新疆自然生态环境有其自身特点：地域辽阔，但绿洲面积不大；气候干旱，气候变化大；水资源总量丰富，但降水稀少且时空分布不均；土地面积大，但林地面积小；土壤质量差且沙化，盐碱化程度较为严重……[①]经济发展、人口增长与城市化进程已经导致土地荒漠化趋势加快、土地利用率低、水资源紧缺、生物多样性受影响等多种环境社会问题，新疆生态环境退化严重并有进一步加剧的趋势。

（一）土地荒漠化程度高、利用率低

新疆是我国荒漠化面积最大、分布最广和危害最严重的省区。2007年，新疆荒漠化面积为107.12万平方公里，占全区面积的64.39%，近2/3的土地受到荒漠化的危害和威胁。新疆天然草地毛面积为5725万公顷，其退化面积达80%，严重退化面积达37%[②]，土地荒漠化趋势明显。与荒漠化并存的是土地利用率较低，2008年，全区可利用的土地面积为6308.48万公顷，利用率仅为38.64%，而未利用土地达10216.51万公顷。2000—2008年，新疆农用地减少37.73万公顷，其中园地增长了17.2万公顷，牧草地减少24.67万公顷，土地集约化趋势明显。近两年，我们在南北疆的调查表明：白色污染（新疆亩均残膜留量达4.6公斤）、农药与化肥的过度使用导致土地板结、退化和地力受损，严重影响了新疆的农业生产和区域经济社会的发展。与农用地面积减少并存的是建设用地的高增长，2001—2008年，新疆建设用地增长了11.87万公顷，其中居民点及工矿用地增长10.45万公顷（数据来源：《新疆统计年鉴》，2009年）。未来十年，新疆基础设施和城市建设都将提速，建设用地增长似乎不可避免，

---

① 李小平著：《新疆生态环境与人口因素影响研究》，载《新疆师范大学学报》2009年第4期，第40页。

② 李小平著：《新疆生态环境与人口因素影响研究》，载《新疆师范大学学报》2009年第4期，第41页。

确保农用地资源将成为新疆经济社会发展必须解决的现实问题。

（二）水资源紧缺，区域生态系统失衡

新疆大小河流共有 570 余条，径流量年均在 10 万平方米以上的有 18 条，2008 年新疆水资源总量为 863.80 亿立方米。由于“三山夹两盆”的特殊地形，新疆水资源南北分布不均。尽管，南北疆各约占一半，但由于北疆面积占全疆面积的 27%，南疆占 73%，因此南疆单位面积的水资源储量不足。北疆的伊犁河、额尔齐斯河等均为跨境河流，全疆水资源量的 25%，北疆的 60% 流出国境，因此北疆水资源的储量也是极为有限的。新疆每平方公里的平均水量仅为 4.8 万平方米，居全国倒数第三位，属水资源严重紧缺区域。降水是水资源的重要来源，新疆年均降水量为 108.6mm，但北疆、南疆和东疆降水量差异悬殊，分别为 149.5mm、65.1mm 和 32.7mm。水资源空间分布不均极大地影响了新疆各地区的生态环境和人民的生活，形成了以沙漠、半沙漠和草原以及戈壁绿洲为主的自然景观和绿洲经济、灌溉农业，生态环境极为脆弱①。

经济发展、人口增长与城市化进程深刻改变了新疆水资源现状，南北疆主要河流相继出现断流或是季节性断流，导致流域生态环境退化、生物多样性受到严重影响。塔里木河是我国最大的内陆河，流域总面积 102 × 104 平方千米，占我国国土面积的 9.41%。和田河、叶尔羌河、阿克苏河和孔雀河是其水源。近 50 年来，全球气候变暖使上述四条河流的水流量以年均 44.30 × 108 立方米的速度增长。但由于 50 年来，四河流域农业扩张和城市建设，实际流入塔里木河的水量以年均 15.4 × 108 平方米的速度锐减，最终使塔里木河断流②。塔里木河被塔里木盆地的各族人民誉为“母亲河”、“生命河”，其 50 年的演变已经产生了严重的生态后果。这种后果可概括为“两扩大”和“四缩小”，即绿洲与沙漠同时扩大，处于两者之间的自然林地、草地、野生动物栖息地和自然水域缩小，也即荒漠—绿洲过渡带缩小③。塔里木河 50 年的演变正在南北疆各主要流域不断上演，博尔塔拉河、精河、奎屯河、呼图壁河等已经断流或是季节性断流，绿洲生

---

① 张玉进等：《新疆水资源分布及绿洲水资源开发利用探讨》，载《水土保持研究》2004 年第 3 期，第 157 页。

② 沈永平著：《塔里木河生态退化，出现气候变暖增湿趋势》，《黄河报》，2010 年 1 月 14 日，第 003 版。

③ 樊自立等：《塔里木河生态环境演变及整治途径》，载《干旱区资源与环境》2001 年第 1 期，第 12 页。

态系统失衡。

二、人口与资源

研究表明，近几十年来新疆耕地面积与人口同步增长，但人口增长幅度明显高于耕地增长幅度，人均耕地下降幅度明显。1990—2006年，新疆人均耕地减少了23.39%，年均递减为1.46%①。脆弱的生态环境、严重的生态退化、萎缩的农用土地表明新疆耕地资源的承载力不足，并且有进一步弱化的趋势。雷军等人的研究指出新疆绝大部分地区为人口限制区或人口疏散区，人口稳定区和密集区仅占新疆土地面积的12.63%②。2008年，全疆人口为2130.81万人，人口密度每平方公里为12.79人，远高于联合国划定的干旱、半干旱区9人/平方公里的标准。新疆绿洲人口密度将近290人/平方公里，区域内资源压力凸显，人地矛盾突出，农牧区大量闲置劳动力亟须转移。

新疆是中国资源的富集区和战略储备区，2008年新疆成为中国第二大产油区和最大的天然气生产基地，并有多种矿产资源储量位居前十位。2008年，能源及矿业开采及其加工产值占全区工业总产值的62.23%，在能源与矿业领域的从业人员占全区规模以上工业企业就业人数的31.19%（数据来源《新疆统计年鉴》，2009年），资源行业已经成为自治区的支柱产业，对自治区经济社会贡献明显。资源产业的发展带动了部分地区经济社会的发展，全区形成了多个石油、天然气基地、煤炭基地和金属矿基地。但同时，我们也注意到资源分布同样具有非均衡性特征，并导致疆内区域发展水平不一。资源禀赋好的地区（如克拉玛依、巴音郭楞蒙古自治州）经济社会发展水平较高，而资源匮乏地区（如南疆三地州）经济社会发展水平则明显滞后。资源行业在解决地区就业问题方面成效卓著，但企业的从业者多为城镇居民。因为体制、技术能力、语言能力的限制，农牧区的群众，特别是少数民族群众很难在这些企业中获得长期的就业机会，资源型企业对解决农牧区剩余劳动力的作用十分有限。

---

① 吐尼莎古丽·牙生等：《近16年来新疆耕地与人口变化相关分析》，载《干旱区资源与环境》2010年第5期，第49页。

② 雷军等著：《新疆人口发展功能区研究初探》，载《中国地理学会百年庆典学术论文摘要集》，中国地理学会2009年，第195页。

三、新疆的人文环境

“十一五”期间，新疆各项事业取得了辉煌成就，人民生活水平大幅提高，但也存在地区经济发展不平衡、城乡差距明显和贫困人口众多等难点。2008 年，占全疆人口总数 29.1% 的南疆三地州的生产总值仅占区内生产总值的 8.35%，人均 GDP 仅相当于全疆平均水平的 20%—32%。2008 年，新疆城镇居民家庭人均可支配收入绝对数为 11 432 元，而农村居民仅为 3 503 元，相差 3.2 倍，与 1980 年相比拉大了 1.1 倍。2010 年，新疆有国家级扶贫开发重点县 27 个，自治区级扶贫开发重点县 3 个，贫困人口达 227 万人。塔克拉玛干沙漠干旱农牧区和天山、阿尔泰山高寒农牧区是新疆贫困人口聚集的区域。30 个扶贫工作重点县中，少数民族人口所占比例高达 91%，新疆贫困人口中少数民族贫困人口高达 96%，在新疆的农村贫困中少数民族所占比例也高达 90%，贫困具有区域性和民族性特征[①]。

致贫的原因包括：第一，经济和自然的原因，如产业结构落后、自然条件严酷、生态系统脆弱与恶化、交通与通信不利；第二，教育与文化等社会原因，如固守传统、劳动力素质低、思想不够开放等[②]，表现出物质性贫困与精神性贫困并存的特征。表 1 数据显示，少数民族学生的受教育人数所占比例为 57.4%，略低于其人口比例 60.76%。但是，各少数民族接受高等教育、职业与技术培训以及高中教育的比例明显偏低，限制了其在城镇和现代企业中谋职的机会，这也是民族地区劳动力长期囤积于第一产业而无法转移的根本原因，不利于民族地区第二产业、第三产业和民族地区经济社会的发展。

表 1　2008 年新疆各级各类学校在校少数民族学生人数　　单位：万人

各类学校总数		高等学校		职业、技工学校		普通高中	
人数	比例%	人数	比例%	人数	比例%	人数	比例%
252.8	57.4	10.19	34.42	61	29.38	16	38.27

数据来源：《新疆统计年鉴》，2009 年。

① 参见阿布力孜·玉素甫著：《新疆贫困人口分布与扶贫对策》，载《新疆师范大学学报》2003 年第 1 期；艾山江·艾力等著：《新疆贫困地区经济发展因素综合分析》，载《经济地理》2007 年第 3 期。

② 参见阿不力孜·玉素甫著：《新疆贫困人口分布与扶贫对策》，载《新疆师范大学学报》2003 年第 1 期。

新疆自古就是一个多元文化汇聚的区域，多个民族生活于此，各民族语言、风俗习惯、宗教信仰有差异。语言能力、风俗习惯和宗教信仰对各民族融入现代社会，特别是适应市场经济体系产生了多重影响。语言能力不足使少数民族群众在就业市场中往往处于弱势地位。考虑到劳动力成本，企业用工更倾向于招收南疆当地的劳动力，汉语的掌握程度通常是少数民族群众能否获得就业机会，以及获得什么工作机会的限制性条件。汉语的掌握程度还对各民族获取信息、提升技术能力、融入现代社会与实现民族发展有直接而重要的影响。

我们的调查也发现，传统的价值观念对少数民族群众的就业行为仍有较大影响。比如，阿图什未就业大学生以年均成百人增长，一方面是因为当地就业机会不足，另一方面与当地少数民族大学生及其家庭的就业观念有关——都倾向于在公务员系统、教育系统、事业机关就职，而在企业中就职（即便收入颇高）不被视为就业。阿图什工业园已招揽包括亚星钢铁、青松水泥等多家国有以及民营企业，园区周围乡村农民在企业中获得了就业机会，但在遵守企业作息与劳动时间、承受劳动强度、流水线作业等方面表现出相当的不适应性，少数民族社会尚需建立与现代社会相适应的、符合市场经济规律的价值观念体系。

四、发展差距与跨越式发展

半个世纪以来，特别是改革开放30多年来，新疆的经济建设和各项社会事业取得了令人瞩目的成就，综合经济实力明显增强、人民生活不断改善、社会稳定、民族团结。2008年新疆生产总值达4203.41亿元，与1978年相比增长107.5倍，年均以10.4%的速度增长。2008年新疆人均GDP达19 893元，与1978年相比增长63倍，年均以8.5%的速度增长。“十一五”期间，新疆生产总值、全社会固定资产投资、进出口总额、地方财政收入以及社会消费品零售总额与“十五”期间相比增长1.5—2.9倍，社会整体发展水平进一步提高，新疆处于历史上最好的发展时期。

新疆50多年来取得了辉煌成就，但横向比较，与国内中东部地区乃至西部地区部分省区还有较大差距。2004年，新疆的区域经济发展水平、区域科技能力、区域管理能力、区域生态水平、区域环境抗逆水平等在全国的排名分列第28、26、26、29、19位，万元国内生产总值能耗为全国的

1.55 倍，城镇居民可支配收入和农民人均纯收入在全国仅列第 25 位①。表 2 数据表明：新疆各项经济指标与经济发达的中东部地区、东北地区有较大差距，与西部的四川、内蒙古等地的差距也比较明显。新疆第一产业所占比重明显高于全国平均水平，而第二产业所占比重相对较低。新疆目前经济社会发展水平与其资源禀赋明显不相匹配，第二产业和第三产业发展滞后表明社会为农牧区剩余劳动力转移提供的机会十分有限，加快新疆经济社会发展是新疆各民族群众共同的心愿。

表 2　2007 年新疆与全国主要省区主要经济指标对比

项目 / 省区	GDP（亿元）	人均 GDP（元）	三次产业结构	城市居民人均可支配收入（元）	农村居民人均纯收入（元）
新疆	3523.16	16999	17.8:46.8:35.4	10313	3183
山东	25965.91	278077	9.7:56.9:33.4	14265	4985
江苏	25741.15	33928	7.0:55.6:37.4	16378	6561
广东	31084.40	33151	5.4:51.3:43.3	17699	5624
内蒙古	6091.12	25393	12.5:51.8:35.7	12378	3953
湖北	9230.68	16206	14.9:43.0:42.1	11486	3997
四川	10503.30	12893	19.3:44.2:36.5	11098	3547
青海	783.61	14257	10.7:53.3:36.0	10276	2683
辽宁	11023.49	25729	10.3:53.1:36.6	12300	4773

数据来源：戚本超、景体华主编：《中国区域经济发展报告：2008—2009》。

2010 年 5 月，胡锦涛主席在“中央新疆工作座谈会”的发言中明确指出：“做好新形势下新疆工作，是提高新疆各族群众生活水平、实现全面建设小康社会目标的必然要求，是深入实施西部大开发战略、培育新的经济增长点、拓展我国经济发展空间的战略选择，是我国实施互利共赢开放战略、发展全方位对外开放格局的重要部署，是加强民族团结、维护祖国统一、确保边疆长治久安的迫切要求……做好新形势下新疆工作必须紧紧围绕推进新疆跨越式发展和长治久安这个重大而紧迫的任务来进行”②。新

---

① 参见郝时远著：《构建社会主义和谐社会与民族关系》，载谢立中主编：《理解民族关系的新思路：少数族群问题的去政治化》，社会科学文献出版社 2010 年 5 月版；苏德贵著：《新疆 50 年建设成就及进一步发展的思考》，载《实事求是》2005 年第 6 期。

② 《中共中央国务院召开新疆工作座谈会，胡锦涛温家宝发表重要讲话》，新华网，2010 年 5 月 20 日。

疆工作座谈会还确定了19个省市对口支援新疆，明确了新疆在国家战略中的重要地位，也为新疆的跨越式发展指明了方向。尽管目前新疆经济社会发展水平整体滞后，但依托新疆丰富的资源、兄弟省市的支持、国家政策的扶持，新疆一定能够实现“到2015年新疆人均地区生产总值达到全国平均水平，到2020年确保实现全面建设小康社会的奋斗目标”。

五、实现跨越式发展目标的若干建议

中央新疆工作座谈会为新疆的跨越式发展绘制了清晰的蓝图，会议要求做好新疆的工作一定要以科学发展观为指导，统筹经济、社会、文化的全面发展，建设一个“区域协调发展、人民富裕、生态良好、民族团结、社会稳定、边疆巩固、文明进步”的新疆。为使美好的蓝图变为现实，笔者认为新时期新疆跨越式发展进程中应注意以下四个方面：

（一）统筹区域与城乡协调发展，提高人民群众生活水平

改革开放以来，新疆区域经济在空间上形成了三个层次的大经济带：经济重点带、外围带和边缘带。天山北坡区、南疆东北区和北疆西北部区经济社会发展明显快于东疆区和南疆西南部区[①]。天山北坡区经济社会发展水平最高属于经济重点带，南疆西南三地州经济社会发展水平最低为滞后属边缘区，其他的地区属于外围带。边缘带与新疆贫困人口的分布相符，也是少数民族最为集中的区域。因此，在新时期一定要统筹三大经济带和几大区域的经济社会发展，找准各地区产业发展的出路，大力发展县域经济，推动地区协调发展。

改革开放30多年来，新疆城乡经济发展较快，人民群众生活水平得到改善，但城乡居民收入差距进一步拉大。1978年城市家庭人均可支配收入（绝对数）为319元，为农村军民人均纯收入的2.6倍。到2008年，这一数字变为3.2倍（数据来源《新疆统计年鉴》，2009年）。新疆贫困人口的大部分集中在塔克拉玛干沙漠干旱农牧区和天山、阿尔泰山高寒农牧区。因此，在新时期一定要统筹城乡经济发展，致力于改善民生，建立健全的社会保障体系改善农牧民生产生活条件，在充分考虑生态环境承受力的基础上适当发展小城镇以加强乡村经济活力。

---

① 参见司正家、马海霞著：《新疆区域经济协调发展的理论、战略与实践》，载《新疆师范大学学报》2006年第1期。

（二）保护生态环境，建立长期的环境与社会评估体系

如前文所述，新疆的生态环境极为脆弱，几十年来不合理的开发已经导致部分地区出现严重的生态退化，因此在新时期一定要充分考虑新疆生态环境的特殊性和敏感性，制定切实可行的政策、措施保护生态环境。新疆资源禀赋较好，但不合理的资源开发将会加剧生态环境退化的进程。鉴于此，笔者认为可以借鉴国内外不同地区的经验，比如可以考虑依据资源储量、品质和所在区域的生态环境等因素建立可操作的资源使用与生态补偿基金，按面积向开发企业征收。同时，可以借鉴世界银行、亚洲开发银行等国际机构在项目投资中采取的环境与社会评估，对项目特别是重大项目的环境及社会影响进行评估，并建立长期的跟踪监测机制，确保将对生态系统的影响降到最低。

同时，在资源开发中一定要给予受影响人群充分的发言权和自主权，保障其利益，可以适当吸收当地受影响人群加入项目实施和生态环境保护的全过程，尝试建立实现多方共赢的资源开发与生态环境保护模式，构筑生态环境保护的人民阵线。

（三）发展劳动密集型产业和第三产业，就地转移农牧区剩余劳动力

研究表明新疆第一产业的劳动密集程度过高仍然严重，劳动力向第二、第三产业转移存在制度性障碍，劳动力向外释放步伐缓慢①。这一现象与当前新疆第二产业和第三产业的格局相关，第二产业中重工业比重（特别是资源工业）达80%，明显偏高，而轻工业进展10%。由于重工业对劳动力素质的要求和对集约化生产的追求，加之其总部在城市，因此农牧区剩余劳动力很难转移到工业领域。2008年，与农牧民联系最为直接的乡镇企业工业产值仅为30630.8万元，在新疆工业总产值中的份额微乎其微，农村工业化水平明显滞后。第三产业正在成为农牧区剩余劳动力转移的主渠道，但新疆第三产业较为发达的地区仍为经济重点带，无论是从业人员，还是企业数都占绝对多数。2008年，南疆三地州第三产业从业人员仅为8527人，占总人数的6.8%。

因此，在新时期一定要注重劳动密集型产业的发展，充分利用新疆连接中亚和南亚各国的优势，利用棉花、林果业等产业优势大力发展轻工业，既能拓展中亚和南亚市场，践行中国向西开放的策略，又能创造大量

---

① 赵强著：《新疆产业结构与就业结构实证分析》，载《新疆社会科学》2010年第1期，第32页。

的工作机会，实现农牧区剩余劳动力的就地转移。另外，要充分利用新疆独特和丰富的文化资源，大力发展旅游业、餐饮业，扶持具有区域和民族特色的手工艺产业的发展，既传承少数民族优秀的传统文化、丰富和发展中华文化的内涵，又能增加农牧民收入，实现农牧区剩余劳动力的就地转移。

（四）提升少数民族人力资源水平，引导其树立适应现代社会的价值观念

据2005年1%人口抽样调查资料，6岁及以上人口中，受大专及以上教育的人数中汉族占13.2%，少数民族占5.66%。其中维吾尔族在新疆总人口中占46.92%，而其受大专及以上教育的人口仅占5.01%，受小学和初中教育的占78.42%，少数民族人力资源开发程度较低①。受教育程度的高低对各民族语言能力、技术能力和经济能力和少数民族经济社会的发展有重要影响。因此，在新时期一定要加强对少数民族语言能力的培养，进一步发展民族教育事业，在尊重客观规律、尊重现实条件、尊重事实的前提下科学地推进双语教育。同时，应加强对少数民族群众技术能力的培训，在新疆经济欠发达地区建立职业培训机构，根据所在地的产业优势有针对性地培养本地的技术人才，提升少数民族的人力资源水平。通过教育和示范等方式逐步引导少数民族群众树立适应现代社会的价值观念，科学地推进少数民族社会发展。

① 肖春梅著：《新疆人力资源开发问题研究》，载《新疆财经》2010年第5期，第68页。

新疆“环塔”区域新型城镇化建设的挑战与出路

牛汝极 等①

一、导 言

改革开放以来，新疆城镇化速度明显落后于沿海发达地区，城镇化质量也亟待提高。新疆城镇化过程中面临种种问题，如产业结构调整缓慢，下岗失业人员数量增加，城镇体制改革跟不上发展的需要，乡村城镇化落后，城镇用地扩张，城镇生态环境退化等。因此，加快城镇化进程，提高城镇化质量，是振兴新疆经济的主要途径，核心任务是区域再造和区域创新，因此需要采取与新型工业化战略相适应的新型城镇化战略。新型城镇化发展战略不同于过去以开发为主的区域发展战略，它强调的是城镇的内涵式增长和质量升级，本质上是一种可持续的城镇化道路。

新型城镇化强调的是“四个统一”：一是城镇化与工业化的统一；二是农村与城镇的统一；三是农业与工业的统一；四是共性和个性的统一。新型城镇化是以新兴产业为产业依托，以现代新兴技术特别是网络信息技术为动力，以城镇可持续发展为目标，以城乡社会经济发展相协调为保障的城镇化。新型城镇化特征可以概括为以下五个方面：一是经济集约发展；二是社会和谐发展；三是环境友好发展；四是功能优化发展；五是城乡统筹发展。新型城镇化还要结合新疆特点，首先要关注民生；其次，新型的城镇化应该是资源节约型的、绿色低碳的城镇化；第三，新疆的特点是城镇人口密度相对比较低，城镇的分布完全不同于沿海地区和中部地

---

① 牛汝极，新疆师范大学教授，博士生导师。

区，有其自身的规律，新型城镇化要尊重新疆的地域地貌特征来考虑，要符合新疆实际，符合新疆生态脆弱、资源丰富的特点；第四，新型城镇化还要尊重文化和历史传承，体现新疆的地域文化特色和民族文化特色，使城镇既是一个适合人类居住的环境，又是一个文化传承的环境。①

二、南疆城镇化建设现状分析

本文“环塔”区域指南疆环塔里木盆地城镇经济区，包括巴音郭楞蒙古自治州、阿克苏地区、克孜勒苏柯尔克孜自治州、喀什地区、和田地区5个地州的42个县市，总面积106万平方公里。我们提出“环塔”区域新型城镇化发展要走城乡统筹、产业支撑和区域特色的路子，要围绕“一条主轴线”、“四条次轴线”展开。一条主轴线指南疆铁路，四条次轴线指以314、315、217、218国道为核心的次级密集发展轴带。

（一）城镇化水平低且进程缓慢

2008年底，“环塔”城镇圈共有县市42个，其中设市城市5个，两个兵团城市阿拉尔市和图木舒克市不在此次课题研究的范围内。2008年，以非农业人口占总人口计算城镇化水平，“环塔”区域城镇化水平27.08%，低于全疆城镇化水平16个百分点（全疆为43.26%）。

从改革开放到2000年，“环塔”区域城镇化率平均年增长率为1.3%，进入21世纪城镇化水平一直处于稳步提高态势，2001年到2008年城镇化率平均年增长率为3.7%。虽然“环塔”区域城镇化水平一直呈增长态势，但从全疆城镇化进程看，其增长是一种低水平的增长且一直远低于新疆平均水平。尤其上世纪80年代以来，新疆城镇化水平超过30%进入城镇化快速发展阶段，1990年至2008年城镇化水平由33.24%提高到43.26%，提高了10个百分点，而同期“环塔”区域从22.01%提高到27.08%，提高了仅5个百分点，远低于新疆城镇化发展进程。“环塔”区域城镇化发展仍然处于初级阶段，对应于工业化初期阶段和经济增长的起步阶段，为低速城镇化阶段。

（二）城镇化质量不高

“环塔”区域不仅城镇化率低于全疆平均水平，工业化水平也低于全

① 李辉、于茜茜：《新疆新型城镇化规划呼之欲出 未来十年属于重点建设期》，《新疆日报》2010年7月21日。

疆平均水平。2008 年全疆工业化水平为 42.6%，“环塔”区域工业化水平为 37.5%。人均 GDP 及非农产业生产总值占 GDP 比重两项指标也低于全疆平均水平。

从“环塔”区域内部的城镇化与非农经济发展对比来看，虽然 2008 年“环塔”区域工业化率和第三产业增加值占 GDP 比重均高于城镇化水平，但五个城市的城镇人口占到了“环塔”区域城镇人口的近 40%，对“环塔”区域城镇化率的贡献率较大，若除去这部分人口，“环塔”区域小城镇的城镇化率仅为 18.47%。2008 年“环塔”区域小城镇的工业化率仅为 9.8%，第三产业增加值占 GDP 比重为 13.08%，各小城镇虽然达到了人口的集聚，但并未达到经济的迅速集聚，仅有城镇规模而无产业支撑。

（三）城镇规模等级小且密度低

按城镇规模等级划分，2008 年“环塔”区域城镇人口在 20—50 万的中等城市有 3 个，分别是库尔勒市、阿克苏市、喀什市；20 万人口以内的小城市有两个，其中和田市的人口超过 10 万，阿图什市人口不足 10 万；37 个县，除了库车县和莎车县县域城镇非农业人口达到 10 万人以上，其余各县县域城镇人口均小于 10 万，且多居于 5 万人以下。5 个城市中，库尔勒市、阿克苏市、喀什市已有一定规模，阿图什市和和田市目前只有城市雏形，还未能充分发挥城市功能。“环塔”区域城市密度为 0.05 个/万 km^2、小城镇密度为 0.93 个/ 万 km^2。

（四）城镇空间分布不均

“环塔”区域现有的 5 个设市城市和 98 个小城镇由于水资源地域分布以及绿洲面积大小的不均衡造成了除少数工矿城镇外，绝大部分分散在 20 多块较大的绿洲中心或绿洲边缘交通干线上，宏观尺度上主要表现为线型、散点型，并在空间分布上呈现出西多东少、北多南少的态势。

（五）地州中心城市地位突出

五个地州的中心城市库尔勒市、阿克苏市、喀什市、阿图什市及和田市在“环塔”区域的城镇格局中占有重要地位，五个城市在“城市发展实力综合评价”排名前十位。

2008 年，五个地州中心城市的年末总人口、生产总值、固定资产投资、消费品零售总额、地方财政收入五项指标值，除个别指标外，其余指标值均占到相应地州指标总额 1/4 以上份额。其中，库尔勒市生产总值占到州生产总值 76.2%；阿克苏市消费品零售总额占到地区消费品零售总额

41.2%；阿图什市消费品零售总额占到州消费品零售总额63.5%；喀什市消费品零售总额占到地区消费品零售总额45%；和田市地方财政收入占到地区财政收入40.2%。说明在各地州经济活力不断增强的同时，地州中心城市的中心地位也不断得到加强，不仅自身实现了向更高层次的发展，而且辐射带动作用也在日益增强。

（六）小城镇发展滞后

作为农村的政治、经济和文化中心，小城镇既是农村地域内城与乡、工与农的结合部，又是城镇体系的基础，因而发展小城镇是提高我国城镇化水平的主要途径。世界银行有关专家在《1984年世界发展报告》中提出，城镇只有达到15万人规模时才会出现集聚效益，我国的许多研究则认为，小城镇镇区人口至少要达到3万以上才能正常发挥集聚功能。“环塔”区域大部分建制镇人口不足万人，由于缺少主导产业和资金，规模普遍偏小，很难正常发挥城镇集聚效应。

此外，小城镇的职能比较单一，绝大多数城镇以行政和基本服务功能为主。从小城镇从业人员的人口构成看，行政性第三产业以及进行公共事业服务的人员所占比重高达80.7%，生产性行业的从业人口所占比重较低。行政职能在小城镇形成过程中发挥了重要作用。

（七）城镇化水平明显滞后于经济发展

从总体来看，城镇化水平递增速度明显落后于国民生产总值的增长速度。改革开放30多年来，城镇化水平增长速度仅以1.3%的年均速度递增，而国民生产总值同期年平均增长速度高达16.4%。在城镇化进程中，也明显表现出阶段的差异性。在改革开放的前十年中城镇化进程较快，而后十余年中城镇化进程明显滞后于工业化。

“环塔”城镇圈主要存在以下五个方面的主要问题：一是“环塔”地区庞大的过剩农业劳动力形成巨大的“推力”，而“环塔”城镇圈工业化水平普遍偏低，“拉力”有限，“推力”过剩而“拉力”不足，形成“环塔”城镇圈城市化进程中巨大的结构性矛盾。二是“环塔”城镇圈的城镇基础设施薄弱，承载经济发展和居民生活的能力低，统筹城乡规划与建设的整体水平普遍不高，影响了小城镇整体功能的发挥和持续健康发展。三是“环塔”城镇圈城镇发展规划缺少特色，没有突出区域环境和文化特色；城镇规划中基本上按行政区划自成体系，很少从自然经济圈和整体功能以及区域特色上进行布局，城镇功能定位不清。四是“环塔”城镇圈缺少新型工业化和现代化的技术人才、管理人才。较为封闭、保守的思想观念以及双语和受教育程度不高等因素影响了当地劳动人口融入现代化和工业化环境的速度。五是新型城镇化政策环境有待优化。“环塔”城镇圈小城镇编制中对基础设施规划不到位；小城镇政府在责、权、利等方面与现行的管理体制关系难以理顺，县、镇两级政府之间的职责划分不清；小城镇基础设施建设缺乏资金的扶持；“二元”户籍管理制度阻碍“农民市民化”进程。

三、实施“环塔”地区城镇群战略构想

（一）打造“七城一圈环塔城镇经济带”的战略构想

按照环塔里木盆地的地理环境特点，这里人口众多，油气资源丰富，为工业化提供了重要的支撑，这里又是新疆重要的粮食、棉花、番茄、特色水果等农副产品基地，此外，具有民族特色的旅游文物景点众多。这一地区拥有中小城市（含县城）40余个，“环塔”城镇拥有基本相同的历史文化背景；远离首府城市和内地城市的经济辐射；它们具有快速发展迎头赶上的迫切愿望。环塔里木盆地可以构成一个相对完整的区域，如果突破行政区域分割的限制，沿塔里木盆地边缘“点线相缀”形成的环形城镇带自然就成为这一区域的增长极，这是环塔里木区域新型城镇化构想的现实条件。

在这些条件和基础上，按照区域共同发展战略的要求，充分发挥本区域的后发优势，通过培训、发展，统筹安排区域基础设施，集约利用空间资源和保护生态环境，进一步增强该区域的发展动力，促进区域可持续发展。按区域经济的内在规律，按照新型城镇化的要求，可构建“七城一圈环塔城镇经济带”，即以环塔里木盆地的具有发展潜力的7个中心城市（库尔勒、库车、阿克苏、喀什、莎车、和田、若羌）为龙头，以各县城为节点，以“环塔”交通网为纽带，以“环塔”小城镇为网络支撑，形成带动“环塔”区域经济的巨大发展和社会的全面进步的城镇带。

“环塔”交通网的形成为“环塔”区域的规划奠定了基础。经中央和新疆共同新建改建，一条环绕塔里木盆地长近2800公里的环形公路，以及穿越塔克拉玛干大沙漠的两条沙漠公路，在塔里木盆地构建起“一环两纵”的公路网。塔里木盆地公路综合运输网的建成，极大地缩短了塔克拉

玛干沙漠南北缘间的距离。其中，第二条沙漠公路通车后，阿克苏至和田间距离缩短了430公里，行车时间比原先减少一半。1999年建成通车的南疆铁路库尔勒—喀什段已经发挥了良好的效益。正在兴建的喀什—和田铁路将于2010年底建成通车。此外，哈密经罗布泊到若羌的铁路已经动工建设，经库尔勒—若羌—格尔木的铁路正在规划当中，在“十二五”期间将动工建设。此外，高等级公路、航空港的建设，环塔里木交通网、特别是铁路网的建成，按照“点—群—轴—圈—面”规划的“环塔”城镇带起到重要的发展作用。①

“环塔”区域新型城镇化的主要内容：一是以“环塔”大区域为舞台，突破行政区划限制，整合兵地资源，拓展城镇群的发展空间；二是加强城际合作，追求区域长远利益和整体利益的最优；三是通过跨区域基础设施、城乡空间利用和生态环保的引导，整合其整体实力和竞争力；四是突出对产业、劳动力、政策环境等发展要素有序培育；优化对产业发展的规划、引导；深化对城市布局、交通网络、区域基础设施和公共设施、旅游资源、生态环境等重大问题的协调，形成特色各异、产业互补的城市产业格局。将“环塔”区域打造为以生态农业、特色林果业为基础，以石化工业、矿产开发、农副产品加工为支柱，以民族特色商贸旅游业为先导的新型区域经济增长带。

“环塔”区域中心城市库尔勒、库车、阿克苏、喀什、莎车、和田、若羌依次交通距离均为250公里左右，城市之间引力较弱。赖利提出的城市引力模式指出，两个城市间的相互作用与这两个城市的人口规模成正比，与它们之间的距离成反比。也就是说，两城市之间的距离越近，城市之间的引力越大，反之，距离越远，引力越小。②不过，随着现代铁路技术趋于完善，列车速度不断加快，使得时空距离相对缩短，加上航空、高速公路、高等级公路的建设以及网络技术的普及，一定程度上克服了城市间空间距离过远造成的不便，为“环塔”区域新型城镇化的形成提供了现实条件。

（二）构建地州首府城镇群战略模式

按照“点—群—轴—圈—面”的城镇发展模式，考虑“环塔”区域范

---

① 环塔铁路圈由南疆铁路库尔勒—喀什段、喀什—和田—若羌铁路、哈密—罗布泊—若羌铁路、青新铁路（库尔勒—若羌—格尔木铁路）组成。

② 陈德峰、李晋、袁学海、吕乐：《新疆城镇化科学布局战略研究（三）》http：//www.tianshannet. com. cn/pn/ content/2007 -01/04/content_ 1567562. htm

围较广的现实条件，可以实施“点轴开发，中心极化，以点连线，以线带面”的发展战略。在该区域内形成若干个增长极。构想是以现有的地州中心城市为主，形成若干城镇群（Urban Clusters），发挥中心极化的作用。城镇群就是多个层次、级别不同的城镇聚合而成的一个密度高、关联性强、覆盖较大空间的城镇群落。在这个空间中，各级城镇功能频繁互动、合理分工、有机联系，城镇之间的空间距离和经济距离因发达的交通网而大大缩短。从实质上讲，城镇群就是由集中化走向一体化，谋求城镇群和区域经济的协调和共同发展。要想形成“环塔”城镇圈的竞争力与凝聚力，必须围绕地州首府城镇形成一个合理的社会分工体系。各地州首府城市必须立足于自己的优势资源来发展经济，以强势的产业为纽带进行战略功能定位，发展产业集群，培育各具特色的城市功能。目前，在编制城市规划时，各地州已经注意就近进行区域规划整合，喀什地区推动喀什市和疏附县、疏勒县规划一体化，实现“大喀什市”的规划。重点加强中心城市喀什市和次级中心城镇巴楚、莎车和塔什库尔干等县城的发展，增强其辐射和极化作用，整合组群城镇的主导产业，集聚和强化职能，将喀什市建设成为区域性的金融商贸中心、物流中心、科技中心、信息中心以及高新技术产业和现代制造业中心。重点建设南疆铁路与喀什—和田铁路组成的一级发展轴。喀什地区还重点加强以喀什市、疏附县、疏勒县为一体化的“大喀什市”建设，将两县县城与喀什市统一规划，实施协调发展战略，探索一市两县的“1+2”城乡综合配套改革发展模式，成为地区重点发展区。如阿克苏市提出要以“阿克苏纺织工业城”和阿克苏—温宿大道规划建设为载体，加快阿克苏—温宿产业和城市一体化进程。库车县继续围绕打造“龟兹故地、石化新城”的目标，高质量、高品位抓好城北新区开发建设和城区老机场建设。巴音郭楞蒙古自治州推动库尔勒市和尉犁（县）规划一体化，进行城市扩容。现在需要进一步以整个环塔里木盆地地区为经济板块做好整体规划，按照各自的产业特色，进行区域的分工与协作，以不同的地州首府城市组团建成“环塔”城镇圈的若干支点，从整体上提升“环塔”城镇群综合竞争力的形成。我们构想形成如下四个大的城镇群。

（1）库尔勒城镇群。以库尔勒市为中心的1小时城市圈，有和硕县、和静县、尉犁县、焉耆县城镇群。库尔勒市作为南疆的新兴工业城市，升为地级市，进一步增强城市的综合实力，成为“环塔”区域的龙头城市。

作为南疆东联内地交通枢纽的若羌县改为新疆的直辖市。

（2）阿克苏城镇群。以阿克苏市为中心，将阿瓦提县、柯坪县组成新的城镇群，温宿县撤县为区，并入阿克苏市，打造大阿克苏市。作为工业和旅游大县的库车撤县建市。

（3）喀什城镇群。以喀什市为中心的2小时城市圈，包括阿图什市、伽师县、岳普湖县、英吉沙县、阿克陶县、乌恰县等。将疏勒县、疏附县撤县为区，并入喀什市，喀什市升为地级市。

（4）和田城镇群。以和田市为中心的墨玉县、洛甫县、策勒县、皮山县、皮墨垦区组成一个大的城镇群。

按照“点轴开发、中心极化”的思路可以将这四个城镇群打造为四个区域经济增长的“发动机”，带动“环塔”城镇圈整体经济发展与社会进步。

（三）发挥小城镇“大市场”功能，挖掘“环塔”城镇圈的发展潜力

小城镇是城市之尾，农村之首，是工业产品流向农村、农副产品流向城市的纽带，它以乡村为腹地，以大中城市为依托，对调整农村产业结构、合理布局乡镇工业、改变城乡人口分布发挥着重要作用。环塔里木地区农业比重大，农村人口比重高达80%，该区域缺乏大城市，中小城市数量少，容纳新增劳动力的能力弱。因此，实现城镇化的目标，需要大、中、小城市和小城镇协调发展，而小城镇始终具有“托底”作用。“环塔”地区城镇化中小城镇建设的潜力极大，小城镇能提供更多的就业岗位，进城农民才能在第二、第三产业发展中提高工资性收入，小城镇以其门槛低及与农业、农村和农民联系更为直接的特点，在吸纳农村劳动力、推动农村经济社会发展中发挥着重要作用。小城镇的建设发展，需要因地制宜形成有特色的发展模式。按照我国边疆民族地区小城镇发展模式，大致概括为旅游塑镇、矿业强镇、移民建镇、集贸兴镇、口岸立镇等五大模式。[①]“环塔”地区城镇大多数是行政中心，第二、第三产业发展不足，起不到劳动力转移的作用。大力发展中小城镇，是富民兴边和加速劳动力转移的重要突破口。

我们认为“环塔”小城镇发展是新疆新型城镇化的重要一环，其发展思路：

---

① 罗纯、武友德著：《小城镇 大作为》，光明日报出版社2009年8月版，第71—74页。

一是“环塔”地区作为新疆重要的农副产品和特色林果产品生产基地，小城镇应该成为区域农业生产的服务中心和农产品集散地，有条件就地发展农副产品深加工，吸纳劳动力就地转移。为此，小城镇建设中，一方面应该努力促进农产品商品化，推进该地区商品农业发展；另外一方面，要不断加强小城镇与较大规模城镇的联系，引进资金、技术、人才、设备、信息，同时要传递城市的市场信息给农村，引导农村发展适销对路的产品，发挥以镇带村的市场功能。

二是要对现行二元城乡体制进行改革，形成城乡间自由流动的劳动力市场。在发展小城镇这一系统工程中，建立城乡统一的劳动力市场至关重要。城乡统一的劳动力市场对实现区内外经济一体化，缩小城乡差距，促进农业结构调整，提高农业劳动生产率意义重大。在小城镇建设中，第二、第三产业是聚集人口的基础，没有产业作支撑，即使农民进得来，也可能留不住，发展不起来。良好的特色产业和主导产业，不仅有利于吸纳聚集农村人口，积累小城镇发展的财力，而且是决定小城镇经济形态和发展方向使小城镇更具有生命力和延续性的重要条件。

三是要按照旅游塑镇、工业强镇、移民建镇、集贸兴镇、口岸立镇等不同的小城镇发展模式，因地制宜走出具有特色的小城镇发展模式，使小城镇成为城市文明的重要载体，成为辐射农村的现代文化中心。

（四）将若羌建设成南疆东联内地交通的“桥头堡”

制约环塔里木盆地城镇圈发展的一个重要问题是物流问题，从对外市场看，周边国家和地区人口众多，但是要看到毗邻南疆地区的中亚与南亚诸国经济不发达，政局不稳定，民族宗教冲突多发，贸易壁垒重重，市场不稳定。从疆内市场看，“环塔”地区人口和市场比较狭小。而欣欣向荣、发展迅速的内地和沿海地区市场将成为“环塔”地区物流重要的依托。加强与东部地区市场的联系，不仅对于加强“环塔”地区与内地市场物资交流，而且对于加强民族之间交往意义重大。

“环塔”地区与内地交往长期受到铁路交通这个“瓶颈”的限制。近年来，国家加大了“环塔”交通网的建设，为解决这一瓶颈创造了良好的条件。从运输业的龙头——铁路来看，1999 年建成通车的南疆铁路库尔勒—喀什段已经发挥了良好的效益。正在兴建的喀什—和田铁路将于 2010 年底建成通车，将继续从和田向若羌延伸。此外，哈密经罗布泊到若羌的铁路已经动工建设，经库尔勒—若羌—格尔木（即青新线）的铁路在“十二五”期间即将动工建设。以往，环塔里木东部地区一直人烟稀少，是新疆经济比较薄弱的地区。不过，随着正在建设的多条铁路线向塔里木东面延伸，最后交汇在若羌县，由铁路网沟通支撑的“环塔”城镇圈将成为现实。特别是与内地相连的第二条铁路通道青新线一旦开通，环塔里木地区东部的物流通道将打通。届时，交通区位条件将大为改善，也会对南疆地区的经济发展产生重大的带动作用。作为“环塔”城镇圈铁路枢纽的若羌县，也将成为与内地的交通枢纽城市，成为塔里木盆地东线经济社会发展支点，其重要性与东疆交通咽喉哈密地位相当。鉴于若羌县在全疆未来发展中的战略地位，特别是在塔里木地区东部发展中的龙头作用，建议将若羌县打造成南疆东联内地的桥头堡，不仅将有力保障新疆另一条通向内地枢纽通道的安全，也有利于发挥相应的社会效益。

四、推进南疆新型城镇化建设的对策建议

（一）加快南疆东线城镇的规划和发展，促进与内地市场的对接

“环塔”地区与内地交往长期受到铁路交通这个“瓶颈”的限制，铁路客货运输要绕道哈密、乌鲁木齐再转运南疆地区，交通运距增加上千公里，使物流成本大大增加。新疆城市从分布格局上看，形成了沿交通线分布的状况，即北疆铁路沿线城镇带、南疆铁路西线和南疆铁路南线城镇带，但是，东线从哈密、若羌、且末、民丰到和田沿线，城镇距离远，交通不发达，南疆“环塔”城镇带形成了一个C形，但不是O形，其物流循环不畅的问题长期制约着南疆经济的发展。东线城镇距离内地市场比疆内其他交通线要近许多，区位优势使新疆东线城市作为内地市场与疆内市场的桥梁，其重要性不可忽视。建议利用国家正在修建的铁路网尽快建成哈密—罗布泊—若羌—和田的铁路，加快东线城镇建设。建议国家尽快动工建设若羌至格尔木铁路（清新铁路），将若羌建成南疆东联内地交通物流的桥头堡，成为塔里木盆地东部经济社会发展的支点，使新疆进一步融入全国的大市场。

（二）加快城镇产业合理布局

无论从人口结构和从业人员数量，还是从产值和贡献率来看，第二、第三产业在新疆城镇经济发展中一直处于较低的发展水平，导致城镇发展非农产业支撑不足，城镇经济实力难以迅速提高，经济作用无法体现。绿洲经济

的一大特点是由于内部的封闭性，内部经济结构小而全，同质性很强。按照区域经济发展的要求，必须形成区域比较差异，才能形成经济发展的动力。“环塔”地区的特色林果业初步形成了区域分工，库尔勒的香梨、伽师的哈密瓜、库车的小白杏、阿图什的石榴、阿克苏的苹果、和田的核桃等。但是，这种产业分工是在自然经济条件下形成的，还需要进一步强化特色，形成规模化、产业化的分工，并不断延伸产业链和市场销售网络。在工业化上，要避免产业同构现象，根据区域分工和特色，将矿产开发、石化工业、煤化工业、棉纺工业进行合理布局，形成各自的比较优势。要考虑“环塔”区域的富余劳动人口状况，优先和重点发展劳动密集型企业。

（三）完善城镇体系超前规划

从“环塔”城镇群战略出发，突破行政框架、按照经济规律重新对现有的城镇体系进行超前规划。重新对具有发展前景和潜力的中心城市进行规划，起到引领经济发展的作用。因此，城镇体系规划要抓住国家实施新疆区域振兴战略的有利时机，未雨绸缪，规划要体现超前性。按照“十二五”时期“环塔“城镇带交通格局的整体变化进行考虑，按照地理空间格局和资源分布状况，从2010—2020年形成统一的区域规划，这将有利于引导和促进这一经济增长带的发展。此外，对于小城镇的发展规划要纳入到城镇体系规划中，充分发挥小城镇在社会经济发展中的地位和作用，促进城乡统筹。

（四）推进城镇基础设施全面建设

加大城乡统筹力度，加快环塔里木盆地的道路交通、给排水、气、热、城市大气污染防治、扩容、垃圾处理等基础设施建设。还要按照突出重点、分类指导的原则，分别确定各个层次城镇基础设施建设的重点。区域中心城市重点抓好生态环境建设和污水、垃圾处理设施建设。县级市重点搞好供水、供气、供热、污水处理、垃圾处理、园林绿化等基本的城市基础设施建设，全面完善城市功能。县城重点搞好供水、供热、供气和绿化建设。重点建制镇要加快生产生活最急需的基础设施建设。此外，还要适度稳妥推行行政区划调整，促进中心城市周边地区逐步撤县设区，撤乡建镇，扩大城市发展空间；推进撤县设市和县政府驻地撤销城关镇设立社区，将城市扩容和延伸城市服务有效结合起来。

（五）加快劳动人口素质整体提高

加强农牧民科技培训和就业技能培训的力度，做好城乡统筹就业，深入开展就业再就业培训工作，拓宽培训渠道，拓展培训领域，进一步落实农牧民技能培训补贴政策，推进农村牧区劳动力就业。

一是开展分类培训，对有就业愿望的农村初高中毕业后未能升学以及其他农村新生劳动力，开展定向式、订单式职技能就业培训，提高其职业技能促就业；对企业在岗农牧民工，开展技能提升培训，使农牧民工提高岗位技能水平，实现稳定就业；对参加过培训实现就业的有技能鉴定要求的农牧民工，提供免费职业技能鉴定服务。

二是专项培训活动以乡村为单位开展灵活多样的技能培训。利用农闲时期开展农牧民工就业岗位需求的建筑、机修、木工、电工、家政服务、餐饮服务等专业工种的务工技能培训，开展与农牧业生产紧密相关的植保、土肥、养殖、农技等方面实用技术培训，将技能培训与农村牧区实用技术、农牧业生产技术培训有机结合起来，努力让参加培训的每位农牧民掌握1~2种实用技能，增强培训效果。

三是加强双语教育培训的力度。南疆产业发展绝大多数依靠内地企业，少数民族劳动力的汉语能力普遍较弱，将双语培训作为每一项培训的基础课程常抓不懈，可以实行多种渠道进行双语教育。

四是初中毕业生的职业培训普及化。据了解，南疆初中毕业生的70%因各种原因无法上高中，政府可以考虑投资在各县建立职业培训学校，采取初中毕业生毕业后继续免费接受1年的职业技能培训，并进行为期1年的岗位实习。

（六）大力推进城乡统筹建设

城乡统筹发展是新型城镇化的重要内容，“环塔”地区的农业人口占到80%以上，劳动力转移任务艰巨，新型城镇化建设在“环塔”地区有着特殊的重要性。

首先，要按照“十七大”报告所提出的，统筹城乡发展，建立以工促农、以城带乡的长效机制，形成城乡经济社会发展一体化的新格局。目前，“环塔”地区的城镇化进程中撤县建区、撤乡建镇、扩村建居的现象比较普遍，已经成为城乡统筹发展的一个重要途径。随着城郊农民的市民化，要保障他们充分就业，扩大他们的工资性收入，统筹做好社会保障工作，使农民和谐融入城市当中。

其次，实现城乡规划一体化，切实通过新的城乡规划，加强城乡之间的联系，在建设资金安排中考虑农村建设的需要。加快棚户区改造，加快抗震安居房的建设，努力改善人民生活。社会保障逐步实现城乡一体化，无论城市还是乡村，各族青少年、儿童都可以享受同等的教育资源。

第三，城乡产业统筹发展的切入口在于推进农业产业化进程，农业产业化经营的一个重要任务就是培育龙头企业，龙头企业是农民走向市场的依托，是新型的市场竞争主体。要尽快建立一批起点高、带动力强、功能全、辐射面广、潜力大的龙头企业，带动千家万户的农民进入市场，形成一个融农产品生产、加工、销售为一体的农业产业化体系。一方面，龙头企业通过农业产业化经营可以将贸工农、种养加、农科教融为一体，增强城乡产业的关联度，促进城乡产业优势互补、一体化发展。另一方面，龙头企业不仅要促进当地农产品进入市场，确保农业收入增长，同时还要吸纳劳动力进入企业工作，增加其工资性收入。

总之，“环塔”城镇圈的崛起，将和天山北坡城镇带一起，成为新疆区域经济发展的“两翼”，也必将把新疆城镇化水平提高到一个新的高度。

说明：

中国民主促进会新疆维吾尔自治区委员会2010年8月成立专题调研组赴南疆三地州调研，得到喀什、阿克苏和巴音郭楞蒙古自治州及其县乡镇党政部门的大力支持和帮助，在此表示衷心感谢！

课题领衔和策划人：牛汝极

课题组成员：

牛汝极（新疆师范大学教授、博士、博士生导师，民进新疆区委会主任委员）

黄达远（新疆大学政治与公共管理学院教授、博士后、硕士生导师）

权晓燕（新疆师范大学地理科学与旅游管理学院副教授、博士）

杨成栋（中国民主促进会新疆维吾尔自治区委员会秘书长）

王舒瑶（中国民主促进会新疆维吾尔自治区委员会机关干部）

执笔人：权晓燕、黄达远、牛汝极。

新时期新疆生产建设兵团跨越式发展与国家安全长效机制研究

张安福　李　鹏①

2010年5月，在全国新疆工作会议上，国家确定了举全国之力对口支援新疆以及兵团的战略部署，兵团的发展迎来了前所未有的战略机遇期。因此，兵团应充分把握这一战略机遇，通过国家“输血”和自身“造血”两条途径，进一步加强“屯垦”和“戍边”双重目标建设，切实履行好国家赋予的屯垦戍边重要职责，并抓住历史机遇构建兵团屯垦与戍边的长效机制，保障国家西北边疆长治久安。

一、兵团跨越式发展的路径分析

兵团是保障国家西北边疆安全的重要力量，随着时代发展，当今屯垦的内涵不断深化。屯垦不再仅仅是满足于提供军士口粮，而要通过各种举措，壮大兵团的经济实力，促进兵团跨越式发展，确立“以发展促稳定保安全”的战略目标，以此来提高保障国家西北边疆安全的能力。因此，兵团跨越式发展主要包括以下几个方面：

第一，发展规模化、产业化的大农业，力争成为国家现代农业的样板。积极推进兵团农业规模化、产业化经营，加快大宗农产品、特色精品基地建设是兵团现代农业发展的重要方向。在此基础上，一方面要结合兵团大农业的特点，坚持以市场为导向，以科技为动力，着力培育以粮、棉、油、糖等优势农产品为资源依托的龙头企业。另一方面要结合兵团所属城市、开发区、38个小城镇和中心团场的发展，积极搭建招商融资平

① 张安福，新疆石河子大学新疆屯垦与文化研究院副教授，硕士生导师；李鹏，石河子大学政法学院硕士研究生。

台，吸纳和鼓励各类工商业投资发展农产品加工和销售，形成产销一体化的产业链，培育新的龙头企业，充分利用特色农副产品资源，积极发展畜禽、药材等农副产品等工业。

第二，建立农业基础上的工业化。兵团要全面实现小康社会，必须牢固树立“工业兴兵团”的战略思想，走新型工业化道路。而兵团的工业化道路具有特殊性，兵团工业的发展壮大，是建立在农业基础上的，对农业原材料具有很强的依附性。用工业生产方式对农业生产要素进行整合，这是兵团的特色工业化之路，即“兵团现代化工业的发展的重要方面是农业工业化”。在此基础上，通过与国外优势大企业的重组整合、战略合作，发展核心企业，培育出一批主导产业突出、关联产业密集的加工制造基地。加快发展新兴支柱产业，例如支持建设优质棉花、粮食和特色林果业、畜牧业基地，加快建设节水灌溉示范基地、农业机械化推广基地、现代农业示范基地，重点发展农牧机械、食品饮料、纺织服装、矿产开发、氯碱化工、石化产品精深加工等。另外，要围绕创立品牌、壮大规模、提高质量的目标，加快重组改造的步伐，形成有经济规模、有市场需求、有竞争力的特色产业。

第三，加快城镇化建设步伐，使兵团向“屯城戍边”模式的方向转变。城市化是现代化的重要标志，在和平与发展成为时代主题的形势下，由传统的安营扎寨为主“屯垦戍边”方式向现代的设市建镇为主“屯城戍边”模式转变是兵团发展的历史必然。具体来说，无论是兵团职工生活质量的提高、兵团凝聚力的增强，还是辐射带动周边县域经济发展和少数民族群众共同致富，都需要在垦区建设一批现代化的小城镇。因此，兵团应该尽快研究、制定加快垦区振兴发展与合理布局的相关措施，支持团场城镇基础设施建设，使兵团的城镇化成为人才蓄水池和现代文明的聚集地，进一步提高戍边能力。

在南疆，以阿拉尔、图木舒克市为基础，建设一批新型的兵团城镇，特别是中央提出建设喀什经济特区的战略构想后，可以探讨在此基础上进一步发展为国家直辖市管理模式。喀什垦区农三师将以此为契机，积极探索以伽师总场、伽师总场西克尔分厂为中心，三乡、十乡、西克尔镇与伽师总场合并，成立新的伽师总场建制镇或农三师第二个自治区新的直辖市，或是喀什地区和农三师共建的新型城市，以 45 团为中心，48 团、46 团、42 团组建为 45 团博塔依拉市，构建农三师“三市”（图木舒克市、西克尔市、博塔依拉市)、“三区”(41团草湖区、托云区、叶城区)城市化框架，打造南疆兵团新的城市化体系，形成辐射作用大、稳定南疆社会的城市群。总之，兵团应结合南疆地域特点，在新的历史时期，实施屯城戍边战略，加速南疆城镇化步伐，发展历史文化城、丝绸之路城、农业现代化观光城，使南疆成为新疆经济发展重镇、国家经济发展特区及中亚经济发展核心，从而进一步提高各民族群众生活水平，从根本上维护民族团结和区域稳定与发展。

在北疆，兵团要制定加快垦区城镇发展与合理布局的相关措施，选择战略地位重要、经济基础较好、发展潜力大的区域建设中心城镇，甚至可以按照石河子模式增设自治区直辖的县级市，并将其纳入国家城市规划建设体系。并且，依托北疆经济优势，建立现代化农业体系，从而发展建立在农业基础上的工业，构建北疆地域工业健全、分工合作的经济发展战略。

第四，抓住国家对口支援新疆的历史机遇，促进兵团产业结构优化升级。随着新疆工作会议的召开，尤其是北京、天津、上海、广东、辽宁、深圳等19个省市对口支援新疆的实施，兵团迎来发展的重大战略机遇期，对兵团的支持主要有：北京市对口支援兵团农十四师团场，广东省对口支援兵团农三师图木舒克市，浙江省对口支援兵团农一师的阿拉尔市，黑龙江省对口支援兵团农十师，河北省对口支援兵团农二师，河南省对口支援兵团农十三师，江苏省对口支援农四师66团，等等。可以说，兵团迎来了前所未有的发展机遇，依托沿海省份（广东、浙江、江苏）的对外便利条件以及外贸产业优势，发展“绿色产业”、“白色产业”、“红色产业”等兵团优势产业，进一步拓展兵团的外向型贸易。

因此，随着国家西北边疆安全局势的变化以及国家对口支援新疆的战略机遇，兵团需要丰富屯垦戍边内涵，转变屯垦方式，在稳定农业发展的基础上，着力发展第二、第三产业，实现兵团产业结构的优化升级。兵团在纺织服装、食品饮料、氯碱化工、石油化工等方面具有一定的优势，要结合自治区产业结构调整的总体部署，利用自身现有产业基础和国家帮助兵团筹措产业发展资金的有利条件，做大做强支柱产业，增强工业、现代服务业对兵团经济的支撑和拉动作用，逐步提高兵团在自治区经济中的地位。同时，兵团应进一步建设具有核心经济辐射作用的中国制造、具有国际影响力的分支生产厂、销售经销等分支机构，例如海尔、联想、长虹以及相关产业的装备分支厂等等，只要中亚、西亚和南亚国家需要的产品，只要有利于节约成本，都可以考虑在兵团设立分厂分部和维修点，使兵团与这些国家的经济发展形成资源优势互补。在这方面，石河子开发区的企业群已经走在了兵团工业发展的前列，但是兵团整体上还需要进一步完善强化这种优势，尤其是在贫困团场，要将东部地区的优势产业转移到西部来，从而进一步带动兵团经济的发展。

二、兵团提高维稳戍边的机制探索

进入21世纪以来，影响新疆稳定和边疆安全的传统国家安全因素并没有减弱，并以新的形式体现出来。屯垦发展为戍边提供坚实的经济基础，最终目的是为戍边服务。因此，兵团在发展屯垦经济、提高屯垦效能的同时，应从以下几个方面加强戍边力量的建设。

第一，在人才聚集和社会保障上，加强人才蓄水池作用。“人是生产力中最为活跃的因素。搞生产、搞建设、搞任何事情总要由人去干，离开人，什么事情也干不成。兵团要发展，首先要有人，有了人，才有兵团的发展”。[①]因此，在国家西向战略下的发展机遇期，兵团亟须大量人才进行屯垦戍边建设。具体措施可以考虑从高等院校中招录一批更为优秀的毕业生加入兵团；从军转干部和优秀退伍战士中选留一批高素质人才进入团场工作等措施。国家可以考虑按照中央有关规定，落实军转干部带编安置政策，直接下达兵团。在此基础上，兵团采取鼓励政策，通过建立优化人才发展环境、完善人才激励制度、建立健全兵团职工和各类人才的社会福利、保险、经费保障等社会机制，努力向“以良好的政策吸引人、以优厚的待遇留住人、以广阔的空间培养人、以切实的关怀对待人”的方向发展，解决一线团场职工紧缺问题，突破制约兵团发展与稳定的瓶颈问题，从而充分发挥兵团维稳戍边的作用。

第二，在应急机制上，构建兵团与地方、兵团内部维稳机制。胡锦涛总

---

① 房艺杰：《论兵团》，新疆大学出版社1996年版，第42页；另汉斯·摩根索认为，没有大量人口就不可能建立和支撑打赢现代战争所必需的工业设施，就不可能投入大量的陆海空作战部队，而最终，更不可能得到比作战部队的人数多得多的基层士官，他们要保障前者的粮食、运输和通信，以及武器弹药等的供给。因此，一个人口较少的国家不可能是世界大国（［美］汉斯·摩根索：《国家间政治：为了权力与和平的斗争》，李晖、孙芳译，海南出版社2008年版，第156页）。

书记视察新疆时，多次明确强调兵团要更好地发挥“增进民族团结、确保社会稳定”的中流砥柱作用。在新的历史时期，尤其是乌鲁木齐“7·5”暴力事件后，解决影响新疆社会稳定的问题迫在眉睫。兵团的稳定与发展，对于自治区的稳定与发展具有重要意义。然而，50 多年的发展经验充分证明，维护新疆社会稳定，仅仅依赖于兵团的力量不足以应对包括政治、经济、军事、文化等众多影响新疆社会稳定的因素。

因此，解决新疆社会稳定问题，亟须兵团与地方携手努力，构建新疆屯垦与国家西北安全的长效机制，确保国家长治久安。同时，兵团作为维护新疆社会稳定的重要力量，应当建立完整的内部稳定机制，以兵团的内部稳定来支持、辐射整个新疆乃至国家西北边疆地区的稳定，这是国家建立兵团、发展兵团维护西北边疆安全的题中之意。所以，在范围上，兵团应建立健全包括政治、经济、社会、军事、文化等在内的全方位安全机制；在形式上，兵团应当构建控制机制、保障机制、整合机制、激励机制等全方位社会机制，并通过在全疆建立相对完善、攻防能力较强的战略布局，健全兵团参与维稳的体制和机制，形成就近控制的战略态势，对“三股势力”等影响新疆稳定的因素形成强大的心理震慑，这既是推进新时期兵团发展的更高要求，也是新世纪更好地维护新疆稳定和发展、保障国家西北边疆安全的内在要求。

第三，加强军、警、兵、民联动机制，保障综合安全。非传统安全已经成为危害西北边疆安全的主要威胁，“三股势力”、跨界民族、宗教渗透、跨境贩毒、非法移民、走私、跨境犯罪、生态和资源利用等问题，已经成为威胁新疆社会稳定和经济发展的主要因素。更为严峻的是，传统安全威胁并没有减弱，与非传统安全交叉共存。总之，在西北边疆区域，安全威胁和各种敌对势力更加隐蔽且手段日趋多样，这也决定了新疆与多种安全威胁的斗争具有长期性与复杂性。然而，仅靠兵团一支力量来应对国家西北边疆安全的全部威胁难度很大，而且，非传统安全威胁通常以突发事件的外在表现形式出现，例如“7·5”暴力事件。因此，兵团在健全自身准军事化功能建设的同时，国家和自治区应当健全新疆区域的军、警、兵、民联动机制、应急机制，构建具有新疆特色、具有“平战结合，战时应战、平时应急”的双重功效安全指挥体系。只有如此，国家西北边疆才能形成应对安全威胁的巨大防御网，才能更加有效地震慑国内外敌对势力，才能标本兼治地防御并有效应对各种现实和潜在的非传统安全威胁。

以边境团场农四师62团为例。62团在发展经济、保障国家经济安全的同时，有效维护了团场周边的社会稳定。繁华的边境贸易并没有以放弃社会稳定为代价，在打击非法走私、黄赌毒等影响边疆安全和社会稳定的实践中，62团发挥了重要作用。在这个边防安全体系中，边防军负责一条线，兵团负责一个面，构建了线、面结合的联防体制。这种体制可以有效保障社会稳定，为中哈长期的对外经贸提供了良好环境。调研中得知，兵团62团9连，现有护边员15人，定期与驻地边防部队召开军警兵民联防护边会议，积极参加护边巡逻任务，确保边防稳定；62团4连驻守的12公里英塔尔边防线，干部职工参加边防巡逻、维稳护边、战备执勤工作，军警兵民联防，修建"拥军路"，涌现出了"边防线上双四连"等先进集体，连队成立以来，配合边防部队4次抓获5名外来临界人员，拦截临界牛羊200余只，10余次发现并配合边防部队对损坏的铁丝网进行补修。

三、落实新疆工作会议精神，实现兵团跨越式发展与长治久安

2010年5月，新疆工作会议指出：新疆的发展和稳定，关系全国改革发展稳定的大局，关系祖国统一、民族团结、国家安全，关系中华民族的伟大复兴。做好新形势下的新疆工作，不仅具有重大的经济意义，而且具有重大的政治意义。做好新疆工作不仅仅是新疆的事情，更是全国全党的事情。因此，在新疆发展与国家安全联系日益紧密的历史新时期，新疆生产建设兵团要在新疆维吾尔自治区党委的统一领导下，坚持党政军企合一的特殊组织形式，认真履行党和国家赋予的屯垦戍边职责，充分发挥推动改革发展、促进社会进步的建设大军，增进民族团结、确保社会稳定的中流砥柱，巩固西北边防、维护祖国统一的铜墙铁壁的三大作用。

第一，加快兵团经济发展，富民实边，提高兵团维稳戍边的经济实力。首先，兵团的经济结构调整将进入加速期，应充分发挥兵团农业资源充足、新疆及周边矿产资源丰富、地处向西开放前沿的三大优势，紧紧抓住西部大开发和东部产业转移机遇，初步形成以工业的超常规发展带动三次产业整体联动、以大企业引领产业升级、以城镇聚集就业人口的经济发展新格局。并以农业产业化经营为突破口，着力建设节水灌溉示范、农业机械化推广和现代农业示范及农产品深加工基地，形成纺织服装、食品饮料两大农产品深加工产业链，带动棉花、番茄等种植业以及葡萄、红枣等

特色林果业和乳、肉等畜牧业三大优质农产品基地建设。其次，以建设与兵团现代农业相关的节水灌溉、农业机械以及现代国防相关的工业体系，加快煤炭、有色金属等资源的勘探与开发，参与石油、天然气资源开发利用，基本形成资源配置合理、规模优势明显、区域特色典型的产业发展新格局，并加大外贸发展规模，从而不断增强兵团经济实力，提高兵团人经济生活水平和社会保障能力。

2008 年，兵团进出口总额为 88 亿元，占自治区进出口总量 40% 以上，已与 135 个国家和地区建立了经贸关系，并继续保持外贸增速西部第一的优势，在此基础上加快形成沿边、沿桥（欧亚大陆桥）和沿交通干线向国际、国内拓展的全方位、多层次、宽领域的对外开放格局，并考虑在一些符合条件的师团所在地设立边境合作区、经济技术开发区和海关特殊监管区域，例如霍尔果斯口岸附近的 62 团可以以此模式进行运转；在南疆国家可以考虑在喀什设立经济特区或者直辖市，形成“带动南疆、辐射北疆”的对外经济发展格局，喀什区域内的农三师各个团场可以此为契机，加大外贸力度，开展对外合作，促进兵团开放型经济发展，从而不断发展壮大兵团屯垦戍边的经济基础，确保新疆经济安全、贸易安全。中央新疆工作会议指出，要重点建设以喀什为中心的经济特区，喀什地区北与上海合作组织框架下的哈萨克斯坦、吉尔吉斯斯坦、乌兹别克斯坦、塔吉克斯坦和土库曼斯坦中亚五国相连，西与伊朗、阿富汗相连，南与巴基斯坦和印度接壤，具有重要的战略地位，也是重要的对外边贸区域。以国际贸易带动南疆市场经济发展，使南疆成为贸易型的地区，将极大优化南疆经济结构，合理布局南疆经济区域分布，从而快速发展南疆经济，从根本上解决喀什的发展与民生问题。在此基础上，缩小南北疆经济发展差距，才不会在新疆经济发展中造成少数民族群众的心理失衡，从而在经济大发展的过程中，从根本上保障南疆经济社会的稳定与发展。

第二，在社会发展中，处理好兵团与地方关系。发展壮大兵团，是国家重要战略部署，而发展壮大兵团首先要协调好两个不同利益主体——兵团与地方之间的关系。由于历史遗留因素和兵、地在各自的范围内进行规划、配置资源和利益分配造成的相互分割的现实，加之新时期利益问题更加突出且呈现多元化的趋势，两者之间引发各种矛盾的现实可能性大为增加，例如争地、争水、争市场等，这些问题的存在会影响到新疆经济发展和社会稳定。因此，兵团亟须进一步密切兵地联系，把维护民族团结作为兵团发挥中流砥柱作用的前提，既要按照“顾全大局、尊重历史、互谅互让、协商解决”的原则协调兵地之间的各种问题，也要按照“边疆同守、资源共享、优势互补、共同繁荣”的要求，在实现兵团自身发展的同时，积极发展兵地融合经济，帮助和带动所在地区的发展，尤其是南疆团场更要辐射带动周边的贫困县市，以此巩固和加强与各民族群众的密切联系，共同构筑反对民族分裂、维护新疆社会稳定的“钢铁长城”。另外，兵团与地方在工商、税收、商检等方面的关系也要协调处理好。

第三，进一步发挥兵团维护新疆社会稳定的作用，并成立专业化的反恐队伍。兵团作为保障新疆长治久安和社会稳定的准军事组织，必须随着安全局势的变化，参照部队的管理办法和机构设置，增强国家应对西北边疆安全威胁的能力。

首先，加强兵团的公安机关和武装部队力量建设，尤其是在北疆中俄边境以及中亚等国与新疆相接壤的高危地区和整个南疆及其边境地区，对情报信息、应急处置、重点地区基层力量给予人力、物力、财力支持。在兵团的各师建立健全国家安全机关，尤其是重点加强民兵应急营、连建设，全面提升兵团民兵的动员能力和维护社会稳定的能力。尤其是在社会安全隐患极其严重的民族集中居住地区，安全威胁具有隐蔽性、突发性等特征，更应该加强兵团相关安全部门的建设。因此，兵团应该加强南疆的民兵应急营建设力度，相应扩大边境团场的规模，加强后勤保障建设。作为维护国家西北边疆安全的特殊组织，尤其是准军事化组织的兵团的后勤保障建设，应该更具特色，其重点在于解决应对安全威胁的急需专用装备的研发和生产。例如，应对社会突发事件的大型运输机、工程、通信甚至野战医疗设备和防暴、防洪、防火等装备的研发和生产。

其次，成立专门化的反恐队伍，使反恐队伍更为专业、反分裂斗争更为有效。在现代反恐和反对民族分裂的队伍建设上，只有重视专业化建设，才能及时有效打击敌人，确保新疆稳定和国家长治久安。因此，在新的形势下，尤其是2009年乌鲁木齐的“7·5”暴力事件后，兵团在维护新疆社会稳定方面，应当在中央治疆新方略的指导下，结合新疆恐怖组织的突出特点，建立一支专业化的反恐队伍。在具备条件的团场，尤其是边境团场、南疆团场配备专业化的突击车、装甲车、攀登车等精良的作战装备，组建一支凝聚力强、战斗力强的民兵队伍，形成武器装备科技化、民兵素质精良化的专业反恐组织，从而形成强大震慑力，在出现问题时，能

“招之即来、来之能战、战之能胜”。

综上所述，兵团作为实现新疆跨越式发展和长治久安的重要力量，肩负的使命任重道远。因此，没有兵团的快速发展和内部稳定，就会影响到新疆的跨越式发展和长治久安的质量；新疆跨越式发展和长治久安受到影响，就会使国家西部大开发和西向开放战略受到影响，最终影响到国家地区平衡、区域平衡的发展战略目标以及“兵团—中亚—西亚”国际经济贸易一体化进程。新的历史时期，兵团只有不断深化国家安全领域的内涵，完成党和国家赋予的历史使命，才能为我国经济社会发展实现“三步走”的战略目标和中华民族的伟大复兴作出新的贡献。

关于新疆维吾尔自治区双语教育教学的几点建议

买体热依木·沙依提[①]

2010年6月18日至7月7日、8月8日至28日，本人作为国家民族事务委员会民族问题研究中心调研组成员，前往新疆维吾尔自治区所属大学一些相关机构，乌鲁木齐市属一些机关、企业街道，还有和田、喀什、阿克苏、伊犁、博尔塔拉等地州下属的市、县、街道办和乡村调研。我在这次调研中的关注重点是“双语教学问题”。调查采取了组织座谈会，走访街道、乡村和家庭，在学校教学班听课和到现场考察等方式，注意听取各民族各阶层人士的意见，还对长期从事各级领导工作的人士和退休5—6年的老干部做了个别访谈，其中包括1950年代从事过相关工作的汉族离退休干部。这两次调研的时间都不长，接触层面也很有限，但由于我是维吾尔族学者，能用民族语言跟各方接触交流，所以注意听取老百姓的意见，收集到的相关信息比较丰富。现在借着“边疆发展中国论坛2010”这个平台，向大家汇报我从这两次调查中得出的一些观点。

国家在边疆少数民族地区推行“双语教学”政策，这对国家和各民族的发展和现代化都很有必要。但为了把“双语”教学这件好事办好，我们还是要对教学理论和教学过程不断地做科学考察，不断总结经验，及时完善政策和方法。目前国家推行的“双语”教学成果很多，听到赞扬也很多。大家都喜欢“成就”，所以就更容易忽略有意义的“批评建议”。但由国家推行双语教学，毕竟是新生事物，所以也需要不断地考查、检验、补充和完善。因此，“批评建议”就跟医疗保健一样，对身体更有好处。我想根据调查中听到的当地干部和居民意见，重点针对新疆现阶段推行的

---

① 买体热依木·沙依提，中央民族大学维吾尔语言文学系、维吾尔语言文化及双语学专业教授，博士生导师；政协北京市海淀区委员会常委。

“双语教学”指出一些值得反思的现象和问题，提出几点对策与建议。

一、几点反思

（一）首先要纠正“懂汉语的人素质高”这种带有民族偏见的认识

人的素质包括道德水准和其他认知和行动能力。这跟语言能力肯定有很大关系，但跟具体讲哪一种语言的关联就不是很大。比如马克思、恩格斯都不会讲汉语，素质也都很高。如果说把讲具体语言的能力跟爱国心联系起来，也叫素质，那大陆的汪精卫、台湾的李登辉、陈水扁都算得上是讲汉语的大师，但他们的素质却很低。本·拉登能讲流利英语，但也反对美国。我们因此不能用能不能讲好汉语来评价一个人的素质，更不能用这个标准来评价民族的素质。很多人期待“维吾尔族学生上了汉语学校就能提高素质和能力”。这种观点也经不住事实考验：自治区前几任主席包括赛福鼎·艾则孜、司马义·艾买提、铁木尔·达瓦买提、阿不来提·阿不热西提和司马义·提力瓦尔地，还有大部分的厅长，至少在中学以前，都是从维吾尔语授课的学校毕业的。他们参与治理新疆期间，包括在“文化大革命”那样的动荡时期，社会都比较稳定，民族关系也比较和谐。相比之下，在美国、英国搞恐怖活动很多人却一直都受西方名牌大学教育。这说明人的素质不能用上不上汉语学校这样的单一要素来衡量。

（二）要循序渐进地培养中华各民族的双语能力，切不可操之过急

这几年，新疆教育领域出现了一些不符合教育的逻辑和规律的急躁冒进现象。例如限定维吾尔族、哈萨克族教师马上就用汉语授课。当地很多教师一直用民族语言生活和工作，对汉语很不熟悉，有些连发音都不准，句子也写不完整。这样怎能用汉语教好学生，又怎能保证教学质量呢？幻想让维吾尔族教师到内地培训几个月就学好汉语，然后就回新疆用汉语授课，这怎么会有好效果呢？新疆大学一位女老师曾经在座谈会上含着眼泪说：“我是文科教师，从事教学十几年，很受学生欢迎。现在让我用汉语授课，我上不好课，在学生中的威信逐渐下降。我感到自卑，神经错乱，情绪不稳定，家庭和社会关系出现不和。”一位哈萨克族老师说：“我是副教授，过去哈萨克族人非常尊敬我。只是让我用汉语授课后，我上不了课，成为一文不值的人。现在一般的公共场合我都不敢去”。这种现象值得主管部门注意。因为它不仅不符合科学规律，无法保证教学质量，导致

教师与学生和家长无法沟通互相埋怨，而且也侵犯了党和国家关于少数民族语文权利的政策法规。我在调查中了解到，很多少数民族教师因为不能用汉语授课，正在面临下岗或转到辅助岗位，导致少数民族教育珍贵资源的流失。我在座谈会和访谈中，看到和听到一些教师含泪表示："自己不甘心因为不能用汉语授课就下岗，但也不愿意这样混日子上课，遗害学生"。我还了解到，2009、2010两年，吐鲁番地区送一些民考民学校毕业的30岁左右教师去上海郊区学汉语。其中有些理科教师，他们要学习用汉语上数学、物理、几何等课程。他们到一些学校参观，当地教师竟然问"你们语言里没有表示数学、物理、几何概念吗？"那些老师只好回答："完全可以。当地已经用维吾尔语从事数学、物理、几何教学50多年了，可是现在不让我们用维吾尔语授课"。这些意见反映上去，吐鲁番带队领导就采取了封闭式管理的办法，不让这些教师再跟外界接触，也不让他们擅自回答别人提问了。其实大家都赞同双语教学，但要一步一步扎实推进，不能违反规律操之过急。

（三）新疆淡化少数民族语言使用地位的做法使少数民族居民反感

文化人类学确认"语言是文化的灵魂"。语言不仅是民族文化的核心，也是民族生存的资源。维吾尔族的历史文化根基丰厚。他们的语言文字和语言权利应该跟其他各民族一样，得到平等的法律保护。这是因为，无论是普通居民还是知识分子，都不愿轻易放弃几千年来使用的语言文字和文化习俗。有经验常识的人都知道，要改变一个民族的语言文字需要成百上千年。如果我们的决策违背了科学规律和人民意愿，不符合实际情况，就会很自然地引起反感，甚至会给一些别有用心的人提供攻击我们的口实。我在北京和新疆同行中做过的调查研究表明，过去几年，新疆双语教育政策搞得很没有弹性。这些所谓的双语硬政策多数在2004、2005两年推出。很多维吾尔族学者，包括我个人都曾通过写研究报告等方式，要求国家保护少数民族的母语地位，在各类学校中加强民族语教育，但目前还没有得到回应。其实维吾尔族自古就用使用双语双文的习惯。新疆发现的很多碑刻，都有古汉文和突厥文。1200年前，就有僧人学者把汉文佛经翻译成维吾尔文。但新疆2004年以来推行的却不是"平等的双语教学"，而实际上就是用单语来淡化少数民族语言。有人讲这就是"国家利益高于一切"。但国家利益跟人民利益从来都是不可分割的整体，少数民族利益其实也是国家利益的组成部分。如果我们老是把国家利益跟少数民族利益对立起来，或者把少数民族语言看成发展障碍，那就是很大的错误。大错误就会酿成大后果。“7·5”事件后，各行各业都在反思它的成因。我们作为语言教学和研究者也要反思。语言问题是民族问题的重要组成部分。我们研究民族问题，构建和谐民族关系，都需要使用民族语言。我们当然要坚持双语，但不能用它来淡化少数民族语言，否则就会导致很多维吾尔族学校被撤销，很多老师下岗或转岗。这样的突变就会成为社会矛盾和冲突的成因。其实新疆绝大多数居民始终都拥护双语，很多干部和居民都自愿选择送孩子去上汉语学校。但这是个人选择。如果把个人选择变成强制规定，就会播下民族矛盾的种子甚至引发社会问题。我们要深入考察目前这种双语政策能否促进民族关系和谐。同时要注意，在国民教育体系里减少和淡化少数民族语言文字的做法是不是符合现代文明精神。

（四）搞“双语”大跃进也是一种极“左”

中国近100年的历史进程表明，在民族领域搞极“左”的个人容易占便宜，但给国家和民族关系带来的却是后患无穷。现在中国的年轻干部比较多，新疆的部队转业干部比较多。由于国家教育对民族文化传承较少，大家都没能记取新中国成立后的宝贵经验，所以越是中下层年轻领导，在民族问题上越容易有“左”倾思维。相比之下，少数民族居民的文化保守思想也很严重。新疆的领导干部应该对这两种思维加以把握，尽量化解这样的对立情绪。

事实证明，双语能力需要日积月累。双语政策因而要积极稳健，防止发烧刮风。我们在调研中发现，很多地方“刮大风”的现象很突出。例如一些学校面对双语能力培养这样的百年大计，居然没有长远的正规规划，只是强调“双语教学的关键是领导即校长”，这就违背了教师和教材是关键，客观条件是基础的规律，因而就是极“左”思想的反映。

（五）万万不能在国家利益与人民利益之间搞对立

人民组建国家，为的是最大限度保护自身利益。当今中国少数民族地区的最高利益就是民族团结、社会和谐、生态安全和文化发展。这说明国家的根本利益跟少数民族和民族地区的利益完全一致。国家只有尊重少数民族的基本权利，发展少数民族地区经济，提高少数民族地区的生活水平，让少数民族过上舒适生活，社会才能和谐稳定。社会稳定，经济才会真正发展，文化才能真正繁荣。“7·5”事件对于国家的政治经济、民族关系甚至国际形象都带来了很恶劣的负面影响。它提醒我们应该用更清晰的头脑来认识和解读“国家利益”的真切含义。

（六）各级领导干部都要学习教育科学和政治伦理

什么是双语教育？什么是双语教师？什么是双语教学中多种模式？什么是双语工作？双语学习是否等于一般知识学习？“双语”与“民族问题”有何联系和区别？目前新疆各界、不同民族、甚至同一个民族内部的认识都不一致，而且分歧很大。很多同志，甚至很多领导干部，都把“双语”学习看成“一般知识”。其实语言的产地功能不是知识，而是文化认同。那种认为会某种语言代表完善人格的想法是形而上学。其实道德情操、思想方法才是教育的首要职责。哪种语言更适合培养学生的健康思维？国际权威定论那就是通过母亲、家庭以及周围环境学到的语言。年轻的领导干部应该多学语言学和逻辑学。

双语教学的关键含义是在母语或第一语言的基础上学好并掌握第二语言，逐渐达到双语兼通的目标。但新疆目前推行的“双语”教育，却具有两种语言地位不平等和单纯强调“汉语”学习的倾向。这种偏颇应该得到纠正。

（七）解决好通用语言与少数民族语言的关系

“通用语言”通常是强势语言。双语教育因而要解决二者的平等地位和关系问题。包括如何实现双语的互补？如何创造双语之间的和谐关系？如何对待和处理语言的和谐与语言的矛盾？如何对待多民族语言的共性和个性的关系？“双语”教育应该怎么发展？在现代化进程中如何发挥“双语”的作用？如何看待少数民族语言的走向和归宿？这些都应该是各级领导干部要认真研究和解决的重要课题。这些问题解决得好，就会有利于民族团结国家统一社会和谐。如果解决得不好，就会导致政治经济倒退，甚至会酿成国家分裂。国际社会在这方面已有不少沉痛教训。新疆的维吾尔语与国家通用语的关系是新疆民族领域问题的重要内容之一。中国是多民族统一的文明国家。我们在这个领域完全有能力做出国际成功的典范，进而增强国家的软实力和中华文化影响力。

每个国家都会提倡学习通用语，但这必须以自愿为前提。如果侵犯了少数民族的语言权利，就等于侵犯了民族感情和民族尊严。目前全世界都在关注保护幼儿和少年的合法权利。他们都有接受教育的权利，但国家却没有权利强迫他们学习或不学习某种语言。由于维吾尔语相对于国家通用语也是一种弱势语言，国家对此也要加以扶持保护。推行和推广通用语的稳健政策是对少数民族不加强迫，而是不断地创造双语和多语平等使用的环境，同时通过加大宣传力度来引导少数民族学习通用语的态度、认识和行为。

前苏联少数民族语言文字的消亡是加快前苏联国家分裂的因素之一。苏联分裂之后，现在这些小国家的语言和文字正在恢复。很多语言学家和民族学家认为少数民族语言和通用语的关系是相互补充、长期并存的关系。为此，国家的政策应要营造良好的环境，使少数民族语言得到很好的生存，同时让少数民族也学好通用语。不要做出违背民意的规定，这样只会适得其反。列宁说“不要用棍棒把人赶上天堂”。这在新疆也很适用。

二、几点建议

我通过这次调研还了解到维吾尔族同胞的很多期待：农民最关心孩子的就业和富裕。教师最关心自己的工作岗位、教学质量以及学生升学率。知识分子最关心的是“双语”变成“单语”而影响维吾尔文化的传承。老百姓的担忧和建议可概括为如下几条：

担忧一：知识分子担忧，从2010年开始推行模式三而完全放弃模式一，这就意味着对60年来中国共产党领导实施的民族教育的否定。如果这样否定60年来的少数民族教育成果，那么国内外都会有不良反应。这正是敌对势力高兴而友好国家和人民都不希望看到的。本文因此建议不能全面否定和放弃模式一。

担忧二：老百姓担忧从2010年开始推行模式三而完全放弃模式一，就没有了自由选择的余地。我们因此建议各地在选择双语教学模式时，都要以教学的科学规律为依据，从教学当中双语之间的关系和语言环境来考虑。选择模式还要考虑学校的硬件和软件条件，尤其是教师队伍的培养、教材条件、学生的素质基础和学生及父母的自愿等多种因素。选择某种模式的依据是什么？哪一种双语模式对于教学有效果，尤其是培养学生基础思维和掌握知识更有利？到底如何处理多种双语教学模式之间的关系等理论与教学实践问题需要认真研究。每所学校和每位教师都要探索总结经验和不断创新，努力找出更符合实际情况的双语教学模式。

多种“双语”模式并存是保证双语教学自由、健康、公正竞争的根本保证。只强调一种双语模式意味着“强迫”，容易引起逆反心理，意味着双语学习的不公正竞争。我们考察的很多地方就是单纯强调一种教学模式。只强调一种模式或只强调一种语言的学习，不利于团结，不能适应社会和少数民族经济的逐渐发展等实际问题。强调“双语”学习，应该在工作中双着力、双重视，要并驾齐驱。双语学习模式应该适应社会和学校的基本条件和环境，因地制宜，分类指导，不应一刀切。比如，在城市采用汉语为主，少数民族语言为辅助的模式。因为，在城市师资队伍好，学校条件好，周围帮助学生思考和学习的环境好。而农村，采用少数民族语言为主，通用语言为辅助的模式。因为，农村师资队伍建设比较薄弱，非常缺乏双语教师，学校硬设备条件不全，周围帮助学生用少数民族语言思考和学习的环境比较好。

担忧三：老百姓担忧从 2010 年开始推行模式三而完全放弃模式一，会使教学质量继续下滑。如果新疆 2010 年就硬性地推行“双语教学模式一”，那么农村学校大量缺乏教师，根本不可能保证教学质量。笔者在喀什市第一小学调研时，学校就提出要全面推行模式三那样的“双语”教育，就需要增加 30 多名教师。但学校没有那么多编制。就是有了编制，一时也找不到合格的双语教师。我们在该校五年级“双语”班听课时感到，教师上课发音不准确，只能讲备课时背诵下来的话。我们用汉语提问，教师不能用汉语回答。学生自己写了“节约用水”的标语，却解释不了它的意思。这就说明教师背诵课文上课，学生背诵课文回答问题。学生一旦提问，教师无力回答，教师的威望大大下降，将会影响师生关系。这样，教学质量肯定下降，耽误一代人的前途。

喀什、和田、伊犁地区民考民教师反映：每当上级部门和调研人员来学校视察和调研“双语班教学”时，学校主要领导人从高年级班调人装扮“双语班”学生来应付。有些“双语班”期末考试合格率不到 20%。但领导的一句话，又把 90% 的学生成绩变成了合格。实际上一些学校不是给学生传输知识，而是教他们“如何欺骗上级”。

近几年来，新疆大学、新疆师范大学、新疆农业大学以及很多中小学强迫民考民教师“用通用语讲学”，新疆喀什师范学院经常派人巡逻偷听民考民教师的上课过程，假如发现某位民考民教师讲课过程中“用维吾尔语解释课程内容”就罚款。这跟社会主义的价值观背道而驰。各地参加座谈会和接受访谈的教师都此表示了强烈不满，有些人还感到非常悲愤。

担忧四：教师担忧假如教学质量继续下降，会伤害农民送孩子上“双语”学校的热情。

在调研中发现，少数民族，尤其是农民对孩子学习双语的热情非常高。我多次反反复复问一些农民：“你们为什么让孩子学双语?”回答是一样的：“孩子学好双语，上大学，找一份好工作”。回答多么天真！农民把孩子的双语学习与就业、脱贫联系起来了。为此，我们要推广双语就要满足农民的愿望。假如不能保证教学质量，农民孩子升不了学，就毕不了业，毕不了业更上不了大学，找不到工作！他们将来埋怨谁?

担忧五：如果从2010年开始推行模式三，完全放弃模式一，35岁以上教师就会下岗。学校教师和很多人都反映，近几年因为强制推行“民考民教师用通用语言教学”，已经有一批35岁以上教师被迫下岗，因而引起他们的强烈不满。如果继续硬推行“民考民教师用通用语言教学”，这意味着大量35岁以上的教师下岗，他们从一位“人民教师”的光荣岗位下岗，变为“无用”人群。他们会发牢骚，引起对社会的不满，增加社会不稳定因素。

担忧六：教师担忧由于没有合格教材会影响教学质量。根据学校教师和其他同志反映，近几年推行“民考民教师用通用语言教学”体制，而这方面几乎没有教材，已经影响了教学质量。如果继续在没有准备教材的情况下硬推行“民考民教师用通用语言教学”，教学质量只能下降而不会上升。

担忧七：在新疆，不科学的“双语”教学不利于汉语普通话推广。在新疆推行双语教学应该高度重视普通话的推广。根据教师反映和我们的观察，有些学校由于缺乏教师，招聘双语教师方面把关不严，招聘了普通话发音不准的教师。结果“双语”教师说的不是普通话。同一班级教师中有一位讲甘肃话，另一位讲四川话，可能还有人说广东话。这样下去，将来学生上大学需要重新学习普通话。这不仅浪费学生时间，而且也浪费国家资源，将来还会引起学生和家长对学校、对社会的不满。这些都不利于社会和谐和稳定。

担忧八：教师和知识分子，甚至一些中层领导干部担忧，如果继续把“双语教学”高度政治化，会影响学校的正常教学工作。“双语教学高度政治化”是目前基层领导思维中的不健康思维。据教师反映，有些学校教师无法公开讨论“双语”教学含义以及与教学相关的任何问题。教师一提起“双语”相关问题，就被看成“民族情绪”。学校缺乏学术民主，缺乏学术气氛，教学科研无从谈起。

总而言之，新疆维吾尔自治区社会和谐和稳定的基础是维吾尔族与汉族的和谐和稳定以及整个社会的发展。维吾尔族稳定的基础是知识分子队伍的稳定，知识分子稳定的基础是学校教师队伍的稳定。为此，双语教育教学是新疆整个稳定工作的基础的基础。因此，各级领导和学者必须重视双语教育科学研究、科学管理和指导。

2010 年 7 月 7 日，本文写成初稿后发送给调研组其他成员，同时报送新疆主要领导同志。8 月初第二次回京后，本文以调研组名义改写成 2000 字的简要报送国家民委党组和相关领导。该课题的研究和此报告内容中包含了课题组全体人员的劳动，同时声明本文表达的是笔者的个人观点，不代表整个课题组。

反贫困视角下教育对柯尔克孜族文化变迁的影响[①]

宋才发　周丽莎[②]

根据司马义·艾买提副委员长的批示及课题组承担的国家“985工程”第三期建设项目的调研任务，课题组于2010年7月11日至8月14日赴新疆克孜勒苏柯尔克孜自治州（以下简称克州）进行实地考察调研。克州是一个以农牧业为主，半农半牧的人口小州、经济穷州、边防大州、战略重州。在这样一个以少数民族为主要人口的经济欠发达地区，“反贫困”具有稳定边疆、发展民族地区经济的重要意义。“贫困”意味着贫困人口缺少获取和享有正常生活的能力，“反贫困战略”重点必须从关注经济贫困转向知识贫困，文化教育是推动经济社会发展的决定性因素。通过教育促使整个柯尔克孜族由相对保守的游牧文化转向开放文明的现代化，正是克州政府实施“小手牵着大手，走出大山、摆脱贫困”教育扶贫模式的初衷。

一、柯尔克孜族教育的文化背景

（一）柯尔克孜族畜牧经济文化的历史渊源

柯尔克孜族是中国的古老民族之一，自古以来就以畜牧业为主，养殖马、牛、羊、骆驼、绵羊、山羊等牲畜，牧业生产方式是逐水草迁徙。早

① 论文为作者主持的教育部人文社会科学重点研究基地重大研究项目（项目批准号：05JJD850009），国家“985工程”中央民族大学第三期建设项目（项目编号：CUN985－3－2）的研究成果。参加本课题调研的成员还有王乐宇、多鲁洪·哈地尔、高长文、刘璐等。

② 宋才发，中央民族大学经济学院教授，教育部人文社会科学重点研究基地中央民族大学中国少数民族研究中心特聘教授；周丽莎，贵州民族大学经济管理学院讲师，中央民族大学经济学院在读博士生。

在公元前 3 世纪，柯尔克孜先民就游牧生息于叶尼塞河上游地区。从汉代至隋朝这一历史时期，游牧和渔猎是其主要的生产活动，伴之一定的农业和手工业。克州地处祖国最西端，位于昆仑山、天山两大山脉和帕米尔高原的交汇处，地形特点与气候因素的叠加，孕育出风情迥异的地理人文景观：既有冰雪尘封的山川，也有水草丰美、气候凉爽的高山牧场，还有宜耕宜牧的山间谷地和生机盎然的沙漠绿洲。柯尔克孜族人一般把牧场分为春、夏、秋、冬四种：春季在春牧场放牧，此时天气转暖牧草萌芽，冬雪融化水源充足，牧民的主要工作是接羔育羔、剪羊（春）毛等，其中 2—4 月是产羔期。夏季在夏牧场放牧，夏牧场水草丰满，牧民的主要生产活动是放牧和加工畜产品，如剪羊毛、牦牛毛，梳山羊绒和生产奶制品。秋季在地势较低的秋牧场放牧，此时气候变化大开始下雪，牧民的生产活动主要是剪羊（秋）毛、牲畜交配、加工畜产品和贮备冬草等。冬季牧民回到定居地，主要生产活动是砍木头盖羊圈，照料好牲畜过冬，做好春季接羔的准备工作。由于柯尔克孜人还从事狩猎业，因而发展了柯尔克孜族特有的“猎鹰”技术，但在当地牧民经济生活中实际作用不大。柯尔克孜族的农业、手工业和商业，如牧民的铁器加工、日用零售等，始终伴随着畜牧业的发展而展开。在社会安定、经济文化交流日益频繁的条件下，这些非游牧经济内容也就构成草原经济生活的重要组成部分。它们所反映的文化内涵与游牧文化一样，理所当然地成为草原文化必不可少的组成部分。纵观整个柯尔克孜族的经济文化，基本是围绕畜牧进行的，无论是商业、手工业和建筑业，还是各种艺术创造，无不适宜于畜牧经济发展和游牧生活的文化背景，散发出浓郁的草原气息。畜牧经济对社会成员的要求更多地集中在体力和集体凝聚力上，通常对智力结构要求不高，游牧经济的生产方式使成员常处于一种流动迁徙的状态中。这种游牧迁徙、自由散漫的生产生活方式，不利于集中成片的正规教育。因此，学校教育在这些地方推广起来十分艰难。

（二）柯尔克孜族的游牧文学与音乐

柯尔克孜族的游牧文学与音乐集中体现于史诗《玛纳斯》和乐器库姆孜琴上。《玛纳斯》[①] 是柯尔克孜族民间广为流传的一部规模宏伟、色彩瑰丽的英雄史诗。它与蒙古族的《江格尔》、藏族的《萨格尔王传》并称为

---

① 买买提艾山 · 托乎达力编著：《中国柯尔克孜族》，新疆人民出版社 2006 年版，第 154—155 页。

少数民族的三大史诗。《玛纳斯》共分 8 部，21 万多行，240 多万字，每部都以该部主人公的名字命名。《玛纳斯》主要歌颂柯尔克孜族的英雄汗王玛纳斯一家八代人，为统一分散的柯尔克孜部落并团结其他民族和部落，共同反抗异族奴役的英雄业绩。它通过对玛纳斯和他的后代子孙以及他们的亲人、战友团结一致对外反抗侵略，对内惩处叛徒、内奸以及残害人民的恶魔、贪官污吏，扶弱济贫、爱护人民的事迹描写，反映了柯尔克孜族人民为争取民族独立与解放，前赴后继的英勇斗争历史和不屈精神，揭示了中世纪柯尔克孜族人的社会生活与社会风貌。《玛纳斯》不仅是柯尔克孜族珍贵的文化遗产，而且堪称柯尔克孜人民生活的“百科全书”。库姆孜琴[①]是柯尔克孜族人民最古老、使用最广泛、也是最具有民族特色的弹拨乐器，有独奏、对奏、二重奏、合奏、伴奏多种演奏形式。它是一种全木质的乐器，长 1 米左右，琴身稍扁近似梨形，但颈部细长，以羊肠为弦，近代则改用丝弦，琴轸并列一侧，是典型的三弦弹拨乐器，外形酷似琵琶。库姆孜琴是柯尔克孜的民族乐器，只要有柯尔克孜人的地方就会有库姆孜的琴声。那铮铮动听的曲调既能让你追忆起遥远的过去，也能使你沉浸于今天的欢乐；既可以把你带进秀丽的山川草原，也可以教你犹如跨上战马奔驰在戈壁疆场。每当草原上举行盛大节日活动，柯尔克孜歌手兼乐师“库姆孜奇”就盘膝坐在绿茵茵的草地上弹拨库姆孜琴，男女老少围坐在他的身旁聚精会神地欣赏或热烈地合着琴声伴唱，歌唱柯尔克孜人的幸福生活，歌唱柯尔克孜人真挚的友谊和爱情。文学和音乐艺术体现了柯尔克孜人高超的创造力和想象力，“额尔奇”（民歌手)、“玛纳斯奇”（《玛纳斯》的演唱者)、“奥翁奇”（作曲人)、“库姆孜奇”（库姆孜琴手）等艺人，是柯尔克孜民间音乐的加工、创造和传播者。乐曲有史诗、民歌和叙事诗等，表明柯尔克孜族文化已发展到一定的高度，除了学校正规教育之外，还有一条文化传播途径——口口相传，对经堂教育、学校教育起到了一定的补充作用。总之，这些优秀典籍和艺术形象，为柯尔克孜族的教育性格打上了深深的崇敬英雄、追求自由和重视集体的烙印。

---

① 中国少数民族社会历史调查资料丛刊修订编辑委员会：《柯尔克孜族风俗习惯》，民族出版社 2009 年版，第 429 页。

二、柯尔克孜自治州教育扶贫的实践

（一）柯尔克孜自治州实施教育扶贫的基础

克孜勒苏在柯尔克孜语中意为“红水”。因境内有克孜勒苏河穿境而过，故在自治州成立时以克孜勒苏作为自治州的名字。柯尔克孜自治州北部和西部分别与吉尔吉斯斯坦和塔吉克斯坦两国接壤，边境线长达1195千米，有吐尔尕特口岸和伊尔克什坦木两个边境口岸，全州东西长约500千米、南北宽约140千米，占地面积7.25万平方千米。克孜勒苏是多民族聚居的地区，共有人口42万人，其中柯尔克孜族12.4万人，占全州人口的29.5%，为全国柯尔克孜族的80%左右。[①] 境内有柯尔克孜、维吾尔、汉、塔吉克、回、满、塔塔尔、蒙古、柯尔克孜、锡伯、乌孜别克等11个常住民族。是全国唯一以柯尔克孜族为主体民族的自治州，也是一个以农牧业为主的“人口小州、经济穷州、边防大州、战略重州、希望之州”[②]。

（二）柯尔克孜自治州“小手牵着大手”的扶贫政策[③]

2004年12月州党委书记、人大主任闫汾新在州党委七届五次全委（扩大）会议上提出，必须强力推进教育扶贫工程，通过“小手牵着大手，走出大山、摆脱贫困”。“小手牵着大手”政策的本质含义，就是实施教育反贫困策略，以教育扶贫带动物质和精神脱贫。克州以硬件设施先进、配套完善、环境优美、管理科学、教学质量好为目标，撤销了全州边远农牧区所有教学点，实施集中办学、民汉合校和“双语”教学，把最偏远、最贫困牧区的中小学生，统统接到城市里来实行寄宿就读，在全州实现了“小学办到乡村、初中办到县、高中办到州”的战略目标。“小手牵着大手”的教育扶贫政策，使世代居住在边远贫困山区的孩子，有机会和条件到城里接受现代教育，使世世代代靠山而居的牧民走出大山，走向城镇，最终实现脱贫致富。教育扶贫工程的主要内容，就是把义务教育工程、集

---

① 国家民委民族问题研究中心编：《中国民族》，中央民族大学出版社2001年版，第429页。

② 2010年7月上中旬，我们课题组根据司马义·艾买提副委员长的批示和承担国家“985工程”项目第三期的调研任务，实地对克孜勒苏柯尔克孜自治州进行了考察调研。这段话是7月17日克州党委、政府为我们举行的会见会上，由克州党委书记、人大主任闫汾新同志提出的。

③ 李芳：《新疆辉煌60年：克州农牧民子女走出大山去上学》，《新疆日报》，2009-09-21。

中办学和扶贫工作结合起来，抓住中央、自治区提出发展教育一系列重要决策和措施的机遇，把教育摆在优先发展的战略地位，全面推进素质教育。经过几年时间的努力，自治州教育现状、教育条件、教育设施和师资水平有了明显的改善和提高。为贫困山区的孩子和城里孩子站在同一起跑线上，求知、学习、享受现代教育资源搭建了平台。随着“小手牵着大手”教育扶贫政策的成功实施和日渐深入人心，将会有越来越多的贫困孩子同等分享优质教育资源，同等受到良好的教育，在同一就业平台上参与平等竞争。

（三）教育扶贫工程取得阶段性成效

为了扎实推进教育扶贫工程建设，克州在加大自身财力投入的基础上，积极配合江西、辽宁、华能和无锡等“对口援疆”省、市、企业做好支教工作，在2010年援疆资金中，有一多半投入到了中小学教育事业。通过农村寄宿制建设工程、初中校舍改造工程、中小学校舍D级危房改造项目、学校抗震防灾工程、农村“双语”幼儿园建设工程等，共投入资金4亿余元，新建、扩建、维修教学楼、学生住宿楼等419715.1平方米，全州中小学基础设施得到了显著改善。近年来克州一直把提高教育质量作为扶贫工作的重头戏来抓，下大力气从根本上解决农牧民子女上学难和受教育质量低的问题。截至2009年底，全州已开设“双语”班1294个，学生40509名，占少数民族学生总数的50.47%，其中，幼儿园开设“双语”班529个，幼儿16551名；小学开设“双语”班765个，学生20756名；中学开设“双语”班75个，学生3202名。全州中小学住校生24701人，通过教育扶贫工程受益的边远农牧区住校生达19899人，占住校生总数的80.56%。

三、教育对柯尔克孜族游牧文化的解构

随着教育扶贫政策的逐步推进，柯尔克孜居民社会生活的各个领域正在悄然发生变化。同汉族在经济变化过程中社会随之发生变迁一样，柯尔克孜族发生和继续发生着社会、文化解构——相对社会、文化聚合，表现出一定的分散化和碎片化趋势。

第一，教育发展促使柯尔克孜族教学语言多元化。柯尔克孜人有自己的民族语言和文字，也有成系统的学校教育体系。柯尔克孜学校教育面临

的挑战就是：一方面国家鼓励他们在教学中使用本民族语言，这无疑有利于柯尔克孜儿童的学习；另一方面对于大多数少数民族而言，汉语是他们参加一些重要考试如中等专业、大学入学或招工考试的标准语言，掌握汉语是他们拓展就业渠道的重要途径之一。以往的柯尔克孜学校完全以柯尔克孜语言授课，近年开始实行双语教学。1984 年新疆维吾尔自治区党委提出在少数民族学校加强汉语教学工作，实现“民汉兼通”的教育教学目标。同年区教育厅要求把汉语课列为民族中小学的一门主课，从 1985 年秋季开始，从小学三年级起开设汉语课直到高中毕业。语言积淀了一个民族大量的文化内容尤其是思维方式，但语言首先是一种工具，交际是语言的主要功能。柯尔克孜族由于世代从事畜牧业，语言源于生活又高于生活，因而在语言系统中关于马、牛、羊等牲畜的词汇极为丰富，而与现代都市生活相关联的词语几乎不存在。地处边陲、经济发展落后，加之又不懂得汉语，当外界的信息不能及时以他们懂得的母语传达的时候，他们可能就与正在发展变化的世界隔绝。随着中国与外部世界交流频率的加快，新词汇也不断出现。在近几年全国人代会、政协会期间，《政府工作报告》被翻译成各种语言分发给少数民族“两会”代表，不少代表反映许多词汇看不懂。新词术语和外来用语的大量增加，看不懂的原因既有民族语言翻译标准不统一的问题，更主要的原因在于民族地区获得社会发展最新信息的途径有限。譬如，新疆新华书店系统销售汉文图书 12 万个品种，民文图书只有 38 个品种。与这种出书结构相关联的是在信息技术方面，柯尔克孜文也处于艰难境地，几乎所有重要的网络信息都是以汉文发布的，柯尔克孜语言的信息资源支持系统异常脆弱。在这种情况下接受柯尔克孜语授课的学生，他们在信息接收渠道上明显处于劣势地位。因此，加强双语教学或者说重视汉语教学，扩大了柯尔克孜学生信息的接受面，确实有利于传统草原文化的整体重构。

第二，教育发展促进柯尔克孜族人口流动。人口流动是指人口离开传统聚居地向外地流动。由于受宗教及特殊的民族风俗习惯的影响，加上有明显的人种差异，柯尔克孜人口流动性显著弱于中国南方各少数民族。尽管也有流动，但就职部门十分狭窄，主要集中在文化、政府部门或低层次的商业服务部门。当我们问及在内地读书的柯尔克孜学生毕业后的就业去向时，他们多表示仍然选择回新疆，认为饮食差异太大，婚姻问题难以解决，内地单位似乎也很少愿意招收他们。因此，目前的人口流动高度集中在柯尔克孜自治州的县、乡之间。这种既流动又相对隔离的状态，在很大程度上影响了柯尔克孜族快速地融入中国主流文化。尽管可能有利于保持民族特性，但经济社会发展受到了很大阻碍，导致内地许多人对柯尔克孜族的了解停留在肤浅状态。长此以往，势必使柯尔克孜青年在求职过程中由于文化的隔阂而失去更多的就业机会，从而弱化对传统文化进行改革的机会和动力。近5年来内地高中班、疆内初中班分别录取克州籍学生1163人和1502人，使更多的柯尔克孜孩子享受到党和政府惠民政策带来的好处。随着人们对高等教育的渴求，内高班招生火爆，在内地求学的柯尔克孜中学生、大学生日益增多，总体上表现出柯尔克孜社会强烈的人口流动趋势和鼓励流动的意向。在这种流动的过程中，由于各类信息频繁交换，不仅促使文化的相互交流和发展，加深对彼此文化的认同和理解，而且提供了柯尔克孜族社会、文化变迁的可能性。

第三，教育发展加速柯尔克孜族职业分化。在十一届三中全会以前，柯尔克孜族社会文化生活的变化与国家的政治、经济生活的变化密切关联。尤其是受“大跃进”、“人民公社化”、“农业学大寨”、“文革”等政治气候和经济形势影响，尽管教育比起以前有了较大的改进和发展，但其社会文化的变迁动力主要来自于政治因素，如牧业合作组的建立、生产方式的转换、分配方式的改革。同时由于边疆政权稳固的需要，相当一部分柯尔克孜牧民走上了管理者的岗位，他们通过接受教育实现了个人社会地位的提升。这时的柯尔克孜社会因社会分工分化不明显，人口主要集中在传统的农牧业，缺少中间阶层，因而真正的城市化水平仍然较低。十一届三中全会以后，柯尔克孜教育逐渐进入了快速发展期，国民教育不仅提高了柯尔克孜族普遍的文化水平，而且加速了柯尔克孜族职业分化程度。柯尔克孜人不仅继续从事以畜牧业为主的第一产业，而且有不少人成为当地矿产企业的工人甚至当起了商业企业的老板，还有不少年轻人积极参与第三产业，如利用柯尔克孜的风土人情开展“农家乐”项目等。

四、教育引导柯尔克孜游牧文化的重构

学校教育促进了柯尔克孜族社会文化的嬗变。学校教育的发展不仅促进了牧民文化素质的普遍提高，而且极大地丰富了人们的文化生活。即使在没有电视或其他文化设施缺乏的情况下，读书看报也会成为柯尔克孜青

年文化生活的方式。集中精力到学校去读书，更成为青少年文化生活的主渠道。他们不仅把在学校学到的文化知识带回家里，向家人传播他们在学校所学到的科学知识，而且把学校的各种“新闻”带回家，对人们精神文明的形成具有潜在的影响作用。由于受地理环境及牧民居住格局诸多因素的影响，牧民生活的社会环境比较单纯。因而人们面对眼下需要尽力应付的生计，面对复杂的社会环境和人际关系，一时难以适应和把握。国家对柯尔克孜实行的民族区域自治政策，由于受地理环境、语言、风俗习惯的影响，实质上更多地作用于风俗习惯的改变，而对民族内在心理的改变缺乏震撼力。在一个相对宽松的氛围里，他们生活境况相对还是自然的。自然并不代表不可改变，其实现代文化气息对他们的直接影响和冲击是巨大的，如衣食住行、生育观念、生产方式、精神观念等。

第一，接受现代物质文明。一些传统的民族服饰现在只有牧区老年人仍在穿着，内地生产的色彩鲜艳的服装，深受柯尔克孜青年人的青睐。在城市里，柯尔克孜人已住上了楼房或平房，家具多成套直接从市场上采购，普通家庭也用上了液化气。但是他们家里的布局还能依稀见到毡房时代的装饰风格，如有的家庭客厅里挂着壁毯、铺着地毯，装修也有典型的伊斯兰风格。城镇里的柯尔克孜居民同其他民族一样，享受到快捷的汽车文明，有的甚至拥有私家车，即使牧区在转场时也开始雇用汽车搬家。经过多年的科技文化教育，人们的生育观念发生了重大转变，一般年轻夫妇都只生两个孩子，有的选择只要一个孩子。他们认为现代社会竞争激烈，既然让孩子来到这个世上，就应当给他提供一个较好的发展环境，孩子多了就无法保证后期的充分教育。由于伊斯兰教在普通民众中仍然有较强的影响力，因而文化的调适将是一个渐进的过程。

第二，改变传统生产方式。近20年来，柯尔克孜族牧业生产逐渐由自然经济向较大规模的商品生产转化，由经验生产向科学管理、科学养畜转化，由传统畜牧业向现代畜牧业转化。传统的生产方式在这种转化中发生了明显的变化，对牧业生产起到了强有力的推动作用。在经济、技术不断发展进步的未来社会里，柯尔克孜族传统的生产方式无疑还将继续发生变革。譬如，他们开始在放牧的同时把冬、春、秋牧场，大面积地开发为人工草场或围栏草场，相继种植草料、树木或粮食，劳动力由过去单一的畜牧业向种植业转移。柯尔克孜族人在生产领域广泛引入先进技术，传统生产方式被越来越先进的技术所取代。如过去柯尔克孜族在畜群繁育方面以自然繁育为主，由于畜群中除了马能自动避免近亲繁育外，其他种类的牲畜只有采取经常换种畜的办法予以避免。现在牧民给牲畜（羊）配种可以直接去配种站，牛的配种采用了冷冻精液配种、常温人工授精、牵引交配和胚胎移植等技术手段，使优良牲畜品种在草原得到迅速推广。牧民还积极主动地接受给牲畜疫苗注射、药浴、驱虫等预防牲畜疾病技术及草原病虫、鼠害的防治技术。可以说现在柯尔克孜牧民对新技术的渴求程度胜过以往任何时候，只要是对牧业生产发展有利的技术牧民都乐于接受和使用，科学技术在生产中的贡献率越来越高。自1993年开始的农村教育综合改革，大力推进牧区基础教育，提高了广大牧民的基本文化素质。同时在柯尔克孜牧民中示范和推广科技生产，随后又制定“科技兴牧”一系列政策措施，举办牧民技术学校，开展“科技之冬”活动等，有针对性地对牧民进行实用技术培训。所有这些举措，都有力地推动了柯尔克孜族传统生产方式的变革，使他们能够在运用先进技术的过程中，因时因地改造和衍生一些新的生产技术。

第三，调适精神生活环境。商品经济发展的环境对柯尔克孜族传统美德形成了挑战。柯尔克孜族素有“轻商好客”的传统，在柯尔克孜群众中流传着这样的俗语：“只要沿途有柯尔克孜，哪怕你走一年的路，也用不着带一粒粮、一分钱”；“祖先的遗产中有一部分是留给客人的”；“好的客人来到，羊要下双羔”。对于前来拜访的客人或望门投宿的客人，无论是否认识、属于哪个民族，也无论懂不懂他们的语言，一律竭诚接待，富裕家庭宰羊待客。过去柯尔克孜人认为，宰羊待客既是荣耀体面的事情，也是应尽的义务。如果是贵客或尊亲，还要宰上一匹马驹或一匹2岁马。因为茫茫草原地旷人稀、居住分散，在长期的游牧生活中形成了习俗。牧民们过上定居生活以后，市场和商品的概念逐渐进入柯尔克孜居民的头脑中。同时由于居住格局的改变和交流日益频繁，“宰羊待客”之类的习俗已渐改变，对此柯尔克孜老人深表不满。受到现代教育的柯尔克孜年轻人则不以为然，认为柯尔克孜经济社会要快速发展，就必须改变过去的一些生产方式和落后习俗，树立商品意识、发展市场经济。人们的贫富观念也随之发生了明显的变化。以前柯尔克孜族的贫富是以家庭畜群规模的大小来衡量的，主要是从马匹、羊只的多寡来看家庭是否富裕，这种观念仍存在于少部分牧民的心中。现在越来越多的柯尔克孜族人开始选择前景较好的职业，以货币收入的多寡作为衡量一个人成功与否的标志。年轻人开始追求高素质的教育机会，以实现个人或后代社会地位的提升。教育和社会变迁形成了对旧观念的猛烈冲击，如生产组织单位由原来的“阿吾尔”缩小到以家庭为单位之后，原先那种“牲畜私有、牧场公有”的经济观念顷刻瓦解。牧民们开始注意保护自己的草场，因草场产生的矛盾纠纷随之不断地发生。至于城市里的柯尔克孜居民因为居住格局、生活方式、生存方式的改变，基本上都已经接纳了现代文明，建立了与现代科学管理体制和方式相契合的思维方式，并且开始对原有的草原文化进行系统的反思。

以上这些鲜明的经济社会变化，尽管不能说全是学校教育对柯尔克孜文化变迁起了决定性的作用。但我们有理由肯定正是由于接受了学校教育，才使大批牧民子弟有可能走出草原、走进城市接受现代文明，进入职业体系并加速了职业分工。在这里我们之所以用职业作为分析口径，就因为职业分工是社会发展的结果，职业体系是现代文明的产物。在职业工作中人们由于脱离草原环境，于是主动或被动地接受现代管理方式、生产方式及其他民族的文化。同时由于他们祖辈或父辈仍生活劳作在草原上，他们时不时地会把这些“他者”的文化带入草原，形成对某些保守传统文化观念的冲击，从内生性上促进草原文化的变迁。

五、教育激活柯尔克孜族文化的变迁

教育在柯尔克孜族文化变迁中具有潜移默化的作用。教育促使柯尔克孜文化得以保存、凝练、继承和发展，既改造了原有的政治文化，引入了先进的经济文化，又继承了优秀民族文化，培育了新文化。教育的作用是一个渐进的过程，现代教育必须为社会主义现代化建设服务，必须与生产劳动相结合，培养德、智、体、美全面发展的社会主义事业的建设者与接班人。柯尔克孜学校教育的培养目标不可能脱离国家和民族的现代化建设，同样必须培养出合格的建设者与接班人。而这些又都是以接受现代文明和共同文化为基础的，任何民族都不可能抛开人的社会化去论及传统文化的继承，所以学校教育是促使柯尔克孜传统文化发生变迁的推动力。柯尔克孜学校教育内容的选择、课程体系的构建，必须依据时代发展的要求进行。有学者曾一针见血地指出，过去的民族教育理论存在着一个很大的缺陷，即在教育进程中人为地脱离了宏观的文化氛围，民族学校往往忽视了不同文化之间的沟通与交流，学生极易形成由于文化差异造成的各种心理隔阂。甚至还有人认为，根本不可能在一种封闭的环境中去传承某个民族的文化传统。因为从文化发展的视角看，找不到一个如此单纯的民族文化分布区，而且过分强调本民族文化对本民族教育的规约性，必将使本民族教育处于更加落后的封闭状态。因此，在任何一个多民族的社区里，如果一味片面地强调民族教育对继承和发展本民族文化的重要性，忽视多元文化的社会价值和意义，人为地形成交往隔离与文化封闭，无论是对民族的发展还是对学生今后走向社会，都必然带来一定的消极或负面影响。

教育催生柯尔克孜族传统文化向现代文化嬗变。柯尔克孜传统文化应当随着时代的发展、各民族间的交流与融合而调整，赋予新的时代内涵。在现实语境中，学校教育不再仅仅是传递价值、传授知识的场所，更是一个培养和造就年青一代能力的阵地。从教育提供一种普适价值的视角看，教育提高民族个体在现代社会中的生存竞争能力，培养学生尊重他人的品德，练就他们分析问题解决问题的能力，必然促使柯尔克孜传统文化得到创新，获得发展。在现实生活中，相当一批柯尔克孜成员开始从提高自身能力上拓展个人前程，在教育问题上也表现出较强的实用性选择。在这个复杂的过程中，传统文化也必然遭到解构——文化经由借鉴、吸收异文化的优秀品质，在此基础上生长出次生形态的文化，获得新环境下的文化适应，这就是我们通常所说的文化变迁。文化构建关注的就是传统文化历经演变、变化，在当前时期与既有环境之间的接触，通过相互吸收、适应和整合，从而获得传统文化持续进化的可能。柯尔克孜传统文化在新时期的构建取决于两个因素：一是政府政策的积极引导、保护和开发，现代社会对传统文化价值的尊重和吸收；二是文化内部变迁形态和适应水平。面对传统文化日益失去生长环境和社会基础的现实，从柯尔克孜游牧文化的演化、传承方式而言，它是一种口述文化和书面文化相结合的文化，是与一种生产方式、社会环境依赖度较高的文化，当环境发生改变即文化依赖的基础改变或消失时，年青一代面临技术化的社会环境，传统文化的衰落对他们无疑是一种压力，技术化的环境同样也构成一种压力和冲击，传统文化经过他们的选择必然会发生或快或慢的改变。

教育是促使柯尔克孜族经济社会转型的催化剂。柯尔克孜传统文化基于游牧方式、草原环境特点，历来强调人对自然的依赖和敬畏，其外在的表现形式及载体可能有一部分不再适合现代社会发展的需要，人们对传统的感情更多的是因为那是祖先及自己的经历与内在情感的投射。面对现代社会的急剧变化人们或无法理解或无法接受，更将传统文化赋予极深的内涵，形成一种普遍的情感联系，对于柯尔克孜族来说亦是如此。由于学校教育是现代社会发展的产物，它强调用最经济的时间、最大化地传授人类社会的普遍文明，强调促使社会成员快速社会化，培养人进入主流社会的实际能力，因而教育是人类社会文化的极佳传承方式。每个社会或民族都有自己文化传承的内容与方式，文化传承既是某一个社会或民族的群体行为，也是该社会或民族的个体行为。某一社会或民族文化就是通过这种群体或个体的行为而得到代际传承的。在现代文明社会里，学校教育始终是人类文化传承的主渠道。教育的发展只能在一定的经济社会条件下运行，教育毕竟总是为一定社会的政治经济服务的。学校教育只是社会发展进程中的一个重要环节，人们对教育赋予了更多的美好期望，既希望通过接受教育获得在主流社会里升迁的机会，又希望保留自身民族的文化传统，这的确是一件十分困难的事情。文化变迁是个极为重要的命题，整个国家都处在文化转型的过程中。譬如，从计划经济转到市场经济，从高度集中的社会控制转到相对自由的个人选择，各种文化现象早已超越了国界。伴随着经济全球化而来的文化全球化日渐明显，教育作为一种控制社会变革的方式所具有的能力，似乎涉及社会结构和制度的力量中最基础性的因素。因而如何在世界潮流中彰显民族文化的个体和特色，如何守住柯尔克孜草原文化的底线，同时又促使柯尔克孜经济社会又好又快地发展，确实是政策制定者和教育者必须认真思考的一个现实问题。

藏族传统游牧方式与三江源“中华水塔”的安全

罗康隆　杨曾辉[①]

一、问题的提出

关于三江源区域的生态建设和灾变救治问题，大部分自然科学研究者都致力于采用现代自然科学技术的方法来实现，并已研究出不少成果。如在GIS平台上，以卫星遥感信息为主要信息源，同时结合气象资料、高程、土壤类型等下垫资料，对生态环境进行监测与综合评价，是实现三江源区域生态环境建设最为有效的方法。[②] 部分学者指出了 GIS、RS、GPS 三项技术都存在着不足，希望通过三者有机结合的研究，形成一个多功能技术体系，为人们提供精确的基础资料，其中包括图件和文本数据。希望通过遥感技术建立三江源森林资源信息化管理系统，利用遥感数据源获取资料。[③] 建立科学研究基地，依靠科技创新和高新适用技术的引进和推广应用，促进当地社会经济的发展和生态建设。[④] 自然科学研究者从不同的科学技术层面出发，力求获得最有效的方法用于该区域的生态建设，若用尖端科学技术的方法来进行生态救治，需要在三江源区域进行布点，建立信

---

① 罗康隆，吉首大学人类学与民族学研究所研究员，主要从事生态人类学研究；杨曾辉，吉首大学人类学与民族学研究所研究生。

② 石磊、马俊飞、杨太保：《基于 GIS/RS 技术的三江源地区生态环境建设的研究》，载《水土保持研究》2005 年第 4 期，第 212—214 页。

③ 张学元：《基于遥感技术的三江源区森林资源调查研究》，载《内蒙古林业调查设计》2006 年 1 月，第 56—58 页。

④ 董锁成、周长进、王海英：《三江源地区主要生态环境问题与对策》，载《自然资源学报》2002 年第 6 期，第 713—719 页。

息数据库，通过 GIS/RS/GPS 及遥感技术，实现对草场和森林建设的监控；通过卫星信号获取信息反馈，了解草场建设、森林资源建设情况。采用现代自然科学技术，需要投入大量物力、财力及掌握该项技术的人力。采用自然科学的方法，忽略了当地原居民的生活及生产智慧。在投入使用过程中，若出现小失误，就可能导致截然不同的结果。

依靠国家行政政策法规对三江源区域的生态建设和救治，则是社会科学工作者的基本思路。从这一思路出发，希望依靠国家法规政策的制定，强调政府部门应在该建设中加强行政职能。保护三江源地区生态环境的对策有加强宣传，提高生态保护意识，加强管理，防止人为破坏，加强规划，约束各种开发行为等。① 有的学者认为加强三江源区域生态保护与建设的对策，要以“三个代表”重要思想为指导，以保护和恢复生态功能，促进地区经济发展，实现农牧民小康生活为总目标，以不断提高人民生活水平，维护民族地区和谐稳定为总原则。② 他们的研究考虑到当地原居民的利益，但注重的只是一种思想层面上的强化，没有提出用具体的操作技术来解决。国家的行政力量代表的是一种比较普遍的决策，而在特殊区域会有特殊的情况发生，若用一种普遍的方式试图指导特殊的情况，容易产生误导。

当然，也有部分人文学者关注藏族居民的传统文化，研究倾向于藏族居民的精神、宗教、理念等方面。有的学者提出以积极肯定的态度尊重和挖掘藏族传统文化的价值，使其得到发扬光大，是保护当前高原生态环境的需要，也是创造新的生态文明的需要。③ 有的学者强调从藏族居民对神山崇拜的宗教理念出发，对当今保护自然环境，维护生态平衡产生积极影响。④ 从藏族居民的宗教理念出发，通过继承和发扬藏族传统文化，去保护当地的自然生态环境。⑤ 部分生态人类学研究者从藏族本土文化与生存

---

① 张世丰、袁晓伟：《三江源地区生态修复与环境保护初探》，载《中国水利》2005 年第 19 期，第 57—58 页。

② 胡玉婷：《三江源地区的生态危机与保护建设战略探索》，载《青海科技》2006 年第 1 期，第 10—14 页。

③ 南文渊：《从现代生态伦理学的发展看藏族传统生态伦理在现代社会中的作用》，载《青海民族学院学报》2004 年第 4 期，第 70—75 页。

④ 尕藏加：《论迪庆藏区的神山崇拜与生态环境》，载《中国藏学》2004 年第 4 期，第 87—91 页。

⑤ 噶玛降村：《藏族传统文化中的生态观》，载《康定民族师范高等专科学校学报》2005 年第 2 期，第 12—15 页。

环境着手，提出纯粹地依靠知识与技能来保护环境远远不够，还需要人们树立一定的环境伦理观和道德。[①] 需要把生态人类学理论应用到西藏草地研究，[②] 如从青海藏族的生态现状和传统生态知识分析检索，论证本土人群的地方性知识在生态治理中的意义。[③] 有的学者从藏族居民最基本的牛羊粪燃料出发，看到藏族居民资源利用方式的特殊性。[④] 他们的研究尊重藏族文化与生存环境之间的关系，注重的是一种精神层面上的地方性知识，但忽略了藏族为了自身生存和发展的需要，不断地改造其所处自然生态系统而形成与其所属的自然生态系统相适应的技术体系，即藏族传统的生态知识与生态智慧。

我们认为，在一个区域生活的民族为谋求其生存，千百年来形成的与其所属自然生态系统相适应的地方性生态知识，能有效规避该生态系统的“脆弱环节”。当把它投入到该区域的生态恢复建设中，并与现代自然科学技术相结合，对当地的生态建设可以发挥不可替代的价值。事实上，藏族的传统知识在保护三江源水资源方面一直发挥着关键性的作用。

二、藏族游牧“多畜并放”、“转场浅牧”的特殊价值

长江、黄河、澜沧江源头地区通称为“三江源”。[⑤] 在这一区域生活的主体民族是藏民族。历史上的三江源曾是水草丰美、湖泊星罗棋布、野生物种繁多的高原草原草甸生态区，被称为生态“处女地”。[⑥] 该区域内独特的地貌类型，丰富的野生动物类型，多姿多彩的森林与草原植被类型和秀美的水体类型，构成了亮丽的风景。另外，三江源区域气候环境独特，人类活动稀少，许多处在海拔5000m以上的地区，至今仍属无人区。这样的

---

① 王剑峰：《生态人类学视野中的土著传统》，载《云南师范大学学报（哲学社会科学版）》2004年第5期，第6—11页。

② 白玛措：《生态人类学与西藏草地研究》，载《中国藏学》2005年第4期。

③ 马晓琴：《地方性知识与区域生态环境保护——以青海藏区习惯法为例》，载《青海社会科学》2006年第2期，第134—138页。

④ 先巴：《生态学视阈中的藏族能源文化》，载《青海民族研究》2005年第3期，第42—47页。

⑤ 《三江源自然保护区生态环境》编辑委员会：《三江源自然保护区生态环境》，青海人民出版社2002年1月版。

⑥ 陈进福：《三江源区生态保护与建设的思考》，载《青海科技》2006年第6期，第13—15页。

生存背景，既为一些古老物种躲避第四纪冰川提供了天然避难所，也为一些特殊物种免遭近代人类的毁损提供了庇护。

三江源区域是我国最大的产水区，每年向黄河、长江、澜沧江下游供水600亿立方米，[①] 据我国水文部门测算，黄河总水量的49%，长江总水量的25%，澜沧江总水量的15%，均来自三江源区域。特别是黄河，几乎近一半左右的水量得由三江源区域提供。因而，该区域是三江全流域最重要的水资源供给地，这里被誉为"中华水塔"，[②] 名至实归。三江源区域不仅是青藏高原最重要的生态功能区，也是中华大地的生态屏障，是孕育华夏民族的生命之源。三江源区域生态环境的变化，会直接影响到长江、黄河中下游，乃至我国一半以上土地的生态安全及东亚生态环境的稳定。

藏族居民习惯于实施多畜种放牧。藏族居民放牧的畜种有牦牛、黄牛、绵羊、山羊、盘羊、骡子、驴、马等。尽管三江源的高海拔草原，饲草资源相对单一且质地坚硬，但牧草的构成仍然具有一定的多样化水平。而不同的牲畜对牧草的采食又各有偏好。牛、羊在牧场吃草时，是分片区的。它们往往是先把这一片区的草吃了，再到下一片区，等这些草长出来时，又来这一片区吃，这样循环流动。藏族居民实施的多畜种放牧就是为了尽可能让各种不同的牧草得到牲畜的均衡采食。这不仅有利于均衡的消费牧草，关键还在于控制了某一种牧草或因长得过于茂盛，而打乱整个草原牧草的平衡。

藏民深知能够支持草原牧草生长的不是土壤，而是来之不易的腐殖质层，任何一种牧草都只能是在这一层薄薄的腐殖质层中扎根生长。任何一种牧草过于茂盛都会抑制其他牧草发芽生长的机会，最终导致草原产草量的下降，牧草残株的减少，进而影响到腐殖质层的积累。为了使放牧和第二年的牧草培育有效的结合起来，他们就必须得同时喂养多种牲畜。也就是说，他们在谋取生存所需的物质与能量的同时，也在精心地维护着草原生态系统的多样性。如此一来，当然也就做好了维护泥炭层和腐殖质层的逐年加厚工作。

三江源地区由于海拔太高，地下存在着永久冻土层，以至于其生态系统与其他地区完全不同。众所周知，所有的植物，特别是高等植物只有在

---

① 胡玉婷：《三江源地区的生态危机与保护建设战略探索》，载《青海科技》2006年第1期，第10—14页。

② 《三江源自然保护区正式成立》，《人民日报》，2000-8-20。

气温超过12℃才能促进植物正常的生长发育和干物质积累。更值得一提的是不仅地面要达到12℃，地下也差不多要保持这样的一个温度，地下如果低于这个温度，植物的根就不能完全吸收水分和养料，以至于抑制植物的正常生长。然而，三江源地下存在着永久冻土层，致使土壤的温度即使是在夏季也很难维持在12℃。这样一来，即令土壤中有水也有无机养料，但因为温度太低，植物的根系不能正常吸收，故而导致植物很难正常生长。这正是永久冻土层发挥着终极制约作用的结果。所以，在三江源很难找到高大植物，即令是牧草也长得极为低矮，一般在20cm以下，而且，草质极为坚硬很难被牛、羊消化。加上植物的生长周期在一年中只有短短的90天左右，每亩地一年中形成的有机质也就极为有限，因而在三江源养活一个羊单位需要的草场面积往往要达到50—60亩。如果是位于河谷滩涂地带的草场，由于永久冻土层相对较低，牧草生长得较好的可以长到40cm左右，因而牧草较为丰富，比高海拔地区多得多，这样的滩涂地带自然也就成了冬季草场。而海拔4500m以上的高海拔地带，由于牧草低矮，产草量低，只有在盛夏时节才能利用，自然也就成了夏季草场。

生活在三江源区域的藏族居民，都有自己的草场，各村的草场连成一片，并远离村落位置。从海拔3900m的坡脚开始，一直到海拔4500m这一区域，整个山都是草场，当地藏族居民称其为“德青卡”。2010年7月中旬，笔者正在当地做考察，恰逢草场花开时节，有十多种草本植物正在开花。在“德青卡”，除长得有草本植物外，还可能长出一些针叶树。这些针叶树生长的最高海拔点有差不多4470m，海拔最低点也有4420m左右；长得最高的针叶树也仅有2.89m高，而最小的则只有1m左右；最粗的，其胸径也就19cm左右，而最小的还不到3cm。在“德青卡”，海拔4360m至4500m之间，有一小片区域生长着高40cm左右的灌木，当地人称其为“湿热”，主要用来引火和做扫把。在这个季节的雨后，草丛中会长出几种蘑菇，其中，一种是全白色的蘑菇，一般用来食用；而另外的蘑菇则有毒不能食用。五六月份时，在这儿的草甸上还会有少量的冬虫夏草生长。在“德青卡”，除牧民自家喂养的家畜外，还有狼和高原鼠等野生动物出没。高原鼠习惯于在草地中打洞居住，与兔子一般大小，以草根为食。其天敌是狼，羊的天敌也是狼。

考察后发现，三江源地区牧草长得最好的区段显然莫过于黄河的河谷盆地一带。原因是这儿海拔稍低，永久冻土层稍低，而温度又稍高，更关键的是这儿有着更为丰厚的腐殖质层，所以，单位面积的产草量较之其他地方来说要高得多。以此类推，海拔越高的地方，产草量就越低了。如果夏季草场返青的时间推迟，那么他们的放牧策略就必须紧跟季节走。一般情况下，气候回暖后冬牧场肯定先返青，其他地方随着海拔的升高而次第返青。照理，藏族居民应当是哪儿有青草，牲畜就往那儿赶，然而，他们却不会贪恋冬牧场，如果在冬牧场的逗留时间稍长，牧草积累量就不够，下一个冬季牲畜就难以过冬，所以，一旦返青就要转场。随着返青的区段不断地爬升，牲畜也不断地往高海拔区段赶。到了深秋，它们差不多到了最高的海拔区段。这样一来，海拔较低的地方的牧草就得到了更为充分地生长和积累，以便使牲畜能够更好地过冬。不能过于贪恋优质草，而是要抓紧消费劣质草，这正是藏族传统文化对环境适应的最精巧手段之一。原因在于，如果不争取多消费劣质牧草，优质牧草的量就会减少，冬天牲畜就难以过冬，严重的话可能还会导致牲畜大批死亡。从这一策略出发，藏族居民放牧牲畜就成了极为艰辛的劳动，每天要走几十公里，但也只能这样才能使草原产草量逐年递升，在经济获得发展的同时，草原也得到了很好地维护。

藏族居民从藏历四月十日开始上山放牧，八月十几才下山，在山上需要待四个多月。在山上的牧民又分为两种，一种是在山上修筑固定房子的牧民，这种牧民只有牛，而没有羊。牛放在山上，不需要人看管，牛不会跑到很高的区域去，要不然牛会有高原反应。佐通村的藏族居民就属于按这种方式放牧的牧民。他们在海拔 4200m 左右的地方修筑了土房子，土房子只有一层，而且还筑了围墙，形成院子，并在院子里种上青稞。这种青稞是成熟不了的，人不能吃，等它长到半生不熟时，把其割下来储藏，作为牛羊越冬的饲料使用。另一种是在山上搭建帐篷的牧民，他们搭建帐篷，是因为他们有羊，羊放在山上需要人看管，羊要到处乱跑，而且即使羊跑到很高的区域也不会有高原反应。最麻烦的是牧区有狼活动，它们要吃羊。羊如果有人看管的话，狼就不敢接近羊群了。如若没人看管，狼就会袭击羊群。这种牧民需要迁徙，20 至 25 天就要迁徙一次，一年要迁徙 5 次左右。他们每年迁徙的地方都是固定的，而且每户牧民搭帐篷的地方也是固定的，也都有水源。

对牧场而言，不管是冬牧场还是夏牧场都实施浅牧。所谓浅牧就是在放牧的过程中驱赶牲畜快速移动，务使牲畜向偷吃东西一样大口吃食，迅速走开。这样一来，牲畜也就是仅将牧草最鲜嫩的部分取食，从而使得当年长出的牧草至少有30%以上保留了下来不做消费，以便给地表留下更多的植物残株，进而保证地表的腐殖质层逐年不断增加。如此一来，草原也就能越来越好地延续下去。同时，在快速移动的过程中，牲畜的粪便会遍撒于草原之上，这也就成了草原腐殖质层加厚的有机物来源之一。

藏族居民在世代的经验积累中，深切地认识到泥炭层和腐殖质层对草原的特殊价值。因而，他们在生产生活过程中，绝对不会轻易地触及泥炭层和腐殖质层，但同时又得保证牛羊肥壮、马匹成群才能维持正常的生活。于是，藏族传统文化的适应策略表面上看极为粗疏，深思之后才发现，其实质却是如此的精细。

三、草场所有权变迁对草原生态的影响

在我国青藏高原地区，不可持续的土地利用方式，引发了水土流失、草地退化、土地沙化、地质灾害等生态问题。因而，对三江源草场在历史上土地的利用方式进行反思是有很重要意义的。大量研究表明：三江源草原退化到今天这个样子虽然有其历史背景和时代特点，但我们必须吸取前人的经验和历史的教训，并从现在开始就得着手为我们的失误支付代价，以便修复受到毁损的生态系统，做到生态修复与脱贫致富相兼容。在查阅相关文献后，有关三江源草场退化的人为原因，归结起来主要有如下五个方面：

其一，草场所有制的改革。在1957年以前，草原多为当地头人所占有。那时是按照历史的传统，由头人去主持草原的利用。1958年开始建立国有牧场。其后草场的使用权经过多次变更，直到1983年对草原执行牧民“草场包干、牲畜作价归户、定额提留”的牧场责任制。但据我们2009年在玛多县调查的情况发现，草场并没有完全下放到牧民手中，县直各机关仍然掌握有不少的牧场，就连学校也有自己的牧场。而这些所谓的“机关牧场”几乎都是山谷或河谷的“冬牧场”。这里牧草优质，水源丰富，距交通线或城镇又比较近。这样一来，“机关牧场”的牲畜就不用转场到遥远的夏牧场，一年四季都停留在冬牧场里。这样的放牧形式，极大地破坏了草原的利用结构。使得原本是牲畜过冬的栖息地，成为一年四季的放牧地。这不仅减少牲畜的冬季草料，给牲畜的过冬带来了严峻的挑战。最关

键的是，由于在冬季草场长年累月地放牧，使得这里的草原退化十分严重，直接导致草原沙化。一旦草原沙化，地表失去了保护层，高寒冻土层就会向下退缩。这对高原水资源的稳定造成了巨大的威胁。近年来，三江源所发生的各种生态灾变都与这种不合理的草原权属关系有着直接或间接的联系。

其二，“草库伦”的建设。在上世纪70年代的“牧业学大寨”中，从内蒙古草原传入的草库伦建设是造成三江源草场退化的另一个人为原因。据不完全统计，当时玛多县所建的草库伦主要在哈拉滩、擦擦尼却、少角卡拉、吉特昌膀、措哇尕泽、参木措等一带河流滩地，总面积达0.73万公顷。当地牧民告诉我们：“土墙的做法就是用板子先夹好，然后再往里边放土，夯实打紧就可以了。这些土墙都是在附近就地取土。”照牧民的话进一步分析，我们可以下这样的一个结论：这样的取土方式就会把地表的泥炭层或者是腐殖质层给挖出来建构墙体，毁坏了牧草生长的根本依赖，至此之后，牧草再也长不出来了。更为甚者，在把这层永久冻土层的屏障给破坏之后，温度直接渗透到永久冻土层，冰水融化，永久冻土层下陷，水越来越往下流，因而导致地下水位降低，河流、湖泊干涸。地表日趋干旱，牧草无法正常生长，草场沙化也就在劫难逃了。

其三，矿产的无序开采导致了生态环境恶化。民族地区存在着对资源的粗放性开发问题。比如，在资源开发环节存在着掠夺性、无序性与低效性开发现象。在矿产资源开发中，采富弃贫、采厚弃薄现象俯拾即是，而这样做的结果，直接缩短了资源的可持续开采。三江源矿产资源丰富，各种有色金属遍及三江源草原，是我国的一大宝库。合理开发和利用这些资源能够给当地的经济发展、人民生活水平的提高带来巨大的便利。然而，一旦不合理的开采就会给当地生态环境的正常运行带来巨大的影响，不但危害当地经济社会的发展，也破坏了当地的自然生态环境，更是给我国二、三级阶梯地区的生态安全，尤其是水安全带来严重威胁。在查阅相关文献后发现，三江源曾在上世纪80年代大量无节制、无规律地开采黄金、煤矿等，给当地的自然生态环境带来了致命性的破坏。由于煤炭、黄金等通常深埋在永久冻土层以下，开矿就必须挖翻永久冻土层。这样一来，不但地表的腐殖质层给破坏了，永久冻土层也遭到严重破坏，三江源草原生态系统的“脆弱环节”就蒙受了致命的摧残，故而草场出现沙化也就在劫难逃了。

其四，农业的不合理开发。在三江源的一些河谷滩涂地带，藏族居民还是可以种植一些农作物的，比如青稞、豌豆等，这给当地居民的日常生活带来了更多的保障。然而，过度地、无节制地开垦河谷滩涂地带，同样会给当地的自然与生态环境带来巨大的影响。我们在鄂陵湖畔发现大量的黑土滩地，据当地乡民介绍说，这样的黑土滩地不但已经不能耕种了，而且还会污染水质。如今，在鄂陵湖畔到处布满了这种黑土滩地，治理黑土滩地同样成了治理三江源生态环境的重要难题之一。

由于上世纪80年代，有好几十万外地人一窝蜂地涌进三江源开矿。他们要生活，当地人就种粮食、喂牛羊卖给他们。为了便于将牛羊卖给他们，藏族居民喂养牛羊时不再往山上赶，只是停留在湖畔、河畔等冬牧场地区，而夏牧场却没有得到充分地利用。过度地、长时间地占据和使用冬季牧场，如此一来导致了冬牧场和夏牧场极度的不平衡。时间长了就导致黑土滩的出现，而且还严重影响了草原生态系统的平衡。而藏族传统农耕文化追求与自然环境的相适应、相协调，因而，我们必须要尊重自然，谨慎地、有限度地开发农业资源，以确保草原的风化壳和泥炭层不受到冲击，所以，这儿的农耕必须实施轮歇。那种照搬内地固定农耕模式的做法，显然是一个深刻的教训。

其五，“网围栏工程”的生态副作用。鉴于某些专家认定：我国草原退化的主要原因是草场过牧所致，于是，有关部门着手在草原上推行围封禁牧的“网围栏工程”。我国首先从内蒙古大草原开始了规模宏大的围栏，然后蔓延到青海、新疆、西藏等草原地区。到目前为止已经投资了170亿元。但由于这个“围封计划”投资过大，国家无力全部承担，于是政府出台了“三三制”政策，即中央财政出三分之一，地方政府出三分之一，牧民出三分之一。这样一来，中央财政和地方政府可以通过预算划拨就行了，但牧民的三分之一就得靠牧民饭碗里掏了。牧民就只能从银行贷款，为了抵债，牧民就必须出卖大量的牲畜，或者是直接从牧民的每年政府补贴中扣除。这样一来，牧民从以前的富有逐渐地蜕变成了穷人，其所积累的财富，就在这样的围栏过程中消耗殆尽。

围栏也不是完全没有好处，其唯一的好处，就在于解决了牲畜“混群”的问题。长期以来，牧区的牧民在放牧牲畜时，都是混合在一起的，这样一来，牲畜的发情，并不总是在自己所牧养的牲畜群里进行，往往也与别人家的牲畜交配。这样一来，交配所生产的幼仔，往往会有些争论，这在一定程度上引发了牧民间的矛盾。“围栏”以后，各家的牲畜都在自己家的围栏内放牧，于是“混群”现象很少发生，争夺牲畜幼仔的现象获得了解决。

但是，在草原上围栏以后，新的矛盾又出现了。由于将草原按照冬牧场、夏牧场的放牧需要，以人口的多少来划定草原面积。草原面积划定后，就用铁丝网围起来。这样一来，整个草原的围栏就犹如蜘蛛网一般。于是自己家冬牧场与夏牧场不可能连接，总是被别人家的牧场所分割。在牲畜转场时，不免要经过别人家的牧场。要经过别人家的牧场，就得撤毁围栏，踢坏别人家的草地。由此而引发的矛盾并不少于“混群”所引发的矛盾。这已成为牧区难以调解的社会纠纷。

为了缓解这样的矛盾，政府开始在牧区划出牲畜转场的“通道”（围绕草原周边开设通道）。但这样的通道往往不是牲畜转场的捷径，与传统放牧相比，至少要多出几倍的路程。为了实现牲畜的转场，汽车运载牲畜，在草原上成为一个新生的事物。用汽车来实现牲畜的转场，时间虽然较快，但其所带来的后果不仅加重了牧民的经济负担，而且对草原生态也多有不利。首先，牧民使用汽车，不仅需要一大笔钱购买汽车或者是租赁，更要源源不断地购买汽油。牧民放牧所得的收入，差不多都化成了汽车的尾气。其次，这样的转场通道在草原诞生后，沿途的草原风化壳就会被汽车撕成碎片，失去风化壳保护的草原，就必然退化。土地沙化后，一旦起风，沙尘四起，严重地破坏了草原的生态环境，致使汽车所过之处变得寸草不生。

上述五个方面的原因，其实是在经历了漫长的过程后，才被研究者注意到，而在执行这些政策的时候，人们并没有意识到，而仅是更多地看到相关政策的积极作用。因而可以说，青藏高原生态环境的恶化，其实是在无意识中积累起来的，而在没有执行这些政策之前，生态环境之所以能够保持良好，恰好是因为当地的藏族居民凭借他们世世代代积累起来的经验，有节制地、合理地利用草原的结果。而我们在制定相关政策时，却不屑于这种世代积累起来的本土知识的积极意义，这正是我们值得反思的教训。

四、高寒草原的破坏对我国水资源安全的危害

近年来，黄河下游持续断流，黄河上游也出现了断流，生态环境呈恶

化趋势。1997年，黄河断流多达7次，总计断流226天。断流河段704公里，河口300多天无水入海，仅给山东省造成的损失就达135亿元。其断流原因就是三江源区域冰川退缩，土地沙化，源头水资源储备减少。1998年，长江流域爆发全流域性特大洪灾，也与三江源区域植被破坏，地表蓄水能力下降，水土流失加剧等因素相关。在三江源区域，目前已经暴露出严重的生态问题，亟待我们去思考、去解决。

我们知道，在寒漠带的草场结构中，客观存在着一个“脆弱环节”，那就是覆盖在整个草原表层的泥炭层和腐殖质层。所谓泥炭层是早年未被动物消费掉而留下来的植物残株所形成的有机复合物停留在地表，在不断加厚的过程中，微生物又来不及降解它们。于是，底层有机物由于不能直接接触空气，再加上气温偏低而严重脱水，形成了“炭泥”，这些“炭泥”与没有降解的有机物等混合在一起形成了泥炭层。不要小觑这一泥炭层。由于其结构比较酥松，因而可以充当地表和地下永久冻土层之间的绝热层，确保泥炭层以上的地表在夏季时温度可以维持在12℃以上，以便能够维护牧草的根系正常发育。也就是说这个泥炭层的深度越深，植物的根系也就能长得越深。牧草的根扎得越深，对水分和无机养料的吸收就会更多，植物也就生长得更加旺盛。相反的，如果这个泥炭层遭到了破坏，导致地表的温度偏低，牧草的根扎不下去，那么牧草由于得不到充足的水分和养料，因而也就无法正常生长。这将直接导致草原产草量下降。就这个意义上说，我们必须懂得三江源的牧草就其实质而言并不是长在“土中”，更不是扎在“土中”，而是长在泥炭层或者是腐殖质层中。这与外界的人所理解的“土中长草”很不一样，因而，外界的人很难理解这样的泥炭层到底有什么样的价值，但当地的藏族居民对这一点却认识得极为精当。他们深知一旦破坏了这个泥炭层，地表就长不出优质的牧草出来，草原失去了牧草的覆盖，地表就会沙化。而且，这些泥炭层也不是一朝一夕形成的，而是千百年来、千万年来不断积累的产物。一旦毁坏了泥炭层，就等于毁坏了整个草原的生命。一旦草长不出来，牛羊就挨饿，牛羊挨饿，人也就难以存活。

除了泥炭层外，地表还有一层腐殖质层。有泥炭层的区段，其上方有一层厚薄不等的腐殖质层；在没有泥炭层的地方，地表也还有一层腐殖质层。所谓腐殖质层就是植物的残株或者是牛羊的粪便堆积而成的一层土壤有机物结构。值得注意的是，在三江源，由于年均积温太低，植物残株和牛羊粪便很难降解，更是难以彻底地降解。一根草根也许 10 至 20 年还能保持原来的基本样态，即使是牛羊的粪便，也有可能永远不会腐烂，而是形成“粪石”。10 到 20 年后还是能够保持原样，坚硬如石。随处可见的“粪石”，是这儿的奇特生态奇观之一。

腐殖质层的作用和泥炭层一样，只不过腐殖质层更加酥松，绝热性能更好，而且在降解过程中还能散发出生物能，对保持土温能发挥关键性的作用。腐殖质层在三江源分布面很广，以至于腐殖质层成了整个草原的生命线。尤其是海拔在 4000m 到 4500m 的地段，地表解冻的时间只有短短的 40 天左右。即使是解冻了，土温也很低，牧草很难吸收水分和养料。但只要有腐殖质层的存在情况就不同了。它能够吸热，白天可以把地表温度支持到 12℃以上，这就可以支持植物根系的正常生长了。如从这一理解出发，三江源的牧草也不是长在“土上”，而是从腐殖质层中长出来的。腐殖质层越厚，牧草就长得越好、越高；腐殖质层越薄，长出的牧草就越低矮，产草量也就越低；在完全没有腐殖质层的地方，也就可能寸草不生了。腐殖质层不是一朝一夕形成的，它需要地表的植物残株以及动物的尸体、粪便等年复一年缓慢积累，哪怕是 1cm 厚度的腐殖质层都是几十年甚至是上百年积累起来的。腐殖质层一旦毁损，整个草原就会面临荒芜，难以恢复。

最为关键的是，随着泥炭层的破坏，高原寒漠带永久冻土层就必然会升温，地表水就会往下渗透，或者被高温蒸发到大气中去，导致地表水稀缺。但这儿的牧草都是根系很浅的牧草，种子发芽后，如果不能接触水源就会枯死。因而，哪怕是最肥沃的冬牧场，只要泥炭层被毁坏，都会变得寸草不生。如果遇上强风，被毁坏了泥炭层的区段，沙土都会被强风刨出一个深坑，而且不断地扩大，最后造成原先丰美的草场变成了不毛的沙地。在高海拔坡面的腐殖质层被人为破坏后，也会导致这样的情况。目前，整个三江源地区土地沙化严重，其实不是土壤自己在沙化，而是人为地剥掉了土壤的保护层，制造了草原的悲剧。而某些人把罪责归咎为自然原因，这是一种十足的欺骗性逻辑，可以欺骗人，但是欺骗不了大自然。如果不想办法修复泥炭层和腐殖质层，大自然就会一直报复人类，直到人类醒悟为止。

因而，在生态人类学中，将三江源的泥炭层和腐殖质层称为当地生态系统的“脆弱环节”。人类的行为举止如果冲击、破坏了这个“脆弱环节”，那么整个草原生态系统就会彻底蜕变。对三江源而言，一旦触碰了泥炭层和腐殖质层，就会导致整个草原的产草量极度下降、萎缩，甚至寸草不生，进而导致土地的沙化。自然常识告诉我们，一旦出现这样的悲剧，人们得等待上百年才有可能重新利用这样的土地，真可谓“毁之甚易，重建至艰”。同时，三江源的草场一旦退化，那么，可贵的水资源就不会是往下游流了，而是直接蒸发到天空，或者是渗透到地底下，黄河的断流也就会愈演愈烈，三江源地区牧民的生活也会每况愈下。从这一视角看来，草原风化壳和泥炭层不仅是三江源地区的生态屏障，也是我国主要江河的生态屏障，更是我国水资源安全的生态屏障。这个生态屏障的存废，关乎主要江河中下游的每一个人的生活，任何人都不能对此等闲视之。

五、结 语

生态人类学是探讨人与自然相互关系的一种方法论。人类与自然的关系，是相互作用、相互影响的关系，人类对于自然的适应、保护和利用，是这种关系的主要表现形式，人类可以认识自然规律，并根据自然规律开发和改造自然从而求得生存和发展。[①] 因而，生态系统“脆弱环节”的存在，并不代表生态系统就难以恢复，关键在于如何从该区域生活的藏族居民的传统生态智慧与生态技能中找到适用的应对方法。只要办法适宜，生态环境的恢复即使在所谓的生态脆弱地带同样可以收到明显的成效。

我们面对三江源区域生态系统的“脆弱环节”，首先必须把三江源区域划分为无数小区域，从这些小区域生活的藏族居民的传统生计方式入手。这里有许多他们赖以生存了几千年的科学和有用的生态智慧与技能。只有很好地对其加以发掘和继承，并与现代科学技术相结合，才可能避开“脆弱环节”，创造出切实可行的、独特有效的生态救治与恢复措施。而如果完全脱离和无视他们的优秀传统智慧与技能，盲目地进行“文化移植”，生搬硬套外来经验，并滥用不成熟和不完善的科学技术，那么，三江源区域的生态救治与恢复不仅无法做好，而且还会给当地藏族居民带来更大的生态灾难。

---

① 尹绍亭：《人与森林——生态人类学视野中的刀耕火种》，云南教育出版社 2000 年 11 月版。

生态人类学渴望提出一种较为可行的救治方略来，那就是在当地藏族居民中发掘他们传统的生态智慧和生态技能，并借助现代科学技术使这些生态智慧与技能升级换代，以此诱导各民族传统文化面对新的形势和背景，也能完成文化重构，建构起能滚动运行并有助于当地生态复位的新型文化。

各民族地方性生态知识中所包含的生态智慧与技能，就其实质而言，是相关民族对自身与所处生态系统之间制衡互动过程进行认知，并将这些成果积累下来的结果。① 不仅藏族有其地方性生态知识，在其他民族中同样有该民族的地方性生态知识存在。借助各民族的地方性生态知识进行生态建设，不仅能解决复杂的生态难题，而且还能找到生态恢复的便捷途径，避免了繁琐的技术操作。同时，对现代科学研究也具有重要的参考价值，提高现代科学技术的利用效能。采用现代自然科学技术与地方性生态知识相结合的办法在区域内进行生态救治，能更有效地针对该区域自然生态系统的特点，避开该自然生态系统中的"脆弱环节"，在较短时间内找到该区域生态救治措施。当然，地方性生态知识也不是万能的，它具有区域性限制的特征。因而，在民族地方性生态知识的发掘、利用和推广中，要严格把握好其使用范围，避免地方性生态知识被误用。

---

① 杨庭硕：《生态人类学导论》，民族出版社 2007 年版，第 99 页。

项目援助西藏的成就及存在的问题

靳　薇[①]

一、项目援助西藏的调查研究

项目援助是指在财政转移支付之外，对特定的基础设施、社会发展项目进行的专门资金扶持和建设援助。中央政府和各对口支援省市对西藏进行大规模的项目援助，主要始于 1984 年。笔者收集的数据显示，截止 2005 年，在西藏实施的援助项目共 2077 个，援助金额 552.28 亿元。其中包括，在历次西藏工作座谈会上批准援助的大型项目 254 个（包括 43 项江河项目、62 项、117 项、71 项、24 项、7 个重大项目），援助金额 515.21 亿元；对口援助省市及机关企业安排的援助项目 1826 个，援助金额 37.07 亿元。

笔者自 1998 年开始，曾 5 次前往西藏，跟踪调查了 28 个建成项目的经济及社会效益。在西藏 5 个地市发放调查问卷 4000 余份，并对部分援藏干部进行了问卷调查。2008 年完成著作《援助政策与西藏经济发展》（待出版）。

二、援助政策取得巨大成就

和平解放以来，西藏的经济和社会获得了长足发展。中央和全国的支持援助，是促进西藏发展的关键。援助西藏政策取得了巨大成就。

（一）西藏经济总量不断增长，1952—2005 年，GDP 年均增长

---

① 靳薇，博士，中央党校教授，研究室副主任，博士生导师。

12.66%。初步建立了社会主义的经济基础，人民生活显著改善。平均寿命由和平解放前的36岁延长到2005年的64.37岁。

（二）项目援助直接推动了西藏的经济建设，在促进基础设施建设、改善农牧区生产生活条件、推进社会事业进步方面具有显著的作用。

（三）问卷调查发现，西藏城乡居民对生活的满意度较高，总体感受接近“满意”。居民对工作条件、家庭关系和邻里关系、食品种类和数量、就医及孩子上学的方便程度、家庭的经济状况、住房的状况等满意度较高。

问卷调查还显示，西藏民众对中央政府援助西藏的政策有很高的知晓率和良好的评价。在主观感受层面上，援藏项目在改善西藏社会物质环境的同时，形成的繁荣兴盛、平安祥和的社会氛围对西藏民众有积极正面的影响。

三、援助项目的生存现状及效益

对28个建成项目的调查显示，30%左右的建成项目有较好的经济社会效益，50%左右的项目经济运转困难，20%的建成项目经济效益极差、亏损严重，部分已经破产倒闭。

历年援建项目的生存现状大致有几类：

（一）取得良好的经济社会生态综合效益。农林牧项目的综合效益普遍较好，如“一江两河”农业综合开发项目，尤其山南地区的项目建设，效益显著。

（二）勉强维持，形成财政负担。社会发展类项目无法赢利，维持艰难。西藏体育馆、布达拉宫广场、那曲医院住院部等项目社会效益较好，但需要地方财政支撑，经费严重不足；有一些建成项目得到援建资金再一次扩建，但仍处于“建设→闲置→亏损”的循环中，如日喀则市自来水公司、西藏人民会堂。

（三）亏损严重，生存艰难。生产经营类项目普遍效益低下，有一些项目经过努力走出亏损，如昌都水泥厂；有的项目援建完成后立即亏损，目前仍在亏损中挣扎生存，如拉萨市粮油工业总公司，阿里扎仓茶卡硼镁矿；也有的项目无力维持，已经破产倒闭，如那曲羊绒分梳厂。

四、形成援助依赖

数据显示，目前西藏的经济社会运行和发展，在日常行政管理的财政开支、社会基本建设的投资来源、社会管理的人力资源几个方面，仍主要依靠中央政府和内地省市的支持援助。和平解放50余年过去，中央政府计划“通过对西藏经济发展的支援，启动西藏自我发展的活力、动力”的目标尚未顺利实现。

（一）财政援助依赖。对1952—2005年西藏财政收入及支出的结构分析发现，西藏形成了持续的财政依赖。如果没有中央财政的援助支撑，西藏的经济社会就会出现雪崩。

财政依赖主要表现在1952—2005年的53年间：

1. 中央财政补贴的增长速度快于西藏地方财政收入增长速度。中央财政援助年均增长18.81%，西藏地方财政收入年均增长12.66%。

2. 西藏社会经济的运行几乎完全依赖中央政府，中央财政补贴占西藏财政总收入的93.35%，占财政总支出的95.66%。

3. 财政自给率极低。西藏总财政自给率仅为6.54%，有21年的财政收入为净亏损。近年虽逐步提高，但也只在7%左右。至2005年仍低于西部11省区的平均水平（37.83%）。

4. 西藏地方财政收入占GDP的比重仍然较低，2005年仅为5.7%（国家总体水平为17.3%）。

（二）项目援助依赖，主要表现在以下三个方面：

1. 为典型的国家投资拉动型经济。中央政府在1980年、1984年、1994年召开了三次西藏工作座谈会，直接影响到西藏的生产总值指数变化。1980年生产总值指数较上一年增长22.4%，之后逐渐回落，1983年降至-5.2%；1984年生产总值指数快速上升达25.3%，1986年即降为-9.2%；1994年后项目援助的力度加大，维持了生产总值指数的稳定。

2. 援助的项目大部分不能直接创造经济价值，财政负担加重。1984—2005年间援建的8批次987个项目中，市政、社会发展类项目（占投资的16.42%）建成后需要财政拨款维持；交通能源项目（占52.43%）属非赢利的项目，建成后维护和运转需要财政支持；改善生产生活条件项目（占22.55%）不能带来直接经济效益；生产经营型项目（占9%左右）本应成为财源，但普遍效益不佳，往往成为财政负担。

3. 建成项目需要进一步投资来维持。调查发现，几乎所有的援建项目都要求进一步投资，以用于更新设备、维修、添置新设备、偿还借款、充作生产流动资金、发放工资等。建成项目自我积累能力普遍欠缺，生存和发展都需要进一步投资。

继续大规模的项目援助，将出现这样一种局面，国家在西藏建成的项目越多，进一步投资维持这些项目的资金需求也就越大，国家财政负担越来越重，形成“项目援建→西藏民众生活水平改善→中央财政/对口支援地区付钱支撑援建项目→继续援建项目”的项目依赖和投资依赖。

（三）人力资本存量不足。由于受历史和现实因素的影响，西藏的人力资本存量严重不足，大规模的项目援建，更使矛盾突出。

1. 人口受教育水平偏低。2000 年第五次人口普查显示，西藏文盲/半文盲率为 52.87%（全国 9.55%），受过初中教育的人仅为 7.18%（全国为 36.52%）。西藏在业人员受教育程度也低于全国平均水平，国家机关、企事业部门负责人中，文盲/半文盲占 5.56%（全国 0.28%），专业技术人员中，文盲/半文盲为 4.37%（全国 0.15%），小学文化程度占 19.04%（全国 2.06%）。

2. 项目多加剧人才荒。大规模的项目援建，使得技术工人、管理人员的需求加大，人才稀缺的矛盾突出。县及县以下医疗机构配备的新型医疗设备闲置率达 70% 以上。援藏干部在藏工作 3 年即轮换，当地的管理力量欠缺，降低了建成项目生存发展的可持续性。

五、建　议

笔者的研究发现，传统援助方式的消极作用在西藏也有所体现，不仅造成低效和浪费，减弱经济发展和创新变革的动力，而且产生了援助依赖。由于对西藏的特殊性研究认识不足，将内地的社会经济发展模式全盘移植到西藏，导致西藏产生了对中央财政、项目投资的制度性依赖。援助依赖不利于西藏自身能力的成长，不利于形成积极进取的民族自尊，亦不利于国家安全及和谐社会的构建。笔者提出如下建议：

（一）制订援助法律。以法制明确中央政府和地方政府各自的责权利，减少在诸多不确定下双方无序博弈导致的无效和浪费。

（二）建立专门机构。在中央政府设立专门机构，如“援助西藏委员会”，统筹协调援藏工作，避免“援出多门”造成一批奢侈浪费的“援藏纪念建筑”。设立银行或基金会，按经济发展的规律搞经济建设。

（三）建立财政约束制度。财政向公共服务型财政转变。建立财政增长与经济发展的内在联系，建立激励机构，减少无偿无效的财政拨付。

（四）积极探索“西藏发展模式”。充分认识西藏经济、文化发展的特殊性，制订适合西藏的发展战略和规划。西藏的现代化不可能是“工厂遍地、机器轰鸣”的工业现代化，更不可能是“以工业化推进知识化和信息化”的后工业现代化。“政府善治、经济增长、文化发展、环境保护”四位一体的发展目标更符合西藏实际。

（五）加大人力资本投资，尤其要重视初等教育和中等职业教育。

（六）政府退出竞争性生产领域，由市场进行自主选择，促进民间投资和民间资本积累。今后的援建项目应注重培育西藏自我积累、自我成长的能力。

（七）落实科学发展观，重视内源型发展，让西藏民众成为发展的参与者和成果的共享者。

试论西藏文化产业发展的战略转型

——兼论西藏高校参与文化产业打造的意义

王学海　张利勇[①]

西藏将旅游业作为重点发展的六大特色支柱产业之首，虽然产生了良好的经济效益，促进了民族间文化交流和传播，产生了良好的社会效益，但旅游业的进一步开发，也会引发西藏自然生态和文化生态逐渐恶化问题，使西藏自治区经济发展与环境和文化保护之间的矛盾日渐突出。保护好生态环境的同时促进经济的跨越式发展，不仅关系到西藏人民群众生活水平的提高，还关系到维护社会的稳定。所以科学地发展西藏经济，一定要立足西藏实际，充分发挥自身文化资源的优势和潜力，探索新的可持续的支柱性产业，而西藏未来最具优势和潜力的特色支柱性产业将是“外向型”文化产业。大力发展文化产业，一方面可以推进绿色旅游业的建设，更重要的是把具有西藏文化特色和元素的文化产品推向国内外文化市场，做到发展经济和保护生态双赢，这才是更具有现实性和可持续性的文化发展战略。

随着科技的迅猛发展，特别是信息技术与文化产业的融合，文化产业的科技含量明显增强，其相关从业人员的科技素质要求也随之迅速提升。发展西藏“外向型”现代文化产业需要大量高层次的人才，这些人才将主要来自于高等学校。高等学校拥有雄厚的技术人力资源，能为西藏文化产业的发展提供巨大的技术支持和智力支撑。西藏高等学校不但可以为西藏文化产业培养人才，还可以直接参与文化产业的开发与打造，并创造更多的高校毕业生就业岗位，缓解日渐加大的西藏高校毕业生就业压力，并可以促进西藏高校更新办学理念和人才培养模式，提高教育、教学质量。下

① 王学海，西藏民族学院副院长、教授；张利勇，西藏民族学院教育学院硕士研究生。

面就西藏以旅游业为主发展文化产业的局限性、西藏文化产业发展的战略转变和西藏高校参与文化产业开发的意义进行探析。

一、西藏以旅游业为主发展文化产业的局限性和对策

近年来，关于西藏发展文化产业的论文和对策很多，但大都将文化产业的发展看成是促进旅游业发展的手段，认为旅游业发展是西藏文化产业发展的先导和龙头①。但是这种观点将文化产业定位在以旅游业为主的文化产业概念，眼睛只盯着旅游业的发展，文化产业成为促进旅游业的手段，没能认识到旅游业的过分发展对西藏生态的负面影响。

（一）发展旅游业与西藏自然生态保护问题

西藏生态环境异常脆弱，目前虽然加强了生态环境的保护和建设，但从长远来看，形势依然不容乐观。其一，日益繁荣的文化旅游消费活动造成了西藏持续性的环境污染，使人类在西藏的活动超过了有限的生态环境的承载力。其二，对旅游景点所进行的开发，受眼前利益的驱动，完全改变了景点的原始形态，致使一些珍贵的文化遗产不能原生态地被保存和保护在其所属的自然环境和社会环境中，使生物资源退化、文物遭受不可逆转的损害。如阿里地区，由于特殊的高原气候和自然条件，一些景点本已受到雨水风沙严重侵蚀；又加上缺乏垃圾收集和处理设施和一些游客对文物的破坏，② 已引起水土资源退化，这不能不引起我们的关注。

（二）发展旅游业与西藏文化生态保护问题

学者彭岚嘉、陈占彪认为，“文化生态是把人和人所依赖存在的地理环境看成一个人工生态系统，是人类对自然环境适应、加工、改造过程中形成的相对稳定的文化状态。文化生态也就是文化的行为方式、交往规则和生存形态。”③由于商品经济意识的冲击，作为文化产业基本元素的西藏

---

① 王雅男、毛阳海等：《发展西藏文化产业的有利条件及对策探讨》，载《辽宁经济管理干部学院学报》2010 年第 1 期；常凌翀：《全球化视域下西藏文化产业的现实境遇与发展路径》，载《西藏大学学报》2009 年第 4 期；马如龙：《大力发展西藏文化产业的几点思考》，载《西藏大学学报》2004 年第 4 期。

② 蔡海斌、胡波：《阿里旅游文化产业发展的思考》，载《西南金融》2007 年第 10 期，第 56 页。

③ 彭岚嘉、陈占彪著：《中国西部文化发展战略研究》，中国社会科学出版社 2002 年版，第 163 页。

文化已经受到不同程度地改变。主要表现在西藏传统文化商品化、庸俗化，年青一代对西藏传统文化真正积极向上的内涵、价值的继承和理解逐步淡化、歪曲，盲目发展经济的思想意识侵袭了西藏原本善良纯朴的民族道德和习俗。如由于白牦牛稀少珍贵难寻，故出于经济利益的驱动，在纳木错湖边摄影留念所骑的白牦牛都是用普通黑牦牛人工染色而成。这与西藏传统优秀道德明显相悖。照此趋势发展，西藏优秀传统文化会渐渐失去民族文化的风格和个性，特色优势再也难以发挥。这对优秀民族文化的继承、传播和交流造成了极为不利的影响。

（三）积极发展“外向型”文化产业是西藏经济可持续发展的需要

西藏地区的自然、人文生态资源与旅游业的发展相互依存，由于旅游业的快速发展对自然和文化生态存在破坏作用，一旦旅游景点因环境退化而遭弃废，就会严重妨碍西藏旅游业的可持续发展。虽然目前旅游业的有识之士已经开始从可持续发展出发，注重传承、抢救、保护和创新民族文化，积极建设、保护民族聚居地，提出针对旅游资源的具体特点进行合理开发等意见。① 但由于西藏雪域高原的自然环境与其他少数民族地区相比更具有脆弱性，这些措施的实施对西藏来说有区域性和技术性的限制，所以西藏文化产业的长足发展不能仅仅依靠旅游业，而应依托于现代科技手段，针对国内外市场，实施“向外走”的文化产业发展战略，利用西藏独特的文化元素开发面向内地市场的文化产品，创建现代文化产业，同时利用民族文化特色有节制地发展文化旅游。积极发展“外向型”文化产业不仅能以具有西藏特色的文化产品占据广阔的国内外文化市场空间，以取得经济效益，还能促进旅游业的可持续发展以保护环境，做到发展经济与保护生态环境相统一，从而缓解日渐凸显的发展好自治区经济与保护好雪域环境和文化之间的矛盾。因此，西藏文化产业的发展必须实现以旅游业为龙头的文化产业发展战略向“外向型”文化产业战略的转型。

二、西藏文化产业发展战略转型的必要性

（一）西藏文化产业发展战略的转型是西藏经济增长方式转变的需要

由于脆弱的自然生态环境的制约，西藏的第一产业和第二产的发展受

① 邓永进著：《民族旅游研究》，南开大学出版社 2009 年版，第 109—113 页。

到很大的限制，只有第三产业具有较强的发展前景，这也是西藏自治区政府提出的“一产上水平，二产抓重点，三产大发展”的经济发展战略的基本原因。然而西藏地广人稀，总人口不足300万人，其中农牧民又占了相当大的比重，其经济消费能力有限，第三产业的主要支柱就是旅游业，而旅游业过度发展会带来的负面影响众所周知，所以西藏经济发展必须有能够打入内地市场的拳头产品。目前看，利用西藏文化的独特魅力，积极创造适合内地人欣赏和消费的文化产品，打造具有现代科技含量的文化产业，瞄准13亿人口的内地文化消费市场乃至国际市场，应该是西藏文化产业发展的战略思考。故而促进西藏文化产业发展的思路从以旅游业为龙头和先导的战略思考向“外向型”文化发展战略转变，从而带动西藏文化产业的转型，是西藏经济社会发展的必然要求。

（二）西藏发展“外向型”文化产业是继承传扬优秀传统文化和促进民族间文化交流的需要

西藏传统文化中既有优秀的成分，也有落后的部分，其中封闭和保守的因素阻碍着社会主义市场经济的健康发展，另一方面又蕴含着冲破传统束缚，强烈要求开发、开拓的动力，使得我们可以在传扬优秀传统文化和进行民族间文化的交流中，充分利用西藏文化中的积极因素促进传统文化与现代文化的交融，促进西藏文化同其他民族文化的交流学习，促进不同民族文化间的理解，促进各民族间的团结。

在发展西藏文化产业上，可以用外在的现代化技术手段对西藏传统文化的优秀内涵向国内国际进行快速广泛地传播，如把布达拉宫、罗布林卡等名胜古迹风景制成三维立体演示软件，以让更多的由于种种原因无法亲身涉足西藏的人观看、了解西藏的文化风俗。又可以对其中不适应现代社会的内容进行扬弃，充实进时代性的西藏文化内容，挖掘传统文化中的发挥时代活力的潜力，制作出反映现代西藏群众文化生活情景的文化产品等，把保护西藏优秀传统文化与现代技术在形式和内容上充分结合起来，使其在与其他民族间进行文化交流活动中，展现自己文化的活力和汲取其他文化中适于自身发展的营养。

（三）西藏发展“外向型”文化产业是满足国际、国内巨大的文化消费市场的需要

从国际国内文化产业发展趋势和市场前景来看，文化产业已经成为一些经济大国的支柱产业。我国已经加入WTO，根据世贸组织有关规定，文

化产品和服务的出口被纳入服务贸易范围，发展中国家也可以享受服务贸易总协定中的优惠待遇。就西藏历史、文化发展来说，同国内大部分地区及国外如东南亚地区、东亚地区、太平洋地区具有相似的文化背景和文化审美观，这都为西藏特色文化产品走向世界提供了难得的商机。在国内，文化消费逐渐成为国民消费中的热点，并且在沿海、内陆经济发达地区如北京、上海等地，文化产业发展已经形成了较完善的体系和较成熟的市场，这就形成了巨大的潜在市场空间，这也为西藏文化产业在国内发展提供了良好的市场前景。西藏文化具有自身的独特作用，许广智认为西藏特有的传统道德文化中人与自然和谐相处、人性利他等内容，使现代处于竞争性社会中的人们能有机会调整"唯我"心态，[①] 这些特性可能使西藏文化成为全国甚至世界文化市场的一枝奇葩。我们要像云南先把文化产业发展为"云南现象"，继而提升为"云南模式"那样，争取发展具有西藏特色的"西藏模式"文化产业。

（四）西藏发展"外向型"文化产业是促进西藏旅游业可持续发展的需要

目前西藏旅游业的主要问题首先表现在观念保守，依赖国家投入及其他省区援助的等、靠、要思想严重，缺乏开拓精神和创新思维，照搬照抄内地建设模式。其次，与相关产业形成合力不足。[②] 再次，文化旅游产品内涵、制作较为单一，大都以宗教、生活方式和民俗文化产品开发为主，已经渐渐失去了它的神秘性、吸引力，而这种神秘性、吸引力正是文化产品的内在竞争力之一。最后，在开发过程中缺乏文化保护意识，功利思想严重。加上旅游业从业人员素质良莠不齐等原因，[③] 都决定了在西藏不能再无节制地发展旅游业，否则必将影响到西藏未来的可持续发展。我们应着眼于西藏文化产业"走出去"的外向型发展战略思想，扭转以往以旅游业带动文化产业发展观念为以发展文化产业促进旅游业可持续发展战略思想，用文化产业的打造、文化产品的推出弥补旅游业所带来的种种局限。优质的文化产品不但可以起到旅游产业的宣传西藏文化、创造经济价值的

---

① 许广智主编：《西藏传统文化与可持续发展（上）》，中国藏学出版社 2008 年版，第 274—276 页。

② 王小彬著：《经略西藏——新中国西藏工作 60 年》，人民出版社 2009 年版，第 467—468 页。

③ 张晓娟：《西藏文化旅游开发中的问题与对策分析》，载《求实》2006 年第 3 期，第 204 页。

作用，还可以缓解旅游业所带来的种种诸如环境、交通压力等问题，这才是真正做到了可持续发展。

（五）西藏发展“外向型”文化产业是带动西藏相关产业的蓬勃发展，增加就业机会的有效途径

徐浩然、雷琛烨从产业经济学角度出发，认为由于产业关联效应的存在，任何一个产业活动必然对其他产业产生或大或小的影响，实践也证明文化产业发展与经济增长有很强的相关性。[①] 所以文化产业的发展将对相关产业带来大量的市场需求和潜在商机，如广播影视产业的发展将推动家电、电信设备等市场；文化娱乐产业将推动旅游、餐饮、交通、演艺、乐器、玩具、工艺品、照相器材、光碟等市场；广告展览产业将推动咨询中介、印刷设备、装潢设计服务市场等。另外，文化消费的持续增长对文化、教育、旅游、信息等相关产业的拉动作用也将日益明显。

据有关统计，2006 年文化产业增加值约 5123 亿元，占 GDP 2.45%；2007 年实现文化产值 6412 亿元，比 2006 年增加 25.2%，2007 年全国经营性文化机构已建立约 32 万家，形成了由娱乐演出、音像、网络文化、文化旅游、文物、艺术品等为主的文化产业体系，许多地方文化产业增加速度大于经济增长速度，已成为当地扩大就业空间，促进经济增长的重要支柱产业。[②]《文化蓝皮书：2010 年中国文化产业发展报告》认为，2009 年是中国文化产业发展的“转型之年”，“数字内容”作为“重点文化产业”的发展定位正式确立。据最新数据，2009 年的国内消费稳步增长，其中文化消费市场也同样有良好的表现，已经达到了 GDP 40% 的水平。从私人需要、公共需要和出口需要三个方面分析，2009 年我国文化产业国内外市场规模大约为 8000 亿元人民币。[③] 在西藏，文化产业还有很大的发展空间。这不但可以吸纳大量相关专业的高校毕业生就业，还可以为西藏农牧民中的剩余劳动力提供大量就业机会。也可以通过文化劳务输出、休闲娱乐、生产加工、产品包销等文化项目开发，努力实现劳动力动态就业。

（六）西藏发展“外向型”文化产业是维护国家文化安全的需要

随着中国综合国力的提升和在国际社会角色的转变，西方舆论已经很

---

① 徐浩然、雷琛烨著：《文化产业管理》，社会科学文献出版社 2006 版，第 245—246 页。

② 张晓明、胡惠林、章建刚主编：《2009 年中国文化产业发展报告》，社会科学文献出版社 2009 年版，第 57 页。

③ 《文化速递》，载《市场周刊》2010 年第 5 期。

难简单以意识形态划界孤立、批判中国，而是在纷繁复杂的国际事务中，根据不同的语境转换“东方主义框架”和“负责任大国”这两种框架，以期提高自己的“软权力”。[①] 对此，李春华主张在同西方敌对势力和达赖集团的斗争中，要充分利用现代传播手段向国际社会进行反“文化渗透”。[②] 在这方面，我们可以制作出客观展现西藏自和平解放以来在社会、经济方面所发生的翻天覆地变化的文化产品，把其推向国际市场，将铁的事实展现在国际舆论面前，从而维护国家文化和意识形态的安全。

三、西藏高校参与发展文化产业的必要性

（一）为发展西藏文化产业提供技术支持

随着信息化技术的快速发展，其和文化产业及相关产业融合的趋势愈加明朗。向勇教授指出，从国际上来看，文化空间（指相对高密度的文化活动和文化要素的集聚区）出现了新的集聚态势。[③] 现代文化产业生产复杂性程度的与日剧增，参与的各个专业领域人员的不断增多，使得只有把文化产品的开发、生产、营销、管理等环节集中形成完整的产业链，才能产生巨大的经济效益。复杂文化产业模式中的如影视、动漫、网络游戏等生产活动集多种创造性、高端性劳动于一体，仅靠文化部门一家是难以独立组织进行的。高等学校作为文化和科技创新之源，文化产业人才培养基地，是文化产业发展的主要动力之一。我们可以依托高校在人才培养、科学研究和技术开发方面打造一个文化产业发展平台作为文化产业发展的战略基地，为发展文化产业这场战役做好战前准备、战中支持、战后收尾等工作。把技术支持贯彻始终。鉴于此，西藏高校应适应未来发展趋势，多学科地联合起来，组建一支专业性强的文化产业开发团队，从而更好地发挥好科研优势，给予西藏文化产业发展强大的技术支持，这也有利于文化产业外部环境的建设、巩固、加强。

（二）为发展西藏文化产业进行人才培养以提供智力支持

文化产业在本质上是一种知识型产业，掌握高端知识的劳动者是最重要的生产要素。在西藏发展文化产业更需要大量高水平的复合型人才。由

---

① 吴瑛著：《文化对外传播：理论与战略》，上海交通大学出版社 2009 年版，第 144 页。

② 李春华：《西藏文化产业发展探索》，载《西藏研究》2010 年第 3 期，第 45 页。

③ 向勇：《北大论坛——文化产业前沿报告Ⅲ》，新世界出版社 2008 年 2 月版。

于受各种历史的、客观的条件限制，西藏文化产品和服务，不论从艺术水平、科技含量、产品质量上，还是从生产规模、生产成本上讲，都缺少明显的比较优势和竞争能力。其主要原因就是现代科技、经济、管理等方面人才匮乏，在论及西藏文化产业发展的诸多论文中，也都认识到了西藏发展文化产业的障碍之一就是文化产业人才匮乏。充分利用西藏高等学校在专业技术人才培养中的作用，瞄准西藏文化产业转型的需要，培养文化产品的研发、创意、设计、生产、包装、销售人才，培养西藏文化的研究、保护、传承人才，培养西藏文化元素的发掘、翻译、整理等方面的人才，为西藏文化产业的发展提供人力资源的支持。

（三）有助于缓解西藏高校毕业生就业压力

近年来，伴随着西藏高校招生分配制度改革的深化和招生规模的扩大，毕业生人数日益增多，而西藏受经济发展水平和自然条件的制约，现代规模企业有限，难以完全吸纳西藏高校毕业生就业，西藏高校毕业生就业也面临严重压力。解决好西藏高校毕业生就业的前提就是必须要有一个广大的就业市场空间，西藏高等学校积极介入“外向型”文化产业的创建和发展，不但支持了一个新的支柱性产业的发展，同时还可以创造更为广阔的毕业生就业空间。西藏高校要抓住机遇，努力培养、引导毕业生进入该市场就业，从而缓解目前西藏越来越大的高校毕业生就业压力。

试析青海藏医药产业开发模式及问题[①]

李　丽[②]

藏医药是在广泛吸收并融合了中医药学、印度医药学和大食医药学等理论的基础上，通过长期实践所形成的独特的医药体系，迄今已有上千年的历史。藏医药以其丰富的资源、独特的药理作用和治疗方法，成为我国民族医药业中一颗璀璨的明珠。随着我国高新技术、生物技术在医药产业中的广泛应用，在青藏高原上，具有民族特性和资源特色的藏医药民族文化产业获得了前所未有的发展空间。当前，充分发挥中藏药资源在地方经济发展中的积极作用，是我国西藏、青海、甘肃、四川、云南等藏区较为关注的现实问题。因此，2009 年夏，本课题组赴青海，深入到部分藏医药企业和相关部门，对青海省藏医药资源的开发经营模式、藏医药文化遗产保护等方面进行了调查。本文依据调研资料，就青海藏医药产业的开发模式和经验做一简要分析，并对产业开发中存在的问题提出一些对策和建议，以期对我国民族医药资源的开发与保护、促进藏医药产业的发展有所裨益。不妥之处，敬请指正。

一、青海藏医药产业主要开发模式

藏医药学是藏族人民在长期的生活生产实践中与疾病斗争的智慧和经验，也是祖国医学宝库中的一枝奇葩。近年来，随着藏药产业的发展及鼓励引导藏药产业发展政策措施的相继出台，青海藏药在更加广阔的地区得

---

① 本文为2009 年中央民族大学“211”工程项目“青海藏医药产业发展研究”的阶段性成果。

② 李丽，中央民族大学民族学与社会学学院教授，博士生导师。主要研究方向：民族学、藏学、文化产业。

到进一步传播和应用。青海省依托青海生物科技产业园区兴起的金诃藏药、晶珠藏药、大地药业等藏药生产企业，利用冬虫夏草、大黄、红景天、藏茵陈、麻黄、花锚草、麝香、塞龙骨、牛羊骨等高原动植物资源，研发出一批藏药产品，打造出“金诃”、“晶珠”、“三江源”等知名品牌，尤其是在完成 GMP[①] 改造后，青海制药行业生产能力已达到100 亿元，实现了历史性的跨越。

从目前青海省藏医药产业的开发运营模式看，主要有以下三种类型：

(一) 企业产权重组的集团化发展模式

为了适应当今国内国际市场竞争的需要，青海省对藏药产业结构进行战略性调整，按照市场经济规律，以市场为导向，以效益为中心，优化企业组织结构，优化资源配置，培育藏药龙头企业。目前，金诃藏药集团、晶珠藏药集团等都已成功改制，进行了产权重组，形成了产、学、研、医四位一体的龙头企业。

个案 1. 金诃藏医药集团

青海金诃藏药药业股份有限公司位于西宁市生物科技园区中心，是国家科技创新型企业试点单位，国家高新技术产业化示范企业。1999 年 7 月，金诃藏医药集团有限公司通过产权重组，整合了青海省藏医院、青海省制药厂、青海省藏医药研究所和青海省藏医学院 4 家机构现有资产，成为集藏医药产、学、研、医四位一体的国有独资企业。它的成员单位还包括青海 6 个藏族自治州藏医院。在短短的十几年内，将一个只有 20 名职工，仅有 140 万元固定资产的事业单位，迅速增长为资产总额 5 个亿的大型民族医药企业。金诃藏药集团依靠体制创新，充分运用市场机制整合资源，实现了跨越式发展，成为青海藏医药业主体和产业龙头企业。

金诃藏药成功运作的主要经验有以下几点：

第一，把现代化的制药设备和传统的藏药生产工艺紧密结合起来。金诃藏药集团公司通过技术创新，对传统藏药的炮制、生产工艺、剂型进行了前所未有的改造，药品从生产、检测到最后包装已全面采用工业自动化控制系统管理。该公司的药品生产全部通过国家 GMP、GSP 和 ISO9001 三大质量体系认证，目前有 74 个国药准字号藏药产品，其中 25 个产品为公

---

① GMP 是英文单词 Good Manufacturing Practices 的缩写，中文的意思是“药品生产质量管理规范”，是一种特别注重制造过程中产品质量与卫生安全的自主性管理制度。通过 GMP 认证是生产的药品通向世界的“准入证”。

司自主研发的独家产品，12 个品种为国家中药保护品种，率先完成了传统藏药生产工艺与现代化制药科技的标志性融合。其中，有 2 项藏药炮制技艺获得了国家非物质文化遗产称号。

第二，培养藏医学人才，是继承和发展藏医药文化的关键。集团下属的青海藏医学院是经教育部批准设立的全国两个藏医学高等教育机构之一，现已发展形成了拥有研究生、本科、专科、留学生教育、普通教育的多层次办学新格局，十几年来已累计培养了2000 余名高等藏医药人才。由金诃集团投资 400 多万元牵头组织的我国第一套藏医学专业本科（五年制）教材（26 种），现已编纂完成并出版发行，填补了全国统一藏医学专业本科教材的空白。

第三，整理藏医药文献资料。

金诃集团下属机构青海省藏医药研究所长期致力于藏医药文献抢救整理，集团董事长艾措千曾亲自带队，先后带领 20 余位藏医药专家在西藏、四川、甘肃、云南、青海等藏区行程 4 万余公里，先后搜集、抢救、挖掘散落于民间、濒临灭绝的藏医药经典古籍文献 900 余部，整理和出版古籍文献 100 余部。2007 年，青海藏医院藏医药研究所主编的《中国藏医药》杂志创刊，促进了藏医药学术活动的开展和专业水平的提高。

第四，文化营销策略——藏医药文化内涵的符号化。

藏医药的营销过程，实际上也是藏医药文化的传播过程。提高大众对藏医药文化内涵的了解和认知程度，是藏医药培育市场、巩固扩大消费群体的必要条件。金诃藏药集团公司的文化营销策略体现了文化产业的发展趋势。其主要做法是建立规模宏大的中国藏医药文化博物馆，增加消费者的切身体验。2007 年，他们推出以中国藏医药文化博物馆为中心的藏医药文化旅游吸引了大量国内外游客。旅客在旅游过程中，观看藏药的现代化生产过程，亲身感受藏医诊治和药浴，购买藏药，自然成为藏医药的消费者，也扩大了对藏医药文化的宣传。

第五，科学开发利用汉藏药材，保证藏药可持续发展。

近年来，金诃集团以协议的方式与互助北山等地建立藏药材保护区，实行有组织的药材采集、收购及种植试验。金诃集团在青海省内药材主要分布区建立了黄南麦秀林区、互助北山林区、湟中群加林区、海北达坂山林区四个藏药材自然保护区。还投资 400 多万元，在青海湟中县购地 100 多亩，作为重点优势药材人工种植研究繁育基地，为藏药药业的发展和青藏高原的生物多样性保护提供技术支持。目前，人工种植研究繁育基地已取得了良好的社会效益和生态效益。

（二）实验基地+连锁门诊模式

青海民营藏医药企业也在成长壮大。青海省政府支持开发的青海省生物科技产业园区吸纳了不少民营藏药企业。位于西宁市科技生物园区的青海久美藏药药业有限公司就是在国家和地方政府的支持下发展起来的私营股份制企业。该公司的经营模式为临床试验基地加连锁门诊模式。

个案2. 青海久美藏药药业有限公司

公司创办人久美彭措早年出家到青海省黄南藏族自治州隆务寺，在隆务寺闻思院获得了藏医药学最高学位——本然巴。1999年4月，久美彭措满怀济世利民的愿望创办了“青海久美藏药药业有限公司”。

2002年6月，公司在青海省生物科技产业园新建了符合GAP[①]要求的现代化的藏药生产基地，下设有制药、藏医药研究所、藏医门诊部，年产值1.6亿元，年销售收入达3亿元，在藏药生产企业队伍中一枝独秀。2008年初，久美药业提出了“生产基地+藏医药临床试验基地+连锁门诊”的发展思路和运营模式。在西宁生物科技园新建青海久美藏药临床实验基地（久美藏医院），总面积4260平方米。有综合楼1栋，设置100张床位，诊疗科目有藏医肝胆科、心脑血管科、消化科、妇科和相应医技科室，临床实验基地诊所已在2009年5月正式开业运营。公司在青海、西藏、陕西、内蒙古、四川、云南、甘肃等西北五省藏区开始建设久美藏医院诊所。目前已有103家藏医院门诊相继建成并投入运营。公司已逐步形成了“产—销—研”的整体发展体系，藏药产品的市场占有率稳步增长。实验基地+连锁式门诊的模式目前已经取得了明显的经济效益和社会效益。2008年公司销售额1037万元，实现利润65万元。公司还依托久美藏药研究所的研发能力，积极开发新药。开发了治疗艾滋病的新药“久美抗艾胶囊”和治疗糖尿病的新药“久美消渴胶囊”，总投资达9000多万元。

（三）“公司+农户”综合发展的开发模式

随着藏医药生产企业的发展壮大，对中藏药材的需求量也随之增长，有些药材已不能满足企业生产需求，一些有实力的制药企业和有种植愿望

① GAP是Good Agricultural practice的缩写，直译为“良好的农业规范”。所谓GAP基地就是国家GAP管理部门认可的规模化、药用动植物养殖、种植基地，或是加盟于同类相关中药材专营企业的基地，也是制药集团制药原料供应地。

的农牧民，已逐步开始种植中藏药材。目前，青海省药材种植面积大约11万亩，品种较多。种植面积前十位的品种为大黄、柴胡、甘草、黄芪、防风、牛蒡子、枸杞、党参、当归、板蓝根，种植面积达8.13万亩，占总种植面积的73%，其中大黄3.92万亩，占总种植面积的35.6%，占前十位种植面积的48%。由中藏药产业延伸的种植业，眼下发展势头良好，已初显成效。中藏药种植在创造良好的生态环境和人居环境的同时，也取得了良好的经济效益和社会效益。

目前，青海省中藏药材种植所签订的销售合同大都规定了中藏药材最低保护价，这也在一定程度上规避了种植中藏药材的市场风险，解除了广大农民种植药材的后顾之忧。农牧民观念发生了很大转变，从过去传统的农作物种植转变成今日的精细药材种植。一些中小企业也看准了商机，纷纷投入这一产业。

个案3. 青海正源有限责任公司

青海正源有限责任公司1992年成立，从2000年企业转型进入中藏药产业，主要从事中藏药种植和初加工。2006—2009年，该公司实施了国家扶持的重大项目“青海地道中藏药材规范化科技示范种植基地”建设。项目计划总投资为4170万元。项目建设规模为15000亩。品种主要以大黄为主，秦艽、羌活、甘草等为辅。公司采取“公司+农户”的中藏药材经营模式，建立中藏药材规范化种植基地。联合青海省内以及省外的一些有关科研单位，开展了基础性研究工作，并与农户签订合同，按照规范化技术要求，种植收购中藏药材。

公司中藏药材种植基地采取的“公司+农户”模式取得了明显的经济效益、生态效益和社会效益。实现了经济、生态和社会的“三赢”。2008年，采收大黄1460吨，实现产值1170万元。从社会效益看，项目的实施提高了农民收入，使农户比原来种植粮油类作物平均每亩每年可增收100—300元。柴胡、黄芪、大黄等药材种植每亩纯收入在400—800元左右；两年生党参每亩纯收入在2000—2400元左右，是种植小麦收入的10倍。从生态效益看，青海正源公司利用成熟的技术，通过对大黄、秦艽、甘草、黄芪进行人工引种栽培的方法，进行规模化种植，是快速恢复及扩大大黄、秦艽、羌活等自然资源并保持其优良经济性状的有效方法和途径。公司还计划在西宁南山生态区规划建设占地300亩的高原生态观光园。把这里建成具有青藏高原药材生态展览、科研示范、信息交流、引种繁育、技术推广和培训等多重功能的生态观光基地。

二、青海省藏医药产业发展面临的主要问题

在藏医药文化产业蓬勃兴起的过程中，一些问题也逐渐表现出来：

（一）药材资源与藏药产业化发展的矛盾突出

青海藏药产业发展迅猛，近几年出现了50多家企业，原料资源匮乏，已成为制约青海藏药产业发展的“瓶颈”之一，藏药产业可持续发展面临威胁。青海藏药材年需求量在2000—2500吨之间，但年收购量不足1000吨。有的药材，如藏茵陈，因产量大大减少，根本无法满足需求，不得不从省外收购，有些甚至要进口。青海藏药材人工种植面积约11万亩。仅是邻省甘肃药材种植面积的1/10，还没有形成产业规模的GAP种植基地，药材资源种植远不能满足规模开发需要，藏药生产链上没有藏药材供应的主渠道，没有专业采收的机构。青海省藏药产业的发展，在很大程度上取决于青海省中藏药材种植业的发展。

（二）企业经营理念落后，知名品牌稀少

目前，全省共取得国家批准文号的中藏药品种近710个，其中，藏药品种437种，占62%。现有国家工商总局认定“金诃”、“晶珠”、“三江源”等藏药商标为中国“驰名商标”。多数藏药产品还未被市场认可，不能进入《国家基本药物品种目录》，不能列入公费医疗用药和非处方药目录，直接影响了藏药在医院主流渠道的用药，阻碍了企业产品市场空间的拓展。目前，市场销售也缺乏有效的现代化营销网络支撑，多数企业缺乏与省外大企业联合，利用知名品牌发展自己的理念、经营观念落后，限制了企业的发展。

（三）科研投入不足，产品研发受阻

藏药产业作为医药工业的一部分，具有高投入、高风险、高效益的产业特征。目前，国内一些大型医药企业的研发投入占销售额的15%以上，而青海省多数藏医药企业仍采用民间传统的生产方法，研发方面投入严重不足。青海省三分之一的藏药企业无科研机构，具有科研机构的企业大多也严重缺乏科技人才、流动资金和技术开发费用。企业尤其缺乏专业技术人员和药学专业人员，新产品研究开发迟缓，导致企业核心竞争力下降。产品的科技含量和技术附加值低，多数产品剂型落后，多为传统剂型、地

方标准或仿制产品。全省中藏药生产企业拥有的437个品种中，进入《国家基本药物品种目录》的仅有109个，非处方药品种166个，企业长期生产的品种有130余种，真正有市场有销路的药品只有50余种。另外，藏药准入门槛较高。目前申报一个准字号的藏药，需要费用300—400万元。一般企业，特别是民营企业往往无力申报，也影响了企业开发新产品的积极性。藏药生产缺乏标准化，而且具有一定垄断性。相同药理和组方的药品，各自命名，企业之间缺乏合作，互设壁垒，难以形成拳头优势。

（四）藏药产业总量未形成规模优势

由于缺乏对现有的药品品种资源有效、合理、科学的利用，造成投资分散、企业生产规模徘徊不前的现象。虽然，近几年中藏药生产企业得到较大发展，有2户企业销售过亿，14户企业达到500万元以上，但总体规模仍然偏小，行业销售总额排在全国倒数第二位。2008年全省中藏药行业实现工业总产值11亿元左右，约占全省工业总产值的2%左右，年销售收入超过2000万元以上的企业只占本行业总户数的30%左右，而70%的企业规模小、效益低。医药企业要通过国家GMP认证，仅在资金上就需要3000—5000万元的投资。青海藏药企业投资能力有限，亟待运用市场机制进行有效整合，培育以产权为纽带，产销与科研一体化的龙头企业，以提高中藏药产业的核心竞争力。

（五）藏医药消费市场培育不足，“青海藏药”缺乏影响力

影响青海藏医药消费市场的因素主要有二。一是文化隔膜，二是对“青海藏药”的宣传不够。

传统藏医药是青藏高原区域性特征的文化，消费群体主要是藏族群体。由于在宗教、文化、习俗上的差异，使内地的广大消费者、医务工作者，甚至医学专家对藏医药、藏文化基本不了解。藏药对于内地大多数消费者来讲也有陌生感和神秘感。加之企业不够重视运用现代营销手段，市场意识和品牌意识不强，营销体系管理松散，一些藏药厂家在药品宣传中急功近利，利用消费者的好奇心理，一味夸大藏药的神奇疗效，在误导消费者的同时也损坏了企业的形象，影响了藏药生产和销售。另外，在长期宣传和推广过程中，由于缺乏对“青海藏药”的宣传，众多消费者认为藏药就是产在西藏。

三、发展青海藏医药产业的对策建议

当前，青海藏医药产业尚处在起步和发展阶段，增长潜力很大，涌现出若干像金诃藏药集团的龙头企业和众多民营企业，在产业开发模式和企业经营等方面积累了一些成功经验，值得借鉴。为了使青海藏医药产业有长远的发展，必须依靠制度创新、科技创新以及现代经营理念开辟市场，走可持续发展之路。

（一）加强资源保护，建设生态基地

加快青海省中藏药产业的发展，关键取决于藏药材资源的种植和人工繁育的发展。要积极扶持有条件的地方和企业加快GAP规范化药材基地建设，特别是地道药材的基地建设，利用成熟技术和现有中藏药品种资源，加快特色植物沙棘、白刺、枸杞等封育繁殖基地建设，培育藏茵陈、大黄、黄芪、秦艽、贝母、麻黄、红景天等地道药材GAP生产基地，实现青海主流中藏药材的规范化种植，才能保证中藏药产业可持续发展。要结合“三江源”自然保护区建设，建立中藏药保护区和种植繁育基地。在中藏药保护区和种植繁育基地，有步骤、有计划地采取繁殖和培育相结合的方式，定点采集，定时收购，保证中藏药材资源的正常生长。要发展适应现代市场经济要求的大型联合企业，制定优惠政策，鼓励州地市以及县、乡、农（牧）户扩大中藏药材种植面积，发展公司加农户等订单药材业生产模式，实现规模化、集约化发展。金诃藏药集团以及青海正源有限公司的经验具有一定借鉴的参照价值。

（二）培育龙头企业，形成产业集群

可以继续通过上市、兼并、联合、引资嫁接改造等多种形式，集中运用政策调控手段和经济手段促进产业升级，加快医药企业改革和资产重组步伐，培育具有特色的骨干企业，支持有特色产品的医药企业，形成产业集群，发展大医药、大市场，提高青海中藏药产业的整体素质和竞争能力。

目前，青海省中藏药产业已初步形成了以青海金诃藏药、青海三普药业、青海晶珠藏药等为骨干的中藏药产业群体。尤其是金诃药业，从药材的种植到加工、销售等一体化，具备了龙头企业的条件。西宁生物科技产业园区已聚集了数个中藏药企业，在规模上也为产业集群的形成奠定了基础。要充分利用这些条件，加快青海生物科技产业园区向产业集群转型，完善园区内配套服务体系的建设，在基础设施、人才流动、信息共享、金融服务、物流保障等多方面提供良好的服务和支撑。要加强企业之间的联系，细化企业分工，在原材料种植、深度加工、产品研发、销售服务等多方面延伸产业价值链，充分发挥产业的集群效应。

（三）注重研发，打造藏医药文化品牌

要积极引进吸收先进的生产技术，加快传统藏药的二次开发步伐，生产符合当代消费趋势和习惯的新剂型和产品。政府应当在创新资金投入、税收减免、创新平台建设等方面给予企业有力的支持。也有企业提出，希望政府鼓励企业申报准字号药品，给予相应的补贴。

青海藏药产业化，很大程度上取决于市场的认同程度。因此，要积极宣传藏医药文化，努力打造“青海藏药”品牌，必须阐释其文化内涵、价值和意义，突出其个性特征。要在宣传推介青海的同时，大力宣传藏医药文化，带动藏药的生产销售。在企业和市场、消费者之间建立多元的沟通渠道。可以运用博物馆、各类媒体扩大宣传。例如，像金诃藏药集团，建立藏医药文化博物馆、创立《中国藏医药》学术期刊、创建丰富的网络资源等方式。企业自身的文化建设，包括工厂建筑外观和内部装修都突出藏族文化的风格，也是在公众中树立品牌形象、传播藏医药文化的直接方式。

另外，企业的文化活动和善举也是传播藏医药文化价值观和文化内涵的极好方式，往往也会给社会极大的影响，提高藏医药在市场上的美誉度和影响力。例如，企业在抗震救灾、服务社会等方面为社会贡献力量。当然，藏医药文化的传播仅仅靠企业的力量是远远不够的，需要政府的支持和重视。政府应该力争对藏医药的资源、科技、产业进行全面、系统、详细的宣传和推介。

（四）坚持市场差异化的经营策略与实施标准化生产并行不悖

企业要因地制宜，着眼于地方资源特点和传统藏医药优势品种，细分市场，突出产品特色。如金诃藏药集团的主打产品就是治疗心脑血管、消化系统和风湿病类的药物以及特色保健类药品。同时，也要打破技术垄断，准许不同藏药企业生产标准化藏药。在实施标准化进程中增强同行企业之间的竞争与合作。还要注重保护中藏药知识产权，应对国际专利竞争。

（五）培养中藏药技术人才

充分利用青海省现有的中藏药教学、科研、生产等机构的技术力量，多渠道、多层次地对技术人才进行继续教育和培训，开展中藏药研究开发工作，建立科技协作联合体。逐步在集团和企业内部建立各类研究开发中心和信息研究与质量管理部门，培育和发展科技主导型企业。培养造就一批懂藏药、具有现代经营理念、懂管理的企业家来管理企业。切实加大企业人才培养投入，营造良好的吸引人才和培养人才的政策环境，努力营造有利于技术人员从事科技开发和企业生产的激励机制。

四、小　结

藏医药文化产业作为青海省独具优势和特色的产业，在经济全球化和市场一体化的背景下，面临着各种严峻的挑战。必须以科学发展观为指导，积极引导企业走可持续发展之路，以多元化的发展模式促进藏医药资源的保护与开发，注重科技创新，培养藏医药人才和企业管理人才，打造藏医药民族文化品牌，广泛传播藏医药文化，使青海藏医药文化产业的能量充分发挥出来，为地方的经济发展和社会进步发挥更大的作用。

信仰民俗与区域社会秩序

——以青海土族纳顿、醮仪、六月会为例

文忠祥[①]

信仰民俗正、负功能同时兼而有之。作为信仰民俗观念体系核心的鬼神观念从本质上看消极颓废，但无法否认的是，信仰民俗的展演客观上却产生诸多促进区域社会秩序和谐演进的积极功效。“除了民俗信仰有巨大的惰性和顽固性之外，就民俗信仰存在的社会根源而言，还有它赖以生存的土壤，所以还会在一定程度上存在下去。应该承认，民俗信仰是人类在特定的历史阶段中，为了满足生存与发展的需要，特别是心理安全的需要而创造和传承的一种文化现象，在历史上曾产生过某些有益的作用。即使在今天，民俗信仰中的某些部分，如趋吉避凶的民俗心理，某些符合科学规律的禁忌、医疗方法等，还是应该肯定并进行研究、加以发扬的。但从整体来看，古代社会遗留下来的民俗信仰，毕竟是人类社会在一定阶段中的产物，它反映了民众的世界观，具有自己的内在秩序，应该给予认真的研究。”[②] 本文根据在青海土族村落中展演的大型的纳顿节、六月会以及道教醮仪的田野调查资料为依据，尝试探讨信仰民俗对于构建社会秩序的积极意义。

一、土族纳顿节与区域社会秩序

纳顿节，是民和三川土族一年一度的大型民间节日，目的在于庆祝丰收、酬神娱神。“纳顿于每年农历七月十二开始，由一个或几个村庄联合举办，断断续续至农历九月十五结束，主要内容有酬神、娱神的会手舞、

① 文忠祥，青海师范大学人文学院青藏高原文化研究所。

② 钟敬文主编：《民俗学概论》，上海文艺出版社 1998 年 12 月版，第 206—207 页。

面具舞、神舞等。”[①] 自从土族先民的生产方式由游牧开始转向农耕以后，他们借鉴汉族历法，并按照本地气候变化，主题围绕农耕这一核心，总结实践经验，把重要的生产节气确定下来，产生了具有自身特色的农事活动链环，并与农事祭祀相结合，形成了链环式的农事祭祀节日体系。在这个链环上，纳顿以其总括一年的收成好坏的祭祀内涵，报祭今年而祈请来年好收成的祭祀方式，犹如农业生产的界点、农耕祭祀意识的大汇聚，因而从众多的祭祀活动中升华出来，成为独具地方特色、民族特色的隆重节庆仪式，而其前的一些生产、节气临界期举行的诸如春天开耕仪式、夏至嘛呢、小暑和大暑祭祀等仪式与其构成整个链环。围绕农耕节令形成的链环式的农耕祭祀链，构成土族农业文化的重要特点，而且以纳顿这种典型的农事节日表现出来。所以，纳顿并非一个独立的节日，而是一个节日体系，至今仍保持完整的形态。纳顿体系，本身是土族群体一年之中最为隆重、最为重视的节日，也具有调节区域村落内部、相关村落之间秩序的社会功能。

首先，调节人与自然的紧张关系。过去的三川地区农业自然灾害频繁，尤其是旱灾连年发生，间有雹灾等危及作物。在当时生产力水平低下的情况下，尤其是土族先民开始从游牧民族向农耕民族转化的初期，各种农耕技术尚欠发达，自然灾情更难以控制。在无助的状况下，仍然循着传统思维中敬畏自然而崇拜自然的思路，祈求上天保佑庄稼平安，而且在连年歉收的生活中，偶有一年风调雨顺喜获丰收，在连年灾害折磨下的穷苦大众自然欣喜若狂，要起来庆祝一番。庆祝时自然想起了供奉的神灵，将功劳归功于神灵。在纳顿整个过程中，各种形式的祭祀活动日期的选择与农时直接对应。这种时空观念，反映着三川土族根据三川的农时变化而产生的农耕文化，反映他们顺应天时而求丰收的心理状态，反映他们长期观察天气变化而得到的防灾经验。[②] 土族纳顿中祭祀神灵习俗与舞蹈互为载体。作为维系群体社会意识的宗教活动，借助于舞蹈的表现形式，把人们对生活最真实最质朴的情感，倾注于宗教活动的信念中，以对付不可理解的自然现象而导致的自然灾害。为了缓解恐惧、痛苦和沉重压抑的心理负荷，通过假设的宗教偶像在舞蹈的激烈氛围里，力图企盼与大自然的客观

① 文忠祥：《三川土族“纳顿”解读》，载《民族研究》2005 年第 3 期。

② 文忠祥：《民和三川土族“纳顿”体系的农事色彩》，载《青海民族学院学报》2005 年第 4 期。

世界和迷茫中的精神意识相互沟通，获得迷惘失望中的一种虚拟征服感，从而给人以生存的希望和信心。在无法控制自然的状况下，暂且不说其有用与否，通过各种仪式活动在客观上调节了人与自然紧张关系是毋庸置疑的。

其次，纳顿在不断调节人与人之间的关系。过去，三川地区的农业生产大多是旱作方式，少有的部分水浇地也是依靠沟岔间的几股不多的溪水、泉水来灌溉。而民间修渠引水并非一家一户之力所能完成，也并非一家一户想引水灌溉就能实行，需要一村一庄的集体联合。以“牌头”为首，组织人手进行联合工作，负责分配水分、维修水渠和村庄道路、勘察本村地界、田间管理，并协商处理与邻村间的事务或纠纷。过去，村庙是村民的集体的精神庇护所，也是凝聚一个村庄最有力、最实用的工具。通过神灵的名义，牌头组织民众进行区域社会自我组织，良性运行。每年由公众选举产生一个纳顿的组织实施班子，由他们负责一年的事务。这个班子中，最高领导为“大牌头”，其下有多名“牌头”或“总家”、“土饶其”。一般产生的方法是，每个家族轮流担任唯一的大牌头的角色，再由每个家族内部轮流推举一人担任牌头的角色。通过轮流，形成家家有份、轮流坐庄的势态，每个家庭都会积极配合纳顿组织者开展工作。家族作为土族社会中一种很重要的民间社会组织方式，发挥着维持社会秩序、凝聚团结的重要作用。

“在中国式的神圣空间里，不仅需要礼节、礼仪之类庄严肃穆的活动，也需要欢腾的表演；既需要象征性地表达与重建社会生活的秩序，也需要夸张地体验生活的乐趣和发挥真实的性情。”① 纳顿就是如此。纳顿会手舞因为最直截了当地渲露情感，并使人与人之间的种种情感最能相互传导，最能深切体验，舞者得到身心巨大的满足和快感。面具舞通过舞者与观者共同的心理过程的共振，舞者以一招一式来表现面具的内涵，而观者通过观看，在内心中对面具的内涵进行复现。这样，在一次次具体的舞蹈过程中，一次次地将深藏于心中的那种情感得到重温，得到升华，得到提醒，得到凝结。纳顿特别有益于唤醒人们种种深蕴的潜意识，并把它导向人的自我认识和人与人之间的相互了解。在纳顿节会手集体舞中，因一年来发生矛盾的村民在这一天和解了，每个参与者都积极发挥个人才能，保护村

① 刘铁梁：《村落生活与文化体系中的乡民艺术》，载《民族艺术》2006 年第 1 期，第 40 页。

落集体荣誉，纳顿成为化解族内矛盾、凝聚全村的有效手段。

第三，调节村落与村落之间的关系。土族社会从畜牧业向农业过渡后，在稳定的村落居住环境和农耕生产条件下，在生产、生活方面的许多重大问题上，出于一种实际需要，村落之间共建一座庙，同供一尊或几尊地方神，以庙会的形式将民众聚集起来，借福神的威严来调解民事纠纷，裁决和安排浇水、祈雨、田间管理等与民众相关的各项农事活动。而且，在现实中，通过纳顿节的联合组织、表演等互动，加强了村落之间的联系，调节着村落之间的秩序。

目前，纳顿正以一种勃发的状态，发挥着维系功能、教化功能、联系社群功能以及经济功能，巨大地影响着土族社会。

二、道教醮仪与区域社会秩序

土族社会中，道教醮仪一般在认为集体或者家庭有比较大的危机时举行。与民间巫术的仪式相比较而言，道教祭仪更正规化，宗教色彩更加浓厚，祭仪场面更加宏大，持续时间更长。这样，实际上经济花费、需要参与的人力、物力更多，故一般首选是采取巫术形式来解决问题，在巫术看来无法得到圆满解决的情况下才举办道教醮仪。因此，一般举行频率较低。现以W村于2004年举行的醮仪为例，说明土族地区道教仪式展演与区域社会秩序的关系。

该仪式举行时间为2004年腊月十六到二十二，为期七天。组织斋醮仪式的理由是，村庄有了灾殃，如果不及时禳除，还会作祟，继续危及村内人等安全。因此，大家商议全村集体举行斋醮仪式，以祈福禳灾，获得平安。

仪式中的程序和各种仪轨如下：第一天，基本是准备时间。要准备幡杆、书写醮条及对联、“告示”，布置斋醮场所。第二天，请醮升幡，约庙行香（到庙里降香）。第三天，上表。上报玉皇大帝举行本次仪式的一切事宜，说明举办原因、意图等。在早上念颂《救苦忏》。第四天，上表，上救苦表，请救苦爷、地藏王菩萨等神灵。早上念《三元忏》。颁简，为所有亡魂向上上报超度，晚上举行消灾灯灯筵。带宝，召请各路亡灵，为其颁发冥钞府阴钱。第五天，诵经一天。早上念《雷祖忏》。第六天，炁邪，驱赶毛鬼神，捉拿收拾各路恶灵，并补穴奠安，架起干坛。晚上举行亡升灯灯筵。第七天，回醮，送神，结束。

本次斋醮要达到的目的是：“伏祈——经功恩力，释罪降福，圣光普照，瘟疫远遁，灾害不生，虫蝗殄灭，口舌消散，火盗不侵，山家龙脉顺稳，土炁神煞回宫，八煞自消，四季静和，八节康泰，人口安宁，子孙繁衍，六畜兴旺，人寿年丰，出门见财，进门见喜，内外庆吉，财源茂盛，各行各业吉星高照，万事如意！再祈——冥阳两利，存殁沾恩，生者禄马亨通，亡者超升仙界快乐无量，二六时中，吉祥如意，大吉大利！”

综观土族醮仪，有以下几点在调节村落内部人与自然、人与人的关系，协调区域社会秩序。

第一，调节人与自然的关系。醮仪中供奉的神位有，天龙三界十方万灵主宰虚空过往纠察一切神；值年太岁至德尊神，三百六十土府，七十二神煞；清源妙道护国崇宁真君川蜀大帝威灵显化天尊（二郎神），本寺寺主、锁脚大帝，摩羯龙王、山神土地；本村合庄三代宗亲之魂、合庄本音祖父母先考妣正魂、合庄左右屈死老幼等魂。这里，划分为普遍神灵、地方神灵、本村魂灵三个层次。民间将自然人格化为神灵，实际反映的仍然是人与自然的关系。这里列举的神灵，有些是被用来帮助道士构建神圣空间，协助“抓鬼”降服恶灵，如山神土地是被祭祀的对象，以免除现实生活中破坏环境的“罪责”，而各种层次的魂魄也是需要安抚的对象，祈求他们不要再危及生人。通过安置被污染的圣泉及龙王，安置被破坏的山脉，安置地煞，捉拿了危险的鬼灵，安抚了本村亡魂，与各路神灵取得了交好的沟通，并为以后的安全着想设立了雷台。通过这些仪式活动，让全村的民众从心理、行为上的紧张、焦虑、不安全转换到了舒畅、安心、平和的状态，顺利完成了从一种状态到另一种状态的过渡。人们的生活又进入了常态。客观上，是利用各种手段清除村落内不洁因素的过程，意在通过清除不洁因素将村落环境转换为洁净的环境，创造让民众安心、安全的生活、生产的理想状态，建立一种和谐的社会生活秩序。

第二，统一观念，建立村落内部趋同的意义模式，归根结底也是建立一种思维秩序。村落集体性的斋醮仪式向村民直接地传达了“神”的谕示信息，让人不再游离于模棱两可的信仰状态之外，集中地体现了人与神之间的内在联系，显然有助于社区内的信众确立一种趋同的意义模式和思维惯性。比如斋醮仪式的目标，就是要通过地方神“口谕”的形式，总结过去村民对于村内环境的破坏，并严厉警示族人不能再破坏村落环境，借此机会促成修缮已经毁坏的“崩康”、恢复已经污染的被认为是村内“龙脉”的泉水的清洁环境，达到保护周围环境的效果。最值得注意的是这种神谕传递和强化了一种将信仰空间“禁忌化”的信息：村境空间的分割是有神圣与世俗的边界的，混淆或突破这种文化空间的界限不仅意味着对神灵的意志的侵犯和亵渎，而且意味着对社会秩序乃至宇宙秩序的扰乱与破坏，因此必然要遭受到神灵的严厉的惩罚。

第三，规范行为，将全体村民纳入一种社会秩序中。布朗指出，巫术或宗教的仪式“给以自信、安慰与安全感，同样也可以论证说它们给人以恐惧和焦虑”。[①] 并说，“仪式是人们与某种社会地位相适应的诸多情感的规范化（秩序化）的表现形式，因此可以用仪式来重新规范化和重新理顺人们的情感。我们可以这样说，在人们参与仪式活动的过程中，具有一种教化（培养）个人情操的作用，而这种个人情操的保持，则是社会秩序赖以存在的基础。”[②] 土族的斋醮仪式将每一个村落成员都带入仪式情境之中，自仪式开始，不管是否相信真的有神灵，不管是否愿意，都要为斋醮仪式服务。全村动员起来为斋醮仪式的气氛所感染，即使平日不相信神灵的年轻人也振奋精神，参与到仪式的组织实施中来。在捉鬼驱赶毛鬼神时，全村无眠，等待、配合整个仪式的举行，全村人的步调都与斋醮仪式同步。仪式过程中，每个人丧失了“自我”而被集体意识“集体化”了，集体情感得到极大的培养。而卡西尔亦指出：“禁忌体系尽管有其一切明显的缺点，但却是人迄今所发现的唯一的社会约束和义务的体系。它是整个社会秩序的基石。社会体系中没有哪个方面不是靠特殊的禁忌来调节和管理的……取缔它就意味着完全的无政府状态。”[③] 土族的斋醮仪式其实就是一种积极地设定和宣告空间禁忌主题的典型的“文化表演”行为，它通过“激活”内化于村民历史记忆之中的神灵崇拜与风水信仰的权威力量，来加强社区的自我认同感，消解潜在的利益冲突，以保证社区信仰空间的边界不受侵犯以及社会文化秩序的稳定性。然而，这种仪式的禁忌，显然并不完全是消极的，它在禁止的同时也在指导，让人强烈感受到神灵崇拜

① A.R. 拉德克利夫·布朗：《禁忌》，史宗主编：《20世纪西方宗教人类学文选（下卷）》，上海三联书店1995年版，第117页。

② A.R. 拉德克利夫·布朗：《禁忌》，史宗主编：《20世纪西方宗教人类学文选（下卷）》，上海三联书店1995年版，第114页。

③ ［德］恩斯特·卡西尔著：《人论》，甘阳译，上海译文出版社1985年版，第138页。

与风水信仰的交织所产生的道德教化力量。卡西尔又指出："禁忌体系强加给人无数的责任和义务，但所有这些责任都有一个共同的特点：它们完全是消极的，它们不包含任何积极的理想……它警告要提防危险，但它不可能在人身上激起新的积极的即道德的能量。"① 而我们在这里看到，表现禁忌主题的斋醮仪式在强化道德规范方面充分显示了信仰的威慑力量。

第四，凝聚人心，强化合作精神。目前的土族社会中，由于从事于民间组织机构中的角色是轮充制度下产生的，具有社会强制性但没有任何报酬。在商品经济的冲击下，对于安排充当的民间信仰仪式中的角色，在执行、维护组织目标、维护民间信仰的价值观方面产生了微妙的消极对待的现象。其实就是对组织的严肃性、神灵的威力等产生了怀疑的表现。目前，在民间信仰的"威力"下维持的民间社会的秩序正在受到挑战，也是我们应该考虑在民间信仰之下维持的秩序遭到解构以后，民间社会应该用什么力量来维持起正常运行的秩序？因为国家政权力量在村落中维持社会秩序的功能在土族社会中由于其经济、历史文化等原因，是极其薄弱的。但是，醮仪，一定程度上整合了全村得以调动的资源，把涣散的人心整合得紧密了。诸如斋醮仪式中的补穴奠安、安置泉神等风水仪式，代表着举办者们的一种"主动的诉说"，存在于另一世界的神灵或祖先常是被动的"听者"，他们是否真正领会诉说者的意愿我们是可想而知的。然而在仪式中神灵或祖先仿佛就在斋醮仪式"现场"，倾听诉说者"主动的诉说"，因此他们的意志仿佛也获得有效的展示与张扬。这里，法拉的口谕传达的当然是神灵或祖先的意思。因此，当法拉向民众传递导致村落危机的有关被破坏的风水事项时，民众的神灵信仰及风水信仰都被重新激发并经过本次最新的"刷新"得到了强化。而民众在这种仪式性的神圣启示或道德劝诫之下，尤其是那些曾经破坏了风水、污染了圣泉的人们，形成了关于风水信仰和神灵信仰的较为稳定的价值判断和信仰心态。可以说，斋醮仪式充分展示了神灵崇拜与风水信仰的情景交融，也借此有效地规范着民间社会的各类风水实践活动和世俗的生活秩序。斋醮仪式深刻地揭示了交织在一起的神灵、祖先崇拜与风水信仰在文化整合与秩序重建中所具有的规范、约束功能。是否可以这样说，受民间顶礼膜拜的神灵透过神秘的斋醮仪式已充分展示了自身的"信仰力"和"道德力"，对个体因为风水信仰而引

---

① ［德］恩斯特·卡西尔著，《人论》，甘阳译，上海译文出版社1985年版，第138页。

发的心灵困顿及道德失范也起到了纠偏的功效。是以风水信仰和神灵崇拜相结合的形式，推动并强化了传统道德规范的“禁忌化”、“形象化”。它一方面明确了体现着风水崇拜和神灵信仰之混合的神圣空间——村落神圣空间的边界的不可侵犯性，另一方面也借助这一神圣空间的捍卫来唤起并强化人们在处理世俗生活和关乎村落神圣空间的风水信仰关系时必须信守的社会道德秩序。

三、六月会与区域社会秩序

“六月会”是青海省黄南藏族自治州隆务河流域藏族、土族人的全民性节日。届时，自农历六月十六至二十五期间，50 多个大、小村落陆续举行盛大的仪式，将最好的供品、最美的舞蹈献给神灵，祭祀神灵、预祝丰收。仪式内容主要包括祭祀山神、献祭、舞蹈等，尤其以类型多样的祭祀舞蹈影响很大。用舞蹈敬神娱神是“六月会”的主要内容。①

第一，沟通人与自然的关系。六月会与前述纳顿节同属于农事祭祀活动，区别在于预祝丰收和庆祝丰收。所以，六月会同样具有通过神灵崇拜，沟通人与自然的关系，为人们的生产生活提供精神寄托的心理秩序。他们通过祭拜各个等级的山神、被地方化的汉地二郎神等求得心灵的慰藉。同时，也是通过祭神的时间点，来突出农事的时间节律。

第二，规范村落内部秩序。“在六月会仪式中，代表神的法师和膜拜神的部落成员发出同样的喊叫、踩着同样的节奏、做着同样的舞姿，群体中不同性情、不同背景、不同年龄的成员在共同的仪式场域中、在共同的膜拜对象前趋于一致，体验着人神共舞的和谐；在这种和谐中重温着统一的集体生活、表现着强大的部落群体力量。这便是六月会对隆务河中游谷地部落式农耕村落社会所具有的实质意义。”② “‘六月会’时，土族四寨子中的年都乎的千户——土把总要讲话，每讲必谈到部落的历史，必强调部落的祖先和部落内部的团结。可见，无论是历史上还是今天，‘六月会’

① 具体仪式过程可参见刘夏蓓：《青海隆务河流域的“六月会”及其文化内涵》，载《西北民族研究》1999 年第 1 期；薛艺兵：《青海同仁六月会祭神乐舞的结构与意义》，载《艺术探索》2003 年第 1 期。

② 薛艺兵：《青海同仁六月会祭神乐舞的结构与意义》，载《艺术探索》2003 年第 1 期。

都起着维护部落情感、加强民族亲和力的作用，是一条不可多得的精神纽带。”[①] 保安村在六月会清晨煨桑结束后，全村男性民众在村庙中集中，由法师主持，对于自去年六月会以来一年间村中发生的各种事件进行总结，对于好的加以鼓励、表扬，对于不好的现象进行谴责，对于一些尚未解决的村内纠纷也进行评判、解决。六月会对于凝聚村落、规范村落秩序的客观效果极为明显。而且，“农业文明下的个体生产方式，使人们需要用节日来补偿个体的孤单感并创造男女交往的机会和条件。于是高情感欢聚的‘六月会’应运而生。‘六月会’十分强调全村人的团圆聚齐，人们必须放下手中的活计，在外工作的人则从远道赶回来过节。”[②]

第三，强化村落之间的和谐秩序。在村落的舞蹈表演期间，不断有邻村的法师和长者前来会场道贺，与本村的法师一同作法煨桑，敬神娱神。作为土族村落的年都乎村六月会上，每年有藏族村落四合吉的法师和群众前来道贺。此外，年都乎村，实际包括几个自然村落，通过六月会对几个自然村进行有序的整合。

四、结　语

民间信仰在土族历史上既发挥动员社会、凝聚人心的社会功能，也承担维系社会秩序的作用。民间信仰在目前仍然具有其独特的、无法取代的社会功能，只要合理转换，在一定程度上可以促使社会生活形成健康的发展机制。保持民间信仰历史沿革的连续性，发挥其对民众生活的提升与引导作用，是当前民间信仰研究的当务之急。如何做好传统与现代的转型，不能毫无批判地接受民间信仰，也不能全盘否定，要以理性的精神来判断和选择。在新旧结合的过程中，既要注重立足传统，又要面向现代，要有一个选择消化的过程。因此，要善于利用民间信仰的形式，用一些与时代相一致的新的价值观念，对其合理因素进行“移易改造”，在批判糟粕的同时，赋予其积极的价值观念。例如把对山神崇拜改造转化为保护山林，保护环境的价值观念；自然崇拜中的水崇拜等改造转化为生态伦理价值观念；祖先崇拜改造转化为尊老爱老的伦理价值观念等。让从事民间信仰活动的本民族人员，积极整理、发掘已有道德规范、文化资源，并就时代的

---

①② 刘夏蓓：《青海隆务河流域的“六月会”及其文化内涵》，载《西北民族研究》1999 年第 1 期。

发展，整理伦理资源、道德资源，提出如何为社会发展提供更有力的支持，与社会发展相协调。土族社会中，各种宗教形式同样和谐共处，土族民众对于各种宗教兼容并蓄，为了民众内心的安宁，社会和谐发挥了一定的积极作用。而且，多种宗教形式的共存共生，本身就是一种和谐的表现。

云南：活动的边疆

林超民[①]

云南是中国的西南边疆，与缅甸、老挝、越南接壤，有4060公里的边境线。今天的云南边疆是历史上逐渐形成的。从汉武帝元封二年（公元前109年）在今云南设置益州郡以来，2000多年的历史中，云南的边界一直处于变动不居、活动不定的状态。今天云南的边界是帝国主义列强侵略东南亚诸国，蚕食云南边境，清政府妥协退让形成的。云南因失去藩篱，由堂奥（腹地）变成了边地。

云南在中国历史上具有重要的战略地位。云南是中国族类最多的省份，也是跨国境而居的族类最多的省份。云南是东南亚的一部分，处于东南亚的北面，居高临下，是东南亚湄公河、红河、伊洛瓦底江的发源地，与东南亚诸国有相当密切的联系，是利用东南亚资源与市场最为便捷的地区，经过缅甸可直达印度洋。滇缅输油管道的建设，可以避开传统海运路线上马六甲海峡这个易被人控制的咽喉。

在历史上，云南曾经极大地影响过中国的统一和发展。研究云南在中国历史上的地位，回顾云南边疆发展与形成的历史，对于当今维护国家统一，保卫国家安全有重要的意义。

一、云南在中国的历史地位

卢汉为《新纂云南通志》所作的序言中说："云南，古荒服地，素称僻远。然俯视中州，雄踞上游，有高屋建瓴之势。自庄蹻王滇，以始皇之强不能夷为郡县。汉武当全盛之时威震四夷，乃得抚而有之。武乡侯将北

---

① 林超民，云南大学副校长，教授。

征，必先定南中，一为根本。迄于有唐，四裔宾服，中叶失驭，遂使南诏称雄，凌铄巴蜀，宋不敢有。论者惜之。元人问鼎中原，首取云南，以厄其背。明小腆亦据之以延祚这十余年。云南虽僻远乎，语其形式，关系大局之重，为何如也。民国以还，护国之役，尤以一隅系全局安危。抗日之师，亦以云南为反攻基地。历观往事，云南讵可妄自菲薄哉。昔长白英奎序光绪《云南通志》谓滇为大有为之地，志亦大有为之书。允哉斯言。”这段话概括了云南在中国历史上的地位。

云南是在秦楚相争统一天下时被发现的。云南虽远在西南一隅，但与中国的统一息息相关。秦夺取巴、蜀，以为夺取天下的基地之一。楚国意识到失去长江上游的西南必危及王国的安全。派庄蹻率大军溯江而上拼死护卫楚国西南大门，不料动作迟了一步，抢得先机的秦国沿江而下，直捣楚国后门，楚国随即土崩瓦解。可是楚国大将庄蹻却在云南高原上，征服滇国，成为滇国之王。

汉武帝统一天下，为断匈奴右臂派张骞出使西域，意外发现从蜀通往印度的“蜀身毒道”，为打通“蜀身毒道”发现了西南夷。建元六年（公元前135年）唐蒙使南越归，上书请求通夜郎，即命唐蒙出使夜郎，约为置吏，属犍为郡。试图以夜郎为基地沿南盘江—珠江而下夹击南越。元鼎六年（公元前111年）即平南越，驰义侯率兵经略南夷，设置牂牁郡。

元封二年（公元前109年），汉兵临滇，滇王出降，设置益州郡，下辖24县。益州郡的建立推动了大一统的汉帝国的发展与巩固。

三国时，云南为大姓雄踞。孙吴政权、刘汉政权都意识到云南在统一天下中的作用，尽力联络、拉拢、扶持南中大姓。为此，诸葛亮不得不在建兴三年（公元225年）率大军南征，平定投靠孙吴的大姓，扶持拥护刘汉的大姓，调整南中郡县，设置徕降都督统领南中，利用南中的人力物力，为统一天下奠定了基础，创造了条件。

唐朝初期支持南诏统一洱海区域，稳定西南，制约吐蕃，促成大唐天下一统。因边吏与朝臣处置失当，导致天宝年间唐朝与南诏的西洱河之战。战争以唐朝失利告终，加上“安史之乱”的闹腾，唐朝陷入危机之中，宣告盛唐的终结。吐蕃势力一直是唐朝最头疼的边患。为对付吐蕃，唐朝联合南诏，于贞元十年（公元679年）与南诏在点苍山会盟。南诏弃蕃归唐，实现了唐朝断吐蕃右臂、合围吐蕃的战略，彻底改变了在西部边地的被动局面。唐朝后期，南诏不断骚扰唐朝西南边境，“咸通以来，蛮始叛命，再入安南、邕管一破黔州，四盗西川，遂围卢耽，召兵东方，戍海门，天下骚动，十有五年，赋输不内京师者过半，中藏空虚，士死瘴疠，燎骨传灰，人不念家，亡命为盗”。为对付南诏，唐朝不得不派重兵在西南屯戍，因府兵制败坏，屯戍士卒思乱，庞勋振臂一呼，倡戈横行，兵连不解，唐遂以亡。《新唐书·南诏传》说“唐亡于黄巢，而祸基桂林”。此论欠妥，但南诏在唐朝兴亡中的地位与作用不能不令人深长思之。

南诏亡后36年，段思平建立大理国，又28年（公元965年），宋灭蜀。宋王朝因北有“大敌”，无暇顾及西南。鉴于南诏给唐朝带来诸多麻烦，宋朝的政治家和史学家错误地认为，南诏是使强大的唐王朝灭亡的重要原因之一。所以，一直对大理采取防范的政策，甚至编造出“宋挥玉斧”的神话。尽管宋王朝限制与大理政权的交往，但是大理政权始终与宋保持着经济、文化的联系。大理国始终奉宋朝正朔，使用宋朝历法。大理国依然使用汉字，士人多习汉文经典。

宋王朝消极地汲取“唐亡黄巢，而祸基于桂林”的教训，为集中全力应对来自北方的威胁，对大理国采取不进取亦不排斥的和平共处原则，不采取军事行动、不开展政治活动、仅只保持经济文化的交流，对双方的发展不无益处。但是，宋王朝忽视大理国的战略地位亦大吃苦头。蒙古大军轻而易举地占领大理后，宋王朝顿时陷入腹背受敌的危局。蒙古人利用大理的物质资源与爨、僰军，从云贵高原挥师东进，宋王朝的灭亡也就无可挽回。宋灭亡的原因是多方面的，但其立国以来一直忽视大理，没有在大理建立有效的政治、军事体系无疑是重要的因素之一。

公元1252年（宪宗二年）忽必烈率师征云南，1253年蒙古军攻克大理，先后平定云武城八府三十七部，军进而占领安南。蒙古军以云南为基地，从云南和安南两路出兵，敲击南宋的背部，形成钳形夹击之势，最终灭亡南宋。蒙古军攻克云南利用云南的人力物力灭亡南宋，不能不说是统一中国的经典战例。

朱元璋认为：“云南自汉以来服属中国，惟宋不然，胡元则未有中国，已下云南。近因彼肆侮朝廷，命卿等讨平之。今诸州已定，惟大理未服，尚生忿恨，当即进讨……夷性顽犷，诡诈多端，阻山扼险，是其长计，攻战之策，诸将必酬之熟矣。若顿师宿旅，非我之利，要在出奇制胜，乘胜进取，一举而定，再不劳兵可也。”洪武十四年（公元1381年）朱元璋派傅友德、蓝玉、沐英三将军率师征讨云南，经过两年征战，明军占领云南各地。朱元璋在云南设置三司加强郡县管理，实行军事屯田与军事移民，大力推广儒家文化，建立并完善土司制度，实现了天下一统的新局面。

明王朝于正统六年（公元1441）、八年（公元1443）、十三年（公元1448），三次派王骥率大军征讨麓川。“连年用兵，死者十七八，军赀爵赏不可胜计”。大军三次征讨，不仅没有彻底解决麓川思氏争扰问题，反而助长与木邦、孟养、缅甸的争夺，可谓“一麓川生二麓川也”，从此云南西南一隅扰攘不宁。当王骥三征麓川告捷的鼓声还在回响，正统十四年（公元1449年）因北方空虚，瓦剌侵入土木堡，明兵大败，掳英宗而去。可以说，瓦剌是“土木之变”的罪魁祸首，王骥三征麓川是“土木之变”的先兆。

当袁世凯颠覆共和恢复帝制时，唐继尧、蔡锷、李烈钧等云南将领于1915年12月25日向全国发出通电，宣布云南独立，反对帝制，武力讨袁。1916年1月1日云南军政府发布讨袁檄文，号召全国军民共同讨伐袁世凯，保卫共和民国。接着，贵州、广西、广东、浙江、陕西等省响应。1916年3月22日袁世凯宣布撤销帝制。5月8日军务院在广东肇庆成立，唐继尧任抚军长，与袁世凯政府对峙。6月6日袁忧愤而死，由黎元洪任大总统，宣布恢复《临时约法》和国会。7月14日军务院撤销，护国运动结束。护国运动起于云南，震动天下。显示了云南在中国历史上的重要地位。

1942年初，日本发动太平洋战争，日军登陆缅甸，3月9日英军撤离仰光，中国远征军入缅作战援助并解救英军。中国远征军先胜后败。4月底缅甸腊戍失守。5月初日军长驱直入，怒江以西3万平方公里国土沦陷。日军想从滇西东进，占领云南全省，进而进攻重庆，达到其灭亡中国的目的。这是走蒙古军占领大理灭亡南宋的老路。但是，滇西军民在怒江成功阻止了日军东进。1944年初，在盟军的支援下，中国远征军强渡怒江打响反攻之战。9月收复腾冲，10月攻克松山，11月收复龙陵，12月收复遮放，1945年收复畹町。在中国近代史上第一次将侵略军逐出国门，敲响了日军彻底灭亡的丧钟。

历史雄辩地证明，云南在中国历史上具有极为重要的战略地位。云南是中国统一的战略要地。中国统一时，一定据有云南；中国丧失云南时，统一就受到破坏；据有云南，就一定能统一天下；失去云南，就一定失去统一。

二、云南从边裔变为腹地

汉武帝以前，云南是西南夷地。有夜郎、滇、昆明、哀牢、僰、邛、莋等族类。他们各据山川，分散林立，互不统属。

汉武帝建元六年（公元前135年）在南夷地区设置犍为郡，管辖十二县，其中五县在犍为南部。汉武帝元鼎六年（公元前111年）在西夷设置武都、牂牁、越嶲、沈黎、汶山郡。汉武帝元封二年（公元前109年）在西南夷设置益州郡辖二十四个县。其范围包括今贵州西部、四川西南部、云南全部、缅甸北部、越南北部。益州郡等称作“初郡”、“新郡”、“边郡”。

东汉王朝于永平十年（公元67年）设置益州西部都尉“镇哀牢人、叶榆蛮夷”。永平十二年（公元69年）哀牢王柳貌遣子率种人内属。汉王朝设置永昌郡管辖六个县。其范围包括今保山、德宏、临沧、普洱、西双版纳以及伊洛瓦底江中上游地区。

唐代初期，南诏崛起于洱海南部，进而统一洱海区域，天宝战事后，南诏统一云南诸部，其范围“东距爨，东南属交趾，西摩伽陀，西北与吐蕃接，南女王，西南骠，北抵益州”。南诏在今上缅甸设置丽水节度，管辖今上缅甸区域，与印度接壤。在今普洱市设置银生节度。银生节度的管辖范围包括今普洱市、西双版纳、缅甸景栋、老挝、越南莱州等地。

宋代大理国沿袭南诏的疆域，其通海都督管辖今红河哈尼族彝族自治州、文山壮族苗族自治州等地；银生节度的茫乃道（勐泐）管辖今西双版纳、缅甸东北部、老挝；腾冲府管辖腾冲、德宏、镇康、蒙光（缅甸克钦邦、实皆）、孟都（缅甸掸邦）。

公元1253年蒙古大军攻克大理，公元1274年设置云南行省。其范围“东至普安之横山，西至缅地之江头城，凡三千九百里而远；南至临安之鹿沧江，北至罗罗斯之大渡河，凡四千里而近。”其南包有宁远州黑河以南地区，其西包有蒙光路、云远路以抵天竺。其西南在大理国的基础上有所拓展，以浦甘地设置邦牙宣慰司，并与登笼（得楞）连接以致海上。又收八百设置宣慰司，在老告（老挝）设置总管府。至元二十三年（公元1286年）设置缅甸行省与安南行省。云南开始从边裔逐步变为腹地。

明代，在永乐时期，在滇西南广大地区设有孟养、木邦、缅甸、底兀剌、古剌、底撒马、八百、老挝等宣慰司，孟密、孟莫二宣抚司，孟艮府、宁远州，包有今缅甸（阿拉干除外）、泰国北部、老挝、越南西北部（莱州）驻地。朱元璋在云南设置卫所，实行军事屯田。大量的军事移民和其他方式的移民涌入云南。云南的居民成分由夷多汉少变为汉多夷少。儒家文化成为主流。谢肇淛《滇略》说："高皇帝既定滇中，尽迁江左良家闾右以实之，及有罪窜戍者，咸尽室以行。故其人土著者少，寄籍者多。衣冠礼法，言语习尚，大率类建业。二百年来，熏陶所染，彬彬文献，与中州埒矣"。云南不仅在疆域上由边裔变成腹地，而且在文化上与中州趋于一致。西南夷成了"云南人"。

三、云南失却藩篱，由"堂奥"（腹地）变为边疆

自16世纪西方殖民主义势力入侵中印半岛以后，扶植洞吾，挑动战事，蚕食云南边境。至万历年间，仅只保有木邦、孟密、蛮莫之地。

清代云南，"版籍其地，加以经化。创置云南、楚雄、临安、大理、诸府为内地，更以元江、永昌之外麓川、车里诸地为蔽，而达于八百；其西以永昌为关，麓川为蔽，而达于木邦；其西南则通缅甸，而达于海；其东南则通宁远，而竟于安南；其西北则拓丽江，而达于吐蕃，幅员广大，至是已极。"《清史稿·地理志》记云南疆域说："东至广西泗城七百五十里，南至交趾界七百五十里，北至四川会理四百里，西至天马关接缅甸界二千三百一十二里。"其西南边界，清初只守明万历年间所筑八关，乾隆年间曾恢复孟拱、木邦、孟育、大山、孟艮、整卖、景线诸土司地。缅甸、暹罗、安南仍为向中国朝贡的藩属之国。清末，英法殖民者侵入中印半岛，缅甸、老挝、越南先后沦为殖民地。中法交涉界务，割去临安边境的猛赖、猛梭、猛蚌等地；普洱边境的猛乌、乌得等地。中英交涉界务割去潞江以东之阿瓦山、户板、麻栗坝等地，永昌府边境。陇川江以南地及昔董等处。至于尖高山以北，高黎贡山以西大片土地，虽未议定界线，一任英国殖民主义者入侵而未过问。明代永乐时期的边疆范围，其西南边界，自16世纪以后，由于殖民主义势力侵入，日益退缩，到清末到达顶点，几乎失去大半土地。

云南失却藩篱，由"堂奥"变成边疆。

中华民国期间，中英先后有几次界务会谈，但终没有达成协议，议定

边界。

中华人民共和国先后与缅甸、老挝、越南进行多次界务商谈。

1960 年 10 月 1 日，中缅两国政府签订《中缅边界条约》，解决了历时百余年的边界问题。1991 年 10 月和 1993 年 12 月，中老两国政府分别签署《边界条约》和《中老边界制度条约》。1992 年，中老双方联合勘界，历时两个多月，最后划定两国边界。

经过 1979 年—1989 年的中越战争，中国占领了大部分的边界骑线点，如广西与越南交界的庭毫山、法卡山；云南和越南交界的扣林山、罗家坪大山、老山、者阴山，这些制高点均为我军控制，边界上存在的争议地区，如与越南黄树皮交界的楠木坪等，总计新增争议地区 200 多平方公里，这些领土均是中国军人流血牺牲换来的，且全部为我控制。1991 年 11 月，中越两国政府签订了《关于处理两国边境事务的临时协定》，按照边界现状双向管理。1993 年中越两国政府签署关于解决两国边界领土问题的《基本原则协议》。中越双方于 1999 年签署《中华人民共和国和越南社会主义共和国陆地边界条约》，2008 年 12 月 31 日，中越双方就解决中越陆地边界勘界立碑全部剩余问题达成一致，并发表共同声明。中越完成陆地边界全线勘界立碑工作，两国以现代化的界碑系统，确定一条清晰的陆地边界线。

四、活动的边疆

云南边疆的形成与发展是一个漫长的历史过程。从汉武帝在云南设置郡县以来两千多年的历史上，云南的边界虽相对稳定，但一直处于变动不定的状况。云南边疆，在汉代奠定基础，南诏大理国有所发展，元代进一步发展，到明朝永乐时达到最大。云南由边裔变成腹地，是外有藩篱的堂奥之地。16 世纪西方殖民主义者东来，19 世纪英法帝国主义侵入东南亚，将缅甸、老挝、越南沦为殖民地，进而觊觎云南。他们在劫掠云南矿产、物产的同时，都想把云南作为他们打进中国内地的跳板。他们以传教士作为开路先锋，在云南传播西方文化、西方生活方式、西方价值观。他们在云南少数民族地区挑拨离间，企图制造分离。中华人民共和国的建立，彻底粉碎了西方势力在云南进行的各种分离活动。

第二次世界大战后，东南亚国家获得独立，西方殖民势力退出东南亚地区。上世纪60年代末美国大举入侵越南、老挝、柬埔寨以失败告终。1950年代以后，苏联的势力不断进入东南亚诸国，随着苏联解体，俄罗斯在东南亚的势力已经式微。

自中华人民共和成立以后，我们成功地解决了云南的民族问题。云南是中国民族种类最多的省份，同时也是民族关系最好的省份。从1950年至今的60年间，云南不能说没有一些民族群体事件，但基本上没有出现大的问题。但是，我们应该居安思危。为此，我们应该通过总结云南边疆的拓展与退缩、变动与稳定的经验与教训，高瞻远瞩，寻求新的边疆策略。

在中国古代并没有“边疆”的概念。“普天之下莫非王土”，只有一个与华夏文明相对的蛮荒之地，这就是野蛮的蛮夷与文明的华夏冲突、交流、吸纳、融合的地区，是一个活动的变化的边裔。随着华夏文明的发展，伴随以夏变夷的进程，边裔在不断地向外拓展。

国家的边疆不应该仅仅是一条用条约固定下来的边界线。边疆应该是体现国家利益、民族利益为核心的地理范围。国家与民族的利益可以分为经济利益、政治利益、文化利益、生态利益、安全利益、军事利益等。

历史上，对非华夏族类实行“修其教，不易其俗；齐其政而不易其宜”的策略，处理民族关系的经验值得深入研究和借鉴。毛泽东时代，用阶级斗争的理论与方法，消解民族界限，用政治力量促成民族间的互动、互助与交流、交融，在相互融合的基础上实现了民族团结进步。今天，我们应该用发展经济、推动市场经济、提高各民族生活水平的方法，推动各民族间的进一步交流与融合，实现新的团结与进步。

只有各民族的社会经济发展了，各民族的生态环境得到保护，各民族的生活日益富裕，各民族的文化得到提升，我们的民族团结才会巩固。边疆地区各民族经济发展、教育进步、文化繁荣、生活富裕，就会对国境线外的民族产生强有力的吸引力。

云南在中国历史上有极为重要的战略地位，关乎国家统一大局。西方把云南视为东南亚的一部分。把云南当作侵略中国的滩头阵地。我们则把云南视为与东南亚、南亚交往的枢纽，战略发展的桥头堡。东南亚的居民中有大量的华侨和华裔，云南与东南亚之间跨国境线的16个民族，大部分都信仰南传上座部佛教，儒家文化、道家文化在东南亚有重大影响，风俗习惯相似，民族认同感强。做好国内的民族工作，使云南各民族富裕、繁荣、和谐，将对东南亚产生强烈的吸引力。西方，尤其是美国已经注意到这一地区是包围中国、对中国实行经济、文化渗透的基地，企图卷土重来。我们应该乘西方势力在20世纪下半叶退出东南亚，还没有来得及重整旗鼓之际，迅速在这里建立“藩篱”，使云南恢复历史上“堂奥”的地位。

论民族杂居地区和谐语言生活构建

——以云南省民族杂居地区为例

吴海燕　周国炎[1]

近年来，国家对边疆民族地区跨越式发展的要求，是在制定发展战略的过程中要注意边疆地区的政治经济发展不能以牺牲文化多样性为代价，不能走一条单一经济发展的线路，要转变边疆民族地区的发展方式促进其快速发展：首先要研究发展点的区域性、特殊性和优势性，避免在追求快速经济发展的同时带来精神层面的冲突和文化流失；其次要意识到民族杂居地区各民族语言关系在一定程度上会影响民族间和谐发展及地区稳定；第三，还要意识到民族杂居地区存在跨境民族，在意识形态方面对语言安全造成的困境和挑战。语言是文化的载体，也是一个民族的象征。民族语言反映社会的变化最敏感、最迅速，必然也会跟随社会的巨大变化，发生前所未有的新变化。[2] 如果语言受到威胁，民族文化甚至政治经济都将处于不安全状态之中。为此少数民族的语言问题应纳入我国现阶段边疆民族地区跨越式发展问题之中。

一、保持常态多语环境促进语言和谐均衡发展

将多语环境作为民族杂居地区的常态进行保持和维护，培养当地语言使用者多语并进的语言使用习惯，正如世界经济政治的多元状态使世界保持平衡，多语相互制衡也促进同一地区多语平衡共存和发展。

---

① 吴海燕，中央民族大学少数民族语言文学系博士研究生；周国炎，中央民族大学少数民族语言文学系教授。

② 参见戴庆厦：《论新时期我国少数民族的语言国情调查》，载《云南师范大学学报》2008年第5期。

云南各少数民族在地理分布和文化背景等方面都体现着多样性，所以语言文字也同样具有多样化的特点，云南各少数民族语言相对统一，除布朗族、德昂族、佤族以及蒙古族、满族分属南亚语系及阿尔泰语系外，均可归类于汉藏语系，其中大多数又同属于汉藏语系的藏缅语族，但是，就同一个民族来看，由于地域分布及不同支系间的差异，语言分布上的区域性特征也相当突出。

云南省罗平县鲁布革布依族苗族乡生活着彝族230人，占当地总人口的1.28%。彝族主要集中在撒克村，撒克村在布依族、苗族、汉族大杂居的区域中仅占1.28%的人口。但是根据笔者调查，撒克村至今完好地保存和使用着本族彝语，无论是小孩还是老人，甚至是外出打工多年回乡的村民，都流利使用着本族语，包括与外族通婚嫁入撒克的人也都学彝语说彝语。撒克村民能保持这样的语言状况和态度与其民族的气质有较大的关系，撒克村村民在语言上具有较突出的特点：能吸纳不同但同时又保持自我，能用开放包容的态度面对外来的影响但又不会轻易改变自我，宽松自觉的语言使用环境下，不会因为人口较少而使撒克村的民族语丧失，反之使其语言得到了很好的保存。

同时，还有外在的因素，撒克村地处多民族聚居区，相对强势的民族是布依族，其强势并不是表现在语言态度上，而仅是人口较多，有丰富的旅游资源、水热资源、森林资源等，并不会对撒克村采用任何强制性的语言冲击，同时，也正因为是多民族地区，各民族之间和交流寻找到了一个通用的语言——汉语方言，这种各民族内部自我保持、外部通用汉语方言的方式保持了民族语的完好，而撒克村也因此得到了保持自己传统语言态度的外在保证。

所以宽松、常态的多语环境，更促进语言和谐均衡发展，也为地区的和谐发展提供了保证。

二、民族杂居地区跨越式发展中的语言发展模式

民族杂居地区语言发展模式可为现阶段提出的地区整体跨越式发展提供借鉴，在经济发展过程中采取对不同地区功能区分性发展。

云南省罗平县鲁布革乡的腊者村是一个布依族村。2007年当地政府出资发展旅游，对腊者村进行了较大规模的翻新重建，并对旅游者开放。在

开发后，腊者村至今极为完好地保持着民族语原貌。当地民族语之所以能够在经济开发的同时又完好地生存下来，最为重要的一点是当地政府对民族地区主要采取了功能区分性发展的经济开发模式，即根据各村具体条件和现况，将旅游商业开发区和人文风景区分开。腊者村作为一个人文风景开发示范村，没有引进商业开发，完全保留了腊者原汁原味的民族建筑风格、民族风俗和原始语言风貌，语言保留和使用环境没有遭受任何破坏，住在经过大规模翻新重建的腊者村里的人还是原来世居于此的本村人。同时，政府将旅游商业开发区选为距腊者村 5 公里外的多依村，多依村紧邻公路，交通便利，而且是当地规模相对较大也较为成熟的商品交易集散地，开发旅游商业项目不会太多影响当地村民的生活习惯，还能促进其快速发展。而与之对比的是云南丽江的纳西族集聚区的开发模式，在云南丽江纳西古镇，由于商业的过度开发，导致现居住在古镇的都基本不是世居的纳西族，而当地的纳西族生活方式也受到现代化冲击，其文化风俗及其语言都面临较大的危机。

杂居民族地区可借鉴这种功能区分性发展模式，较快发展经济的同时又很好地保留了当地的民风民俗和语言文化。同时，对作为民族语言保护点的村子可以着重采取如下措施：

1. 提升当地民族老年人在家族中的地位和威望。老年人在家族中的地位和威望往往会影响一个家族对本民族语保留和使用的情况，而通常这一点还是较为重要的影响因素。前面所提到的腊者村，老年人在家中较受尊敬，在村中威望也较高，政府可采用思想文化宣传教育手段，促进各地村民尊老敬老。

2. 关注家族中第三代语言使用以及对本族语情感态度状况。民族语的发展和保存往往要靠后继有人，家族中培养第三代使用本族语并对本族语有着较深的情感和强烈的学习愿望，是促进本族语发展的重要因素。同时第三代开始接触另一门语言的年龄也会影响他对本族语的情感态度和持续使用情况。

3. 增强语言文化科研调查项目在民族地区开展力度。各类语言文化科研调查项目的进行，可以促进当地村民对自己民族语的自豪感，提升对本族语的价值感。例如：笔者在所调查的地区中央民族大学、云南民族大学、云南省民族宗教委员会都开展过相应的调查项目。

4. 政府对少数民族语言的政策。政府的政策很大程度上影响和决定着民族语在民族地区的发展，积极的政策可促使民族地区的学习者主动地学习本族语。例如：教学过程中鼓励民族学生学习本族语，公务员考试增加民族语的科目等。

5. 政府对民族地区旅游业开发方式。民族地区的旅游开发对保护民族语有利有弊，要把握好开发方向和策略，多注重人文风景开发，促进开发地区人民对本民族的语言文化风俗充满自豪感，自觉主动地保护和发扬本民族语言文化，并进行适当的经济补助。对民族地区强行推行以商业开发为唯一目的的旅游开发只会对民族地区的人文语言等造成致命性的毁坏。

三、语言安全保证国家稳定和安全

语言会不停地向外传播，是文化的和平使者，但也可能为文化侵略者服务。可以说语言危机是一种人文精神和情怀的危机。母语在国际、国内的社会地位和生存状况直接关涉到该民族的文化独立和文化安全。① 语言生存状态往往反映一个民族和国家的政治经济发展状况，语言的安全发展保证了国家的稳定和进步。德国前总理赫尔穆特·施密特在《全球化与道德重建》一书中强调："如果本国的语言日趋消失，或者在几代之后遭到彻底侵蚀，那么本国文化中的一大部分内容也会消失，本国特性的一些组成部分也会变没。"本人认为分析语言安全问题主要考虑两方面的内容：语言内部自身生命力的强弱和语言外部发展空间。

1. 语言生命力的强弱反映着一个民族经济政治状况

语言的生命力从一定程度上反映和影响着一个民族的经济政治能力和发展状况。语言生命力的减弱往往预示着一个民族经济政治能力的消退。语言有着识别和认同的纽带作用，而且这种作用往往是一种巨大的民族和国家力量。自古以来，语言文字问题始终关系到国家和民族的主权，关系到公民的人权。正如国家通用语言的安全和地位被列入《中华人民共和国宪法》和《中华人民共和国国家通用语言文字法》，说明国家通用语言具有代表国家主权、民族尊严的地位，是国家身份和民族认同的重要纽带。少数民族的语言也同样具有相应的权利与地位，应该给予足够的重视。

中国是多民族国家，语言的多民族化是最突出的特点，各民族的语言

---

① 参见艾萍：《语言安全与民族文化安全》，载《大连民族学院学报》2009 年第 7 期。

在这个多样性共存的环境中得到充分的发展。正如前面所论述的：宽松、常态的多语环境，更促进语言和谐均衡发展。如何增强一种民族语的生命力，常态的多语环境营造也许是最佳的途径。语言是开放的系统，总是需要外界新鲜的补给，一种封闭排外的语言是无法长久地生存下去的，多民族的语言环境正好可以实现相互之间的借鉴和发展，汉语的发展也离不开各少数民族语。文化的多样性保证了语言的发展动力和生命力，多语环境的存在提供了其间任何一种民族语生命力的能量。云南杂居民族地区的多语生存状态可作为我国语言政策制定的一个借鉴。

2. 语言外部发展空间影响着语言发展的方向

正如自然界中的食物链一样，语言也存在着一个语言链。不同的是，食物链中各物种进行相互蚕食，语言链中的各语言则是在相互之间汲取营养吸收内化，逐步发展壮大自身，语言链中的每种语言都具有自身的特点，都会向相应的其他语言汲取营养和补给。例如：汉语词汇语法的发展汲取了很多方言和少数民族语言的营养，但民族语的逐步减少只能促使英语等强势语言大量词汇和语法进入汉语系统，以至于现在汉语中充斥着大量外来词、字母词，无形当中影响着汉语的发展方向。为此，良好的语言发展的外部空间促使语言朝着积极正确的方向发展，这是现阶段中国语言发展的当务之急。

同时，我们应该看到，随着经济的发展，政治文化的开放，对语言的发展也提出了更为严峻的考验，独立封闭的语言容易在民族自身的传承中得到较完整的保护，但随着外部因素的影响，语言屏障的消失也将对语言使用群带来极大的影响。尤其是云南的各少数民族语言。云南是我国民族最多的一个省，云南境内居住着 26 种民族，其中有 15 种民族与缅甸、越南、老挝等国跨境而居，云南省保山市全市 15 个民族乡中，有两个乡属边境乡，部分傈僳族、彝族等少数民族跨境而居，与缅北边境一带各民族生产生活联系十分紧密。同一民族跨居区域较广且跨居多国，跨居区域基本连成一片，形成相对集中又交错杂居、大杂居小聚居的特点。这些民族自身的语言生命力都不断地接受着周边民族语言、政治、经济、宗教等因素的影响。由于历史和社会的局限，除傣族、藏族和纳西族等民族之外，云南各少数民族中的绝大多数的文字发展是很不完善的。虽然彝族、苗族、傈僳族及独龙族等曾在本民族内部形成了自己的文字，但要么因为支系众多，语言差异较大而难以统一并广泛流行，如彝族和苗族等；要么则因历史较短、缺乏普及推行手段而尚未被人们所接受，如傈僳族和独龙族等，因此，基督教在云南少数民族地区的发展过程中，教会对少数民族文字的创制和推广活动的介入，便在很大程度上发挥了无可替代的作用，成为教会借以扩大影响的重要手段。从总体上看，除极少数地区外，凡是教会利用创制推广民族文字手段进行活动的地区，如滇东北和滇北苗族地区、滇西北傈僳族地区、滇西景颇族地区以及滇西南拉祜族和佤族地区等，基督教的传播和发展都获得了明显的成效。[①] 在云南少数民族地区，传教士们创制和推广了各种少数民族文字，主要有苗文、景颇文、载瓦文、傈僳文、彝文、拉祜文、佤文、独龙文、纳西文、花腰傣文，种类较多，这些文字都是拼音文字，较为容易学习和掌握。传教士将《圣经》作为学习的教材，基督教思想在这些地区影响较大，教会的目的也主要是为了借助推广和普及少数民族文字而促进传教活动的开展，利用文字媒介强化人们的宗教意识和宗教感情。此外，除宗教教育外，在边疆地区，教会学校的文字教育中更充满了强烈的政治倾向和殖民色彩。有的教会学校培训的学生近一半成为传教士，在滇北苗族和彝族地区活动的英美内地会，就曾明文禁止信徒小学毕业后继续上中学读书。基督教对边疆地区的这些少数民族的影响就是从文字语言的教学作为切入口，对这些地区进行了较大规模和深入的宗教传播和影响。据调查，民族文字的出现，引发了少数民族群众接受文字教育的极大热情，相比较之下，当时以汉语文为主的半强制性学校教育却受到了各少数民族的强烈抵制。

从以上分析可以看出，语言外部发展空间情况的研究应是语言安全研究必不可少的重要内容。我们应着手建立“国家语言文化安全预警系统”，动态监测国内外语言安全状况，针对各种危机信号做出反应和部署，做到见微知著，未雨绸缪。

---

① 参见韩学军：《基督教与云南少数民族》，云南人民出版社 2000 年版。

文化传统、国家力量与边疆人口特少民族社会发展

——以云南独龙族、莽人为例[①]

高志英[②]

20世纪五六十年代中国曾经拍摄过5部民族志电影，其中就有封闭于中缅边境独龙江峡谷的独龙族与莽人以及封闭于中越边境原始森林中拉祜族的支系苦聪人。50多年过去了，他们是如何走上国家预设的“发展”与“变迁”轨道的呢？在国家主流文化的“大传统”影响下，其文化传统在此过程中又显现出什么样的特性呢？

一、封闭的自然环境与社会环境

人类文化是自然环境与社会环境的有机结合体。独龙族与莽人传统文化的产生同样是自然环境与社会环境诸多因素相互交织、相互作用的结果。

独龙族聚居于被海拔5128米的高黎贡山与海拔4969米的担当力卡山夹持的独龙江峡谷内。独龙江流域是热带亚洲成分、中国—喜马拉雅成分和中国—日本成分主要植物区系的交汇区，为多种生物共存、汇聚、迁移和演化交替成复杂、稳定的生态系统，提供了少受干扰而又具有多种小生境的优越环境基础，成为中国重要的古老和珍稀动植物的积萃区。据不完全统计，独龙江峡谷生长着亚热带到寒带的2000多种植物，104种兽类，171种鸟类。独龙族衣食住行大多从自然界直接攫取就可获得，无论是可

---

① 本文为“2008年度教育部哲学社会科学研究重大攻关课题《边疆民族心理、文化特征与社会稳定——西南地区分课题》（项目批准号：08JZD0023－3）”中期成果。

② 高志英，云南大学西南边疆研究中心，民族研究院。

资御寒的动物皮毛、用来饱腹的野生肉食和野菜、野粮，还是与外界建构起经济、社会交往网络的黄连、贝母、鹿茸、麝香、虎骨、豹骨等名贵中药材，都可凭借简单的生产工具与生产技术就可获得，使得独龙族习惯依赖于自然从而使其生产生活技术发展变化缓慢；另一方面，“两山夹一水”的自然环境所造成的偏僻与封闭，使独龙族与外界的交往异常困难。1964年以前独龙江内部与对外交通皆无一寸公路，主要靠飞悬于独龙江的竹篾溜索、藤篾独木桥与垂挂于悬崖峭壁的“天梯”，对外与内地交往异常困难。每年从11月底到次年高黎贡山大雪封山期间与外界交往完全隔绝。这种远离内地，通行艰险的交通条件，使外界先进文化难以渗入。加之居住在独龙族周围的傈僳族、怒族、藏族等社会发展也较为滞后，外界先进文化对独龙族影响不大，独龙族进入刀耕火种定居农业的时间不长，长期沿袭着传统的生产生活方式而被史志称为“宛然太古之民”。①

20世纪40年代末，人口仅有200多人的莽人独家独户或三五户散居在今中越边境地区中国一侧的被称为“莽人山”的14个临时或短期的居住点（当地称“窝棚点”），过着几乎与世隔绝的生活，从来没有一个莽人走出过莽人山与外界接触。大自然对莽人也是特别的厚爱，他们采集的野果的数量比人工栽培的还多，狩猎物从小的松鼠、兔子、山鼠，大的老虎、豹子、熊，皆用自制的原始狩猎工具常常就可以满载而归。用撮箕、鱼篓、没有鱼钩的钓鱼竿也可以捕获到鱼、石蚌等。用砍刀可以找竹虫，蜂蛹和鸟蛋也徒手可得。因此，“莽人和其他兄弟民族一样，曾以采集、狩猎为生，他们居住在岩洞和树洞里，穿树叶、树皮、兽皮，野果、块根食用。”② 与中国莽人相邻的越南莽人也居住在远离越南经济文化中心的封闭山区，直至20世纪末其生产生活资料多依赖于中国境内莽人地区供给；居住于中国境内莽人山山腰与坝区的苗族、拉祜族支系苦聪人、彝族、哈尼族等，他们同样属于社会发展程度相对滞后的边疆民族，外界先进的生产生活方式对莽人的影响甚少，莽人长期沿袭着依赖自然、直接攫取自然物的传统生产生活方式。

---

① 道光《云南通志》卷一八五引《清职贡图》。

② 杨六金：《一个鲜为人知的族群——莽人的过去和现在——十六年跟踪实察研究》，云南教育出版社2004年版，第106页。

二、民族文化的封闭性与传统性

独龙族、莽人生活的区域内自然资源丰富、人口稀少、居住偏远、交通阻隔，自然和社会环境封闭诸因素相互交织，其生产生活方式、思想观念传统而封闭。

一是对自然资源极强的依赖性。种类繁多的飞禽走兽，漫山遍野的块根野果，使独龙族习惯于“地（野地）里有什么，我们就吃什么；地里产多少，我们就吃多少”。① 并深信：“只要有力气挖野粮，在独龙江即使不种庄稼也饿不死人！”② 加之本地未曾产生冶炼技术，全靠土特产以物易物方式从外界交换引进的铁制农具数量、种类皆有限，不得不长期徘徊于铁、木、竹工具并用的时代，导致对自然资源的依赖性特别强，少有改良生产生活技术的动力与行为，并以此作为惯习而长期存在。

二是原始平均主义思想浓厚。基于生产力水平低下而平均分配与消费方式长期存在。如莽人到改革开放以前，一直过着原始共产制的共食生活，在他们生活中常遇见“有肉大家吃，有酒大家喝，有饭大家吃，无饭大家饿”的场面。独龙族的狩猎、捕鱼所得，不但见者有份，而且所有村民不分亲疏皆有一份；实行主妇分食制，每餐所食由主妇不分男女、不管老幼平均分配；在原始祭祀剽牛祭天活动中，从牛的皮肉到肠胃，皆绝对平均分配。这种原始平均主义思想观念与分配、消费方式长期遏制独龙族与莽人的资本原始积累，从而制约其经济发展。

三是商品意识淡漠。1949 年以前，独龙族与其他民族的经济交往尚处于以物易物或以某种货物作物媒介的简单经济交换，而且完全是为买而卖。直到 20 世纪八九十年代，相当一部分独龙族还羞于拿鸡、鸡蛋等到市场公然出售，为治病等急需不得不出售时，也羞羞答答将物品藏在衣服内蹲在商店旁等人前来购买，讨价还价更是不好意思。雷公打牛寨的莽人龙大说：“我小的时候，没有衣服和食盐，也不知道钱，和其他民族不敢交往。要吃食盐，就把猎获的野兽肉和编织品背到其他民族的村边，放在大路一侧，然后我找个地方躲藏起来。其他民族的人见到物品就知道莽人来

---

① 蔡家麒著：《独龙族社会历史综合调查报告》，云南省民族研究所，1983 年，第 29 页。

② 高志英著：《二十世纪独龙族社会变迁与观念嬗变研究》，云南人民出版社 2010 年版，第 387 页。

贸易了。他们就会拿来莽人需要的食盐、铁刀、铁锅、旧衣服等物品，放在我们的物品的对面，人躲避到小树丛里。我们从隐蔽处出来拿走他们的物品之后，他们才来拿我们的物品。”2008 年笔者调查莽人地南科街有 17 家小卖铺，但没有一家是莽人开的，这些小卖铺的主要购买者则主要是中国与越南莽人。独龙江所产的种类繁多、数量可观的土特产，在独龙族眼里并未转化为可以为独龙族带来高额利润的商品，仅仅就是家庭应急所用，或是买酒钱的主要来源。劳动力可以作为商品的意识也很淡，少有出卖剩余劳动力赚取金钱的意识与行为。因此，独龙族、莽人家庭的经济收入完全靠地里种植与采集、捕猎所得（在 21 世纪始国家实施禁猎禁捕与退耕还林政策之后，这部分收入大大下降）以及国家无偿资助。

四是缺乏竞争意识。因长期以来的生产组织方式是家庭内或家族内进行，加上劳动力强弱、多少大都平均分配方式下滋生的干多干少一个样，干好干差一个样的思想，使得独龙族缺乏内部的与外界的竞争意识。改革开放以来，每年化雪开山季节，络绎不绝的傈僳族背夫以三四十元一背货物的垫本起家，人工背负货物翻越高黎贡山来往于怒江与独龙江之间赚脚力钱，独龙人则蹲在火塘边说：我们的马帮来了。时至20 世纪末没有一个独龙族加入这个运输大队，而这些傈僳族背夫则大多由此起家在独龙江由马运输发展到汽车运输，发展到开中小规模的超市，资产三四百万元的也有十多家了。这是20 多年来发生在独龙族眼前的巨变，但是独龙族至今仍然超然于这种变化之外。调查莽人为何不做点小生意，多回答“不想去”和“不想做”、“不会做”，对走出莽人山外出打工也多是如此回答。究其原因：一是没有资本；二是不会说汉语；三是不会做。外来包工头都说莽人与独龙族在工作中持久性、灵活性差，难与其他民族小工相竞争。长期习惯于家族内毫无竞争性的文化氛围的独龙族与莽人，传统的“差不多就行”、“过得去就可以了”的思想根深蒂固，在寨子里如此，出外打工亦如此，这样形成竞争意识弱——竞争能力差——竞争意识弱的恶性循环。

五是传统宗教观念根深蒂固。如今的莽人依然存在着万物有灵的传统宗教观念，若遇久病不愈或意外灾难，便认为是为鬼所干扰，或是人触犯了鬼，或者是人失了魂，就要请魔公用铁刀占卜并送鬼、驱鬼、打鬼，祭祀少则用鸡、饭菜，有的用鸡肉、猪肉，有的用五谷祭祀。莽人认为人死了但人的灵魂不灭，生者给死者好好发丧，亡灵就会护佑子孙；如不好好发丧和举行浓重的葬礼，亡灵就会发怒，就会让子孙患病。莽人认为参加葬礼的人数和供品越多、场面越大，越能体现生者对死者的诚挚怀念和衷心祝愿。莽人的丧葬祭品有猪、鸡、糯米饭、酒、菜等。办丧事时吃剩的肉、菜都必须全部倒掉，不允许再吃。死者埋葬后，要把死者生前用过的东西全部清除掉，住过的房间也要打扫好，再不住人和堆放东西，造成极大浪费。独龙族在浓厚的传统宗教观念与习俗影响下，禁忌颇多，在生产生活中不敢越雷池一步；疾病后频频的杀牲祭祀，成为家庭一大开支。对于众多贫困独龙族家庭来说，祭鬼祛病是天灾兼人祸，最终往往倾家荡产。独龙族最浓重的祭祀活动——剽牛祭天也多是倾尽整个家族或某个稍微富裕家庭之全力。这种基于自然压力而对超自然力量的恐惧下产生的原始宗教信仰根深蒂固，对独龙族生产生活影响极大。

六是婚姻中族内通婚与亲上加亲的观念。独龙族过去流行族（家族、氏族）外环状婚、族内通婚、妻姊妹婚、非等辈婚等多种传统婚制，1949年以前除了两个独龙族女子外嫁怒江傈僳族之外，所有婚姻都在地域狭小、人口稀少的独龙江独龙族内部进行，一直到20世纪末独龙族的婚姻仍然绝大部分局限在独龙族内部，异族通婚很少。据调查，1960—2003年，莽人妇女嫁给其他少数民族的有17人，而其他民族妇女嫁给莽人男子的只有2人。一代接一代的族内有限人口内的通婚，导致婚姻圈狭窄，必然使人口素质受到影响；而且通过扩大婚姻圈带来的文化交换与互动也必然受到限制，无论是人种还是文化的发展都长期局限在本地本民族范围之内。

总之，1940年以前，独龙族、莽人等中国边疆人口特少民族（族群）长期处于极其封闭的自然与社会环境交织作用下孕育的传统文化系统之内，古代内地政权对其管理与控制鞭长莫及，他们的生产生活模式属于缓慢自然发展状态。《云南通志》卷一八五引《清职贡图》就记载曰：“俅人，居澜沧江大雪山（怒山）外，系鹤庆、丽江西域外野夷。其居处结草为庐，或以树皮覆之。男子披发，着麻布短衣裤，跣足。妇耳缀铜环，衣亦麻布。种黍稷，劚黄连为生。性柔懦，不通内地语言，无贡赋。更有居山岩中者，衣木叶，茹毛饮血，宛然太古之民。”莽人老人回忆说：“我们在未定居前，坪河上寨有4户，只有一把斧头、4把平头刀；坪河下寨有8户，只有3把斧头、8把平头刀、1把剪刀。当时我们莽人不会种水田，只会进行刀耕火种，播种时用竹竿、木棍、木锄来点种。没有斧头的人家，砍地时向别人家借。在生活中竹筒、芭蕉叶做炊具及饭碗，狩猎中用竹竿、木棍和弓箭。”①

三、国家力量作用下的社会文化变迁

1949年中华人民共和国成立，党和政府以帮助边疆少数民族发展、进步为己任，“到20世纪50年代末期，党和政府动员我们出林定居定耕，除了给我们发衣服、粮食、盐巴等外，还给我们配铁锄、铁刀、犁等生产、生活用具。此后，我们莽人的生产、生活用具竹竿、木棍、木锄等原始工具被铁制工具取代了。”② 到改革开放以后，云南省委、省政府提出“不让一个兄弟民族掉队”（云南省原省委书记令狐安话）的口号，坚持以政府为主导的发展模式，采取一系列倾斜优惠政策。如2008年《红河州人民政府关于扶持金平莽人发展工作的实施意见》中规定：中国和云南省政府初步计划多方筹措资金7758.56万元实施莽人三年发展规划。通过三年（2008—1010）综合扶贫，使莽人村寨生产生活条件有较大改善，产业培植初见成效，群众收入稳定增长，综合素质明显提高，90%以上的农户掌握1至2门实用技术，适龄儿童入学率达到100%，人人享有医疗卫生保健，实现“四通五有三达到”（即通路、通电、通广播电视、通电话；有学校、有卫生室、有安全的人畜饮水设施、有安居房、有稳定解决温饱的基本农田；农民人均有粮、人均纯收入和九年义务教育普及率达到国家扶贫开发纲要和“两基”攻坚计划的要求）的目标，使莽人总体达到当地群众的中等生活水平，为实现小康目标奠定坚实基础。”贡山县原县长高德荣（独龙族）说：“我们独龙族在解放以来50年的发展，胜过了历史上所有时期；进入21世纪近10年的发展，胜过解放以来50年的发展。”

居住格局的改变。1950年以前，中国境内莽人零星散居在中越边境线靠中国一侧的雷公打牛、刀家寨、布窝、河头、坪河上、坪河中、坪河下、薄乌、管木、那折、边界、草果坪、龙树河、南科等14个居住点。1950年金平县解放，1951年中国人民解放军正式挺进金平沿边地区，包括莽人居住地；1956年边防部队建立部队工作组，配合地方工作队，进入莽人地区，动员莽人从原始森林里搬出来。1959年初，在政府的动员和无偿帮助（如建盖住房）下，莽人终于走出原始森林，将14个散居在原始森

---

①② 杨六金：《一个鲜为人知的族群——莽人的过去和现在——十六年跟踪实察研究》，云南教育出版社2004年版，第302页。

林里的窝棚点搬迁合并为雷公打牛寨、坪河中寨、坪河下寨和南科新寨（龙凤村）4个自然村，居住地比以往集中。1949年以前，独龙族一是因刀耕火种农业与采集、捕猎原因，二是为躲避异族侵扰，往往三五户、七八户规模季节性定居于原始森林中。1952年，政府帮助独龙族发展生产，固定耕地，开垦水田，独龙族搬迁到独龙江边台地上围绕耕地与水田而居；从20世纪90年代末开始，政府实施安居工程，在沿江交通方便地区建立“独龙新村”，每户资助建房费3000元，经过3年的扶贫攻坚，解决了孔当村、巴坡村201户999人的安居问题，完成迪政当村向红社28户、巴坡村斯拉洛社19户235人的异地搬迁安置，孔当村20户的“独龙新居”工程，[①] 形成独龙族主要沿独龙江人马驿道分布的格局。

人口数量的增长。据统计，1950年，中国莽人总计只有59户191人。1960年，莽人窝棚点合并以后，4个莽人寨子人口情况是：雷公打牛寨有12户，59人；坪河中寨有13户，65人，坪河下寨有12户61人；南科新寨有25户，120人。4个新建的莽人村寨共计64户312人，每个村寨平均有16户，78人。从1950年到2006年增加到114户，687人，56年时间增加了3.6倍。1955年，独龙江全区273户，2354人。[②] 1980年贡山县独龙族人口有3784人；[③] 1990年中国独龙族人口有5828人，2000年增加到7426人，45年间增加了3倍多。人口增加的背后是独龙族与莽人生活水平的提高和医疗卫生条件乃至交通条件（因交通艰险导致的人口意外死亡率大大下降）的明显改善，这也与国家对独龙族、莽人的优惠政策支撑有关。

学校教育和人才培养。1949年以前独龙族居住地独龙江没有开办过汉语学堂，仅有两个独龙族进过学校。其中，黎明义是被族人以“应学额”的方式强派去读书；另一个贡山县第一任县长孔志清是唯一被当乡长的父亲送去读书的独龙族。98%以上独龙族人口既没有接受过学校教育，也不会说汉话。1952年政府派教师建独龙江巴坡小学，第一批招收30多名独龙族学生，结束了独龙江地区没有学校教育的历史。1958年，贡山县创办

---

① 李金明：《独龙江发展报告》，载郭家骥主编《云南蓝皮书·云南民族地区发展报告》，云南大学出版社2003年版，第228页。

② 《民族问题五种丛书·独龙族社会历史调查》（一），第15页，云南民族出版社1981年版。

③ 怒江州统计局编：《怒江傈僳族自治州建州五十周年统计年鉴》（1954—2004），怒江州民族印刷厂，2004年，第14页。

第一所初中，招收了独龙族学生10名。1966年独龙江地区小学发展到16所，高小5所，在校学生490多名。1969开办独龙江中学，到1979年停办10年间，共招生8个班，毕业209人，使独龙江每个村寨都有了初中毕业生，有54人成为国家工作人员，155名回乡知识青年，大多成了社村干部和村级卫生员、技术员或致富能手，为独龙江的发展、进步，发挥了积极的作用。1981年9月，在巴坡完小内开办了寄宿制高小班，至1996年，共招生554人，毕业554人。1983—1996年升入高中291人，升学率达64%，巩固率达99%。从1988年后国家加大投资，向红、麻必洛、迪政当、龙元、献九当、兰配、拉目、白兰小学都改建成板子房，其中龙元和兰配是省民委投资的两层水泥房。到1991年底，独龙江乡有初级小学12所，完全小学1所，在校生490人，适龄儿童入学率达66.7%。据1990年第四次全国人口普查，全乡有文化人口1325人，占总人口的32%，其中，大专7人，中专53人，高中33人，初中260人，小学972人。大中专毕业生人数已占云南省独龙族总人口的2.3%，每万人口中拥有小学以上文化的人口数在贡山县5个乡中已处于中间水平。2001年，独龙江乡有17所学校，在校生672人，校内外适龄儿童586人，入学率达92%，巩固率达89%。据调查，1999年，省、州、县国家机关中共有130多名独龙族干部，独龙族有史以来第一次有了本民族的正副乡长、正副县长、州人大副主任、县人大主任，州县政协副主席和县直各部委办局的正、副职，全国人大代表及政协委员，也有了本民族的学者、教授、主治医师、农艺师、图书馆馆员等。据统计，中华人民共和国成立以来，独龙族中已培养出地、厅级干部5人，县处级干部10人，乡科级干部31人，先后有11人被选为全国和省人大代表，有2人为全国政协委员、5人选任省政协委员，2人选任州人大副主任，2人长期选任怒江傈僳族自治州政协副主席，还有1人曾选为团中央候补委员。独龙族专业人员中，有3人有副高级以上职称，5人取得相当于讲师一级的任职资格，2人取得农艺师任职资格，1人取得图书馆馆员职称。[①] 这一切无不是共产党发展少数民族学校教育政策的结果。

1968年以前，莽人村寨没有办过任何形式的学校，也无一人上过学。因此，莽人中不仅没有识字的人，而且能听懂汉话的人也很少。1969年，

---

① 陈万金：《艰苦创业中办起的第一所独龙江中学》，载政协怒江州文史委员会编：《怒江州民族文史资料丛书·独龙族》，德宏民族出版社1999年版，第190页。

在南科新寨办了第一所小学，1971年创办雷公打牛寨小学，1978年创办坪河中寨小学。到2000年，莽人读过小学一年级的有369人，读过二年级的有286人，读过三年级的有208人，读过四年级的有82人，读过五年级的有42人，读过六年级的有25人，读过初中的有14人，读过师范的有3人。2000年，四个莽人村寨当年有入学适龄儿童132人，在校生64人，入学率达到48.5%。2006年金平县政府颁布《关于加强莽人教育事业发展的决定》：一是免收莽人学生的科书费（含辅导资料）、杂费，严格执行国家"两免一补"政策；二是实行半隔离教育，在校的"莽人"中、小学生生活费除国家一补、寄宿制经费补助外，不足的部分由县财政补助解决；三是初中毕业后免考到县内高中或职业中学读书，就读县内和县外高中或职中的，每年给予2000元的补助，考取大学的，每年给予5000元的补助；四是在莽人村寨任教的教师，每人月工资增发150元的艰苦生活补贴；五是破格招录3名莽人从事教育、文化工作。目前，莽人112名小学生全部集中于金水河镇口岸小学，8名初中生集中于县城八一中学就读，并全部享受到了有关优惠政策。

生产方式的变迁。莽人老人说："到20世纪50年代末期，党和政府动员我们出林定居定耕，除了给我们发衣服、粮食、盐巴等外，还给我们配铁锄、铁刀、犁等生产、生活用具。此后，我们莽人的生产、生活用具竹竿、木棍、木锄等原始工具被铁制工具取代了。"① 截至1949年为止，独龙族在生产中尚未越过铁、竹、木器并用的时代，主要使用的生产工具是镶有小块铁皮的"恰卡"和条锄"俄尔种"，另外，铁制砍刀"削姆"、铁斧头"俄儿"（又称"兰贝"）已经在生产中越来越发挥重要的作用，但是购买力有限，其数量不能满足生产需要，因此，纯木质锄"郭拉"、木、竹点种棒"宋姆"还没有完全退出历史舞台。"1952年后，独龙族在经济上起了巨大的变化。第一，人民政府无偿发给全区人民1431把条锄、板锄，每个劳动力分到二把锄头；第二，人民政府发给各村公用犁头219把，耕牛36头，开出300架（每架=2市亩）左右水田。由于使用铁农具，工作效率比以前提高了二倍以上，而且逐渐把轮歇地变为固定耕

---

① 杨六金：《一个鲜为人知的族群——莽人的过去和现在——十六年跟踪实察研究》，云南教育出版社2004年版，第302页。

地。”[①] 独龙族终于过渡到锄耕农业阶段，对采集经济的依赖越来越小。改革开放以来，政府从生产技术、农作物品种、化肥、农药等多个方面无偿帮助独龙族发展生产，独龙族逐步从锄耕农业向现代农业迈进。与此同时，畜牧业、小商业与传统手工艺在政府扶持帮助下也有一定发展。从1998年起，各级政府在独龙江乡进行农业生产和科技推广，大搞农田水利建设，至2001年末，全乡完成农田水利建设810亩，其中改造低产田地250亩，水利工程8件，田间沟渠修建5条，全长1500米。示范推广大棚蔬菜种植，使独龙江干部群众逐渐吃上了新鲜蔬菜。示范水稻双行密植条栽，创造了独龙江水稻平均亩产700市斤的新纪录。组织农业科技培训26次，参加人员760人次。投入积造农家肥7000吨，尿素60吨，复合肥100吨，地膜24吨。种植良种包谷3000亩，地膜包谷2000亩，良种水稻200亩，脱毒洋芋400亩，粮食总产量为1089479公斤，首次突破百万公斤大关，人均拥有粮食296公斤，农民人均纯收入达644元；2001年全乡经济总收入达339万元，其中种植业201万元，占总收入的59%。从粮食亩产、总产到经济总收入都达到了历史最高水平。[②] 独龙族与莽人生产发展，也是在“不让一个兄弟民族掉队”的民族政策下加大扶持力度的结果。

生活方式的变迁。1949年以来，尤其是改革开放以来，随着生产的发展以及与外界接触的增多，独龙族与莽人的生活方式发生了巨大变化。

服饰方面。1960年以后，除少数老人外，多数莽人与独龙族除了节日之外，都穿棉布或其他布料缝制的汉装（如中山装、姊妹装）、洋装（夹克、牛仔服、军服等），传统的野麻加工缝制的服装已逐渐退出他们的日常生活。这些汉装、洋装多是政府的救济衣服，这些救济衣服往往是成车、成捆运进莽人山与独龙江，莽人与独龙族的衣服就不但颇有时代烙印，而且几乎整齐划一。如中华人民共和国成立时到“文革”结束一段时间，男女老幼都是清一色的中山装、列宁装等；1980年前后则个个迷彩服；其后是牛仔服大肆流行。到目前为止，独龙族、莽人的服装仍然以外界救济服装为主，他们所用铺盖也多如此，2010年底笔者到独龙江调查住宿独龙族家，盖的多是有“民政救济”字样的被子，可以看出政府的关

① 云南省编委会编：《民族问题五种丛书·独龙族社会历史调查》（一），云南民族出版社1981年版，第24页。

② 李金明：《独龙江发展报告》，载郭家骥主编：《云南民族地区发展报告》，云南大学出版社2003年版，第230页。

怀。当然，随着独龙族经济的发展，已经出现了一部分服装来自自己购买的趋势，但是其经济来源中不少是低保款与退耕还林款，仍然属于政府资助。

饮食方面。据道光《云南通志》和《宁洱县志》记载："浦人（即今天的莽人），散处山林，耕种为业，削蕉心煮食以当蔬菜"。这是历史上莽人靠山吃山生活的真实写照。1950 年前大部分莽人家庭一年里有三四个月无米可炊，在饥荒期间，他们便削蕉心，采集野菜、野果充饥，种类多达 20 多种。1957 年并村定居以后，才逐渐减少了采集的比例。1960 年开始莽人吃上了自己种植的稻米。由于莽人山野生动物资源丰富，加之极其不发达的饲养业，肉食来源主要靠上山打猎、下河捕鱼。莽人所食肉类来源主要也是依靠狩猎和捕捞，老虎、豹子、熊、马鹿、兔子、松鼠、鸟、螺丝、石蚌等都是他们狩猎和捕捞的对象。1956 年以后，边防军官兵和政府工作人员把家畜、家禽品种带进莽人山，无偿提供给莽人家庭饲养，家畜家禽新品种逐渐增多。独龙族饮食变化中，政府同样扮演了重要角色，从 1950 年开始，贡山县政府每年在雪化开山季节运进大批的救济粮、返销粮，并且其数量随人口增加而增加，直到 2005 年退耕还林之前因农业科技发展才稍减。之后，政府每年无偿给每个独龙族人口 350 斤大米，并有数量不等的退耕还林款；目前每个独龙族人口都有等级不同的低保款补助，多则一年三四千元，少则一两千元，可以用来购买遍布独龙江的小卖铺、小型超市里琳琅满目的各色饮食品。独龙族的主食从过去的以玉米为主，发展到以大米为主；蔬菜从野菜为主，发展到以人工种植蔬菜为主；肉食从以野味为主发展到以家禽家畜为主；饮料从自制茶到娃哈哈、健力宝、啤酒等数不胜数。同样，购买这些食品的经济来源也多是政府资助款。

居住方面。独龙族与莽人在居住条件上变化明显，一是从游居到定居；二是从巢居、洞居到茅草房（棚）、木楞房、篾笆房茅草房、木板石棉瓦房、砖混石棉瓦房、砖混彩钢瓦房，等等。莽人从洞居到现在的住房，曾经历过洞居、树居（鸟窝棚）、单坡屋顶棚、双坡屋顶棚（狗头棚）、四坡屋顶棚（鸡罩棚）、杆栏式楼房（高脚楼）、双坡屋顶土掌房、双坡屋顶瓦房等居住形态。1998 年以前全是竹木结构茅草房；1998 年，南科新寨出现第一栋土掌房，随后，建盖水泥砖墙石棉瓦顶房。2008 年，政府对莽人实施整族推进政策，不费一石一钉，不出一分一厘，所有莽人可以搬迁进宽敞明亮的空心砖石棉瓦房。2000 年以来实施的安居房工程中，许多独龙族村民得到国家每户3000元资助搬迁进木板茅草房；2010年开始的“整乡推进整族脱贫”工程中，独龙族只需投入背运沙子的劳力就可以搬迁进一家一幢宽敞明亮的空心砖彩钢瓦房。

交通方面。一直到1998年，4个莽人村寨没有一寸公路，直到20世纪末才开始修建通往莽人山的公路：南科新寨（龙凤村）公路修建于1998年，有3公里，投资12万元；雷公打牛寨公路修建于2006年，有7公里，投资16万元；坪河中寨公路修建于2007年，共有18公里，投资108万元。1949年中华人民共和国成立后，党和政府极为重视改善独龙江地区的交通闭塞状况，独龙族“行路难”、“过江难”境遇得到了明显改进。一是改竹藤溜索为藤桥；将竹藤溜索改为铁溜索，木制溜板改为滚珠铁滑轮，既省力又安全；二是修建独龙江驿道。1963年开始修建独龙江人马驿道，1964年竣工，历时9个月，花费劳力24万个工日，耗资20万元，结束了独龙江只有人背没有马驮的历史。到1991年独龙江乡又修建了马库至雄当、巴坡至龙元等主要行政村骡马道路140余公里，65%的运量由骡马驮运；三是桥梁建设，从1964年起，建了茂顶（红星）人马吊桥、斯拉罗人马吊桥，1989年又修建了孔当人马吊桥。到1991年，独龙江及其支流上，建成各类桥梁18座，其中人马吊桥3座（茂顶吊桥、斯拉罗吊桥、孔当吊桥），人行便桥15座；四是1999年10月1日，历时4年总投资9800万元的从贡山县城到独龙江乡政府孔目96.2公里的公路终于修通。之后，从孔目北上献九当、龙元、迪政当，南下巴坡、马库的独龙江内公路修通，独龙族进入汽车运输时代。莽人与独龙族发展交通项目皆为政府全额投资，如果没有政府的无偿资助扶持，对于人口稀少、经济贫困的独龙族与莽人来说，修人马驿道、公路，架设桥梁，都是难以想象的。

四、对以国家力量为主导的发展模式的思考

综上所述，从1949年以来，与中国众多边疆人口特少民族一样，独龙族与莽人的社会文化的发展变迁是非常明显的，而且主要实行的是政府长期无偿扶持资助的外源性发展动力为主的发展模式。对此，我们在肯定社会主义制度、国家力量在边疆人口特少民族发展中的主导作用的同时，这些民族自身及其文化传统在此过程凸显出来的一些问题与现象，值得我们思考。

（一）对民族传统文化、地方性知识与外界主流文化之间的定位

纵观独龙族、莽人等地处边疆封闭环境、人口特少民族自1950年以来的发展历程，所谓“发展”在一定意义上就是从思想意识到生产、生活方式都越来越趋于主流化，所有“发展”之标准无不以现代化的程度来衡量。即国家预设的民族发展、社会进步，实际上就是这些民族被吸纳到以现代化为标准或模板的外界主流文化系统之中。其结果，无论是家庭，还是社会，或是学校，皆忽略了民族传统文化、地方性知识的重要性。长此以往，民族逐渐从“实体”民族演变为“意识”民族，而作为民族主要标志或表征的民族传统文化却日渐消失。换句话说，以往的“发展”与“变迁”，不得不说是以牺牲民族传统文化、淡化地方性知识的代价换来的，这有悖于“各美其美，美美与共”的文化多样性发展理想。

（二）外源性发展动力与民族主体性作用结合的欠缺

很显然，边疆人口特少民族的发展动因，主要来自于政府力量为主的外源性发展动力，一方面受惠于政府长期的无偿扶助，另一方面基于封闭的自然环境与社会环境所形成的文化传统与生产生活惯习并不能在短期内就调适于现代化进程中，以往“自然骄子”突然成为很被动的能力弱势群体，无可奈何中不得不完全依赖于政府的制度安排；而政府在民族优惠政策理念下也习惯于大包大揽，最终使这些民族慢慢对政府产生强烈的依赖心理，民族自信心、自尊心、自强心与创造力也皆受到影响。如调查中了解到，政府无偿扶持修改的自来水项目，如果水管漏水了，就有村民说：政府，你们的水管坏了，来修一下；政府扶持发展饲养业，也有村民来反映：政府，你们的牛（羊、猪等）病了，来看一下。这说明村民并没有将政府资助项目当做自己的事情，广大民众的主体性作用并没有调动起来，也即是政府给予的外源性发展动力与民族主体性之间的有机结合还是有欠缺的。

（三）政府投入与效益（产出）之间的反差

调查发现，2005年，独龙族生产工具与50年前相比，“只是数量上的增加，而无质的变化。没有使用农业机械的农户，更谈不上机械化和电气化。大部分自然村连碾米机都没有，大部分农户依然在使用石磨和木碓、木棒舂粮食。虽然会使用耕牛，但由于牛多在大山中放养，加上水田少劳动力充足，实际上很少用牛耕，常用人犁或人挖，使得先进的生产力要素并未转化为先进的生产力。耕作技术水平仍然很低。虽然刀耕火种已不复

存在，但耕作技术低下，科学种田难以推广。全乡推广良种面积1359亩，地膜面积1676亩，分别只占耕地面积的20%、24.64%。由于传统习惯和经济贫困，在重点调查的39户农户中，准备使用农药的有25户，使用化肥的有27户，使用薄膜的只有3户，购买种子的有24户。由于耕作技术的粗放和病虫害的侵蚀，2003年全乡水稻亩产只有141.9公斤，包谷亩产167.7公斤。"[①] 总之，独龙族的发展水平，低于同一区域内的傈僳族、怒族等。2006年，莽人的农民人均收入为484元，仅相当于全省平均水平2250元的1/5；人均有粮仅234公斤。莽人村寨116户618人（687人）全部属于绝对贫困人口，占莽人总人口的100%。可见，如果从投资效益理论来考量，政府长期资助、投入与边疆人口特少民族发展（效益）之间仍然存在着巨大的反差，出现"年年扶贫年年贫"的状况。从中不难看出文化传统、民族惯习在其中仍然产生着无形而深远的影响，甚至在一些场域成为民族发展的阻力。

（四）发展预设与满足少数民族自身诉求之间的错位

在政府扶持、资助为主的发展模式下，政府无偿资助的项目设计与民族自身诉求之间难免出现错位。云南省委驻独龙江民族工作队队员就深有感触地说：给独龙族100元钱后不闻不问其用途，不如给他们10元钱，同时教他们如何计划这10元钱；救济独龙族10件衣服，不如给他1件衣服，同时教他怎么洗涤、怎么缝补。在独龙族村寨，常常看到独龙族男孩女孩无论冬夏就套着一件大人衣服，不少独龙族妇女也穿着男式服装，原因是外界救济资助的衣服并非投其所需。其他的资助项目也有类似的情况，就是说政府从宏观角度往往认为给了钱给了物，少数民族的生产就会发展起来，生活就会好起来，但事实证明并非完全如此。就独龙族而言，火塘是其传统文化孕育、发展、传承的主要空间之一，政府为保护森林与室内（新农村建设）干净整洁考虑，住房设计没有火塘，那么，其相当一部分传统文化将随着火塘的消失而消失。而且，千百年来围着火塘的生活习惯突然间要被打破，在独龙江终年潮湿气候下老百姓能够安生乐意吗？政府拨出巨款，通往独龙江、莽人山的公路修好了，桥梁架好了，面对来来往往的大车小车，独龙族群众说我们没有钱坐车，也没有一辆车是我们独龙族老百姓自己的，没有一个驾驶员是我们独龙族的。对此，据负责独龙江

① 罗世保主编：《怒江直过区研究》，德宏民族出版社2005年版，第55页。

扶贫项目的贡山县领导说：今后要从独龙族人口中培训驾驶员，以一个独龙族驾驶员、一辆独龙族自己的车为基点，带动整户、整村、整族独龙族改变观念、脱贫致富。如果政府的发展预设果真能够如此与少数民族主体发展需求对接，那么，其“发展”才可能真正有望，也才是真正的“发展”。

总之，政府的发展预设，首先要考虑何为“发展”？发展的标准是什么？即发展是以主流文化在民族地区影响、传播的发展，还是民族传统文化与地方性知识的发展，或是二者有机结合的发展？是一系列外在的物化的硬性指标的发展？还是在生产生活水平提高的同时，还需有少数民族主体性的充分体现？

西部边疆区域旅游合作模式研究初探

——以澜沧江—湄公河次区域旅游合作为例

张　英　张　焱[①]

一、西部边疆区域旅游合作的理论研究

（一）西部边疆区域旅游合作的概念界定

本文所使用的“西部边疆区域”概念特指西部12省区有国界线的6省区（西藏、云南、新疆、甘肃、内蒙古、广西）中与邻国毗连的地区，其地形地貌复杂多样，多分布高原、雪山、冰川、沙漠、草场、森林、峡谷等，且该区域多为少数民族聚居地，人口稀少、民风淳朴，无论是自然资源还是人文资源都较为丰富。

区域旅游合作指在合作区域内，围绕着旅游者的空间流动，合作各方采取各种措施促进资本、劳动力、物资和信息等要素的空间流动和优化配置，最终实现经济、社会和环境效益的最优。西部边疆区域六省区与众多国家接壤，且有明显的边境优势，这一区域的旅游合作在产品组织方面容易开发形成富有特色兼具垄断性的跨国旅游产品。

（二）旅游合作对边疆区域经济发展的作用分析

西部边疆区域多为经济落后地区，工业基础薄弱，技术条件落后，资金匮乏，居民收入低，本地消费市场微弱，旅游业缺乏优越的经济环境支撑。并且随着旅游业的规模化扩张，有可能出现旅游漏损和外部成本增大等现象，损害旅游业的整体经济性及其在国民经济体系中的地位和作用，从而制约旅游资产增量，影响旅游业素质和效益的提高。但由于西部边疆

① 张英，中南民族大学经济学院教授；张焱，中南民族大学经济学院研究生。

区域农业发展规模有限，工业生产成本高，旅游业又具有明显的产业比较优势，在整个国民经济中地位相对重要，区域旅游合作容易成为经济发展的切入点和优先发展产业，受到地方更多的关注和照顾。

区域旅游合作会给边疆地区带来巨大的比较利益，不仅可以带动边疆地区其他关联产业的发展，增加就业岗位，还能够推动边疆地区贸易发展，促进国际经济合作，更能为边疆区域经济发展水平的提高注入活力。可见，边疆区域旅游合作是国内外区域经济合作发展趋势下的必然选择，是区域旅游经济持续、健康、快速发展的必然要求，也是边疆区域整体旅游形象建设的新要求。

（三）西部边疆区域旅游合作的实践与进程

随着世界旅游产业的蓬勃发展，中国近年来也为加强西部边疆区域旅游的合作付诸实践。位于中、俄、哈、蒙四国边境结合部的阿尔泰区域是世界上生态环境非常独特的地区，在地质地貌、自然条件和资源分布上有很大的相似性，是国际生态旅游的理想场所。2004 年 9 月，由中、俄、哈、蒙四国成立的“我们共同的家园——阿尔泰”国际协调委员会召开会议，共同推出覆盖大阿尔泰地区四国的旅游线路。中国广西壮族自治区与越南接壤，与东盟各国相邻，旅游资源丰富。广西与东盟各国在文化方面有许多共同之处，如广西壮族的壮语与泰语十分相似，广西京族与越南主体民族同宗同源，旅游合作有较好的文化基础和吸引力。通过建立东盟自由贸易区和一年一度在南宁举办的中国—东盟博览会，广西正努力构筑广西—东盟大旅游经济圈。

而边疆区域旅游合作实践最富活力的还要属中国云南省边境的澜沧江—湄公河次区域的旅游合作开发。1994 年 4 月在越南河内召开的第三届大湄公河次区域经济合作会议，经次区域越南、老挝、柬埔寨、缅甸、泰国和中国六国协商，确定成立由六国国家旅游组织高级代表参加的“大湄公河次区域旅游工作组”，作为次区域旅游合作的总体决策、协调机构，在泰国国家旅游局设立“大湄公河次区域旅游协调机构”负责日常工作。此后，在联合国亚洲及太平洋经济社会委员会、亚洲开发银行的指导和大力支持下，次区域六国围绕着多个方面开展合作，取得了显著效果。由大湄公河次区域旅游工作组和亚太旅行协会分别组织，先后在六国之间轮流举行了 23 次工作组会议和 11 届湄公河旅游论坛，中国在 2007 年主办了第 20 次 GMS 旅游工作组会议。通过工作组会议，研究决定和协调解决次区域旅游合作与发展中的重大问题；通过旅游论坛，采取政府间推动和企业间推动两头并进、区域内与区域外相互结合、次区域各国与有关国际组织共同协作的方式，推动了次区域旅游合作的开展。目前，次区域各国均已成为中国公民出国旅游目的地国，中国与泰国、越南和缅甸等国分别签署了政府合作协定或旅游合作谅解备忘录。

二、澜沧江—湄公河次区域旅游合作的 SWOT 分析

湄公河是亚洲一条重要的国际河流，中国境内河段称为澜沧江，流经中国、缅甸、老挝、泰国、柬埔寨、越南六国。澜沧江—湄公河次区域是连接中国和东南亚、南亚地区的陆路桥梁，地理位置十分显要。澜沧江—湄公河次区域的经济合作，是由亚洲开发银行牵头，流域内的六国参加，旨在改善次区域基础设施，扩大贸易与投资合作，是该地区经济合作中最重要的国际合作开发机制，其主要机构是大湄公河次区域经济合作部长会议，每年在亚洲开发银行召开一次。自 1992 年至今已经召开 14 届部长级会议，确定了交通、能源、通讯、旅游、环境、人力资源开发、贸易和投资、禁毒等 8 项合作领域，已筛选 100 多个项目，投入了 3 亿美元，启动了一批优选项目。

（一）澜沧江—湄公河次区域旅游合作优势分析（S）

澜沧江—湄公河次区域旅游资源丰富，互补性强，具有极大的合作开发价值。

1. 旅游资源丰富

澜沧江—湄公河的垂直落差达到 5000 多米，流域内地形呈阶梯状分布，沿岸呈现出由寒带到热带的所有气候类型，植物垂直带性发育良好，既有气势磅礴的热带雨林，也有美丽清新的高原草地，更有洁白晶莹的雪山冰峰。该次区域分布 50 多个民族，各民族在长期生产生活中形成了自己独特的民俗文化和民族风情，创造了灿烂的文明，留下了众多的名胜古迹。

作为澜沧江—湄公河上游的中国边疆省份云南，由于交通不便，历朝历代开发力度不够，使其保存了比较原始的地形地貌、人文景观、古朴民风和众多少数民族绚丽的风俗民情，拥有得天独厚的自然旅游资源和丰富多彩的人文旅游资源。在滇东南、滇西南、滇西三大旅游区都有较长的边

境线，其中滇东南拥有喀斯特景观和民族风情；滇西南则以西双版纳热带风光、思茅茶马古道、傣族风情以及边境口岸等旅游资源为特色；滇西旅游区则以腾冲地热火山、瑞丽边境口岸为特色。在澜沧江—湄公河中游地区的老挝和缅甸一带，有许多壮观的瀑布，如老挝境内的琅勃拉邦瀑布群，老挝和柬埔寨交界处的孔埠瀑布等等。而下游三角洲地区则拥有美丽的水乡风光。除此之外，次区域中除了中国云南省和老挝以外，其他各国都是沿海国家，有热带海滨风光。

2. 旅游区位条件明显

云南省是我国通往东南亚、南亚最主要的陆上通道，与缅甸、老挝、越南三国相连、山河相依，有数百条自然水陆通道，隔缅甸掸邦与泰国遥遥相望。云南全省现有10个国家级口岸，8个省级口岸，90多条对外通道，并有昆洛公路、滇缅公路、昆河公路、滇越铁路及澜沧江、怒江、大盈江、红河通往缅甸、老挝、柬埔寨、泰国等国。

其中，澜沧江—湄公河在云南境内长1247公里，流经位于滇西的火山热海边境休闲度假旅游区，下游流经中南半岛五国（泰国、老挝、缅甸、柬埔寨、越南），成为中国与中南半岛连接的天然纽带，有着得天独厚的旅游区位优势。

3. 历史文化背景相同

澜沧江—湄公河流经的云南边疆地区与东南亚国家“山脉同缘、江河同源”，有地缘、史缘、人缘、亲缘、文缘等密切的关系。历史上云南与东南亚国家就有友好往来，中国古代的“南方丝绸之路”就是经过云南进入东南亚的。地理上的亲缘关系导致了文化上的亲缘关系，古代的云南是中原文化自北南下与东南亚海洋文化自南北上的交汇地。而东南亚地区居住着2000多万华人、华侨，是世界上华人、华侨最多的地区之一，这也使东南亚成为云南主要客源地之一的基础。历史文化背景的相同使得澜沧江—湄公河次区域旅游合作成为可能。

（二）澜沧江—湄公河次区域旅游合作劣势分析（W）

1. 人才和资金缺乏

边疆地区旅游合作所表现出的很多问题，其原因之一是由于人才、资金的匮乏所造成的。边疆地区真正具备旅游专业知识，又愿意为之付出热诚的人相对较少。现阶段在旅游业从业人员中，不仅素质参差不齐，很多领导者也对旅游产业的开发没有足够重视，而边疆艰苦的条件，也使得不少旅游专业毕业生不愿意回到边疆从事导游等工作。澜沧江—湄公河次区域旅游合作开发也同样存在这类问题。

资金问题是目前次区域旅游合作面临的又一重大问题。目前次区域国家和地区的重大GMS旅游建设项目主要依靠向亚行申请无息贷款、争取各国的旅游发展建设资金和吸引有关国际组织机构的捐赠进行筹资建设。由于受时间限制和多方竞争等因素的影响，所筹集到的资金有限，导致旅游产品开发不利，使得众多的旅游资源依旧等待开发。

2. 区域旅游合作机制不健全

边疆地区在区域旅游合作机制的建立方面，仍然需要各地区和国家进一步的磋商和解决。例如，签证手续的繁简程度直接关系着跨境旅游的便利化，所以应该把签证手续的简化措施纳入区域旅游协定中来。虽然澜沧江—湄公河次区域旅游合作中的其他五国均是我国的旅游目的地国，但是依旧没有实现真正有效的签证简化手续。

在区域旅游合作的目标和方式方面，也同样需要六国达成共识，积极行动。次区域开展旅游合作中，各国的合作意识、各国政府之间的横向协调以及一国内部中央和地方之间的纵向协调情况，都会成为次区域旅游的合作瓶颈。由于次区域各国的旅游发展水平参差不齐，且经济、社会背景差别较大，因此在旅游合作的目标和方式上也存在一定的分歧。

3. 资源和产品难以充分展现

理论上次区域部分旅游资源品位很高，在国际社会具有较高的知名度，但实际上资源转化为现实旅游产品的难度比较大，如金三角旅游景点只有一个牌坊，美斯乐只有一座陵墓，其历史内涵和传说中的神秘吸引力难以体现；还有缅甸的社会形态、老挝的宗教文化及该区域整体所表现出的傣泰文化特征等，也都必须有相当意义的产品支撑才能充分展现。

由于次区域的范围比较广，而且除了在澜沧江—湄公河黄金水道沿岸附近有比较密集的重点旅游城市和景区外，其他地区则相对分散，且交通条件不好。因此，如何在旅游线路设计过程中既为旅客提供高质量的景区景点，又尽量避免“旅多游少”的尴尬局面，是次区域旅游合作面临的一个不小的挑战。

（三）澜沧江—湄公河次区域旅游合作的机会分析（O）

1. 次区域旅游市场广阔，潜力巨大

澜沧江—湄公河次区域有着独特的旅游资源和优越的地理区位，旅游客源市场较为广阔，旅游合作开发潜力巨大。随着次区域各国的经济发展和各国之间优惠政策的不断推出，六国之间游客流动趋势明显。目前，次区域五国均已经被中国政府纳入中国公民出境游目的地。2000年，泰国接待的中国内地游客达到100万人次，占泰国国际旅游人数的10%；同年，有50万中国内地游客到越南观光，占越南国际旅游人数的27.8%。近十年来，泰国一直是中国最主要的国际旅游客源地之一，越南、老挝、缅甸、柬埔寨到中国旅游的游客人数同样逐年递增。

随着次区域旅游壁垒的减少和总体接待水平及能力的提高，次区域越来越受到海外旅游者的青睐。2000年，整个次区域接待国际游客达1378万人次；2001年，接待国际游客达1470万人次；2002年，接待国际游客达1500万人次；2003年上半年，由于受亚洲SARS流行性疾病和美伊战争等不可抗力因素的影响，次区域旅游业发展受到一定的影响；2004年，次区域六国接待游客人数上升到1782万人次。可见，次区域接待的国际游客人数总体上逐年递增，稳步发展。

2. 政府战略倾斜，国际组织的推动

20世纪90年代末以来，受西部大开发、中国入世和“十七大”等重大事件的影响，西部边疆地区因其丰富且独特的旅游资源，旅游产业获得了快速发展。2009年，国务院常务会议讨论并通过了《关于加快发展旅游业的意见》，首次提出要将旅游行业培育成国民经济的战略性支柱产业。温家宝总理在2010年政府工作报告中也提出要“加快发展旅游业，积极拓展新型服务领域”的工作任务。国家的重视和丰富的旅游资源优势也使得澜沧江—湄公河次区域在旅游合作开发中处于领先地位。

同时，澜沧江—湄公河次区域的旅游合作开发在国际组织的推动下，形成较好的合作基础。自1994年次区域旅游合作正式启动以来，由大湄公河次区域旅游工作组和亚太旅行协会分别组织，先后在六国之间轮流举行了23次工作组会议和11届湄公河旅游论坛。通过工作组会议，研究决定和协调解决次区域旅游合作与发展中的重大问题；通过旅游论坛，采取政府间推动和企业间推动两头并进、区域内与区域外相互结合、次区域各国与有关国际组织共同协作的方式，组织多次次区域旅游人员培训工作，提高了次区域各国旅游组织机构的培训能力，提升了高层旅游从业人员的知识水平和业务能力，为次区域国家培养了一批高级旅游人才，推动了次区域旅游合作的开展。

3. 旅游目的地形象的提升与旅游产品开发的创新

澜沧江—湄公河次区域的旅游合作开发的构想提出后，各方都加大力度开展次区域旅游目的地宣传促销，通过视频资料、网络、媒体等多种途径进行宣传，并参加国际上重大的交易会和研讨会，提出了南北经济走廊和东西经济走廊的构想，完成了东西经济走廊的研究和若干试点项目的可行性研究，并积极促成和推进实施，使得澜沧江—湄公河次区域旅游整体形象得到提升。

同时，旅游产品开发创新力度得到加强。目前，次区域的主要旅游产品为热带自然风光、特色民族风情和历史遗迹观光旅游产品。而要继续推进大湄公河次区域的旅游合作，就必须深度挖掘次区域内多种特色文化的内涵，在继续开发传统旅游产品的同时加大力度打造多种专项或特种旅游产品，形成以传统的自然、人文观光旅游产品为主体，多种专项旅游产品为补充的产品体系。常规旅游产品和专项旅游产品互为推动、共同发展，促进产品结构的优化。

（四）澜沧江—湄公河次区域旅游合作的威胁分析（T）

1. 澜沧江—湄公河流域生态环境日益脆弱

随着澜沧江—湄公河流域内各国经济的发展，大量的人类经济活动已给流域的生态环境带来许多问题，澜沧江—湄公河也被世界自然基金会在2007年公布为世界十大濒危江河之一，这对边疆旅游的合作开发以及旅游业的可持续发展带来不利影响。澜沧江—湄公河流域内不同地方有不同的环境问题，但主要问题集中于水电开发对环境的影响，、森林资源环境的退化、传统农垦耕种使得资源环境恶化、水质恶化以及生物多样性的衰退。

2. 澜沧江—湄公河流域地区社会经济发展水平低

澜沧江—湄公河次区域总面积为233.3万平方千米，湄公河流域的6个国家和地区中，除了泰国经济条件稍好，人均国内生产总值接近中等发达国家的3000美元水平外，其他国家和地区经济条件较差，属于经济欠发达国家和地区，而缅甸、老挝和柬埔寨则被联合国列入最不发达国家之列。

3. 旅游基础设施建设迟缓

正是由于经济条件较差，次区域内除了泰国的基础设施条件较好外，其他国家和地区都比较差，特别是上游的老挝、缅甸等国家，道路条件和通行能力很差，运输成本高。因此，改善交通、通讯等基础设施是次区域经济合作的重点。然而，由于地形复杂，修建高等级道路等基础设施需要投入大量的人力物力，建设周期长，投资回报的周期比较长。次区域内大部分国家或地区自己无力投资大规模基础设施建设，要在短期内从外部筹集大量资金用于交通等基础设施建设似乎也不太现实。因此，应该把有限的资金用在那些投资少、见效快的产业的开发上。

三、边疆区域旅游合作模式研究初探

（一）边疆区域旅游合作模式的探索

目前，对西部边疆这一特定区域依托自身旅游业的发展水平，与其他国家在旅游资源开发、旅游产品定位、旅游产品与旅游线路设计、旅游项目建设、旅游形象塑造、旅游市场联合营销等方面加强协商与合作。具体表现为：

1. 从空间尺度上划分

在区域内，有中国边疆省区与接壤或靠近国家参与的旅游合作模式；有旅游城镇之间、县级市之间、县级市与地级市以上城市参与的旅游合作模式。在区域外，有中国边疆省区以及接壤或靠近国家与区域外其他旅游国家或地区进行旅游合作的模式。

2. 从合作发展主体划分

有政府旅游行政管理部门之间进行的区域旅游合作模式；旅游企业之间进行的边疆区域旅游合作模式；参与主体为非旅游部门与旅游行业的合作模式；参与主体为形成价值连锁关系的旅游者与旅游相关利益群体之间进行的合作。

3. 从特定主题划分

以边疆旅游资源合作为主题；以边疆旅游产品与线路联合开发为主题；以边疆旅游形象合作为主题；以边疆旅游交通合作为主题；以旅游管理合作为主题；以边疆旅游信息合作为主题；以边疆旅游教育与培训合作为主题；以边疆营销合作为主题。

（二）澜沧江—湄公河次区域旅游的合作模式选择

1. 以构建旅游圈、旅游带为主的合作模式

为了淡化边疆旅游行政区划，从区域角度强化城市之间的旅游经济联

系，形成城市旅游、文化、客源市场、旅游交通、旅游信息高度一体化的发展态势，促进边疆区域旅游合作的发展，可以考虑构建以澜沧江—湄公河次区域旅游圈、旅游带为主的区域旅游合作模式。

建议在现有的“大湄公河次区域旅游工作组”下由六国联合设立专门的“澜沧江—湄公河旅游圈领导协调机构”，对旅游圈整体的旅游开发、区域合作以及机构运作进行统一领导、统一协调和规范化管理；并下设旅游专项组织和机构，分别负责次区域具体细分的实质操作层面上的旅游工作。在设置专门的澜沧江—湄公河旅游圈领导机构的同时，加大旅游产品开发力度，推动大项目建设，打造区域精品旅游线路。构建澜沧江—湄公河旅游圈，深度挖掘次区域内宗教文化、稻作文化、茶文化、青铜文化、傣族文化、缅族文化、高棉族文化及老族文化等多种特色文化的内涵，加强旅游景区（点）的开发建设力度，在继续深化传统旅游产品的同时加大力度打造多种专项或特种旅游产品，并分期推出精品旅游线路，逐步形成区域旅游网络格局。在已有次区域旅游合作的基础上，通过点状开发各级中心旅游城市形成旅游圈不同层次的增长极，通过分期线状开发培育精品线路形成旅游圈的增长轴线，促使旅游活动的空间流动从原有分散的两国或三国边境、跨国游向多国多条大环线游发展；逐步形成以澜沧江—湄公河水上旅游线为主轴，中部陆路跨国旅游环线为中心，东西水陆跨国旅游环线为两翼，环环相扣、辐射发展的旅游圈网络结构。

2. 无障碍旅游合作模式

无障碍是旅游区域合作发展阶段的一个跃升，旨在通过实施区域旅游的资源共享、市场共享、基础设施共享、品牌共享和信息共享，推动旅游企业经营无障碍、交通无障碍、服务无障碍和投诉无障碍。在澜沧江—湄公河次区域推进无障碍旅游既是边疆地区旅游产业扩张和规模经济跨区发展的要求，也是旅游资源要素优化配置、地域分工和相互依存的必然要求。

在大湄公河次区域旅游工作组第 13 次工作组会议上，湄公河旅游活动协调机构向各国旅游组织代表提交了“大湄公河次区域单一旅游签证”建议，这是对澜沧江—湄公河次区域旅游实现服务无障碍的一次有力尝试。2003 年 9 月大湄公河次区域经济合作第 12 届部长会议同意由亚洲开发银行牵头对大湄公河次区域单一旅游签证的实施做可行性研究。由于次区域范围内部分国家对旅游合作认识上的差异，故目前探讨实施一证通的范围重点是在中老缅泰四国上。同时四国也在与其他国家进行磋商探讨，研究并制定诸如“落地签证”之类的签证方式。在合作趋于成熟时，可望全面实施“一证通”计划，加大力度解决次区域旅游出入境通行手续繁杂的问题，并为未来实施“免签证计划”奠定基础。

同样，在货币流通无障碍方面，“澜沧江—湄公河旅游圈领导协调机构”应积极引导次区域六国在各自领域范围内建立多国货币流通代理机构，方便次区域国家及第三国游客用各自国家的货币支付相关费用，以减少交易壁垒，拉动旅游消费。

从“碎片”到“镜片”

——一份来自缅北佤邦的田野报告

郭　锐①

佤邦虽地处缅甸境内，但占据着阿佤山的大部分地区，生活在佤邦的主要族群佤人，在中国和缅甸皆有，因分布的自然地理连为一体，故不分伯仲。近现代史上，阿佤山始终是这两个国家的国家势力很难直接介入的地方。对之进行研究的过程，遵循两个路径；一是中外史料的梳理，二是田野调查的实践，三是相关理论的应用。唯有如此方能呈现其概貌与变迁，在实施的过程中，笔者发现，阿佤山的历史镜像是残缺不全的，犹如一块块历史的碎片。包括历史上的“欧脱之地”、长期的战争、毒品问题、在孤立声中艰难存在的现实等等，于是大致结论为：将此众多的“碎片”组合起来，可以比较清晰地看出，一个似乎是畸形发展的高度自治的（武装独立）“民族主义”政权。同时，还发现佤邦经过二十多年的自我发展，使我们看到了一个弱势族群在弱肉强食的世界中顽强发展的过程和轨迹，且成绩斐然。其中似乎又可作为“镜片”，用来反观我国民族边疆地区，让我们在对比的前提下，得以思考一些历史和现实问题。

一、对一块“欧脱之地”的历史回顾

在中国近现代史上，由于帝国主义殖民侵略，以英国为急先锋的西方列强展开瓜分中国的狂潮，中国四边被蚕食严重，晚清时期的外交辞令上便频频出现“欧脱之地”这个名词。

---

① 郭锐，原云南民族大学人文学院副院长，副教授，现台湾中央研究院民族学研究所博士后，长期从事民族学、佤族和南亚语系族群关系问题等教学和研究。

尽管“欧脱”正式的解释是“两国之间没有正式划界的地区”。但是，它的本意却源于匈奴语，是为“鄂托克”的谐音，意思是高原，汉文将之写成“欧脱”，最早见诸于《史记》、《汉书》记载的匈奴冒顿单于与东胡王为争欧脱而起的一场战役。① 因此，在现代国家概念的驱使下，晚清政府不得不面对众多的“欧脱之地”的归属问题。

近代以来，由于中国古代“羁縻制度”的概念与现在国际关系法则在国土概念上的严重不适用性，“欧脱之地”必须以政府对它的实际行政控制权来决定它的归属，晚清政府在这个问题上显得理屈词穷，在国土问题上节节败退。因此，英人殖民者殖民缅甸之初就一直觊觎着这块在云南的西南，现在是缅北地区的“欧脱之地”。英属缅甸先于晚清政府在该地行使行政控制权力，比如，秘密探测、绘制地图、丈量土地、派驻官员、编制户籍、笼络上层、瓦解和打击亲中势力等等。② 因此，由于晚清政府现代国家概念的缺失，英国人占据有利的口实（政府对“欧脱之地”的实际行政控制力，英人正好钻了中国古代“羁縻制度”的空子），尽管此区域历次划界，晚清的外交官员曾经据理力争，成效甚微。到北洋政府时期的国内民众抗议沸腾，“欧脱”之争曾经喧嚣尘上。

历史上，为了这一片土地，侵略者、殖民者、爱国（中国）者、共产主义者（缅共）和民族主义者（以佤人为代表的原住民）对这块土地进行

① 史籍记载了公元前206年之后在匈奴与东胡之间的一次重大战役。匈奴与东胡之间本来有一块长约一千余里的地方作为两族之间缓冲的地带，匈奴语发音为“鄂托克”（欧脱），匈奴人的意思是“弃地”（实际控制之外的地方），鄂托克地区，扼黄河东下之冲而注入北，其地之形似高原，故匈奴语称为这片地区为鄂托克。平时双方均不越界驻牧。东胡王竟越过“欧脱”向西侵入“弃地”两次，得逞后，并遣使向冒顿说：“匈奴所与我界欧脱外弃地，匈奴非能至也，吾欲有之。”冒顿再次召开会议，有的氏族部落首长认为“此弃地，予之亦可，勿予亦可”。冒顿听后大发雷霆说：“地者，国之本也，奈何予之!”为此进攻东胡，东胡王大败。

② 清代中缅南段未划界以前，1890至1891年（光绪十六至十七年），英国既已派出侦察队窥探葫芦王地区（阿佤山），进行秘密探测，缅甸木邦的“阿也弃”（相当于专员）德理友和巴卫里（后任英方堪界委员），就是这次调查的领导人。后来担任英方堪界委员的乔治·司格德也参加了这次的秘密探测（克里斯新著：《近代缅甸》第10页，J. L. Chriatian: Modem Buma. 1942. 10)。1933年10月间即传闻英属印度政府的总督致函云南澜沧县糯佛美国教会牧师永伟里，嘱咐他采取炉房各项矿质标本，送往印度化验。如成分优良，决来开采之意。又据镇康县确讯：英人组织公司，集资750万卢比，现在南段未定界开矿，车路已通滚弄渡。英缅政府派遣英军500名，驻扎果敢。果敢位于滚弄江边。于班况、邦弄（即邦洪、邦弄）交界处银厂坝，修营房三四十间，并督工修理至邦洪方面桥梁及车路，架设无线电台，修飞机场于南户。张凤歧“我参加中英滇缅南段未定界会堪委员会的经过纪实（节选）”（见段世琳主编：《邦洪抗英纪实》，云南民族出版社，1998年7月，第195—196页。）这些事实都发生在正式堪界之前。

了激烈的争夺，不少人为了它不惜以牺牲生命为代价。上世纪至今，它的隶属问题仍然频频发生变化。1941 年，国民政府允诺过英人代言的缅政府拟将该地划归缅甸，[①] 1960 年，中华人民共和国政府确定将它归属缅甸，[②] 20 世纪 60 年代末到 80 年代末，这里曾是缅共主要革命根据地。1989 年 4 月 17 日，佤人宣布脱离缅共成立佤邦联合党领导下的佤邦政府，并与缅甸执政的军政府达成和平协议，实行“高度自治”。这块“欧脱之地”最终还是以它们的完全脱离中国而画上了句号。

然而近年来，这块土地和它的主人的存在与发展逐渐为世人所侧目，这并非是因为它历史上的归属问题，而是它的“毒品问题”。现在的人们早已经忘记了当地主体民族的先民（南亚语系族群）是已知最早的原住民，他们曾经创造过灿烂的文明——建立过古代王朝、几度遭到毁灭性打击但是民族生存力顽强，以及独特的猎头民俗等，人们也不再提及他们与英国人的英勇战争以及 20 年前，佤人举起“自治”的旗帜，成为上世纪二战后世界性民族解放运动的最后余音……

因此，这一块“欧脱之地”尽管长期不为世界熟知，但却是充满了厚重的历史。进入现代以来，为了民族主义政权的生存，他们继承了前人的种毒制毒、武装贩毒，并用武装割据拓展生存空间，影响了地区的稳定，造成了邻国和西方社会严重的社会问题，也引起周边各国（尤其包括中国）和以美国为代表的西方国家的严重关注，频频被国际社会提及，曾经被美国计划实施“外科手术式”的打击，[③] 使得它孤立于世界。我国的东南亚研究学者群几乎全力关注由它引起的“毒品问题”、“传统和非传统国

---

① 1941 年，英国借中国抗战处境艰难，为急于修建滇缅铁路，运输战略物资，对英缅控制的滇缅公路有着很大仰赖的时机，以关闭公路的威胁为施压手段，于 1941 年 6 月 18 日通过政府换文形式，迫使国民政府在阿佤山地区划定对其有利的边界线。将部分班老、班洪地区划给缅甸，史称 1941 年线。见朱昭华《中缅边界问题研究——以近代中英边界谈判为中心》，黑龙江教育出版社，2007 年，第 257 页。

② 1960 年 10 月 2 日，中缅两国总理周恩来和吴努在北京签署了《中华人民共和国和缅甸联邦边界条约》，条约全文见《人民日报》1960 年 10 月 2 日。

③ 2002 年 3 月，泰国《曼谷邮报》报导称，美国国务院负责毒品及执法事务助理国务卿兰德 · 比尔和反恐特使弗朗西斯 · 泰勒，在美国参议院举行的听证会上作证，第一次指明佤联军是“一个众所周知的与全世界毒品贸易有联系的恐怖主义组织”。这项指控被认为是美国“第一次将贩毒团伙定性为恐怖主义组织”。在此以前，泰国新泰国党副主席布萨 · 楚蒂库也曾撰文称，“在反对世界最大贩毒武装之一的行动中，美国在泰缅边境一线不排除使用军事手段，对佤联军采用外科手术式的空中打击”。

家安全问题”、“地区不安定因素”和“民族分裂主义问题”，尤以防范和负面因素去面对着这个曾经的“欧脱之地”。

二、缅北佤邦的历史及其同缅甸和中国的关系

佤邦政府是怎样产生的，过程如何？这个问题既是笔者试图解释的重点，更是世人值得了解的问题。因为不清楚这个前提就无法明白其所以存在和运作的原因。根据笔者多次前往佤邦调查参访的感受和认识，作如下简述①：今天佤邦政府党、政、军等各种部门的架构几乎完全承袭缅甸共产党的模式。缅共成立于20世纪40年代，正置英国殖民缅甸末期。早年是在该国的南部发展。1960年代末，缅共中央转移到缅甸中部掸邦以北紧靠中国云南省的缅北地区，这一带的居民与南部占绝大多数的缅族完全不同，属于该国的少数民族地区。这些民族有一个共同的特点，那就是他们大多与国境线另一侧的许多民族同文同种。诸如，掸人在中国称傣族、克钦在中国称景颇族、佤或拉佤在中国称佤族、崩龙在中国称德昂族、潘泰在中国称回族、果敢在中国称汉族，还有傈僳、怒、爱尼等等。缅共在这些地区的发展，不可避免地要依托当地人民壮大自己的势力。缅共旗下的武装部队即人民军，其兵源的绝大部分就是从这些民族中招募而来。在阿佤山区其实早在1960年代末即有部分佤人自己组织起来的民族武装，他们起初都是为了保卫自己的部落或地方不被外人侵犯而自发成立的。据统计有：1966年6月有以鲍有祥、鲍三板为首的困马游击队，次年5月由岩肯、岩克龙领导的岩城游击队，1968年以鲁兴国为首组织的户算游击队，1969年2月以赵尼莱为首组成的绍帕游击队。这几支自发的由佤人自己拉起来的队伍到了1969年3月在缅甸共产党的动员和与之协商的前提下，这几支自发武装均陆续加入了缅共人民军的队伍，经过在中国境内的短期训练之后，整编并获得人民军的番号。比如：以户算游击队为基础，成立了缅甸人民军东北军区4048营，以绍帕游击队为基础，成立了4049营，以昆马游击队为基础，成立了502营，以岩城游击队为基础，成立了501营。这些部队大多被编入缅共最能征善战的中部军区。由此先导，缅共时期佤人曾大量参加人民军，并成为最忠实的追随者。到了后来，也正是这支以

---

① 自2004年3月至2010年8月，笔者曾6次经中国佤族地界，到缅甸佤邦地区邦康、温高、猛冒、龙潭等地作实地调查，与当地各阶层民众进行访谈和交流，收集相关研究资料。

佤人为主的部队，他们逐渐失去了对缅共的信任。1989 年 4 月 17 日，终于在主要领导人赵尼莱、李自如、鲍有祥的直接指挥下采取兵临城下，没费一枪一弹的方式，驱逐了设在邦桑（现已改名：邦康）的缅共中央。按照他们后来自己的说法即“脱离缅共”，成立了佤邦联合政府。这支军队目前已发展到近 3 万之众，它有一个新的名称叫做“佤邦联合军”，成为佤邦政府最主要的军事支柱。

佤邦政府同缅甸执政的军政府的关系，仍是一个充满博弈的过程：佤邦政府于 1989 年 4 月 17 日正式成立，并宣布组建了佤邦联合党。紧接着，就与缅甸军政府达成和平协议，缅甸军政府方面，承认其现存政权的合法性。同时，要求其负责发展地方经济，保卫边境的和平与安宁。佤邦政府接受并承认军政府在缅甸国内现实的领导与合法性地位，坚持佤邦是缅甸联邦当然的一个组成部分，承诺决不分裂国家，努力搞好边疆地区的和平发展与经济建设，维护国家的主权与领土完整。此后，佤邦联合党坚持不断派员参与缅甸联邦的国民大会，表达自己的意见和诉求。作为地方一级政府，佤邦对军政府的政治诉求只有一条：在既已承认佤邦政府为缅甸一个合法的地方政权的前提下，基于民族与地方的特殊性，要求实行高度自治。但此要求遭到军政府断然拒绝。至此，埋下了互不信任、彼此猜忌、相互博弈的种子。对于力行专制的缅甸军人政权来说，号令天下，唯我独尊的独裁本质，根本不可能容忍边疆少数民族地区实行高度自治的局面存在。而对于既存的佤邦政府而言，军政府历史上对其国内非主流族群打压与歧视的斑斑劣迹，亦不可能在他们的记忆中轻易消失。加之，缅共时期佤人的主要领导人也曾经因为自己非主流民族的身份而深受缅共内部大缅族主义的长期压制和排挤，得不到应有的提拔和重用，自然不可能无条件地信任现政府。应该提醒世人注意的是，这种经历和感受，佤邦政府并非个案。在缅北，各少数民族武装控制区如克钦、果敢、拉祜、爱尼、崩龙等民族的民众和官员均感同身受，在缅甸，尤其是缅北，这是尽人皆知的普遍现象。

在缅北，执政的军政府与少数民族武装控制区的地方政府之间，虎视眈眈、彼此纠结、暗中较力、相互防范、互不信任的复杂格局，始终伴随着各自经济与社会发展的脚步，如影随形地走过了 20 多年表面和平的旅程。

缅甸佤邦政府同中国的关系。首先，从历史上看，古代中国羁縻制度下的历史记忆，使得佤人和中国有着一定程度的“超”民族认同。佤邦等缅甸北部地区，历史上长期属于外族难以进入的地区，所谓“瘴疠之地”、“猎头民族”并非耸人听闻。土著居民为阻止外族的进入设置了难以逾越的障碍。曾几何时，它又成为当地掸人（傣人）土司的名义辖地，由于土司们愿意名义上臣属于中原王朝，而中原王朝面对山高皇帝远、鞭长莫及的客观实际，也愿意采取羁縻制度对待这些“欧脱之地”。因此，类似如佤邦这样的地域历史上都应“属于”中国历史上的中央王朝。也因此，“欧脱之地”的人民也不同程度地认为自己是“中国人”。这样，尤其是在英国殖民缅甸时期，随着英国殖民者对缅北地区的殖民推进，自然遭到了当地土著的激烈反抗，也曾引起过中国人的同仇敌忾，曾经引起过中国历史书上强烈注入一笔的佤族地区的“班洪班老事件”[①]以及佤族和当地各族共同书写的“告祖国同胞书”。[②]到了1960年正式划界前夕，中国政府和军队曾经对阿佤山的主要地区进行过短期而有效的管辖（一年左右，主要是为了追剿国民政府撤进缅甸的残部），佤人和当地各族人民对中国新生的红色政权有过亲密的感情，至今不少经历过那个年代的当地各族人仍旧对那段记忆充满怀念。划界后，又有缅甸共产党在缅北开展的20余年的武装斗争，“文革”期间，不少知青怀着“把红旗插遍全球”的共产主义激情，投身缅甸共产党，流血牺牲，给当地各民族留下了深刻的记忆和无限的缅怀。这种曾经的血肉联系，也使得这块土地上的中缅两国人民，彼此认同，这种认同某种程度上超越了对缅甸国家的认同。

最后，在接受缅甸共产党的领导以及同他们的合作过程中，佤人在政

---

① 班洪班老事件：1933年秋，英军数百人强占佤山北部一些地区，送厚利给班洪王、班老王，希望允许英国人开银矿。遭到严辞拒绝后，英国人又欺骗说汉官已将银矿卖给英国人了，班老王胡玉堂说：“我们是给中国守厂，有木刻为证。”让英方拿出卖矿证据，英使者狼狈而返。1934年初英军再次入侵，班洪王胡玉堂召集班老等17王剽牛盟誓，兵分三路与英军浴血奋战。英军凭借先进武器，又兼施奸计，强占班老下寨，班洪王曾数次派代表请求国民党政府发兵增援，但当局惧怕得罪英国而无动于衷。各族爱国民众忍无可忍，于是自发组成民族联军和西南民族义勇军开赴边境，与班洪、班老等阿佤山人民并肩抗英。同年4月，义勇军节节胜利，可国民党政府屈于英方压力，强令义勇军撤回，并将其大部解散，这就是班洪班老事件。这里应该提及的是，参加此次抗英的佤族部落，除邦洪、邦老外还有阿佤山的其他十几个部落，1960年划界以后，约有一半已划归缅甸，为今天佤邦控制区域管辖。

② 此报告为邦洪事件当时，由阿佤山17个部落头人共同签署的一份昭告国人的盟约。原文为傣文本，1936年方国瑜教授到邦洪王地岗猛见到，由爱国华侨尹朔涛翻译成汉文稿后录记下来。收于方国瑜著：《滇西边去考察记》，国立云南大学出版。

治上建立了与中国的一些密切关系。例如，训练他们的军队，佤人的治军思想和政权建设都深受毛泽东思想的影响。这种影响，从战争时期坚持的“持久战”、“游击战”的毛泽东战略战术思想到自治建政后在政治体制、经济机制和文化教育制度等各个方面都深刻地打上了中国模式的烙印。2006年6月笔者在一次与佤邦联合党副总书记鲍有义长谈的回忆，印象非常深刻。他说“我们佤人其实就信两个东西，一个是老人，就是祖先，对老人一定要尊重，道理很简单，因为没有他们就没有我们；另一个就是你们中国的毛泽东。因为，他教导我们怎样打游击战和持久战，更重要的是，他在中国制定了国内各民族不分大小一律平等的政策。这个政策太伟大了，如果缅甸也能这样，我们也就不会和老缅有矛盾。”① 在我的调查中发现，类似的亲中国观念，至少在佤邦政府层面具有比较普遍的代表性和典型性。

建政至今，虽然佤邦政府是缅甸官方承认的地方政府，但向来与缅甸现政权交好的中国政府与佤邦并不发生任何直接的交往。按照通常中缅两边地方官员的说法，在国家层面实行的是“不接触、不支持、不承认”的“三不”政策。正好相反的是，相邻的地方政府，包括云南省政府相关部门，普洱、临沧、西双版纳及其下属的邻边各县与佤邦政府的接触却比较频繁。这是因为：第一，云南是中国通往东南亚的重要门户，具有桥头堡的地位，近年来，中国经济飞速发展，迫切需要在能源、市场、国际关系等诸多方面拓展国际空间。第二，佤邦地区在区域经济上同我国的关联越来越密切。缅甸是一个与云南山水相连、贫穷但资源丰富的国家。上世纪中后期，缅甸毒品泛滥，缅北是罂粟种植的主要产地，其中佤邦的种植面积与产量，曾名列世界第一 。缅北生产的毒品不仅向南通过泰国、缅甸沿海散布到东南亚和世界各地，而且向北大批进入中国，造成我们国内非常严重的社会问题，直接威胁国家的安定团结。中国政府下决心要从毒源上杜绝此患。长期的经验形成了“两手抓、两手都要硬”的策略。一方面，严重打击制毒贩毒的国际毒贩，长期联合包括缅甸、泰国、老挝、越南等邻近国家一起打击贩毒活动，并连连取得重大胜利，极大地遏制了国际性贩毒犯罪活动。另一方面，在传统种植罂粟的地区（最主要的区域就是现在的佤邦地区，南部佤邦过去是毒枭昆沙的老巢）实施替代种植，有关部

① 2006年6月19日笔者在佤邦联合党副主席鲍有义家中的访谈笔记。

门制定了各种相关政策和措施，鼓励各级政府、企业和个人，以各种方式到毒源地投资从事替代种植产业。目前佤邦地区的替代种植已初显成效，罂粟种植得到有效遏制，取而代之的是橡胶、茶叶、水稻和其他高经济作物。佤邦政府非常欢迎外来投资者，并动员百姓给予积极有效的配合，目前整个佤邦社会正处于这样一个经济转型当中。佤邦地区替代种植的成果，已经成为世界禁毒史上的一个良好范例。另外，针对缅甸天然的区位优势和丰富的自然资源，云南省政府近年来，因势利导地制定了打通包括缅甸在内的南亚大通道的发展设想，省内周边与之接壤的地市县纷纷成为“摸着石头过河”的先卒，紧邻中国的佤邦地区自然也成了他们的捷足先登之地。

三、佤邦社会概说及其和平建设20年的成就

客观地讲，佤人作为阿佤山的世居族群，历史上并无国家疆界的概念。部落与部落，村寨与村寨之间彼此守望，相互关联。尽管内部也有这样那样的争斗、冲突、合纵连横，但族群内部的认同意识始终如一。历史地建构起大家共同的物质与精神世界、风俗习惯、人际网络。共同的生活场景，相同的语言表述，始终维系着源于祖先而又达于后人的传统风俗习惯、道德标准和行为规范。阿佤山历来都被他们视为生生不息的天然家园。所以从过去到今天，民间社会向来不分彼此视为一体，即使有现代疆域的划分，但并未隔绝山水相连和人际交往的族群关系；即使是划定国家疆界以后，由于中缅两国历来关系友好，同一民族的边民之间彼此往来相对更加密切。这就事实上成就了总体上整个佤人社会在日常生活中，民族认同实际高于国家认同。

而传统意义上的阿佤山，其实也并非常人所误读的长期与世隔绝，不与外界接触。至少最近两三百年的历史并非如此。我们只要从中国历朝政府眼中的阿佤山这个视角切入，即可窥见一斑。历史上，中国境内延续更迭的封建王朝，对中缅边界的统治在地域上总是处于不断的伸缩变换之中，中缅交界地区一般多为中央王朝势力难以企及之地。边疆土司地带世袭头人与土司享有很大独立性，严格意义上，他们才是那里真正的统治者。而这些世袭地方政权，历来也与中缅封建王朝保持着并不稳定的臣属关系。这取决于各个王朝国力的消长变化，他们时而臣服中国，时而臣服

缅甸，或对中缅两国均同修贡职，不予得罪，为的是保住自己域内的统治权力。尽管中缅之间经常为了争夺这些边境土司地而爆发战争，但两国之间始终并不存在一条近代意义上的国界线。更多的时候，两国边界线的界定只是一些不确定的点和面。在中国中央王朝实力鼎盛的时期，甚至缅甸北部的大部分地区都包括在其疆域之内。因此，历史地看，中缅之间的疆界具有很大的伸缩性和波动性。清朝乾隆年间，缅甸正式成为清朝的藩属国。此时，中缅之间仅有“内地”与“外藩”之别，并无国与国的区分。地处中缅之间的阿佤山自然属于“外藩”但仍被视为中国的领地。

近代以来，复杂的历史和多舛的命运，致使该地区的佤人抛弃了对国家的幻想，强化了民族的自我认同，独立走上了一条“民族振兴之路”。

佤邦政府在缅甸政府的正式名称是缅甸掸邦第二特区，属于缅甸七省七邦中掸邦的一个特区，首府位于邦康市。实际辖区土地面积约3万平方公里，总人口约55.8万人。其中70%为佤族，此外还有掸族、拉祜族、爱尼族、克钦族、潘泰族、果敢族等多个民族成分。境内行政区划有：勐冒县、龙潭特区（目前已并入勐冒县）、温高县、勐波县、勐元县、邦康特区、南邓特区7个县级行政单位。虽然按照缅甸政府的意图，将佤邦归属缅甸联邦中的掸邦，但佤邦政府并不接受掸邦的领导，通常也绝口不提掸邦。因为在他们看来，缅甸联邦是由执政的缅政府与各邦共同组成的国家，而佤邦政府直接接受缅甸政府管辖，所以，佤邦事实上是一个缅政府的直属邦。这个政府拥有自己独立的行政体制、司法制度和军队，相对独立于该国执政的军人政府，在今天的缅甸处于一种非常微妙而又特殊的地位。建政20多年来，事实上处于武装割据状态。这个政权的行动纲领是以辖区内民族（主要是佤族）的民族利益为核心的民族主义理念，政治诉求是以谋求实际控制区内政权的高度自治为目的。

1997年以后，佤邦辖境由南北两部分地区组成：北面地区，为佤人传统分布区域，位于缅甸东北部，约在北纬22°—23°，东经98°—100°间，东北与中国云南省临沧地区的耿马县、沧源县，思茅地区的澜沧县、西盟县、孟连县、西双版纳州的勐海县接壤。西北与缅甸第一特区（果敢）相连，南面与缅甸掸邦第四特区相邻，西面至缅甸第二条大江——萨尔温江（怒江），与滚弄、当阳等城镇隔江相望，辖地面积约1.7万平方公里，与中国有500多公里的边境线相连，人口约30多万。南部地区位于老、缅、泰交界地，即毒品“金三角”的缅方一侧。原为毒枭昆沙盘踞，后为佤邦占领，并移居数万北部佤人居住开发，意图改变和结束他们传统上栽种罂粟的历史，主要是种植水稻和其他经济作物。这里与泰国接壤，辖地面积约1.3万平方公里，人口约10万。目前，北部地区主要从事山地农耕经济，南部地势平缓主要从事稻作经济，近年来北部矿业的开发已经初见成效，南北两地毒品替代种植已经实现，并进一步巩固、发展具有高经济附加值的农业项目（诸如橡胶、龙眼、蜜橘、茶叶等）。

在佤邦，佤语、汉语为官方语言，官方行文是汉文。政府的各级主要官员绝大部分由佤人担任，佤语是最为通行的日常用语。在社会生活的各个方面，佤族文化占有无可替代的主流地位。佤族文化的传承与发扬受到政府的支持与鼓励。根据笔者的观察，近现代以来，缅北阿佤山区虽然经历了相当多的社会动荡——英国殖民时代对该地资源的觊觎、二次世界大战日本的入侵、国共战争后期国民党军队残部的盘踞、中缅未定界确立前后的混乱、冷战时代缅共的游击区域以及百年以上长期畸形的罂粟种植等，经济与政治长期处于很不稳定的状态，致使佤邦百姓的社会生活，至今仍然处于相对贫困和极度贫困状态。也正是由于上述原因，底层社会的文化传统与自然生态反而未曾遭到大的冲击和影响，生活中，基于传统的文化与习俗长期停留在一种自然状态。

佤邦建政后，其政治、经济和社会发展出现了一个跨越性的进步。佤邦政府成立伊始即本着独立自主、自力更生的原则，珍惜来之不易的和平环境，尽可能地投入财力、物力和精力抓紧建设。对内，强调各民族不分大小一律平等，在不干涉政治的前提下允许宗教信仰自由，对于带给佤山人百年危害的毒品，全面实行“三禁”政策即“禁贩、禁吸、禁种”。对外，佤邦政府考虑到实际控制区域分别与中国和泰国接壤，均有数百公里的边境线相连，搞好各边关系，远比求助于长期陷于经济困顿的缅政府，象征性杯水车薪的支持更为方便和有利。就近就便，借助周边国家发达经济的辐射，迅速改变本地方的贫困状态是更为现实和可行的快捷方式。因此，非常重视发展睦邻友好关系，同时注重招商引资，保护辖区内外来商人的合法利益。

以下是佤邦政府主席鲍有祥在庆祝佤邦和平建设20周年的讲话中，展示的相关资料：1989年佤邦建立前，境内仅有缅共时代修筑的300多公里的毛路，现已修建了3000多公里，是20年前的10倍。其中，包括800公里的柏油和弹石路面，基本实现辖区各县、区、乡都通公路；20年前，佤邦地区仅有学校20多所，在校学生不足500人，如今，已发展为拥有学校360多所，在校学生36700多人，其中有10所学校设有初中或高中部。20年前，全邦的医院卫生所只有20多所，目前已发展到190多所。1989年初，佤邦仅有一座40千瓦的水电站，现在已先后建立起8座水电站，总装机容量达到1359千瓦。佤邦自1995年起，为大力发展禁种替代产业，即向全邦和国外企业发出号召，鼓励种植橡胶、茶叶和其他经济林木，获得积极响应，目前在南北两地已种植橡胶茶叶20多万亩、50多万亩，至今，部分橡胶树已开始割胶。20年来，矿业开发从无到有，佤邦开办了自己的冶炼厂，且已初步产生经济效益。①

佤邦政府承认，这些成就的取得，很大程度上是依靠中国政府和民间经济力量的帮助，其中最主要的，是在中国替代种植计划实现双赢的前提下取得的，直接促使佤邦政府在向世界承诺的禁毒事业上，迈出了重大的一步。到2009年止，基本结束了整个辖境内罂粟种植的历史。此结果，在客观上也非常有利于中国政府倡导并力行的安民兴邦、睦邻友好的国家政策。

由此观之，佤邦地区在经历了多年战乱之后，在短短20来年的时间内，其建设与发展的实际效果和可观成就，应该说是迅速而显著的。如果站在整个缅甸国家的全局来看，与长期处于经济发展滞缓的总体情况相比较，无疑算得上是缅甸国内一个局部区域的发展奇迹。

四、结合佤邦现状引发的讨论

1. 文化视域下的缅甸国情及其与中国的关联性

在提出“文明冲突论”的美国学者塞缪尔 · 亨廷顿看来，随着冷战的结束，意识形态不再重要，世界各国各地区的人们开始发展新的协调和对抗模式。人们需要一个新的框架来理解世界政治，“文明的冲突模式”似乎可以满足这种需要。该模式意在强调文化再塑造全球政治中心的主要作用，它能够唤醒人们对文化因素的注意。此外，全世界人们正在根据文化来重新界说自己的认同。文明的分析框架因此提供了一个对正在呈现的现实的洞见。② 虽然亨廷顿的这一理论一经面世，曾经引来诸多的批判和争

① 佤邦政府主席鲍有祥2009年在庆祝佤邦成立20周年庆祝大会上的讲话稿。

② 塞缪尔 · 亨廷顿：《文明冲突与世界秩序的重建》中文版序言，新华出版社1998年版。

论，但也正是这些争论和批判凸现了该理论的价值和作用。国内有一种主流性的观点将其“文明的冲突”理论看做是为美国的全球战略服务而创立的，笔者对此并无异议。美国人自然有美国人的看法，但同时，其“我所期望的是，我唤起人们对文明冲突的危险性的注意，将有助于促进世界的‘文明对话’”。① 在笔者看来，亨廷顿提出的这种观点和看问题的视角在学理上是站得住脚的。我们不妨从文化的角度检视今日的缅甸，就现实而言，执政的军人政府，主要是以受印度文化影响较深的缅族为主，其文化认同的倾向性与中华文化的差异性十分明显。缅甸与中国不同，尽管在其国内，缅族所占比例仅为30%左右，但在执政者的观念意识和现代国家概念的主导下，却控制着这个国家所有的行政机器和主要话语权，代表国家发声。其余70%非缅族的各个族群，包括拥有近百万人口的华人在内均处于非主流地位。一直以来，缅甸执政的军政府在推行其统治策略与方式的同时，也在很大程度上强制推行其所认同的文化理念。笔者仅举两个小例加深理解：其一，目前在佤邦的首府邦康城有一座十分醒目的大金塔。过去并没有这么高，也没有这么大。仅为了满足原来住在邦康的三个信奉小乘佛教的摆依（傣族）村落的信仰所需。笔者了解到，所以成就今天这样宏大壮观的规模，完全是执政的军政府硬性要求佤邦政府各自投入一半的费用建成的（双方投入了数百万元人民币）。在佤邦政府原来的城市发展计划中，并没有这个设想和计划。这并非佤邦的自觉行为，而是执政的军政府利用政治手段，推进文化霸权的行为。佤邦政府基于不放弃原则和维护来之不易的良好关系的权衡之下，有限度作出妥协的结果。其二，2006年8月，笔者在佤邦主席鲍有祥家拜访。谈话间，他很气愤地告诉我，最近他们接到缅政府的一个通知，要求佤邦境内的所有学校，停止讲授佤语佤文，强化缅语教学。他说，“我知道后，立即打电话给政工部（佤邦政府主管教育的最高权力机构）说不理会，老缅太不讲道理，我们佤语从创制到今天已经有100多年历史，佤邦是缅甸的佤邦，缅语要学，佤语同样要学，自己的语言文字都不学，我们还叫佤邦吗？”②

其实佤邦就是一个深受中国文化浸染的地方。深入佤邦社会，笔者发现，当你行进在佤邦的任何一个大小城镇，从各家店铺的广告招牌到政府发布及张贴出来的通告须知，无不以汉文汉字为主要表达形式，而满街随

① 塞缪尔·亨廷顿：《文明冲突与世界秩序的重建》中文版序言，新华出版社1998年版。

② 2006年8月笔者在佤邦主席鲍有祥住昆马的家中与其交谈的日志。

处都能听得到云南乡音。甚至会让任何一个陌生人，误以为自己不是身在国外，而是置身于某个中国云南的边地城镇。中华文化在这片异国的土地上所占有的比重可谓不言自明，这是自然形成的。相反，缅语、缅文在这里却并不通行。凡对缅甸的历史文化稍有常识的人都知道，缅甸这个国家历史的原因，形成了向来都是印度文化与中华文化，彼此交织，相互竞争与辐射的一块特殊场域。总体上，上下缅甸，南北两地最明显的差异就是：西南部和西部主要以佛教为主的印度文化处于支配和主流地位。而中部以北的东部和东北部主要是受中华文化辐射与影响的地区，包括了众多与中国境内同族同种的少数族群。中华文化在这里处于支配和主流的地位，这是两国人民和平交往自然形成的历史格局。两大文化体系的竞争与辐射超越了意识形态，也跨越了现代国家政治边界。历史上，当中华文化趋于强盛的时候，它会形成一股强劲的社会力量向南推进，扩张其影响与辐射空间。同理，当印度文化强盛的时候，它也必将向北推进其影响与辐射的空间。

就中国而言，我们长期强调国与国之间应该睦邻友好，和谐相处，这是正确的。但同时，我们也有必要正视在历史形成的文化交往中，既有友好交往的一面也有冲突对立的一面，社会运行的逻辑正是在这种矛盾冲突中向前推进和发展的，历史上从来没有哪一个称得上大国的国家没有“藩篱”，这个“藩篱”就是文化辐射的能量在国家外围的表现，是客观存在的事实。所以，历史形成的中华文化对周边国家的辐射，和已经形成的局面，在这里特指中华文化在缅甸北部的巨大影响是人类历史一步一个脚印走出来的。

对此，中国国内无论政府层面还是社会各界，视为理所当然，从来引不起应有的和足够的重视，更谈不上采取相应措施和步骤去刻意经营。这不禁让人联想到，大中华清朝以降，统治者向来对边地与藩篱的态度，不客气地讲，基本就是一种无知加冷漠的心态。而漠视和顺其自然的结果，不止一次地让对中国的觊觎者（最典型的是殖民缅甸时期的英国人）有空子可钻，制造一个又一个的“治权”来挑战中国的“法权”，进而一口一口蚕食我们南疆土地，且屡屡得手。更长远的损失还在于让域外华人心灰意冷，徒有仰天长叹的份儿。

须知今日世界，文化与文明的交往与冲突在族群与族群、国家与国家乃至各大洲之间已经形成了不容忽视的分量，渗透到社会生活的各种领域。诚如亨廷顿所言，“文化在世界上的分布反映了权力的分布。贸易可能会也可能不会跟着国旗走，但文化几乎总是追随着权力。历史上，一个文明权力的扩张通常总是伴随着文化的繁荣，而且这一文明几乎总是运用它的这种权力向其他社会推行其价值观、实践和体制。”① 由此观之，缅甸自然有缅甸的设想，中国也应该有中国的打算。因此，中国作为一个有影响的亚洲大国，在需要对历史认真反思的同时，还应正视那些历史造就的诸多有待操作的文化空间，唯有如此才是正道。

2. 中缅佤人社会因遵循不同的发展路径，虽文化相同，但制度差异明显

先看阿佤山的中国一侧。中缅划界以后，佤人社会被划分在不同的行政区块当中，官方确定的正式称谓“佤族”成为中国56个中华民族大家庭中的一个成员。佤人最为集中的地区被分为西盟和沧源两个佤族自治县，其余部分又分别被划入澜沧、孟连、双江、耿马等县境内。其中，沧源佤族自治县佤族人口数为13.6万人，占该县总人口的85.1%。西盟佤族自治县佤族人口数为5.9万人，占该县总人口的72.7%。澜沧拉祜族自治县佤族人口5.52万人，占该县总人口的12%。耿马傣族佤族自治县佤族人口数为4.5万人，占该县总人口的17.39%。孟连傣族佤族拉祜族自治县佤族人口数为2.8万人，占该县总人口的22.7%。双江拉祜族佤族布朗族傣族自治县佤族人口数为1.3万人，占该县总人口的0.8%。佤族人口合计33.62万人左右，其余散居于云南省其他地方。目前官方统计中国境内佤族人口总数约为40万人。② 以上显示的数据和行政划分格局，使我们注意到，当本来基本上依自然分布连为一体的一个族群被分割在不同行政辖区后，在强调属地治理，注重政府意识的大背景下，族群文化的内在关联性与整体感同样也被分割掉了。

依据《中华人民共和国宪法》和《民族区域自治法》的相关规定，这些地区政府部门的主要官员均由当地少数民族担任，公职人员也按一定比例录用当地少数民族。因此，一定程度上他们在政府层面即是本民族利益和诉求的代表。同时，当地县级以上政府还设有专门的机构即民族宗教事务局，代表政府处理本地方有关民族和宗教方面的事务。

在最近的60年里，前30年，政府的工作重心放在非常强调国家主导

---

① 塞缪尔·亨廷顿：《文明冲突与世界秩序的重建》，新华出版社1998年版，第88页。

② 根据2000年第五次全国人口普查数据整理。

下的意识形态，在制度变革的名义下，基于传统的文化生态不仅受到冲击，甚至遭到一定程度的毁坏。后30年，国家意识强调市场经济，政府的工作重心完全转移到发展经济建设上来。在此过程中，地方政府意识到重视和弘扬民族文化，有利于招商引资和旅游开发等经济活动，能够提升当地经济能力。于是，包括佤族文化在内的地方民族文化开始被挖掘、整理甚至重新构建，各种政府主导下的民族民俗文化项目纷纷出台，呈现出一种新时代背景下的“复兴”状态。

再看缅方一侧。佤邦政府高度强调和实际推行民族主义的治邦原则和政治理念，获得辖区内广大人民的支持和拥护。为巩固政权与和平建设奠定了很受百姓欢迎的制度保障。这套原则和理念包括两个方面的内容：（1）维护辖区内各民族不分大小、一律平等的基本原则。（2）强调邦内以佤民族为主体的民族特点与社会需求。具体而言，首先，他们抛弃了缅共时代公有化的幻想，全面实行私有化政策，房屋、土地、经济行为均鼓励和推行私有化，承认贫富差别。佤邦境内一切合法的社会与经济活动受到政府的明令保护。虽然，佤邦政府受制于财政收入的有限，对于社会生活中具有民族特色的物质与精神事项缺乏投入。但在政策上，却给予了充分的保障，境内各族百姓可以依据自己的经济能力和民族特点选择和安排自己的生活方式，任何个人和组织不得随意干涉。（3）在教育、文字和语言方面，提倡依据本地方、本民族特色自由发展，不作任何干预与限制。（4）由于过去长年战乱，致使佤邦地区卫生环境、人均寿命都处于非常低下的程度。表现为，一边是成年人数量由于战争等社会原因，不断减少。[①]另一边是人口的自然增长率极低，儿童的死亡率很高。此种状况，直接威胁到该民族群体自身的存在与发展。随着社会稳定局面的出现和20年来的发展，佤邦政府不但鼓励国外各国与民间医疗组织和机构进入佤邦，同时加大政府与当地民间投资，希望尽快改善当地医疗卫生条件，提高生命质量和人口的自然增长率。因此，目前对于人口的自然增长不作任何的计划与限制，此项政策，不仅得到境内各族人民的认可与接受，更吸引了不少

---

① 佤邦政府相关数据显示：佤邦在与分裂国家的昆沙贩毒集团的6年作战中就牺牲近2000人。另外，为迁移北部烟农到南部地区实现替代种植与经济转型，因路途艰辛与迁入地出现流行病等因素，又死亡了2000人左右。

国境线另一边中国境内佤族的回应。[①] 最后，佤邦政府在其辖境内的百姓中拥有极高的号召力，究其原因，与该政府自身固有的特点关系密切。这个特点并非外在的表现形式，而是仰赖内部的结构成因：佤人社会历史上，长期处在村寨与部落各自为政分散独立的状态，直到佤邦政府成立前，从来没有产生过高于村寨或部落的任何政权形式，广大民众对于权威的认知，基本处于村寨或部落老人、头人、能人这样一个阶段。凡老人（或个人或群体）、头人、能人的话往往被认为最具有解释力和说服力，因而也最具权威性。随着时代的发展，能人的（包括经济能力、社会活动能力、个人才能）社会地位、作用和影响更加突出。佤语“达”传统上是泛指对男性长辈的尊称。在现代背景下，更多地也囊括了具有某些社会地位、经济能力或具有某些专长，而并非实际年龄偏大的长者。在佤邦，佤人日常生活中一般都将有一定行政职务或经济能力的佤人称为“达某某”，而除佤人之外的其他民族则将“达”转译为“老倌”。所以在佤邦，到很多有实力和地位的佤人家做客，你常常会发现，属下佤人称“达某某”的，到了其他民族口中，主要是汉语情境中，就变成了“某某老倌”。这种佤人基层社会的权威意识，从村寨与部落扩展到了城市，而且具有普遍性的特点，下至一个自然村的村长，上至佤邦最高位阶的总司令、总书记都完全适用此称谓的既有格式！简言之，明显具有部落政治的特点，只不过，在今天的佤邦，此特点并未进入历史而是鲜活地存留于现实，且还具有最广泛的影响力和号召力。熟悉佤邦历史的人都知道，佤邦的主要开创者鲍有祥、赵尼莱等人，他们早期大多曾经都是很有影响的村寨或部落能人或头人。由此可知，他们在佤邦辖境，个人魅力的权威性与合理性具有扎实而广泛的社会基础。

至此，我们发现，佤邦政权内部的最大特点，其实是一个缅甸境内政权结构呈叠加状态的特殊的地方政权。它的主观愿望，是想以邦的级别和形式存在于缅甸联邦的体制范围内，它的内部运行方式，更多的却是参照缅共时代，贴近中国模式的政权机制，而这个政权的最深厚和最广泛的基础和依托则是部落社会所确立的权威理念以及意识形态。所以它能够获得

---

① 2008年4月笔者在中国澜沧县文东乡的多依树村和雪林乡的大蛮岭村作调查，发现佤邦南迁时有人到这些村寨做宣传动员，主要内容：一是南部土地非常宽广平坦，而且肥沃。只要有力气，开垦多少都是你的。二是，没有计划生育，想生多少生多少。这些村寨的部分百姓正是受到如此宣传的吸引，有的举家，有的个别搬离中国，跟随佤邦政府去到了缅甸。

辖境内广大人民的支持与拥护，根本性的原因正在于这种符合当地实际、与底层社会脉动一致的血肉关联之中，这也是构成该政府具有顽强生命力的本质的和深层次的内在因素。

3. 佤邦政权及其未来发展所面临的一些问题

纵观佤邦政权20多年来的发展历程，我们发现其自身也存在诸多不利因素：首先，佤邦毕竟是一个以单一民族为主体的地方政府。在缅北与其他不少兄弟民族相比较，佤民族从总体数量到自然分布区域都不算大，非常有限，在周边与其他民族交错杂居状态是主要的生存特点。因此，在巩固政权基础、拓展生存空间的过程中，尊重、信任、和平协商、共同开发、实现双赢甚至多赢等诸多全新的问题纷纷出现，构成其很大挑战。第二，由于与缅政府至今不能建立完全的互信关系，彼此在很大程度上心存芥蒂。因此，军事对峙甚至战争的阴霾始终笼罩着这片命运多舛的土地，如何消除这一潜在的巨大隐患，虽然主要责任在于缅甸政府，但同样考验着佤邦政府领导层的政治智慧和执政能力。第三，总体上，佤邦地区还是一个非常贫穷落后的地方，佤邦自建政以来，虽致力于经济建设，且成就显著。但贫富分化的现象，非但没有出现缓解，似有逐渐增强的趋势。这种状况，如果得不到适当的调整与改变，迟早会成为其社会内部裂变的动因，一旦爆发，必然动摇政府威信和政权的执行力。另外，历史上形成的等级制度的遗留，常常表现为底层社会对个人、头人、部落或某个地区能人的盲目效忠，高于对现代政府和政权组织信任的现象。这一现象如果不从思想观念上进行根本性的改变，给予必要的遏制，历史上该族群社会内部一盘散沙、各自为政的现象难免再度出现，结果可能导致整个辖区内的社会发展出现历史性倒退。

笔者认为，以上各点都很可能构成不利于佤邦社会健康发展的内在因素。尽管如此，佤邦现政权那种佤人统治的文化特质及其内部族群统一在一个自治政权之下的“民族高度自治”的政治制度，如上所述，虽然有诸多不利因素，但是，它在总体上对中缅双方佤人都具有相当的吸引力当是毋庸置疑的。

五、比照与反思

在笔者看来，位于中缅之间的阿佤山，无论历史记载、领土划分还是行政区划，乃至江河山水的自然分割，呈现在人们眼前，恰似一堆形状各异的碎片。我所试图从事的工作，不过是想尽可能地把它们捡拾起来，粘贴在一起，犹如破镜复原，虽然永远不可能恢复原样，但毕竟可以照人，而非先前一无是处的碎片。以下是相关的几点感悟和反思。

第一，如何理解多元文化的现代国家内弱势族群自我诉求及其表达方式，佤邦的现实个案让我们重拾起民族主义这个老而不旧的话题。以往很多前辈学者对于民族主义有过各种各样的界定、划分和叙述。而我们更关心的是当代背景下，结合中国与缅甸的经验有些什么思考的空间和意义。佤族无论在中国和缅甸都处于弱势族群的地位（如同两国均普遍存在有众多非主流族群一样），因此我们当然有理由相信，他们同样也存在着基于族群认同的各种社会需求。这既是相关学者孜孜以求的“他者”的世界（包括精神和物质两个层面），也是不依我们的意志而客观存在的事实。将两个国家共存的问题，放置在同一个天平上，我们发现，前者是采用平和与柔性的方法，后者则是使用激烈的、暴力的手段。而目的都是为着争取本民族应有的权利。中国的佤人似乎已经将自己理所当然地置于整个国家的体制内，通过这个体制所提供的各种限定性疏通管道，如民族宗教局、民族区域自治法、自治地方单行条例等表达他们的心声和诉求。具有平和与柔性的特色。而在一步之遥的缅甸，佤民族由于得不到国家政权实质性保护和应有的尊重，采用的是暴力的和刚性的方法表达自己的心声和诉求。在这里我们看到，一方面，国家的行为准则具有多么重要的作用和意义。另一方面，也会产生这样的推想，任何社会现象的存在都是一个动态的过程。当前者那些疏通管道生锈、老旧或功能不足时，柔性与平和是否会向刚性与暴力转变？反之，代表主流文化的国家政权，当它放弃了对非主流族群的歧视与打压，开始尊重和承认文化差异，并相应地进行政策与制度方面的调适与改变时，刚性与暴力是否又会向柔性与平和转变？笔者认为答案应该是肯定的。加上跨境而居、咫尺相连的因素，转变的速度应该还会转动得比较快。应该强调的是，中缅两国针对各自境内少数民族的认识和理解是存在很大差异的，最明显的一点，中国在制度和法律的角度，已经从根本上保障了国内各民族政治上的平等与相互尊重。而缅甸于此还有很长的路要走。两国国情不同，但仍然都存在或历史上或新产生的基于少数民族内在需求的问题。须知，经济和文化事实上的不平等，客观上即已构成了政治上不平等的基本要件。换句话说，经济与文化上的不平等决定了政治上也做不到真正的平等。这一点很大程度上是需要上升到国家层面去认真面对的。

第二，民间话语和现代国家的政治话语是两个完全不同的意识体系。在佤邦社会，他们对该地有完全不同于中缅两国政府的历史认同与民族认同观念。形象的说法，可以用笔者在调查中记录的，一位佤邦较具代表性的当地知识分子的陈述加以说明。他说，小小的阿佤山和我们佤族，说白了，在历史上就是一个妈不疼、爹不爱的孤儿。你知道孤儿有多可怜吗?无论中国还是缅甸，当他们需要你的时候，就重视你，抬举你；当他们不需要你的时候就轻视你，甚至不料你，不会管你死活的。远的不说，看看这一百多年来阿佤山的历史：过去，我们从来都认为自己是中国人，以能够为中国守护南部边疆而自豪。无论是驱逐英国人，还是反抗日本帝国主义的殖民侵略，我们阿佤山的人民，出粮、出人、出钱、出枪支持游击队和国民政府军。与他们不分彼此，同仇敌忾，并肩作战，流血牺牲一样也没少过。到头来怎么样，还不是被一纸协议划成了缅甸人。在此过程中，有谁征求过我们的意见，有谁尊重过我们的想法，又有谁理解我们的感受?

当我们认真检视佤邦社会这幅民族主义的现实图画时，如何来理解其中的积极意义与消极因素。如果不是刻意隐瞒或假装视而不见的话，这提示我们在一个多元族群与文化的国家范围内，任何强势族群都应该思考的一些问题，他们可能在不同时间和空间范围内是隐形的，也可能是显性的，但事实上是存在而且迟早是无法回避的。

第三，关于边疆发展、边政建设和边疆稳定的思考。整体上，阿佤山对中国而言，从隋、唐、元、明、清延至民国政府时代，都宣称过在那里拥有法权，而事实上从来没有真正实施过直接的治权（1950 年到 1960 年代中缅划界以前，中华人民共和国政府实际控制了今天佤邦社会的北部地区，曾在部分地方进行过直接但短暂的行政管理即所谓“开辟卡瓦山时期”)，也并不尊重当地人的愿望。历代政府思考的只是国家利益和执掌国家主权者的意识形态，并据此作为政府的行动指南。因此，具有历史的局限性，因故值得我们探讨。当然，今天作为研究者，毋庸讳言的是，我们同样存在自己的局限性，也只不过是从学术的层面去思考、去解惑。但是学者基于人文关怀的角度根据自己的研究提出治国安邦的思路，进行批判和质疑无疑是有意义的。比如说，缅甸境内，国家权力实施中事实上的越组代庖，再比如，对少数民族整体的不信任状态；中国境内，对少数民族和民族地区输血式的帮助和包办代替式的管理，其目的与效果是否经得起历史与实践的考验等都存在令人质疑的地方。缅甸佤邦的事实告诉我们，他们不仅能够自己管理自己，还能建设自己的家园。这给我们很多启发，按照我们大多数人似乎习以为常的理解，至少佤邦的管理者绝大部分是属于没有文化的（因为在佤邦，从高层到基层管理干部绝大部分都仅只接受过中小学文化教育），但面对强权佤邦敢于叫板。比如面对美国将其主要领导人列为毒枭，敢于据理力争，陈述已见；[①] 再比如，缅甸当权的军政府不允许佤邦学校教授佤文，佤邦坚决不从。在本国政府都明确打压的情况下，佤邦政府以民族精神为支撑，以民族存亡为已任，卧薪尝胆经受住来自国内外各种压力，按照自己的理解和方式建设和经营佤邦社会取得了前所未有的成就。事实证明，他们不仅发展了本地区的经济，而且保持住了本民族的文化。使这个20多年前还处于民不聊生、百孔千疮、远离现代文明的地方，出现了从未有过的巨变与发展，呈现出欣欣向荣的发展态势。

根据笔者的调查，佤邦的政治诉求，是在国家的框架内，接受政府的领导与支持，获得一个相对自由的空间。尽管至今为止，执政的缅甸军政府对此仅在口头上有所承诺，事实上却诸多刁难。佤邦并不因此而放弃努力：在政治生活中，积极参与国家的大政方针，坚决维护国家主权与领土完整；在经济建设上，立足于独立自主，自力更生的现实，白手起家，敞开胸怀，招商引资；采取和平建设与武装保卫两手并重的策略，发展地方经济，维护来之不易的和平环境与边疆安全。从这个角度看，佤邦政府的

---

① 纽约法庭宣布，起诉魏学刚、其兄魏学隆和其弟魏学贤，以及鲍有祥、鲍有义、鲍有良和鲍有华兄弟四人，另一人为鲍华祥，其中魏学刚被美国政府认定是毒品集团老大。他们被控生产海洛因和安非他明，将之贩卖到美国及全球多国，并以看似正当的生意掩饰其贩毒活动。美国当局表示，这八人打着「佤族独立」的旗号，进行毒品走私的勾当。2005年2月8日针对美国一地方法院通缉佤邦领导人一事，佤邦政府在邦康美心宾馆召开有多国记者在场的新闻发布会。副主席肖明亮说：“佤邦制定的四个奋斗目标之一即是用15至20年时间把佤邦变成无毒源区。15年来，佤邦从100万亩罂粟种植递减到30多万亩，移民8万人。2003年铲除罂粟苗2000多亩，2004年铲除罂粟苗4717亩。今年6月26日（国际禁毒日）后，佤邦对毒品将做到不种植、不加工、不交易。我们承诺不准将毒品流入邻国。在全邦实现‘禁种、禁制、禁贩’‘三禁’，并于6月26日将缴获的毒品全部销毁。”在发布会上佤邦中央办公厅主任李祖烈、原佤邦中央办公厅主任陈龙生分别用缅语、汉语宣读了佤邦声明，并欢迎大家2005年6月26日再来佤邦，请媒体工作者来做佤邦禁毒的历史证人。

民族主义及其实践，有其正面的和积极的意义。

反观国内，如前所言，我们已经拥有国家大法和民族区域自治法的政治保障作为前提。如果要讲治理地方的“文化水平”和“素质”，把缅甸佤邦政府治下的佤人与国内的同一民族相比较，答案当然是否定的。但是，他们20多年来的发展速度和取得的成就，可谓翻天覆地，世人有目共睹。于是，我们值得继续思考如下问题：谁最了解自己生生所依的土地，谁最掌握这片土地的脉动，谁最了解生存于该土地上的百姓的疾苦、企盼、欢乐、诉求——这个动议直指边疆建设、边政建设、边疆稳定的最佳方式是什么？在我看来，已经有半个多世纪实践经验的中国，对这些问题的认识和处理方式还远远没有成熟。它们既是今天研究者值得谨慎思考的内容，更是执政者远未完成的政治议题。简单而自负的“跨越论”不过是粉饰太平、自我意识膨胀的谬论。它在根本上是脱离实际、脱离实施主体身心与文化养成，某种意义上说，它是目前正在受到社会各界质疑与抨击的“唯经济论”的过时理念。

在新的形势下，抓紧思考和了解边疆民族地区的本质特点，站在人文关怀与地方民族特点的基础上，解放思想，突破禁区，不断完善和充实已经存在、但却几十年没有多少改变的民族理论与民族政策，使其在法制性和可操作性的实践轨道上更上一层楼，既是时代发展的客观需求，也是民心所向，更是一个负责任的大国对自己国内非主流群体应有的胸怀和肚量。

质疑“开发性发展”

——以西江千户苗寨等为例思考“转变发展方式”问题

张 晓 安 红[①]

一、西江苗寨的基本情况及概貌描述

西江位于贵州省黔东南苗族侗族自治州雷山县北，距县城37公里，海拔833米，坐落在雷公山脉起伏不平的群山之间，夏无酷暑，冬无严寒，气候宜人，是一个蜚声中外的千户苗寨。据2005年的统计，西江千户苗寨共有住户1258户，人口5326人，其中苗族人口占99.5%。

西江千户苗寨是一个既粗犷、又典雅的古朴山寨。从高处鸟瞰，只见在群山环抱之中有一块狭长的小盆地，一条小河由南至北略呈弧形从中穿过。西江千户苗寨就分布在这条河的两岸。河的东面，即弧内平地一片密密匝匝的民房一栋连一栋延至山底，然后依势而上，层层叠加，附着于两脉山体。西江千户苗寨细分为八个自然村。有五个村在河东，有三个村在河西。这些村和村之间以及户和户之间，都有田土相连，或者树草相间。在山寨的各个方向，即每个小村寨的附近和上方，都有一片或多片的树林作为护寨林。西江千户苗寨由两大部分组成：一部分是山寨的寨体；另一部分是位于西江苗寨的南面一大坝开阔的稻田和顺着大坝两边山体一层层直达山顶的梯田。

从西江苗寨中间穿过一条小河。这条河是从雷公山里流下来的，叫白水河。雷公山是苗岭主峰，海拔2178.8米，是国家级自然保护区和国家森林公园。西江苗寨就位于保护区和森林公园的边缘。

---

① 张晓，贵州大学人文学院；安红，贵州省苗学会。

西江原来称为“仙祥”、“鸡江”、“鸡讲”等，均为苗语音译。在清朝雍正七年（公元1729年）设治以前，西江与黔东南其他苗族村寨一样，被当时的中央王朝称为“管外苗族地区”，苗族内部一直是自己管理自己。自从设治以后，这里先后为鸡讲司、西江区、西江人民公社、西江镇等历代中央政府的基层政权机构所在地，是西江周边一带的政治、经济、文化中心。

尽管西江是西江一带地方的外来文化的冲击和着陆点，但是由于西江苗寨的规模宏大、人口众多、历史悠久和文化厚重，她总是执著地保持着比较有特色的文化传统。西江苗寨的文化特色，大约从三个方面来概括：第一，西江苗族是一个山地和农耕民族，主要以梯田种植水稻为主；第二，西江苗族聚族而居，是一个父系宗法制社会，拥有家族和地缘性组织；第三，西江苗族崇拜祖先，相信万物有灵。总之，西江苗族拥有丰富多彩的传统文化。特别是建筑、服饰、银饰非常典型，被列入首批国家非物质文化遗产名录。

二、西江苗寨旅游开发的发展历程

雷山县是全国的贫困县之一，西江苗寨也是其所辖贫困村之一。这么多人口集中居住，吃饭就是个问题。后来通过良种推广、两道育秧等科技手段，西江苗族在“吃饱”方面基本上解决了。但是在“用钱”方面仍然比较困难。因为西江以水稻种植为主，没有成规模的经济作物，生产的农产品基本上只是能够供给自家食用。就养殖业来说，牛用来犁田，一般一家养一头牛（有的人家连一头都没有）；猪一般一年也只能够喂大一两头，主要用来过年食用，就算拿去卖钱也没有太多的收入。但是一年的开支却不少：种子化肥、油盐酱醋、洗衣粉洗涤剂、电费电话费、进城的交通费、年节衣服费、孩子的学习用品、看病等等，还有一笔不小的人情送礼费用。西江苗族经常挂在嘴上的一句话是：“不知道钱从哪里来?”很显然，发展旅游业成了西江发展必然的选择，也似乎是西江人民致富的必然途径。因为西江是千户苗寨，有显赫的名声；有丰富的传统文化；还有美丽的寨容寨貌和生态环境等等。这些使得她具有旅游的价值，同时她又没有其他的致富渠道。

西江苗寨虽然现在赫赫有名，但是在当初却是默默无闻地藏在深山无人知。因为对人口流动的限制，西江苗寨的人很难到外面去；因为交通不便，外面的人也很难进入西江来。就是邮递，也要通过邮递员翻越过几座大山才能把书信报刊送到西江。1976 年西江才开通了县城到达西江的公路。

1982 年西江作为千户苗寨，被贵州省政府列为全省乙类农村旅游区，成为雷山县唯一的对外开放点，但是仅局限于在西江苗寨以内。据《雷山旅游志》① 记载，西江苗寨对外开放后，同年 9 月黔东南苗族侗族自治州外事办带领日本国际友人 17 人及法国夫妇 2 人到西江观光考察，但是当时县里面还没有旅游接待机构，西江更没有接待的机构或者旅店，而是由县政府派两个人带着炊事员到西江去接待这群旅客。这种接待方式一直持续了好几年。当时还不知道旅游业为何物，应该怎么搞。

1986 年，雷山县民族事务委员会拨款 3 万元平整街道、修建南贵便民桥，并筹款兴建了民族招待所。

1987 年西江苗寨被列为贵州省东线民族风情旅游景点。1995 年 2 月 12 日，西江镇组建了苗族迎宾歌舞队；3 月 15 日，第一次接待了来自日本的游客。同年 5 月 9 日，雷山县获国务院批准为对外开放县。

2000 年 7 月 17 日，黔东南苗族侗族自治州计划局安排给雷山县 15 万元用于西江芦笙场、停车场及厕所的建设；雷山举办“中国苗年文化周”将西江列为分会场。

21 世纪初，西江有多家旅店，并开始有了由农户接待游客的“农家乐”。

2006 年西江镇申报“全国农业旅游示范点”，通过国家、省、州旅游局组成的验收组的验收。

2007 年《西江千户苗寨综合性修建性详细规划》在西江通过专家评审；省旅游局编制完成的《贵州乡村旅游规划》中，西江位于 11 个“乡村旅游示范村寨”之前列；获得中国国土经济学会在北京人民大会堂授牌“中国景观村落”。

2008 年贵州省第三届旅游发展大会在西江召开；成立“雷山县西江苗族博物馆”；西江苗寨被中央电视台选择作为改革开放 30 年成果专题片四个拍摄点之一。

---

① 贵州省雷山县旅游局编，《雷山县旅游志》，2007 年。

从1982年西江对外开放到现在近30年的时间，西江苗寨的旅游业发展从无到有，从小到大，走出了一条旅游开发带动生活宽裕的道路。特别是在2008年9月开过贵州省第三届旅游发展大会以后，把西江苗寨的旅游业推向了从未有过的高潮。西江千户苗寨现在已经成为贵州乃至全国的一个旅游热点，只要点击网络，就可以搜索到大量的关于西江的信息。

三、西江苗寨旅游开发带来的变化

作为一个旅游点，西江苗寨"开发性发展"表现为旅游开发。自从西江苗寨旅游开发，特别是2008年贵州省第三届旅游发展大会在西江召开以后，西江苗寨发生了很大的变化。第一，西江苗寨在景观上发生很大改变。西江苗寨是一个山寨，仅有一小块狭长的平地，在这块狭长地带的东南段，是西江苗寨的"铜鼓坪"和"芦笙坪"，供年节时候西江苗族祭祀和娱乐用，这里也是西江苗寨的中心。西江苗寨的景观改造也主要集中在这一段。例如在"铜鼓坪"的里侧修建了博物馆（西江小学的遗址），在外侧修建了一个宽广的歌舞表演场；歌舞表演场紧接着河滨道；河滨道顺着白水河和村寨边沿延伸。西江白水河的两岸，原来都是农田，后来沿河在河东修建了一条宽敞的公路（远处看上去像一条高速路），如同一条腰带把西江苗寨拦腰捆住。再后来又把这条路挖掉了，修了一圈的"民族建筑"，再修这条与"民族建筑"平行的河滨道。在修建河滨道的同时，沿河两边筑起高高的护河提，河中也筑起一道道拦河坝，把水位提高。河滨道的两边，人工种植了一些树和花草，摆放着一些盆景，着实有些城市的味道，如此等等。这里引用作者的一则日记，可帮助读者对西江的原貌有一点体验：

1995年3月1日　晴

山青青的，水净净的，阳光特别灿烂。村寨一幅幅动人的景象把我吸引住了：一位农家老太太提着满满一篮青菜到屋背后的缓坡上去晒……近处河滩的下游，有几位姑娘正在洗菜……河水继续往下流，转了一个大湾。湾外田埂上有一头牛正在悠然自得地徜徉，偶尔埋头吃草；湾的里边河滩上铺着四五张晒席，上面晒着稻谷。一位老妇背着一个孩子正从村子那边赶来照看这些谷子，看见有几只鸡仔啄谷子，手一扬，把鸡赶走了，接着伸出薅耙薅匀稻谷。离晒席不远处，一块荒芜的菜园里，有一片黄茸

革的东西，是一只母鹅带着一群小鹅在晒太阳。最热闹的是田坝……①

第二，西江苗族生活方式也发生较大变化。虽然西江苗寨是西江镇的所在地，住着一些政府机关单位的工作人员，同时也有一个集市，有一些小小的贸易，但是就西江苗寨主体而言，西江苗族是农耕文化，一直以种植水稻为主；西江苗族聚族而居，大家不是家族就是亲戚，关系十分友好；西江苗族信仰祖先，为人做事按传统规矩办事。个体的旅店餐馆及工艺品作坊和商店等主要是在旅游开发以后才发展起来的。特别是“农家乐”，这种农家旅店餐馆对当地来说是一个新事物，因此就有越来越多的人半脱离甚至全脱离农业生产。现在，卷入旅游业人数最多的是表演者。笔者最近一次了解到，目前西江的旅游非常红火，每天有固定的两场表演，西江八个村的村民轮流着参加这两场表演和接待来看表演的游客。凡是参加接待和表演的人，每天花费 6 个小时（不包括穿戴服装）。早上的接待是 9：00—12：00；下午的接待是 3：00—6：00。一天如果参加了这两场接待和表演，就不可能有时间去干农活，充其量只能做点家务。也就是说，西江苗族有很多人由农民变成了表演者，生活方式也因之发生了改变。

第三，西江苗寨的社会关系随之发生了变化。传统的苗族社会，人群主要分为两类，即家族与亲戚，互助是苗族社会的一种主要交际方式。现在市场经济主导，竞争取代了互助，金钱代替了人情。不仅外地人和当地人之间，就是本地人为了争夺客源，邻里之间，甚至兄弟之间也成了竞争对手。随之而来的消费观念、价值观念的改变，连人的神情都改变了。记得 2008 年苗年节我到亲戚家，年夜饭那天，表姐忙着烤酒卖，姐夫到亲戚家有事情，侄女忙着去看“阿幼朵”（贵州著名歌星）的表演，侄儿夫妻忙着餐馆的生意，各忙各的，连过节都没有时间了，“时间就是金钱”的理念在这里也应验了，已经找不回过去那种神圣而温馨的感觉了。

鉴于以上的种种变化，社会各界对西江的旅游开发出现了截然相反的两种评价，一种观点认为好得很，旅游开发使西江苗寨变得很漂亮，村民赚了钱；另一种观点认为糟得很，旅游开发是对西江苗寨的一个大破坏。新华网 2008 年 9 月 28 日刊载了记者周芙蓉、施雨岑《3 亿元改造世界最大苗寨 保护还是破坏》的文章，其标题一定程度上折射了双方的争论。究

① 引自张晓：《西江苗族妇女口述史研究》，贵州人民出版社 1997 年版。

竟是好得很或者是糟得很，不同的评价取决于不同的衡量标准，不同的衡量标准来自不同的理念。认为好得很的观点以现代化、城市化为标准。如果以此为标准，那么西江苗寨无疑是“好”多了，实现了城市的延伸。现在的西江豪华宾馆、各种商店、酒吧、卡拉OK甚至洗脚城等都有，在城市才有的服务项目在西江基本上都可以获得消费。认为糟得很的观点是从文化遗产保护出发认为西江苗寨不应该如此改造。在这个意义上，西江苗寨的原貌确实已经被相当的改变，取而代之的是一些人为的“原生态”。西江苗寨建设的初衷，似乎也是在遵循现代化和民族文化的结合，而不是全盘的城市化，但这种“民族化”是概念中的民族文化而不完全是当地的苗族文化本身。例如在“建设”过的地方我们随处可见水泥做的树桩状烟囱、垃圾桶和藤条状的护栏（这还不如不加掩饰地直接使用别的材料）；来自雷公坪顺流而下的白水河被筑上拦河坝以后如同贵阳市的南明河一般，水质下降散发臭气；当街老百姓的木房被喷上黑漆以达到仿古的效果，但这并不符合当地百姓的审美标准等。

与以上观点比较，我们的表述略有不同。我们的观点是：旅游开发成功与否的标准应当以当地老百姓的利益为出发点。本文正是在此立场上进行讨论的。本文讨论的方法是：首先检视旅游开发的预期目标，然后再看其产出回应目标了没有。如果产出没有回应目标，那么要寻找问题出在哪里。或者换一句话说，要先看看开发的动机，再看看开发的结果。好的开发结果，一定要有好的开发动机，但是有好的开发动机，如果方法不当也不一定有好的结果。循着这样的思路，我们对西江的旅游开发作一简单的梳理。

西江旅游开发的总目标应该是西江人民受益，其具体目标主要是两点：一是脱贫致富；二是保护弘扬传统文化，即保护文化遗产。关于脱贫致富，政府的总结报告和记者的采访报道通过一系列的数据和案例肯定西江旅游开发让西江农民富裕了，特别是农家乐的首富“阿浓苗家乐”总是被作为最成功的典型写进报告和报道中。但是，另外一些事实却也不容乐观。第一，享受旅游开发带来生财之道的主要是涉足“农家乐”、旅店餐馆、小商铺、小商贩、房屋出租者和表演者等。前者人数不多，后者收入微薄。不管是靠开店或者商铺以及房屋出租，都受到地理位置的制约。开商铺要临街，可租用的店面有限；“农家乐”和旅店餐馆不能距离中心区太远；做小买卖需要成本，有一定的资金投入。那些家庭地理优势不足的人群获得的机会主要是参与接待和表演。然而一天两场的接待和表演所得的收入并不多。每场接待的收入7—10元（接待游客要看每个人被安排在什么位置，如果是在中间给客人敬酒的，每场有10元钱的收入，如果是在边上搞夹道欢迎的获得的报酬是7元。通常是年轻妇女敬酒，老年人做陪衬）。表演的收入，也不过一场7元（在专业演员表演之后老年人唱古歌）。尽管收入如此微薄，这样的机会也不是天天都有，因为西江人口众多，八个小村子得轮流着来。第二，虽然说部分村民快速地富裕了，例如经营“阿浓苗家乐”的李珍，有一年挣几十万元的记录，这在西江历史上从来都是没有的。但是，西江本地“农家乐”似乎已经度过了它辉煌的阶段，正在走向萧条。因为西江旅游产业由旅游公司接管，旅游收入的相当一部分转移到门票收入上去了；同时越来越多的外地投资商进入，占领了旅游市场的优势。现在西江的旅游消费主要靠旅游团队，但是这些团队与投资商有业务联系，他们是不到农家乐去的。不管是资金的投入、信息的把握和建立上上下下的社会关系网，当地的村民都竞争不过外来的投资商。也就是说，旅游资源其实被外来的势力垄断了。在利益链条上，当地村民处于末端。

至于保护弘扬传统文化，在西江苗寨旅游开发的过程中，我们不乏看见对传统文化的保护与复兴。例如现在穿着苗族服饰的人多了，唱苗歌的人也多了。苗族传统的民间领袖——鼓主也得到了空前的重视；不但政府办起了苗族博物馆，而且村民的家庭博物馆也受到鼓励与支持；在节庆期间经常举办关于苗族传统文化的比赛。政府使尽了浑身解数，希望能够把传统文化发扬光大。但是我们一方面看到苗歌苗舞一片热闹景象，另一方面又深切地感觉到传统文化在快速地失落。事情还得分三个方面和两个阶段来说：

第一个方面，传统文化是一个系统，因而要有一个完备的生态。如果我们只是撷取它的一些元素为我所用，就像我们撷取一些花朵和树枝，离开了它的根茎就难以长期成活，我们把系统化的传统文化碎片化了。

第二个方面，我们保护传统文化是保护了它的外壳，丢掉了它的内核。例如我们传统文化保护注意到了建筑，所以我们注意包装处理；我们注意到了服饰，所以我们尽可能地穿着苗服；我们注意到了歌舞，歌舞表演成为旅游活动程序里的核心内容。然而人们的精神世界、价值观念、审美意识、思想心情等等悄然的变化我们却不一定去注意。一位导演说他

1995 年和 1998 年都到过西江，但是隔了 10 年再到西江都很难看到那种安宁平静的眼光了。城市人的“浮躁”病也开始蔓延到乡村，连人的眼神都不像从前了。西江苗族传统文化本来就是西江人“过日子”。但是现在部分“日子”却变成表演的生活。据说较早推荐西江旅游有一句口号是：“云南看丽江，贵州看西江”。这个意思就是说西江要以云南的丽江为楷模。而丽江早就出现了“空巢”现象，即丽江纳西族人把自己的房子租给在丽江投资的生意人，自己却搬到外面去住。丽江开发的初衷是让人去观赏纳西族人民过日子的，但是现在去丽江旅游却是看的生意人在丽江的房子里做生意的日子。既然云南已经有了前车之鉴，我们就应该吸取他们的经验教训，但西江现在却正在重蹈覆辙。

第三个方面，西江苗寨面临的不仅仅是传统文化失落的问题，而是随着旅游开发城市的、现代化的病毒已经开始侵袭到西江的躯体，这是一个非常危险的信号。最近西江一些苗族老乡给我打电话，说到了这么一些事：（1）西江开了几家赌馆，有些年轻人在打麻将，甚至还有人吸毒被抓了；（2）河滨路修的一排排的房子租给外地人，他们与旅行社合作，客人都让他们接走了。这次国庆他们在网上发布消息，说要搞长桌宴，来的人很多，都到他们那儿了，周边的农家乐客人就不太来了；（3）外地人和本地人争客源发生纠纷打架，外地人还从贵阳召集人来挑衅。虽然本地人也不怕，但是这仇就结下了；（4）现在妇女们都无心思绣花搞文化传承了，连庄稼都无暇去管。因为每天有两场歌舞表演，妇女们每天早上 9：00—12：00 和下午 3：00—6：00 都去接待游客，剩下的时间还能做啥？（5）现在到处在修房子，星罗棋布，见缝插针，过去那些陡的、危险的不修房子的地方，现在只要能装下一栋房子的空地上都盖上了房；（6）这里修建了大大的卡拉 OK 厅，非常吵闹，睡不着觉；（7）传说要让大家搬走，搬到排乐（凯里地区）那边去，不知是否真假。假如老乡所说的一切都是真的，那么一个原来如同世外桃源般的西江将永无宁日。

我们注意到，西江旅游开发进程可以分为两个阶段。一个阶段是政府对西江的建设过程；另一个阶段是建设基本完备交付旅游公司管理（旅游公司也是政府的）。如果说政府在建设过程中我们还看到政府一些传承传统文化的努力的话，旅游公司在经营过程中连这点努力都没有了，仅仅是在享用西江旅游开发所取得的成果。这就如同西江开发的前些年部分西江人也真有点富起来的话，那么 2009 年以来西江富商也开始惨淡经营了。可以说，西江旅游开发的结果是给旅游公司及外来投资商提供了赚钱的机会，西江人民从中分一点点小利，却失去了尊严，付出了摧毁积淀了几百上千年的文化系统甚至会失去家园的代价。

西江目前旅游十分红火，每天有两批游客参观民族歌舞表演就说明了这一点。但是这是官商共谋内外联手共同努力的结果。如果说把西江作为全省旅游热点推介，各家旅行社都把游客网罗到西江这个点，那么游客这么多是不难做到的。但是西江永远会保持成为贵州省的旅游热点吗？外来的投资商会永远坚守西江吗？假如不是，游客不再来了或者来得很少了，外来的投资商把钱赚够了可以走了，当地人怎么办？那些专门为游客而修建起来的房子如何用？那些习惯了表演的演员们还乐意回到田土耕耘中？过“富”了的日子可以重新穷回去，但是人的精神世界一旦改变，很难再回到原点。

五、结语以及关于转换发展模式的建议

基于以上的讨论，我们不得不质疑“开发性发展”的发展模式，质疑的理由在于：（1）旅游开发的旗号是为了给当地村民受益，但是他们是得到的多或者失去的多？西江的开发价值在于她悠久历史所积淀的极有特色的苗族传统文化，同时因为她的“千家”规模使这一优势更加凸显。但是，开发的结果似乎是促进了传统文化的复兴，但是实际上是保留（变形地表演）了文化的外壳，丢失了文化的内核，苗族传统价值观念受到严重冲击，作为开发的基础——传统文化资源即将消失殆尽。仅仅从经济效益来看，如同杀鸡取卵，目前似乎很热闹，但是能持续多久？开发的结果与初衷背道而驰。所以，不得不质疑，这样做真的是为了当地老百姓受益？（2）旅游开发地是当地村民自己的家园，但是怎么开发，开发多少，开发哪里，当地村民并没有发言权。在整个开发的过程中，村民并没有参与决策，没有人去问过他们。他们——自己家园的主人已经被假定为愚昧无知而被他者化了，“智者”取而代之替他们做主了。“智者”的出发点好像也是为了弘扬民族文化，但它是“智者”心目中的概念化的“民族文化”，别说丧失了对当地人和当地文化的尊重了，至少开发效果不好。由此本文提出应该用“自主性发展”代替“开发性发展”。

“自主性发展”就是以当地村民为发展主体，发展规划和建设过程有

他们充分的参与，他们有权参与自己家园的规划讨论和决策，有权了解建设过程的各个环节情况，有权表达自己的意愿并作出自己的选择，他们的意见得到充分的表达和尊重，他们的利益得到充分的保障。在村民、政府和外商等各方利益集团中，当地村民的利益保障是第一位的，因为这是他们自己的家园。政府的责任是无条件地帮助当地村民的发展，外商的进入要以不侵害当地人的利益为前提。

这里不免有人要问，当地村民是否有管理的能力，他们是否有水平发出自己的声音，因为当地村民参与权利的被剥夺，就是以他们的“管理水平低下”为借口的。对此我们依然以西江苗寨为例回顾她的发展历史，追问西江人们在历史上何以自我管理。

在历史上，由于中央王朝鞭长莫及，在清朝雍正七年以前，西江苗寨和黔东南地区的其他苗寨一样，自己管理自己，而且管理得井井有条。西江苗寨传统上的社会组织大致分两个类型，也是两个层次。一个层次是血缘性的，另一个层次是地缘性的。血缘性组织由一个祖先的后代构成，管理的模式是家族长负责制，管理者具有绝对的权威；地缘性组织是家族或者村寨联盟，管理规则由群众议事会集体决定，讲究充分的民主。其管理手段权威和民主正好能够互补，体现了当地村民自我管理的智慧。在西江设治以后，虽然国家行政管理体系一直深入民间，在西江苗寨具有村、镇两级管理机构，但是民间的管理机制仍然一定程度地存在，例如西江苗寨至今仍然拥有自己世袭的宗族领袖“鼓社头”和生产领袖“活路头”。“鼓社头”管理家族内部事务，例如决定过节时间，规范通婚范围，制定行为规矩等；“活路头”管理一年伊始田地“动土”，水稻泡种、撒种、插秧的时间等。当地村民具有非常丰富的本地知识。如果说西江的发展是在村民充分知情，自主选择，与政府和专家共同决策的基础上进行的，那么，西江苗寨的发展路径一定会符合实际得多，当地村民的利益也会得到真正的保障。

当代凉山彝族腹心地区社会治安调查研究

蔡富莲[①]

凉山彝族地区按其与周围的相对地理位置划分，可分为腹心地区和边缘地区，腹心地区主要是指中华人民共和国成立前黑彝家支势力统治地区，包括美姑县、布拖县、昭觉县[②]，边缘地区主要是多民族杂居区和土司统治区。

当前，边缘地区因接触外民族文化时间早，善于吸收其他民族文化，社会经济、基础教育等都比腹心地区发达，本民族传统观念相对淡化。腹心地区则由于诸多原因造成社会经济、基础教育等仍然远远落后于边缘地区[③]，人们重视血缘家支制度，传统的血缘家支观念根深蒂固。改革开放后，国家对基层机构进行了一系列大调整、大改革，使得基层政权组织对广大农民的监管力度大大减弱，发生的各种纠纷案件村民委员会、乡政府、县一级公、检、法、司等干预和参与调解的极少，基本由纠纷双方当事人的家支组织邀请民间纠纷调解员“德古”按照传统习惯法进行调解，国家法律难以渗透到彝民生活中[④]。人们普遍重视家支组织、讲究等级身

---

① 蔡富莲：西南民族大学彝学学院教授。

② 腹心地区原来也是土司管辖的地区，如美姑有利利土司、沙马土司、阿卓土司、海来土司，布拖有阿都土司，沙马土司、利利土司、岭土司、都土司也都曾统治过昭觉，明末清初到清朝末年，土司势力日渐衰落，黑彝势力逐渐强盛起来，土司被黑彝赶走，土司管辖的地区被黑彝各家支分割占领。

③ 自从上个世纪90年代初毒品进入腹心地区以后，社会治安每况愈下，许多有能力、有门路的教师纷纷调离本县，目前，县、乡工作干部的子女和具有一定经济实力家庭的子女基本上都在西昌、乐山、峨眉、眉山、简阳、仁寿、德阳、绵阳等地上学，近年来，在公招考试中，教师每年考上公安局、检察院、法院、乡、镇公务员岗位的人数有时竟高达70%，师资流失、生源流失导致教育现状处于恶性循环状态。

④ 目前，不仅农村的彝族老百姓发生纠纷通过民间纠纷调解员“德古”调解，乡、县一级的彝族干部或其他民族与彝族发生纠纷，也基本上由“德古”调解。

份，家支大胆干政干法，社会治安相对于多民族杂居地区要复杂得多。

一、目前凉山腹心地区社会治安问题的突出表现

1. 大家支欺负小家支

案例 1

2005 年，布拖县 N 乡 N 村，L 家支的一女儿嫁给了 H 家的儿子，A 家支有一个小伙子去追求这个媳妇，为此，H 家支的人十分不满，于是就组织本家支人员将该小伙子打伤了。在 N 地区，H 家支是个小家支，人数远远少于 A 家支，为此，A 家支认为，我们堂堂这么个大家支居然被这么个小家支的人打伤，太有损面子，于是，A 家支的几个青年就把 H 家的儿子打死后逃跑了。N 地区在金沙江边，地形十分复杂，它紧邻凉山彝族自治州的金阳县和宁南县，江对岸是云南省，交通四通八达。A 家支是毕摩世家，平时经常在金阳县、宁南县、普格县等地作法事，认识的人多，逃跑的 A 家支的青年就躲藏在这些亲戚朋友家，平时常与家人有联系，每年过彝族年时他们都回来过年，他们一回来，本家支就派人到公路边放哨，随时观察有没有公安局的车，以便通知撤离，这样过了 3 年多，H 家支拿 A 家支没有办法，公安局也始终没有抓到凶手。2008 年 8 月，通过民间调解员的调解，A 家支赔偿 H 家支人命金 5 万元了结，人命金由 A 家支所有人户共同赔偿。达成赔偿协议后，A 家支的几个青年平安地回到村子生活。

凉山彝族的家支是以父系血缘为纽带，以父子连名的谱系方式结成的血缘群体组织，它犹如一棵枝繁叶茂的参天大树，每一个彝族男性都能在这错综复杂的家支大树上寻找到与自己家支有血缘联系的各个分支，还能顺着分支追溯到大树的根——家支共同的祖宗。

彝族谚语说："不维护一个人的利益，一户将被糟蹋；不维护一户人的利益，一族将被毁灭。"家支成员之间不分彼此，"一根手指受了伤，十根手指都疼痛。"正是基于这种家支名誉、家支利益高于一切的血缘家支观念，原本个人之间的矛盾旋即升级为两个家支群体之间的矛盾，家支群体成为纠纷主体，个人矛盾演变为群体性恶性事件，追溯凉山彝族从古至今的所有冤家械斗的起因，无不如此。

案例 1 中，A 追求有夫之妇，在凉山彝人看来，显然是在公然挑衅 H 家支，他的行为在彝族习惯法中属拐妻罪，彝族谚语"子被杀，讨一命；

妻被拐，讨九命。”“我弱，我妻被人拐；我弱，我子被人杀。”“父亲的命案放在后，母亲的命案放在后，妻子的命案放首位。”充分表明了拐妻行为超过了杀父、杀母、杀子和必须为此复仇的态度。可杀不可辱，妻被拐，不仅是个人的耻辱，更是整个家支的耻辱。因此，H家支立即对此事作出强烈反应，狠狠地教训了A，但由于受到比自己弱小家支的殴打也是件十分没有面子的事情，因而，A家支的青年也是为了维护家支的名誉，可以不顾一切、不择手段、不计后果地去置他人于死地。A家支特殊的职业背景和众多的亲戚朋友为凶手提供了长达3年的安全藏身地，以至于县公安局无法将凶手捉拿归案，H家支自身也迫于没有可利用的社会资源而无法追究凶手亲属的连带责任。

3年后，纠纷由民间纠纷调解员“德古”按传统习惯法得以解决，5万元的赔偿金由A家支成员共同赔偿，因为几个青年是为了A家支名誉杀的人，其他成员有义务共同承担赔偿金。同样的道理，H家得到赔偿金，也不是全部由H家独享，而是H家支按人户平分。在整个事件中，家支势力和实力对纠纷的发展和最终的了结起着决定性的作用。A家支在当地人多势众，恶性的杀人案件仅仅通过赔付5万元即可消除一切矛盾，解除两个家支之间的紧张关系，杀人犯便可平安回到村子生活，甚至成为A家支凯旋而归的英雄。

案例2

2008年9月，布拖县W乡G村，有两家都姓M，其中有一家在以前是奴隶主，一家是奴隶，该奴隶自己没有姓，随主子姓M。奴隶家在森林里砍了一大堆柴，奴隶主家天天去背柴，奴隶家不知其中原因，只是奇怪这柴怎么越来越少，于是，有一天，奴隶的老婆一大早就到山上去守柴，想看个究竟，结果发现是奴隶主的老婆来偷的柴，奴隶家的老婆问她：“你怎么偷我的柴?”奴隶主的老婆振振有词地说“我为什么不来偷呢?你家以前就是我家的娃子，按理，你应该把柴背到我家来给我烧，现在你只是把柴砍在这里，我自己亲自到山上来背柴，这已经够给你家面子的了。”两人大吵起来，并打起架来，在山上，两人打得并不厉害，但一回到村子里，奴隶主的老婆就叫嚣起来，对奴隶的老婆骂道：“你今天太不给我面子，还说我偷了你家的柴。”并给了她两耳光，随后，奴隶主老婆的哥哥也跳出来说，“你们家以前就是我家的娃子，你们不但不背柴给我们烧，今天我妹妹自己亲自去背柴你们居然还打她，这是你们的错，你们家必须杀2只羊给我们吃，一只杀给我妹妹家吃，一只杀给我吃，因为，你们没有看我的面子。”最后，迫于压力，奴隶家不得不杀了2只羊向所谓的“主子”赔礼道歉。

奴隶主兄妹敢如此嚣张、盛气凌人，就是因为该奴隶没有强大家支作坚强的后盾。虽然新中国成立这么多年了，但在一些奴隶主的头脑里仍然存在着浓厚的等级观念，认为既然曾经是我家的奴隶，就应该时时听从于我，不能违抗我的旨意。但是，如果奴隶的家支势力大，经济实力强，或有人在政府部门担任要职，那么，情况就会大不一样。

彝区农村实行家庭联产承包责任制，一方面提高了劳动效率，解放了大量劳动力，但也给腹心地区的解放奴隶们带来了新的政治危机，不但集体所有的土地被分割到各个家庭，而且还使原来依附于集体力量的解放奴隶们一个个成了没有链条连接的单个的个体，成了政治上没有依靠的单干户，由于他们基本上是被掠卖到凉山的汉族，进凉山的时间短，根基浅，还没有形成自己的家支，可以利用的社会资源极为有限。家庭联产承包责任制后，各个家支自发组织起来对本家支成员提供生产、生活援助，定期或不定期举行家支聚会，以增强家支成员之间的凝聚力。为了更好地相互照顾，许多人家搬迁到本家支较集中的地方生活，也有的是在本地因势单力薄，常常受到势力强大的家支的欺凌而不得不搬迁，而那些没有自己家支的奴隶娃子和汉民们在周围众多家支的包围圈中生活更是艰难重重。为了获得政治上的保护和经济上的帮助，他们不得不寻找彝族家支作为自己生存的依靠。有的解放奴隶找到以前的主子，归属于原来的主子，取得主子的同意，跟随主子姓，每年逢年过节背猪头肉去孝敬主子；有的找到当地势力强大的家支，征得同意后，杀牛款待该家支成员而拥有了该家支的姓，从此，在婚丧嫁娶及日常生活中能得到该家支一定的援助，若与其他家支发生冲突，该家支也会尽力帮助维护其利益；有的则只得搬走他乡。近年来，农村中随意买卖土地现象十分严重，人口流动性大，超生现象普遍，户籍管理混乱。由于地少人多，获取柴火的资源也越来越匮乏，因争夺土地、山林而发生的纠纷不断呈上升趋势。

2. 家支聚众抬尸闹事

案例3

昭觉县Z乡S村，有个养蜂的外地汉族经村长和书记同意后开着车到该村养蜂，2008年7月的一天，该村的村民黑彝[1]小伙子27岁的M酒醉后路过养蜂的地方时，故意将手中的矿泉水瓶子扔在蜂箱上，蜂箱内的蜜蜂受到惊吓后，纷纷飞了出来，养蜂者当时就指责他，说蜂箱是不能随意敲打的，双方为此还争吵了几句，村长和书记也批评M的作法不对，说“你在路上好好走自己的路，蜜蜂又没有惹你，为什么要去招惹蜜蜂呢?”

当时正值农忙季节，该黑彝小伙子回家后，母亲就数落他，说眼下家里正忙着割荞子、挖洋芋，恨不得一个人变成两个人了，而他对家里的大小事情却一概不过问，整天在外面游手好闲、喝酒闹事，母子俩发生争吵。事过几天后，儿子服毒自杀死给了自己的母亲，母亲看到儿子服毒自杀后，也服毒自杀死给了儿子。母亲家姓E，因此，居住在昭觉县四开、滥坝、解放沟和西昌市等地的E家支全体出动，儿子是M家的，居住在昭觉竹核、古里等地的M家支全体出动，两个家支的数百人把死者的尸体抬到村长和书记家里，威胁村长和书记，要求必须按照习惯法一个黑彝抵四个白彝的规矩，赔偿死者人命金13万元，书记的老父亲还被死者家属用刀捅伤，最终，死者家属硬逼着村长、书记各赔偿了6.5万元。由于事发地较偏远，等县公安局和法院干警们赶到时，闹事的黑彝早已全部撤离，赔偿的钱也被瓜分完毕，村书记看到事后赶来的干警时，不禁失声痛哭。

目前，彝族农村中的恶势力十分猖獗，以势压人、横行乡里，凭借自己家支的势力胡作非为，一点小小的纠纷如果处理不当，造成一方自杀身亡，其家支便立即组织家支成员抬尸闹事，实施打、砸、抢。本案中，村长和书记站在公正立场批评教育该小伙子与该小伙子母子的死之间，根本没有任何因果关系，但死者家支竟然能牵强附会，想方设法硬将死因归罪于村长和书记，这种对他人进行无辜伤害的案例，在彝区也是十分普遍的现象。

由于习惯法赋予抬尸闹事合法化，抬尸闹事的主要目的是向世人显示本家支的势力和权力，是两个对立家支势力的一次公开较量，它意味着从死者家支方来看，若不组织本家支成员去为死去的人讨一个说法，无法给死者一个交代，还会给别的家支留下此家支软弱无能的负面印象，日后会成为别人任意欺凌的对象，当然，沉默和无动于衷的行为对于家支荣誉感极强的彝人来说也是整个家支的耻辱，若能组织队伍浩浩荡荡长驱直入，

---

① 中华人民共和国成立前，凉山彝族社会等级分为土司、黑彝、白彝、安家娃子、锅庄娃子五个等级。

不费吹灰之力就将对方房屋夷为平地，或获得一笔不菲的赔偿金，等于向世人显示了本家支的强大势力；从“凶手”家支方来看，出了人命案，无论“凶手”的责任有多大，保护其及家人的人身安全和财产安全是首要任务，因此，他们会积极寻求有威望的民间纠纷调解员的帮助，通过他们疏通关系，杀牛、打酒安抚死者家支，稳住对方情绪，然后积极组织家支及周围邻居保护好本家支成员的房屋财产安全，如果组织有方、家支成员团结、邻居积极配合，对方就难以实施打砸抢行为而不得不接受调解员们提出的调解方案。

案例 4

2002 年 3 月 4 日，美姑县 L 乡赶集，L 乡 W 村村民 B 与 K 在集市上发生纠纷，经当地党委政府调解后，B 不服，于当晚 23 时左右将 K 打伤，K 被送往乡卫生院住院，第二天晚上 19 时 30 分死亡。县公安局得到报案后立即由局纪委书记率领 15 名干警赶往现场，尸检结果为头部被石块砸伤，引起颅内变压致死。3 月 6 日 8 时，死者家属谎称将死者抬回家火化，10 时，他们却将死者尸体抬到了 B 家停放，并将大门紧锁后，全部逃离现场，同时，还有一妇女服农药后，口吐白沫倒在 B 家院内，抢救无效死亡，经查该妇女是死者的堂姐。公安干警立即赶到现场，会同当地乡党委、政府对死者家属做工作，防止事态进一步恶化。12 时许，陆陆续续聚集在 B 家附近的 K 亲属已达 500 余人，13 时许，又有 60 余名死者亲属赶来，不听劝阻，对 B 家房屋实施打、砸、抢，先期赶赴现场的 11 名公安干警立即进行制止，但因力量悬殊太大而使房屋、家具被砸坏。14 时 30 分左右，死者亲属 150 人又欲将死者尸体抬到 B 母亲家中停放，公安干警立即制止，双方发生激烈冲突，仍因双方力量悬殊太大，死者尸体最终又被抬到 B 母亲家中停放。15 时许，县委、政府、公、检、法、司及有关部门共计 100 余人陆续赶到现场，对死者家属进行耐心、细致地说服教育，21 时，死者家属才将 2 具尸体抬走。

案例中，尽管公安民警在第一时间赶到现场并竭尽全力加以制止，但死者家属仗着自己在人数上的优势，借助失去亲人的痛苦情绪，根本不听公安民警劝阻，我行我素，强行实施打砸抢等破坏生产生活行为，故意将矛盾扩大化，以此证明本家支的势力，“死给者一方的抄家行为，既是获得物质和心理补偿的一种方式，又是施加压力的基本方法。”① 人数、气势上的优势常常使纠纷的解决极为不公平，整个调解的过程其实就是双方家支对各自占有资本的一次公开比拼与较量。

3. 清算历史命案

案例5

1968年，K与P是美姑县某生产队守粮食的人，一天，一姓J的黑彝小孩（12岁，双亲已去世，在叔叔家生活）由于2天没进食，十分饥饿，所以就去偷生产队的粮食。正在偷粮食时，被K和P发现，他俩便大吼了一声，小孩听到吼声后，十分慌张地跑进了树林里，K和P追进树林后没找到孩子。几天后，孩子的尸体被人发现，此事当时也就不了了之。

1992年，J家支的人找到了K和P，要求他们对当年的事件进行赔偿，于是K和P找到了B等4名德古对这件事进行调解，经过2天2夜的调解，最后达成以下协议：

按照彝族习惯法中一个黑彝抵4个白彝的标准赔偿，以前，一个白彝命金为17锭白银，4个白彝共68锭白银，K和P共同赔偿J家支68锭白银，折合人民币2040元（以一锭白银30元来兑换）。

凉山彝族习惯法的特点之一就是无诉讼时效限制，当年由于政治形势严峻，严禁家支组织使用传统习惯法进行民间调解，发生的民事案件和小型的刑事案件基本上由村社组织解决，有的则是不了了之。在一切以阶级斗争为纲的时代，奴隶主成为专政的对象，发生的纠纷案件，甚至人命案等，迫于当时特殊的政治环境，即使再有理也不敢找当事人提出索赔要求。时隔几十年后，在国家政策宽松的情形下，许多纠纷案件得以重新受理。通过此案最终的赔偿标准，明显感受到凉山彝族腹心地区社会分层已经发生根本变化，人们开始重新重视和讲究等级身份，黑彝高贵的血统再次被人们认可，有的基层法庭在挑选特邀人民陪审员时，黑彝成为优先考虑的对象，黑彝“德古”调解的纠纷案件民众更加信服，结案率高。

案例6

美姑县牛牛坝老干部X退休回家后，典补乡村民R便经常带人到X家，声称其弟C在平叛时被X打死，要他赔偿人命金，此事虽被乡干部出面制止，但R仍长期纠缠不放，并纠集几十人冲到X家闹事，最后X家在

① 周星：《死给、死给案与凉山社会》，载马戎、周星主编：《田野工作与文化自觉》，群言出版社1998年版，第718页。

民间德古的调解下，被迫赔了1500元给R。①

4. 民间私自用刑

案例7

2009年3月初，经媒人介绍相亲之后，家住布拖县城附近的W娶了Y为妻，聘礼40000元。婚后关系一直很不错，2009年“五一”长假，W在县城玩了一天后，晚上7点左右回家的路上，发现前面慢慢开来的一辆摩托车上一男一女有说有笑，W听出那女的声音有点像他已回了娘家的妻子，后发现形体也有点像，于是，便急忙从路边捡了块石头，对着摩托车大喊。女的听到喊声后，叫男的不要停车，但不知情的摩托手S立即停了车，W发现果真是自己的妻子后，不由分说，冲上去将S打翻在地，并拿出手机通知了家人，20多分钟后W的家支赶到。

他们将S抓回了W家，当晚杀了2只羊“招待”S。他们将S绑在屋内柱子上，用山竹一根一根地抽打，S被打得遍体鳞伤，这期间，若不是W家支中一些老人的极力阻止，S还差点受了彝族传统酷刑——腋下夹羊肾②。

第二天，S家属知晓后，立即请了本家支的2名德古将S担保了回来。

2009年5月7日对此事进行调解，德古们反复商议后，提出以下处理意见：

（1）在W家与Y家之间作出了以下协议

解除W与Y的婚姻关系；Y家退还20000元给W家，日后改嫁他人时再给W家40000元。

（2）在W家与S家之间作出了以下协议

当晚杀的2只羊价值1000元，由S承担；赔偿20000元拐妻费给W家，打50斤白酒给W家支喝，以示赔礼道歉。

三方接受以上协议。

在彝区，因通奸、拐妻、盗窃等引起的纠纷，责任方一旦被抓到，常常会受到严酷的惩罚，私自用刑和扣押人的行为较普遍，受刑后，由于理亏，施刑者一般不会赔偿医药费。

---

① 熊卫纲：《关于如何整合民间调解资源、构建民族地区“大调解”新格局的调查报告》，载《凉山审判》2005年第1期，第24页。

② 把羊肾烧熟后，夹在受刑人的腋下，将其活活烫死。

5. 因村民选举而引发的矛盾

案例8

2007年10月，布拖县N乡G村准备选村长，当时，有一姓M的人想当村长，另一姓F的也想当村长，该村里，F和L两个姓比较多，M的妻子姓F，F去找他的家支时，家支们都对他说，“放心，我们无论如何都会选你当村长，毕竟都是同一家支的人。”而当M去找F家支的人时，他们又对M说，“我们肯定要选你当村长，因为，你是我们家的妹夫嘛。”因此，两人对选举都充满信心。私下里，各自宰羊、买烟、买酒、买糖请客以贿赂村民。最终M成功当选，为此F恼羞成怒，威胁M道：“我俩都是竞争者，现我落选了，我不服，既然我当不了村长，你也别想活，我一定要将你全家杀了。”他把家里仅有的3头牛、十几只羊全部卖了，到金阳县买了一把枪，准备与村长同归于尽。M虽然当了村长，但面对竞争对手的威胁，也就不敢出来主持工作，乡政府曾多次鼓励他出来工作，但他还是不敢。

有一天，F打听到M要到A村去办事，准备在路上报复他，但恰巧没有遇到村长却碰到了村长的儿子和村长妹妹家的两个儿子，并与他们发生冲突，将孩子们打伤。村长的妹妹是嫁给L家支的，L家支在村子里也是个大家支，L家支平时就看不惯F的做法，但又不好干涉，现在L家支终于找到了理由，说“本来这是你F与M之间的矛盾，可你现在却来伤害我们L家的孩子，我们L家支与你F家支势不两立。”第二天，L家支的5个小伙子便把F爆打了一顿，并用刀将他耳朵割了。

M、L家支与F家支之间一直僵持了一年多。后来，乡长、书记找当地的民间调解员来调解，L家支和M家支赔偿F 2000元钱，表面上看是解决了，其实并不和谐。目前，村长完全靠L家支来开展工作。

由于彝族婚姻讲究门当户对，势力相当的家支之间形成了比较固定的联姻伙伴，因而，村子里的姻亲关系错综复杂，一个家支发生事情，就会引起整个村子发生连锁反应，无形中使村民们处于多方复杂的矛盾关系之中，破坏了社区的和谐稳定。

实行家庭联产承包责任制初期，腹心地区社会基础薄弱，大队、生产队干部职位没有多大实权，劳务补贴少，加之村民居住分散，安排任务极为困难，村民不听村干部的指挥，大队干部、生产队干部实际上是个苦差事，愿意干的人少。但如今却大不一样，腹心地区都属于国家级贫困县，各种贫困补助项目越来越多，村干部实权越来越大，谁当上了干部，谁就掌握了资源的再分配权力，谁的家支就会得到更多的实惠。特别是近几年来，村干部的工资待遇越来越高，退休后还有一定的补助，因此，村干部的职位自然成为强势家支角逐的目标，为此而引发的矛盾也是常见的。

6. 家支干涉公安干警执行公务

案例 9

美姑县 V 乡 K 村村民 E 和 F 怀疑 S 乡 X 村村民 G 偷了其两家的 2 头牦牛，此事虽经多次调解，但一直未达成协议，2003 年 2 月 7 日 11 时许，G 等 9 人来到 E 家，抢走 E 家的 26 只绵羊。县公安局接到群众举报后，对 G 家抢劫 E 家的事进行调查，调查结果属实。2003 年 2 月 21 日晚 23 时许，6 名民警连夜赶赴 S 乡 X 村抓捕抢劫嫌疑人，当民警抓获 3 名犯罪嫌疑人，走出村子 50 米处时，遭到 G 家支 30 余人的拦路围攻，还用石块一直追打民警。凌晨 2 时许，民警们冒着生命危险将嫌疑人押到 S 乡政府时，围攻人员 30 多人也追赶到 S 乡政府，坚决不准民警将嫌疑人带走。

由于 E、F 拿不出确凿的证据证明 G 偷了牦牛，G 认为这是对他的莫大侮辱，故带领其家支成员到 E 家，强行抢走绵羊以解心头之恨。

二、分析与建议

中华人民共和国成立前，凉山彝族社会没有形成统一的地方性政权组织，各地家支林立，势力强大的家支不仅占有众多的奴隶、山林、耕地，而且掌握了社区的话语权。在当时，家支组织具有政权组织的性质，广大彝区依靠等级家支制度、习惯法、公共舆论、宗教信仰等约束和规范人们的行为，家支组织承担着监督和执行的任务，以维护社会的和谐发展。“1955 年 12 月，四川省第一届人民代表大会第三次会议通过了凉山彝族地区实行民主改革的决议。1956 年初，以彝族奴隶为主体，由全体劳动人民和赞成民主改革的上层进步人士参加的轰轰烈烈的民主改革运动在凉山全面展开。”[①] 民主改革运动废除了包括等级家支制度、习惯法等在内的奴隶社会的一切制度，一切以阶级斗争为纲，讲究阶级成分。政府根据彝区彝民对生产生活资料和奴隶的占有情况以及平时是否参加生产劳动等标准划分阶级成分，结果绝大多数黑彝（诺伙）被定成奴隶主，绝大多数白彝

① 肖光成：《巩固和发展民主改革的胜利成果，为把凉山建设成为经济发展的明星州、民族团结的模范州而努力》，载《凉山民改回忆录》，第 3 页，内部资料。

(曲伙) 被划为半奴隶，安家娃子和锅庄娃子均为奴隶。

紧接着，彝区很快进行了农业合作化运动、人民公社化运动，国家权力迅速深入到了农村最基层的村社一级组织。在一切“以阶级斗争为纲”的时代，土司和黑彝各家支的头人们成为统战的对象，在政府的政协等部门担任了一定的职务，奴隶主成为专政对象，由原来处于社会上层的统治地位跌落到社会的底层，而中华人民共和国成立前处于社会最底层苦大仇深的解放奴隶成为彝族社区根红苗正的政治重点培养对象，大队和生产队基层干部基本上由奴隶担任。翻身奴隶们扬眉吐气，在政治上真正享受到了当家做主人的平等权利，广大的解放奴隶掌握了这一时期的话语权。民主改革的最终成果是完全颠覆了中华人民共和国成立前彝区的社会等级制度。

与此同时，家支组织作为奴隶社会非法组织受到沉重打击，人们不敢再公开举行任何家支活动，一切事务由村社组织出面解决。案例 5 中发生的人命案，尽管死者家属主观上很想找守粮食的 K 和 P 索赔人命金，但客观现实却不允许，不仅因为偷生产队的粮食是一种违法行为，更重要的是黑彝在当时是重点打击和改造的对象，没有话语权，因此，该家支在当时特殊时期不得不隐忍不发，耐心等待解决的机会。彝族传统的家支组织、家支情感等在集体所有制的计划经济时期从表面上看得到了十分有效地抑制，彝区的社会生活遵从了主流文化。但是，政治控制是强制性的外部控制，而心理层面的文化控制则难以达到预期的效果。彝族腹心地区由于没有受到其他民族文化的影响，长期处于单一的文化模式状态，因而，本民族传统文化根基十分牢固，虽然“国家权力有意识地用生产队建制来切割宗族网络，用新生力量去制约传统力量。”① 但是，深层的民俗文化活动却一直在民间延续和传承。虽然一些显眼的、大型的仪式活动如超度祖灵、家支聚会等被严厉禁止，民事纠纷一般由村社解决，杀人放火等大的刑事案件由公安机关处理，但在人们的日常生活中，有些传统仪式活动则是采取了较为隐蔽的方式，如，宗教职业者毕摩白天被集中到公社办学习班，改造思想，晚上则又被群众悄悄请到家里主持宗教法事，宗教仪式活动在人们生活中的重要地位没有改变；彝族民间传统节日习俗的核心内容没有发生根本改变；人生的四大礼仪诞生礼、成年礼、婚礼、葬礼习俗没有多

---

① 马翀炜、郑宇、卢鹏：《国家化进程中的组织融合与冲突——中国民族村寨政治专题研究》，载张跃主编：《中国民族村寨研究》，云南大学出版社，第 11 页。

大改变；婚丧嫁娶中家支内部的互助方式基本没有改变，即小传统在彝民生活中依然故我地存在。

1980年以后，凉山彝区陆陆续续实行家庭联产承包责任制，国家大的政治环境开始有了很大的改变，政策有了很大的松动，特别是公社、大队、生产队等对农民的控制比以前宽松了许多，农民有了属于自己的自由空间和时间。集体所有制解体后，家支成员之间在生产、生活上的互助重新将同一家支的人公开地、名正言顺地聚集到了一起，此时，被压抑了近30年的家支情感这时终于得到了充分地释怀，各个家支竞相大张旗鼓地举行家支聚会以联络感情，重新修复家支谱系，制定本家支规章制度，彝区的寻根热达到了白热化程度。各家支头人、民间纠纷调解员“德古”等成为具有号召力和凝聚力的权威人物并掌握了社区的话语权。势力强大的家支和血统高贵的黑彝家支成为社区的主宰者，取得了社区的领导地位，而没有自己家支的解放奴隶们则又重新跌回社会的最底层，彝区的社会分层再次发生戏剧性地变化。

极“左”路线一结束，各家支便迅速行动起来，急不可耐地为已死去的人补办超度祖灵等大型宗教仪式活动，同时，有组织地想方设法找到当年的当事人，清算民主改革后发生的一切命案，向当事人索赔人命金。人们开始讲究家支势力、讲究等级身份，赔偿的人命金中，涉及不同等级的，基本按中华人民共和国成立前彝族习惯法的赔偿标准“四只鸡抵一头猪，四个白彝抵一个黑彝”进行赔偿①。习惯法的使用频率达到空前，民间热闹非凡的纠纷调解现场，与冷冷清清的人民法院形成鲜明的对比。

民主改革后，彝族传统社会的控制系统虽然被取缔，但是国家政权快速渗透到彝区最基层，新的社会控制系统立即对彝区社会进行了有效管理。彝族群众虽然不了解国家法律，但对国家法律没有任何抵触和不满情绪，对新政权及一切政策、措施、各种社会运动等都表现出了坚决拥护的态度，并给予了积极支持，充分显示出这一时期国家的强势力量和人民政府的崇高威望。改革开放后，国家对基层政权机构进行一系列调整，国家

---

① 2010年寒假，对凉山彝族自治州11个县的160位、攀枝花盐边和甘孜藏族自治州九龙县各6位，共计172位“德古”的问卷调查中，“在死亡纠纷案件中，赔偿人命金时，黑彝与白彝的人命金是一样的吗”一项，选择“一样”的有62位，选择“不一样”的有103位，7人未选。说明凉山彝区的纠纷调解员“德古”们在纠纷调解过程中，对黑彝和白彝的人命金采取不同的赔偿标准是普遍现象。

权力从最基层退出，使得政府对基层的监管力度大大减弱，政府权威也随之渐渐弱化。与此同时，实行村民自治后，由于乡、村组织松散、不得力，口头形式的村规民约形同虚设，[①] 而家支力量在家支成员的纠纷调解、经济互助及家支聚会等活动中却不断凸显出来，加之，基层干部工作作风和政府在基层用人制度上、社会治安整治上[②]存在较为严重的问题，进而使家支组织有日渐强化的趋势。“家支正是这样一种既有强制力，又有内聚力的体系。凉山过去没有超越家支之上的权威，这可能正是导致其社会时常失控的原因”。[③] 事实上，在当前社会转型时期，凉山彝族腹心地区社会“失范”现象突出的根本原因也正是由于凌驾于家支之上的政府权威弱化，导致家支组织过度膨胀而无视国家权威，国家法律被边缘化，传统习惯法成为主要法律。如何将彝民族熟悉的地方性知识——传统习惯法与国家法律很好地对接，达到二者很好地相互吸收和相互补充，是确保彝族地区社会和谐稳定发展的根本任务和方法。

---

① 据美姑县牛牛坝乡N村的村长T介绍，该村的村规民约“十不准”为口头形式，采访时他只记得以下7点：

1. 不准违反国家水法（村长不识字，国家水法、林业法、土地法等的具体内容，其实他本人也不太清楚。他说水法主要是要求村民不准乱用水）。

2. 不准违反国家林业法（主要是要求村民不准乱砍乱伐）。

3. 不准违反国家土地法（主要是要求村民不能在菜地、好的耕地上修建房屋）。

4. 不准买卖土地。各家各户承包的土地，属国家所有，村民只有使用权，没有买卖权（对目前该村随意买卖土地十分严重的现象，村长说村委会、乡政府、县政府都没有办法，因村民都是私下悄悄进行买卖的）。

5. 不准吸毒、贩毒。

6. 不准赌博。

7. 每年6月份之前，不准到河里捕鱼，要保护渔业资源。

② 一些乡干部长期在家休息而不在自己的本职岗位上工作，有的乡政府实行干部轮流坐班制。乡一级干部98%是彝族，分属不同的家支，各家支之间均存在一定的利害关系，因而，许多惩治措施常常无法落到实处。乡一级干部基本上在县城购有房，县一级干部则基本上在州府西昌购有房，周末，干部们基本开车回家度假。

③ 周星：《死给、死给案与凉山社会》，载马戎、周星主编：《田野工作与文化自觉》，群言出版社1998年版，第786页。

专题交流总结与闭幕式讲话

“区域发展专题”交流总结

罗红光[①]

大家好！我们是第二组，我们这一组分三个单元，从昨天下午开始一直到今天下午，提交论文 26 篇，分以下几个命题：第一个是“为什么发展”？这是我们所围绕的一个核心；第二个就是“为谁发展”？第三个就是“发展所带来的代价和成绩”。作为相关议题，“区域自治”在我们组也出现了。甚至还有一个比较小但是代表性很大的问题，就是什么是“边”？什么是“边疆”？什么是“边缘”？什么是“边界”？所以，虽然专题是谈区域发展，但主要围绕上面四个主题展开发言讨论和评议。提出来的许多问题都具有宏观意义上的代表性，对于我来说，的确是一次很好的学习机会。我先就我们这一单元所展开讨论的几个核心问题进行一下介绍：

第一个是传统常见的“援助与被援助”的发展模式。这一发展模式在汉、唐，还有后来的新中国，基本上呈现为一条宏大的主线。尤其是 1949 年以后，这时候的“边界”、“边疆”概念比较清晰地表现为民族国家的边界。于是，它的发展模式也就呈现出一种中央面对地方、中央面对边界和援助与被援助这一发展模式。这一模式一直持续了几十年。改革开放以后，发展出现了一个新的迹象，那就是区域经济、地方经济开始抬头，那么与此同时，它会出现一些带有地方经济的文化特征、价值观念，包括文化教育、语言教育，带有浓厚的地方文化色彩的这样一种发展模式。所以可以说，改革开放以后，两种发展模式并存，一种是援助与被援助，它一开始就是上对下这样一个发展关系；另一种是地方特色经济的发展模式，它呈现为横向的社会与经济关系。当然在国际上，很多“援助与被援助”那样的关系是可以受到质疑的。而且我们既然是社会科学工作者，我们还

① 罗红光，中国社会科学院社会学研究所研究员。

必须不能忘的一点是，援助与被援助的政治权力这样一个关系背景，同时还有社会科学工作者与地方性知识（常永才教授）这样的关系。有时候我们把自己忘了，好像我们提出问题，似乎该问题不是社会科学工作者所问，与己无关似的。可是，实际上我们在这过程中也起了相当大的作用，因为我们曾经在关于民族国家建设的话语中听不见地方话语，包括科学话语在内，人们只看见自上而下的力量。我们这一组，有这么几篇论文是面对地方性知识的，同时迪木拉提教授、杨正文教授和杨筑慧教授分别指出了发展所带来的代价，这些都在发言中得到了很好的论述，如关于贵州的发展模式的分析等，至少 3 篇。对发展提出反思，在张安福教授和王希隆教授关于新疆兵团研究的论文中得到了反映，很有新意。从类似这样的论文中你可以看到，它原是国有体制下的一种发展模式，虽然在地方，但是它与中央联系得非常紧密，它是在中央的脉络里产生的这样一种关系。但是它们也面临问题，就是说他们也得考虑他们与周边在经济上、文化上甚至是生活方式上产生共鸣、互动和互惠。这两种并存的模式在我们的周边同时存在。所以，不管是反思性的批评也好，还是建设性提法也罢，都是针对两种发展模式之间的矛盾提出的。这一议题直接涉及“为什么发展”和“为谁发展”的核心。

我们的另一个主题，就是“发展的方式”。但我们说，因为我们生活在中华人民共和国这样一个大家庭里，应该在这个大一统下面发展，这个是不可能变的。还有呢就是，某些企业、某些利益必须是要由中央和地方互动才能成立的。我们必须要安全，安全就要靠军队和边疆的这些群众一起来实现。在这个意义上，“援助与被援助”模式下的发展依然有意义。还有就是，减少原来援助与被援助的发展模式所带来的沉重的经济负担和经济上的不合理现象，就要鼓励地方经济发展，我们很多论文就在协调这样的发展理念。你可以看到，因为这是地方经济，因为是被地方文化所界定的一种发展模式，所以，他们在他们的传统里可以找出他们的资源，而不是由单一的、由一个科学指标来界定的好与不好，或者发展的等级。其实往往在北京，这样的发展你很难发现，你必须要深入进去参与进去，甚至像我们的一篇论文所讲的那样，地方经济要通过一种发现、发觉，来让它再生，这样的发展才会真正扎根，才会有真正的群众基础。这个想法我认为恰恰符合中央召开的十七届五中全会精神。在该会上，我们讲“强国”往“富民”转变，你可以想，国往民这个转变，不是个小问题。经济发展的着眼点已开始往富民、兴民这一发展方向转变，原来就是国家的利益至上，这个虽然没有错，但是国家是所有利益的代表，这个还不一定。有时候你就会忽略掉利益群体的主体性。怎么办呢？恰恰地方社会、地方文化可以弥补我们原来这样的缺失。我们发展的代价也往往来自对当地经济、社会、文化及传统视角的缺失。通过这样的地方经济、地方文化的再发现，我们很可能实现各民族、包括中央和地方互惠这样的一种发展模式。我们主要的论文基本上集中在这里：发展给我们带来问题，也给我们带来机遇，同时也是对我们智力的一个考验。那么，对我们社会科学工作者的考验，就是不要像原来那种单相思的：我们是社会科学工作者，因为你们是农民，所以你们没有专业知识来表达你们的世界。我觉得不是的！恰恰是我们应与他们进行一种良性的对话，才能够实现一种互相能够互惠的，而且是你中有我、我中有你的这样一种互惠，而不是说我来解释你、我给你发展；然后当地被援助的老百姓认为你给我钱，我给你发展，你给我钱，我给你搞环保……不是的，环境是你的，不是别人的，是你自己的环保。如果按老模式（援助与被援助），这个主体性很难被发现，所以也是我们双方最大的牺牲。当时那种单一模式的发展所带来的一个重大代价就是文化和人消失了。这可能说得有点重啊，但国家民委也好，做这样工作的人也好，恰恰就给了我们一个很好的机遇。现在中央提出文化产业，大力发展文化，也恰恰是基于这样一种考虑。这也是原来的那种发展模式给我们带来的反思所形成的"富民"这样一种新的发展理念吧。同时这里面还有个问题就是，每一个族群都是一个利益群体，不管是企业，甚至是国家，它也是一个大的利益群体，那么到一个村落、一个家庭，总之是一个利益群体。而刚才说的论文里面反映的两种模式，都面临的同一个问题就是利益主体与整个社会的关系。没错，利益主体生产出来的利益是个体的、家庭的、或者是族群的，甚至是民族国家的，但是，生产该利益所带来的问题，就不是个体的了。我们可以推看，利益是个体（家庭、企业）的或主体（民族、国家）的，但由它所产生的问题却是公共的，却是跨界的、跨文化的、社会性的。像我们单元的一篇论文里所讲的那样，东北亚经济发展区，你可以看到，利益是在这个区域里产生，但是劳动力市场、劳动保障、职工教育、医疗保险等问题却是跨国的。所以，这些是我们在这两种发展模式中看到的共同现象：如何看待利益与利益所产生的社会问题之间的关系。

在这里面，我顺便讲一个小插曲，就是在我们这个单元里面有一个很有意思的讨论。在本书的前面你可以看到，关于学术和实践、和政策之间的对话，新疆牛汝极教授提出了适合当地的发展蓝图。尤其是关于新疆发展的设想很全面，也很有创意，他强调的就是结合新疆各地特色的城乡共同发展这一模式。清华大学于长青教授提出，在这个蓝图当中，制约蓝图的一个重要的自然因素可能是水。迪木拉提教授也反思说，因为开发导致本来缺水的地方过度利用水资源，以至于影响了发展的初衷。大家注意啊，他们就围绕这“水”展开讨论。他们专业不一样，但是他们面临同一个问题，而且他们开展的是跨专业对话。还有就是张福安教授对于长青的观点提出反驳，认为在这个发展中，水不一定是制约发展的能源，因为时代不同，这周期可能是水，下周期的能源可能是别的东西，所以水呢，不一定是制约一个地方发展的决定性因素。从这四个人的讨论中就会看出来，他们这四个人专业不一样，但是面对共同的问题可以进行良性的对话，而且他们能形成一种共识。我认为这就是专家、地方代表还有政府官员在发展模式问题上进行的良性对话，而不是像原来那样：因为我是科学家，你没有话语能力，所以你们不能表达自己，我们来替你表达。那样已经不同了，我认为这恰恰是人类学的作用，恰恰是这样的会议，才使不同区域的人，你比如说新疆人举的案例，贵州人听明白了，然后东北人也听明白了，这与原来的那个画地为牢的民族识别式的发展模式是不一样的。这就是我认为我们这次会议成功的地方，也是比较有意思的议题。

最后一点就是，也是考验我们政府将来管理能力的一部分，就是所谓的边界，什么是边界。在这个会议上，有学者提出来什么是边界。按照我们传统的理解，边界就是中央为了戍边，为了保卫边疆，离中央比较遥远的，相对来说人口也稀少的那样的一种地域。如果换一个角度，把我们的视角放在一个主体的位置再去看，它是一个文化的群体。比如说，我就是蒙古人，跟原来的中国没有关系，我就是我，你可以看他们自己本来是有个传统，本来也有个自己的历史的过程，那恰恰是因为很偶然的事件，于是乎就出现了一个族群两个国籍。今天下午的发言中，有一名历史学家，他这个案例从历史学角度证明了由于国家的介入，让这个边界变得复杂。原来如果从单一角度，这个边界清楚，实际上从历史学角度，因为国家确实对边界是有影响的，这一点确实能从他这篇论文里面读出来。可是搞区域发展，搞文化发展的时候，就可以看到，恰恰所谓的这个“边”，它自已有自己的中心，而且有自己的价值体系，它恰恰有它自己的强项，如果我们用原来我们自己的二元思维思考的时候，可能这强项就看不见了。所以对这个边界，我觉得可能要发挥地方文化的多样性，或者发挥地方文化特色，而不是千篇一律地大家都用一种发展模式来考验自己的发展方式。这一点我们觉得，在我们这一专题讨论组里面，至少在这一组里面，大家把问题讲得非常清楚。但是也有缺点，实际上有两个缺点，一个就是好多是把问题提出来，可是面对问题却没有解决这个问题的方案。还有一个问题就是关于定性研究的问题。就包括刚刚那个关于水的讨论，它的概念在不统一的情况下，是很难有可比性的，就是说概念系统和背景不同，要做一个很好的界定和对话很难。我认为，我们应该先弄清楚，我们是在什么样的背景下用这个"边界"的概念。"边界"的讨论比较复杂，所以我觉得这两个方面的问题可能是我们在今后加强族群之间的对话的时候需要注意的。

最后我强调，可能是因为全球化的原因，人和人的关系已经变得非常近。我们有一篇论文就是讲本来属于北京牛街的问题（刘夏蓓教授）却很可能会在遥远的地方反映出来，反过来也是一样。这很清楚地告诉我们，在我们身边就有人类学意义上的"他者"。我中有你，你中有我，那就需要我们对话，而不是画地为牢。要动员他们认识自己，做强自己。对我们当今政府也好，科学家也好，这也是一个考验。谢谢！

“民族发展专题”交流总结

翁乃群[①]

请允许我就民族发展专题的研讨情况向大会作如下汇报。这个专题共提交了30篇论文。其中有两篇论文各有两位作者，也就是说共有32位作者。最后作报告的只有24篇，有6篇作者缺席。下面对24篇论文做一个粗略的梳理和介绍。

第一，涉及古代边疆历史研究的有两篇论文。作者分别为中央民族大学的两位资深教授。一位是耿世民教授所作的关于汉唐时期塔里木盆地古代民族与语文研究的报告。另一篇是中央民族大学胡振华教授所作的关于中亚古城乌尔根奇的报告。前一个报告涉及曾在汉唐时期流行于我国塔里木盆地北部地区的“吐火罗”语。后一个报告涉及曾为古代花剌子模国首都的中亚古城乌尔根奇。历史记载和考古发掘都证明该古城与古代中国有着密切的关系。成吉思汗西征时从花剌子模国掳来的数万“回回工匠”和“回回军”构成了我国回族先民的组成部分。两位教授主要强调当下边疆发展研究，不能忽视对历史的研究。

第二，涉及少数民族语言的论文主要有4篇。其中一部分是涉及双语教学的问题，这也是当下民族发展非常重要的问题。另外两篇涉及一些民族语言在全球化、市场化和法制化的当下，出现的语言发展机遇。

第三，涉及移民问题。包括生态移民问题，多与政府行为相关联；还有经济移民问题，多数是进城打工、就业、经商这些情况。这一类移民不仅包括农村人口向城市的移民、跨地区移民，也包括跨境移民。另外，还有云南财经大学的刘芳教授的一篇涉及境外流入境内的难民研究。这主要是20世纪70年代末，中越战争期间由境外流入云南境内的难民问题。在

---

① 翁乃群，中国社会科学院民族学与人类学研究所研究员。

国内算是比较新颖的研究，但也是具有国际性意义的研究。

还有一些新的研究，就是从人类学民族学角度对跨境民族所做的田野调查，比如云南民族大学郭锐教授做的关于佤族的研究。他在缅甸佤邦地区开展了田野研究，内容非常丰富，也非常深入。还有云南大学的高志英教授所做的关于云南省独龙族和莽人的研究。从我国国内的民族学人类学研究的空间经验来说，这些研究都有了突破。评议人纳日碧力戈教授联系到近几年美国研究东南亚的著名人类学者詹姆斯·C·斯科特（James C. Scott）针对东南亚山地民族提出的“文明为什么上不了山”的问题，向郭锐教授提出了将其佤邦研究与斯特科教授进行学术对话的建议。

此外，不少题目是讨论转变发展方式问题的。其中涉及牧业经济的一些地区，比如内蒙古的鄂温克族地区。还有农业经济的一些地方，比如苗族地区的旅游业发展。在这些讨论中，虽然具体内容各有不同，但它们有一个共同点，就是关注什么样的发展和谁的发展，也就是关于主体性问题的讨论。实际上就是对以往我们自上而下、以外源性行政或资本力量为主导的发展方式进行了反思。从历史唯物主义和辩证唯物主义的理论来看，道理似乎已很清楚。但是由于种种原因，各级行政部门往往形成了一种习惯性的发展和治理模式，忽视了发展主体的问题，影响了发展主体的积极性，甚至伤害了发展主体的利益。这方面有大量的田野志可以证明。这些历史经验都是活生生的，是值得深思的。

还有几篇涉及发展过程中的社会治安、多民族和谐的问题。在社会转型过程中，原来已被打破的旧有社会结构，在特定的发展过程中有所恢复。这种恢复在当下又造成了社会治安问题。西南民族大学的蔡富莲教授举了凉山地区的一些例子。

中国社会科学院民族学与人类学研究所的张继焦研究员，试图运用林耀华先生提出来的经济文化类型的理论对少数民族城市移民进行研究。

南京大学的邵京教授从语言人类学的视角，指出“边疆”是一个标指性（indexicality）概念。他根据对我国艾滋病传播和防治，即感染性疾病控制的田野研究，对边疆和边疆发展的治理（governance）维度进行了探讨，并提出应当扩展以地域和族群为内涵的“边疆”概念。其论述不仅内容新颖，学理也很深厚。

中央民族大学潘蛟教授的报告提出了城市化过程中，边疆的流动，即原来被视为边疆的族群，往东南沿海中心城市的移动。这是基于他新近正在进行的对数量不小的、到东南沿海中心城市打工的彝族群体的研究。根据当下的国内外发展语境，在他的报告中赋予“边疆”以新意。

综上所述，我们专题组的共识就是边疆发展不仅是经济的发展问题，更是政治的、文化的发展问题。边疆发展研究不仅需要有地方的视野，也要有跨地域的视野。不仅需要有国内的视野，也需要有全球的视野。

每一位报告人只有15分钟的发言时间，往往使报告过于简略而不够清晰。由于评议时间有限，只允许评议人与报告人进行对话，许多与会者没有机会与报告人进行沟通交流是此次研讨会的最大遗憾。

以上汇报必有遗漏，对此深表歉意。谢谢大家！

教育部社会科学司张东刚副司长讲话

“边疆发展中国论坛 2010” 由教育部社科司、国家民委教科司和中央民族大学共同筹备，名称也是由国家民委领导最后确定的。我们想把它作为一个学术品牌来设计、经营和发展，立足于国际视野创办一个边疆发展中国论坛。关于论坛的宗旨、设计等从出发点来说立意很高，希望努力把它在国内和国际建成一个高端的国际学术品牌。首届论坛在大家的共同努力下取得了很好的效果，会议非常成功。

昨天上午杨光司长做了很好的致辞。我想，在全国上下全面贯彻落实学习十七届五中全会精神的背景下，在国家深入实施西部大开发的战略下，来自全国41所高校的专家学者汇聚北京，相聚中央民族大学来共同研讨边疆发展问题非常有益。中共五中全会确定的主题是“经济发展方式转变”，国家将在“十二五”期间或者更长时间来转变发展方式。本次论坛确定的主题是“发展方式变革和机制创新”，如论坛中一个小组的教授总结说，国家从国强到民富的转变，坚持以人为本的科学发展观，这是一个重大的发展理念的转变，非常深远。时代肯定要证明，把发展重点、立足点和出发点放在百姓身上，这是具有革命性意义的。论坛实际上是通过探索、研讨边疆地区、民族地区或边疆民族地区的发展模式和发展道路，来提升科学发展观的内涵。中国边疆地区的发展道路是整个中国发展道路的重要组成部分，它有共性，也有特殊性。经过未来一段的发展，30 年或者 60 年，中国边疆地区发展模式、发展道路的探索，从全国、全球甚至历史长河来看都是非常有意义的事情。

边疆发展模式、发展道路在不同时间的科学内涵是不一样的。在探索发展模式和道路当中，首先要创新发展理念。不同时期发展理念肯定是不一样的，是固本、固边，还是富民？从历史可以总结，从现实可以回应，可以探索，面向未来，所以理念的创新是论坛讨论得比较多的。第一是根据新形势新要求，如何确立服务于边疆发展的新的发展理念，这是学术里面做的新的贡献的第一个；第二个，如何把握边疆地区发展的规律，实际上科学本质价值就是规律的探索，边疆面向未来发展的内在规律是什么？这是个科学问题。这个问题解决不好，很多问题都是无法解决的；第三就是破解发展难题，当下制约边疆发展的热点、难点和面向未来的长期存在的瓶颈，哪些是核心问题，哪些是枝节问题；问题多，而且具有深层次、交织性、复杂性。结构性矛盾越来越凸显，如何抓住主要矛盾。学术研究要把核心问题抓好，通过以点概面，实现重点领域的突破来带动整体的发展。另外，要转变发展方式。哪些发展方式要转变？不同领域不同地区，基于不同的条件如何确定不同的发展方式？五中全会报告从全国的角度说明的加快转变经济发展方式，是中国社会经济领域的一场深刻变革，必须贯穿社会经济发展全过程和各个领域，要坚持把经济结构战略性的调整作为加快经济发展方式转变的主要方法。这不仅仅是经济结构调整，也是一种战略性的调整。经济结构每年在调整，改革 30 年，改革 60 年，每天在调整，什么是战略性调整，这个要研究。

第二，始终把科技进步创新作为加快经济发展方式转变的重要支撑，靠内在增长、靠科技进步、靠创新，而支撑科学技术创新的核心基础是教育，教育的根本目的是人才。全球经济发展方式转变的核心实际上是20 年以前已经逐渐实现了从外源性增长到内涵增长的转变。但是目前整个中国的经济增长方式还是重投人、重粗化、靠数量、靠投资和外需拉动，所以难以维持未来30 年的经济发展，必须要靠科技、靠内需来拉动。内需的根本是民生，关键在收入分配，这个问题不解决，靠消费拉动经济是根本不可能的。坚持把保障和改进、改善民生作为经济发展方式转变的根本出发点，坚持把建设资源节约型、环境友好型社会作为加快转变经济发展方式的重要着力点。中央在湖南长沙、湘潭、株洲建立国家两型社会的综合改革试验区，那么云南、贵州等边疆地区也要探索作为西部特色两型社会应该怎样建设。中部的两型，包括东部的两型都具有一种基于后工业化时代的两型社会建设特征来推进，那么西部怎么建立两型社会，或者说，西部大开发的两型社会怎么建立？西部大开发启动之前，有的专家学者就明确提出不能再走一边建设一边破坏之路，甚至有的领导、教授说，不开发可能是更好的一种发展。现在来看这些观点都有不足。为了发展付出资源破坏的代价，为了保护资源而不进行开发，我想都可能不完全正确。怎么探索西南、西北具有中国特色的自然禀赋条件、人口素质、经济结构地区的新型整体发展？第二，要协调，整个社会要协调进步，另外还要提高可持续性。全面性、协调性、可持续性是整个未来一个目标，对我们在研究边疆地区发展方式转变的时候都具有启发性。最终提高发展的质量，关键是创新，是规律的把握、难题的破解、方式的转变、质量的提升。这五个方面，是我们在探讨边疆发展的时候应该关注的重点，所以我们的研究也应该具有整体性。民族学人类学研究讲究个案调查、测量实体，怎么能加强综合性、整体性的研究，在个案研究、样本研究比较多的情况下怎么去整合，这是需要研讨的问题。民族学人类学学科怎么能够围绕着国家的战略需求，立足边疆和民族地区的发展，进一步提高学科社会服务水平，这同样也是需要我们认真思考的问题。

2010年，在整个东部，国家有两个会议很重要，一个是教育工作会议，一个是人才工作会议。至今已经颁布了三个规划，一个是科技发展规划，一个是教育发展规划，一个是人才发展规划。这是科教兴国战略和人才强国战略的三个支撑点，三个规划就三个支撑点：科，一定要发展，科技规划已经启动到2020年；教，教育发展战略；人，人才发展。可以说是一个里程碑，绘制新时期新阶段中国教育改革和发展的蓝图，纲领上特别明确提出高校主动树立服务的意识，第一个词“主动”，第二个词“要全方位”开展服务，要主动树立服务意识，要全方位地开展服务。当然这个服务肯定是高质量的服务，不是低水平、低层次的服务，推动产学研用的结合，最终在“用”。

人文社会科学要积极参与决策咨询，主动开展前瞻性、对策性研究。主动就是指前瞻性和对策性。现有的人文科学研究范式划分很多。比如说事后的研究比较多，事先的研究比较少。加强基础研究也好，加强应用对策研究也好，实际上随着国际形势的变化和国家未来的发展形势都有一个迫切要求，就是如何推进综合研究，如何加强预测研究、预警研究，这方面是要多注意的。我们不仅要进行高素质人才的贮备，更要进行高水平的智力贮备，这是学界应该作出的贡献。如以美国的智库为代表的研究体系，很多预测研究、仿真研究是非常先进的。高校的优势是多学科，人才密集，研究实力雄厚，但缺点是分散。所以高校之间怎么合作，如何改进科教体系，加强高校之间的横向联系，这是个很大的问题。如何形成合力，科研的合力，人才的合力，发挥智囊团的作用，应该说是党和中央政府在新时期赋予高校的一个重要的任务。高校哲学社会科学优秀成果的转换应该从四个方面转换，第一是优秀成果向学生转换，这是第一件事情，也是最重要的事情。每天最新的个人和学界的科研优秀成果要向教学转化，向课件转换，最终是要培养人才。转化的不仅是个人创新，还有学界的最新创新，把最新的知识变成培养人的丰富的内容。第二个是优秀成果向党和人民、政府的决策转换。第三就是优秀科研成果向整个全民族的人文素质和科学精神的集中转换，真正的民富和德贵，这是文明的基本要求，所以人文社会科学在民富德贵方面，不可替代，大有可为。最后就是将优秀科研成果向国家文化软实力的提升转换。优秀研究成果要为当下服务，这是一个学风问题，是一个理论联系实际的问题。为此在建立高校新一轮的哲学社会科学繁荣发展的整体未来发展十年规划当中，在提高服务水平的层面上，有了很多具体的设计内容，例如要努力实践哲学社会科学资政服务计划，实施优秀成果推广计划、哲学社会科学综合计划，最终提高哲学社会科学的创新能力和社会服务水平，更好地服务于党和政府的决策，服务于全民族素质的提升。

那么有关提高服务水平方面有四个重点需要关注：

第一是应该立足于中国特色社会主义伟大实践，深入研究回答重大理论和现实问题，提高服务水平。首先要明确组织方向，坚决反对以学科问题为导向，旗帜鲜明地鼓励以建设性为导向，学者的兴趣必须和社会经济发展，和国家命运紧密结合，这是文科的特点决定的。通过研究经济发展方式的转变，促进经济平衡较快发展等等这些一系列重大问题都需要思考，推出更有深度的理论成果和政策。发挥思想逻辑的作用，哲学社会科学价值和社会科学价值统一，偏离了价值，只是强调它的科学性，是有问题的，只强调它的科学性而忽略了价值性，肯定也是有问题的。它是辩证统一的关系。中央反复强调大变革、大发展的时期是个矛盾体，经济结构、社会结构深层次的变革和现实生活中每天产生大量的问题都需要我们积极地给予研究和回应。就教育部资助项目来看，申报的课题中有的确实是小问题、学科问题，甚至出现假问题。科学研究第一步是发现问题，第二步是解决问题，发现的假问题开展的研究肯定得出的是假结论，或者是失真。我们首先要研究真问题，研究真问题中的大问题、核心问题。大并不意味着边界大，而是指问题的重要性，它是真，是一个核心问题。问题重要，可能很小，但它一定真，真是其重要性所在，这是非常关键的。要实现理论创新，构建中国学派，必须要瞄准社会，瞄准现实问题，发挥学科特长，基于学术兴趣，做出真正的学术创新、理论创新，提出新的观念，彻底改变现在重数量、轻质量的低水平重复的学术现状。我们必须直面社会实践所提出的重大问题来进行学术研究，因为重大问题需要政府、学界、企业共同关注，虽然各方的职责不一样，但是为了一个共同的目标，围绕一个主题进行一种社会分工。

第二是高校应该扎实推进基础理论研究，强化应用。只有加强基础研究，才能提供高水平的应用对策成果。基础理论研究体现在人的思想、文化深厚的积累和哲学社会科学长远价值，是我们繁荣发展哲学社会科学的源头活水，是推动理论创新的隐形动力，是高校哲学社会科学的特色和优势。把基础理论研究和应用对策紧密结合起来，以应用对策研究促进基础理论研究，以基础理论研究来带动对策研究，是繁荣发展哲学社会科学的导向。

第三是以科研体制改革为重点，大力推进哲学社会科学、产学研用的结合。我们准备根据统筹规划、试点先行、逐步推广运用的原则，选择部分高校、地区开展科研综合改革试点。通过与制度相适应的科研体制改革，构建一个现代科研管理体制，强化成果的转化，扩展成果转化渠道，面向国家战略和区域发展的需求，重点建设一批高水平的研究智库，开展多种形式的教育宣传，进行人文素质的普及，等等。实际上这里存在一个科研理念转变的问题，过去科研更注重形式，如著作成果的承载和表现形式只是专著、论文。“十一五”期间着力推进咨询报告，为中央和地方提供各种咨询报告，学者作了很大的贡献，参与了很多实际部门和地方的规划，包括对一些咨询做了很大贡献。新的形势下，以质量为核心，以内涵建设为重点，学术的繁荣要强化这种成果的内部体现。只要体现运用新思想、创新新思想、提出新观点，不管在哪里呈现，被政府或被用户所采纳的，都应该叫做标志性的成功。只要我们整个观念更新，思想更新，科研成果的承载形式是非常多样的，如网络化，写博客都可以，形式非常多。这就涉及第四个问题。

第四就是评价问题。积极改进评价机制，充分发挥高校教师服务社会型经济发展的积极性、主动性。评价问题很多，如重数量、轻质量、一刀切、简单化、胡子眉毛一把抓，不利于科研的发展。我们 2010 年起草了《关于进一步改进高校哲学社会科学研究的意见》，争取年内下发，对项目、机构、人员、成果等不同评价对象，人文学科和社会科学不同的科学领域，基础研究、应用研究等不同研究类别，论文、著作、咨询报告等不同研究成果的形式要实行分类评价。第一要分类；第二要建立质量导向性的理念；第三要建立一个分类的标准；第四采用多元化的评价体系，例如要建立同行评价与社会评价相协调的体系。学术评价主体是学术共同体，但绝不是唯一的学术共同体，因为学术共同体受相同的知识条件、相同的知识制约，从而进行的互相评价有它的局限性。多元化评价还有社会评价，首先不能自己说了算，第二不能简单地由同行说了算，还有一个多元包括社会在内，老百姓说怎么样。社会是否能认同研究成果首先取决于研究成果对这个社会做出多大贡献，以贡献为第一位，不是简单的索取。第三是定性和定量相结合，过程评价和结果相结合，事实评价和研学评价相结合，有的评价就要当期评，完善以导向创新的科研评价，为哲学社会科学发展创造良好的制度环境。

最后，希望“边疆发展中国论坛”在中央民族大学扬帆起航，经过大家共同努力，高校及高校以外的机构和学者共同为中国的边疆民族地区繁荣发展做出学术贡献，为中国学术走向世界做出中国学者的贡献。

（根据录音整理）

国家民委教育科技司边境副司长讲话

各位领导、各位专家、学者：

首先我代表国家民族事务委员会教育科技司对首届边疆发展中国论坛的成功举办表示祝贺。从我个人来说，听了领导讲话，几个专家对论坛的概括，也看了几组材料，收获很大。我觉得各位领导的讲话和专家的发言中所提到的哲学社会科学在经济社会发展中有着重要的作用，在当今国际形势和我国发展面对重大机遇和挑战的背景下，更肩负着重大的责任，以论坛的形式为相关的专家学者提供一个畅谈研究成果和相互交流的平台，有利于促进哲学社会科学的繁荣，发挥其在社会发展中的作用。中央民族大学开办这个论坛，确定为“边疆发展中国论坛”，具有很鲜明的现实性，反映了党和国家关心和支持西部地区、边疆民族地区发展的政策指向，体现科学发展观的现实要求，适应边疆民族地区广大干部群众加快发展，努力缩小与较发达地区差距的强烈愿望，应当说论坛的举办是理论和现实的需要。

从论坛的筹备来看，在通知发出之后，得到了全国高等院校、科研单位和民族工作及相关部门的广泛支持和响应，特别是得到了国务院发展研究中心和教育部社会科学司的大力支持。有了各方面的广泛参与和支持，使论坛既有了理论的支撑，又有了实际工作的依托，同时紧贴决策层面，使论坛研究的问题能够把宏观和微观、理论与实践、党和国家的发展政策与贯彻落实更好地结合起来，更容易发挥出论坛的理论探讨和现实指导作用。对于论坛的参加者来讲，也能够找到看问题的新视角，找到解决问题的新思路，使自己从论坛得到新收获。从两天来论坛运行和刚才几位专家总结来看，本次论坛应当说达到了预期目标，获得了圆满成功。这种成功不仅来自于本届论坛的直接收获，也坚定了我们把论坛继续办下去的信心，同时还给了我们今后把论坛办得更好的启迪。这种启迪我觉得主要有以下几个方面：

一是，正如专家所提到的边疆是国家之边，国家之疆，边疆发展之所以重要是因为对国家的和谐发展，对国家安全和长治久安至关重要。因此边疆问题便涉及国家主权、领土完整的问题，必然是一个及其重大的政治问题。边疆和边疆问题的这种性质决定了边疆问题研究的性质和方向，也赋予了理论和政策研究者重大的理论和政治责任。

二是，党和政府一直高度重视西部地区和边疆民族地区的发展。特别是新世纪以来，实施了西部大开发战略，相继出台了加快西藏、新疆、青海、宁夏四省区、云南边境地区、广西北关地区发展的文件，现在正在制定加快内蒙古发展的文件。解读、宣传这些政策，协助相关地区落实好这些政策，以促进边疆民族地区繁荣和发展，也是论坛的价值所在。

三是，社会变革和边疆民族地区大发展引起了许多新变化，也出现了一些新问题。对这些发展的问题做出科学的解答，得出符合实际符合规律、符合各族人民根本利益、符合党和国家大政方针的相应的政策建议，这为论坛今后的发展、发挥更大的作用提供了广阔的发展空间。

四是，仅就本次论坛来说，论坛的主办者和专家也在探讨新的视角，比如把边疆问题赋予更大的包容性，在更广义的内涵下理解边疆，尝试着把国家的边疆、地方的边际区域、城市的边缘都纳在这个主题之下，或者从政治、经济、文化不同角度来理解认识边疆问题，这些探索也对深入研究边疆问题，更好地发挥论坛的理论和社会作用带来了启发。

五是，专家的总结既全面总结了论坛取得的成果和学界在相关领域研究中取得的进展，也客观地指出了当前的研究中还有进一步要完善、充实和提高的实际需要。我认为，这既体现了学界的理论责任感和政治责任感，也会激励我们在今后以更大的努力把论坛办得更好。在这里，祝愿“边疆发展中国论坛”越办越好，祝愿各位领导和各位专家、各位学者身体健康！工作顺利！

（根据录音整理）

后 记

2010年10月23—24日，中央民族大学“边疆发展中国论坛2010”首届年会在教育部社会科学司、国家民委教育科技司和国务院发展研究中心民族发展研究所的支持下，依托教育部人文社会科学重点研究基地中国少数民族研究中心和“985工程”项目建设隆重举行。论坛邀请到国内50余所高校和科研院所百余名专家学者，围绕“发展方式变革与机制创新”的主题，深入研讨了边疆民族地区发展中的更新观念、创新机制、转变方式等重要议题。全国政协民族宗教委员会副主任周明甫、教育部社会科学司司长杨光、国家民委教育科技司副司长边境、国务院发展研究中心民族发展研究所所长赵曙青，中央民族大学校长陈理等出席论坛开幕式。

陈理校长在开幕致辞中感谢教育部、国家民族事务委员会、国务院发展研究中心和各位与会专家学者对学校和论坛的支持。他指出，边疆民族地区跨越式发展是当今中国落实科学发展观，确保国家长治久安的头等大事。中央民族大学作为以服务国家民族工作、服务边疆发展和民族团结进步为宗旨的全国重点大学，有责任在国家发展方式创新转型阶段做出智力贡献。他希望论坛动员学界凝聚社会共识，形成应用成果回报国家和社会。

杨光司长致辞指出，当今中国边疆地区发展面临重大机遇和挑战，迫切需要高校发挥智力优势，瞄准国家社会创新转型中的重大理论和现实问题，结合国际国内形势，加强整体战略和综合对策研究，推出高质量的研究成果，为边疆和民族地区发展提供智力支持。

赵曙青所长在致辞中就学界统观国际国内两个大局，把握今后10年发展的战略机遇期，努力推动观念更新和制度创新，在确实保障文化生态安全和少数民族权益保护的基础上探索边疆跨越式发展模式等问题讲述了个人的观点和期待。

论坛邀请到中央民族大学教授牟钟鉴、兰州大学教授杨建新和全国政协民族宗教委员会副主任周明甫做主旨发言。三位主旨发言人分别阐释了边疆民族地区发展对于转变发展方式的需求、中华各民族共同繁荣发展的内涵外延、国家在推动边疆民族地区跨越式发展的同时开展“民族团结百年工程”的必要性和意义。各地各民族专家学者在听取主旨发言后，分头进入“发展理念”、“区域发展”、“民族发展”三个专题会场密集研讨两天，于24日下午16时举行闭幕式。出席闭幕式的有教育部社会科学司副司长张东刚、国家民委教育科技司副司长边境。闭幕式上，中国人民大学郑杭生教授、中国社会科学院社会学研究所罗红光教授、民族学与人类学研究所翁乃群教授代表三个专题会场总结和汇报研讨成果。

张东刚副司长热烈祝贺“边疆发展中国论坛”在教育部人文社会科学重点研究基地按照设计预期扬帆起航。他充分肯定和高度评价了论坛成果，同时希望论坛在为中国边疆发展做出创新贡献的同时，也为中国学术走向世界作出贡献。他再次强调高校在创新型国家建设中的重要作用和教育部对高校创新研究成果的期待。

边境副司长在闭幕式致辞中，热烈赞扬论坛体现了科学发展观的要求，适应了边疆民族地区通过跨越式发展缩小与内地差距的强烈愿望，既表达了中国学界的现实关怀也反映了党和国家关心支持西部边疆民族地区发展的政策指向，因而达到了预期目标，取得了圆满成功，也为论坛今后的良性运行提供了经验和启迪。

宋敏副校长代表学校感谢各位领导和专家的热情参与。她表示，中央民族大学作为中国少数民族高等院校，中国少数民族研究中心作为教育部和国家民委共建在本校的人文社会科学重点研究基地，将在本次论坛的经验和成果的基础上再接再厉，力争把论坛建成国内外研讨边疆和民族地区发展的高端知识平台。

论坛闭幕后，组委会通过电话邮件反复联系参会代表，沟通论文收集、修改和出版事宜，费时近一年。接下来的录音整理、文字编辑等工作又耗时近一年。在此期间，中国少数民族研究中心经历校庆60周年和协助学校筹建“世界民族学人类学研究中心”并于今春揭牌。这些工作穿插，导致论坛结束将近两年才使所有论文结集出版。这在客观上影响了各位专家学者的成果及时面世，中国少数民族研究中心在此向各位参会专家学者深表歉意。

边疆发展中国论坛会议文集，按照“发展理念”和“区域民族”两大主题编辑成两卷。其中的“发展理念卷”按照整体理念、生态安全、经济发展、社会稳定、人口流动、创新治理和历史经验的逻辑编排；“区域民族卷”论文按照东北、内蒙古、新疆、西藏、青海、云南、四川、贵州到东南沿海的顺序编排。论坛文章前后，分别编排了开闭幕式的嘉宾讲话、主旨发言、专题研讨总结交流的信息，努力整体呈现论坛形貌。

论文集出版整理时，中央民族大学博士研究生代启福、侯玉霞做了邮件收集、电话沟通工作，硕士研究生陈欢欢整理了开幕式领导讲话录音，乐燕整理了闭幕式领导讲话录音。丁娥、张海洋做了论文编排工作，因而要对一些文章的文字改动承担主要责任并向作者致歉。

边疆发展中国论坛2010开办和论文集出版得到了中央民族大学“985工程民族学创新基地”资金资助，得到了中央民族大学宋敏副校长的直接指导，得到了学校各方面的大力支持，得到了中央民族大学出版社领导和责任编辑的辛勤付出，编者在此一并致谢。

“边疆发展中国论坛2010”在党和国家连续召开新疆、西藏、西部发展工作会议之后，在中国经济社会发展“十二五”规划编制进入关键阶段之际，在中共十七届五中全会针对“十二五”规划强调关注民生和实现综合平衡可持续发展的背景之下，旨在用文化生态学的发展观凝聚社会共识，研讨中国的发展方式变革、边疆民族地区的发展方式创新，努力向民族团结和谐社会的目标趋近。论坛经过两天研讨达成如下五点共识：一是参照世界政治经济新格局树立新的边疆观，二是在社会转型和政治改革的前景下创新边疆发展机制，三是在科学发展观指导下重新认识边疆民族文化多样性的价值，四是按照中国和平崛起的需求建立常规的边疆民族发展研讨平台，五是充实民族区域自治，启动全国民族团结百年行动以确保边疆民族发展和国家长治久安。编者期待在中共“十八大”做出的顶层设计中，边疆民族发展和民族区域自治将成为推动国家政治改革的首选领域和重要发动机。

编　者

2012年5月